普通高等院校非化学化工类专业适用教材

工程化学

ENGINEERING CHEMISTRY

尹建军 编著

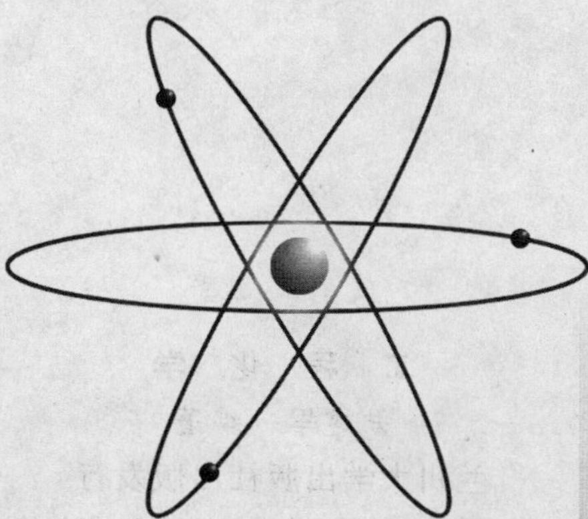

化学——二十一世纪的中心科学

兰州大学出版社

图书在版编目(CIP)数据

工程化学/尹建军编著 .—兰州:兰州大学出版社,2005.8

ISBN 7-311-02657-1

Ⅰ.工... Ⅱ.尹... Ⅲ.工程化学—高等学校—教材 Ⅳ.TQ02

中国版本图书馆 CIP 数据核字(2005)第 102315 号

工 程 化 学

尹建军 编著

兰州大学出版社出版发行

兰州市天水南路 222 号 电话:8912613 邮编:730000

E-mail:press@onbook.com.cn

http://www.onbook.com.cn

兰州大学出版社激光照排中心照排

兰州军区空军印刷厂印刷

开本:787×1092 1/16 印张:20.75

2005 年 8 月第 1 版 2005 年 8 月第 1 次印刷

插页:1 字数:379 千字 印数:1~3000 册

ISBN7-311-02657-1/T·161 定价:23.80 元

前言

为了使我国高等教育能够适应经济发展和社会进步的要求，教育部在20世纪90年代中期实施了“高等教育面向21世纪教学内容和课程体系改革计划”,高等院校非化学化工类专业的基础化学教学是其中的重要组成部分。

随着高等教育的迅速发展,我国高等教育已经由“精英教育”逐步转变为“大众教育”,各高校在学生来源及培养目标等方面存在着较大的差异,这必然导致教学基本要求的不同,教学内容的深度和广度也必然会有差别,使用的教材也就应该有所不同。目前我国已有数种非化学化工类专业基础化学教材出版,且各有特色,极大地促进了非化学化工类专业基础化学的教学改革。

在多年从事基础化学一线教学的基础上,充分汲取已有的改革成果、已出版相关教材的特色和长处、国内外优秀基础化学教材的编写方法,并结合我国普通“教学研究型”高等院校的培养目标和要求、生源、师资水平等具体情况,编写了本教材。其基本思路是:以化学学科的研究对象和基本内容为主线,着重学生基本科学素质的培养和知识结构的完善，结合化学及其现代基本研究方法在工程实践中的应用,按照“发现问题、提出问题并解决问题”的“探究模式”介绍化学的基础知识以及解决化学问题的基本思路和方法,并兼顾化学及其相关交叉学科的最新发展动向。其基本内容框架如下:

第一章　绪论(2学时)

第二章　物质的组成和结构(8学时)

第三章　物质的结构和性质(8学时)

第四章　化学反应的基本原理(8学时)

第五章　非氧化还原反应(8学时)

第六章　氧化还原反应(8学时)

第七章　现代化学的基本研究方法(6学时)

建议理论课48学时,做8~16学时的配套实验,共计56~64学时。若采用选讲与自学相结合的方式进行教学，理论课的教学时数可以压缩到32~40学时。本教材可以用作计划学时为40~64学时的普通高等院校非化学化工类专业的基础化学教材，也可供教师和学生在教学与学习时参考。

本教材在编写过程中得到了兰州理工大学石油化工学院多位教师的大力协助和支持，冯辉霞老师提供了第三章、第五章、第六章和第七章的部分编写素材，并和梁卫东、王玉春、王毅、陈娜丽、刘小育等老师一道提供了部分习题材料，进行了教材初稿的教学试用，提出了许多宝贵的意见，为本教材的最后成稿付出了辛勤的努力，在此表示衷心的感谢。同时还要感谢石油化工学院领导以及我的家人的理解、关心和支持。

由于编者知识水平和时间所限，难免会有不妥甚至错误之处，衷心希望各位读者和专家教授批评指正。

本教材附录中提供的“《工程化学》教学基本要求”可供各高校根据不同专业和不同教学时数的需要在选择授课内容时参考。

编　者

2005年8月

目　录

第一章　绪论 …………………………………………………………… (1)
§1.1　化学的发展以及化学的研究对象和内容 ………………… (1)
§1.2　化学与我们的生活和工作 …………………………………… (3)
§1.3　化学的基本研究方法 ………………………………………… (4)
§1.4　物理量及其运算 ………………………………………………… (7)
§1.4.1　基本概念 ……………………………………………………… (7)
§1.4.2　对数中的物理量以及量值的计算 ……………………… (10)
习题 ……………………………………………………………………… (11)
第二章　物质的组成与结构 ……………………………………… (12)
§2.1　物质的聚集状态 ……………………………………………… (12)
§2.1.1　固体、液体和气体的基本性质 ……………………… (12)
§2.1.2　气体状态方程与分压定律 ……………………………… (13)
§2.1.3　等离子体 ……………………………………………………… (17)
§2.2　物质的化学组成 ……………………………………………… (18)
§2.2.1　混合物的化学组成 ………………………………………… (18)
§2.2.2　整比与非整比化合物 ……………………………………… (19)
§2.2.3　有机化合物和无机化合物 ……………………………… (19)
§2.2.4　高分子化合物 ……………………………………………… (20)
§2.2.5　配位化合物 …………………………………………………… (21)
§2.3　原子结构与元素周期律 ……………………………………… (24)
§2.3.1　玻尔理论 ……………………………………………………… (25)
§2.3.2　现代原子结构理论 ………………………………………… (26)
§2.3.3　多电子原子核外电子的运动状态 ……………………… (33)
§2.3.4　元素的原子结构和周期律 ……………………………… (39)

§2.4 分子结构与化学键理论 …… (48)
§2.4.1 化学键 …… (48)
§2.4.2 共价键理论 …… (51)
§2.4.3 分子轨道理论基本要点 …… (62)
§2.4.4 能带理论基本要点 …… (67)
习题 …… (69)
第三章 物质的结构和性质 …… (72)
§3.1 物质的结构与物理性质 …… (72)
§3.1.1 微观粒子之间的作用力与物质的聚集状态 …… (72)
§3.1.2 固态物质的结构与性质 …… (79)
§3.1.3 液态物质的结构与性质 …… (91)
§3.2 物质的结构与化学性质 …… (103)
§3.3 物质的结构与表面性质 …… (107)
§3.3.1 固体对气体的吸附 …… (107)
§3.3.2 固体对液体的吸附 …… (108)
§3.3.3 固体对固体的吸附 …… (110)
§3.3.4 表面活性剂 …… (110)
§3.3.5 化学反应中的催化剂 …… (113)
§3.4 材料化学概论 …… (116)
§3.4.1 金属材料 …… (116)
§3.4.2 无机非金属材料 …… (118)
§3.4.3 高分子材料 …… (122)
§3.4.4 复合材料 …… (124)
§3.4.5 纳米材料 …… (125)
习题 …… (128)
第四章 化学反应的基本原理 …… (131)
§4.1 热力学基本概念 …… (131)
§4.1.1 系统与环境 …… (131)
§4.1.2 系统的性质 …… (132)
§4.1.3 状态与状态函数 …… (133)
§4.1.4 热力学平衡态 …… (133)
§4.1.5 过程与途径 …… (134)
§4.1.6 热和功 …… (135)

§4.2 热化学与能量转化 …………………………………………………… (138)
§4.2.1 系统热力学能的变化——热力学第一定律 ………………… (139)
§4.2.2 热效应和焓变 …………………………………………………… (140)
§4.2.3 热化学 ………………………………………………………………… (146)
§4.3 化学反应的方向和限度 …………………………………………… (154)
§4.3.1 自发过程的共同特征——热力学第二定律 ……………… (155)
§4.3.2 自发变化的驱动力 ………………………………………………… (156)
§4.3.3 标准摩尔反应吉布斯函数变的计算 ………………………… (158)
§4.3.4 任意条件下摩尔反应吉布斯函数变的计算与化学平衡 … (162)
§4.4 化学动力学基础 ………………………………………………………… (169)
§4.4.1 化学反应速率的表示方法 ……………………………………… (170)
§4.4.2 化学反应的速率方程 ……………………………………………… (172)
§4.4.3 影响化学反应速率的因素 ……………………………………… (174)
§4.4.4 基元反应的速率常数与平衡常数 …………………………… (176)
习题 ……………………………………………………………………………… (176)
第五章 非氧化还原反应 …………………………………………………… (180)
§5.1 酸碱反应 ………………………………………………………………… (181)
§5.1.1 酸碱理论 ………………………………………………………………… (181)
§5.1.2 溶液pH值的计算 …………………………………………………… (185)
§5.2 沉淀-溶解反应 ……………………………………………………… (192)
§5.2.1 难溶盐的溶度积常数和溶解度 ……………………………… (192)
§5.2.2 溶度积规则及应用 ………………………………………………… (195)
§5.3 配合物的形成与离解反应 ……………………………………… (198)
§5.4 环境化学概论 …………………………………………………………… (201)
§5.4.1 大气环境化学 ………………………………………………………… (201)
§5.4.2 水体质量与水资源 ………………………………………………… (209)
§5.4.3 固体废弃物 …………………………………………………………… (215)
§5.4.4 生命与化学 …………………………………………………………… (216)
习题 ……………………………………………………………………………… (228)
第六章 氧化还原反应 ………………………………………………………… (231)
§6.1 原电池 …………………………………………………………………… (232)
§6.1.1 原电池的基本概念 ………………………………………………… (232)
§6.1.2 电极电势与原电池的电动势 ………………………………… (237)

§6.2 能斯特方程以及电极电势的应用 …………………………… (241)
§6.2.1 法拉第定律 …………………………………………… (241)
§6.2.2 能斯特方程 …………………………………………… (242)
§6.2.3 电极电势的应用 ……………………………………… (246)
§6.3 电解 ……………………………………………………… (249)
§6.3.1 电解与电解池 ………………………………………… (249)
§6.3.2 分解电压 ……………………………………………… (250)
§6.3.3 电极的极化和超电势 ………………………………… (252)
§6.3.4 电解的应用 …………………………………………… (253)
§6.4 金属材料的腐蚀及其防护 ……………………………… (254)
§6.4.1 腐蚀的分类与腐蚀机理 ……………………………… (254)
§6.4.2 材料的耐腐蚀性能 …………………………………… (257)
§6.4.3 材料的保护 …………………………………………… (258)
§6.5 能源化学概论 …………………………………………… (261)
§6.5.1 煤 ……………………………………………………… (261)
§6.5.2 石油与天然气 ………………………………………… (264)
§6.5.3 核能 …………………………………………………… (265)
§6.5.4 氢能 …………………………………………………… (268)
§6.5.5 太阳能 ………………………………………………… (271)
§6.5.6 化学电源 ……………………………………………… (273)
习题 ………………………………………………………………… (275)
第七章 现代化学的基本研究方法 ……………………………… (278)
§7.1 常用的分离、富集和提纯方法 …………………………… (278)
§7.1.1 筛分、过滤与离心分离法 ……………………………… (278)
§7.1.2 萃取分离法 …………………………………………… (280)
§7.1.3 蒸馏与精馏 …………………………………………… (280)
§7.1.4 重结晶 ………………………………………………… (281)
§7.1.5 色谱分离法 …………………………………………… (282)
§7.2 现代分析测试方法 ……………………………………… (283)
§7.2.1 热分析法 ……………………………………………… (283)
§7.2.2 光分析法 ……………………………………………… (287)
§7.2.3 电分析法 ……………………………………………… (295)
§7.2.4 质谱分析法 …………………………………………… (296)

§7.2.5 色谱分析法 …………………………………………………… (298)
§7.2.6 其它分析法 …………………………………………………… (302)
习题 ……………………………………………………………………… (303)
主要参考文献 …………………………………………………………… (304)
附录 ……………………………………………………………………… (305)
Ⅰ.《工程化学》教学基本要求 ……………………………………… (305)
Ⅱ.一些重要的物理常数 ……………………………………………… (309)
Ⅲ.物质的标准摩尔生成焓、标准摩尔生成Gibbs函数和标准摩尔熵 …………………………………………………………………… (310)
Ⅳ.常见弱酸和弱碱的离解平衡常数 ………………………………… (314)
Ⅴ.常见难溶和微溶电解质的溶度积常数 …………………………… (316)
Ⅵ.一些常见配位化合物的稳定常数和不稳定常数 ………………… (318)
Ⅶ. 25℃ 时水溶液中常见电对的标准电极电位 …………………… (319)
元素周期表

第一章 绪 论

人类的生命、生活和社会的进步、发展与化学有着不解之缘。钻木取火、烧煮食物、烧制陶器、冶炼青铜器和铁器、火药的发明、高分子材料的制备、药物及其中间体的合成、功能材料的研究开发和化工产品的生产等等,都与化学密切相关。化学知识的广泛应用,极大地促进了社会生产力的发展,提高了人们的生活质量,成为人类文明与进步的标志之一。化学作为一门基础学科,对科学技术和社会生活的方方面面都有着巨大的影响。

§1.1 化学的发展以及化学的研究对象和内容

化学是在原子和分子的层次上研究物质的组成、结构、性质、变化规律及其应用的一门学科。是研究原子、分子层次范围内的物质结构和能量变化的科学,是物质科学的基础学科之一,化学是一门中心的、实用的、创造性的科学。伴随着人类社会的进步与发展,化学也从远古的萌芽时期逐渐发展到了比较系统完善的现代化学时期。在远古的工艺化学时期,人类的制陶、冶金、酿酒、染色等工艺,主要是在实践经验的直接启发下,经过长时间的摸索而逐渐掌握的,系统的化学知识还远没有形成,这是化学发展的萌芽阶段。从公元前 1500 年到公元 1650 年前后,是化学发展的炼丹术和医药化学时期,在皇宫、在教堂、在自己的家里和在深山老林中,炼丹术士和炼金术士们为了求得可使人长生不老的仙丹,或为了求得可使人荣华富贵的黄金,开始了最早的化学实验,掌握了许多物质的重要性质。在中国、阿拉伯、埃及和希腊等国都有不少记载和总结炼丹术的书籍,为化学的进一步发展准备了丰富的素材,后来,炼丹术、炼金术几经盛衰,使人们更多地看到了它荒唐的一面,而化学方法逐渐在医药和冶金方面发挥了作用。在欧洲文艺复兴时期,出版了一些有关化学的书籍,第一次有了“化学”这个名词,英语中的 chemistry 起源于 alchemy,即炼金术的意思,chemist 至今还保留着两个相关的含义,即化学家和药剂师,这可以说是化学脱胎于炼金术和制药业的文化遗迹。从 1650 年到 1775 年前后,是化学发展的燃素化学时期,随着炼丹炼金、医药和冶金等实践经验的积累,人们逐渐对已有的感性知识进行了归纳总结,提出了燃烧的燃素学说。认为可燃物质能够燃烧是因为它含有“燃素”,燃烧的过程就是可燃物中的“燃素”放出的过程，可燃物放出“燃素”后就成为灰烬。1723年，德国哈雷大学的医学与药理学教授施塔尔出版了教科书《化学基础》，他继承并发展了他的老师贝歇尔有关燃烧现象的解释，形成了贯穿整个化学的完整而系统的理论，《化学基础》是燃素说的代表作。波义尔于1661年发表的《怀疑派化学家》指出："化学的目的是认识物质的结构，而认识的方法是分析，即把物质分解成元素"，这成为了近代化学的基础。在1775年前后，拉瓦锡接受了波义耳的说法，根据定量化学实验的结论，提出了元素的概念和燃烧的氧化学说，道尔顿(J. Dalton)于1803年提出了原子学说，使化学进入了这个持续至今以原子理论为主线的近代定量化学时期。1860年康尼查罗(S. Cannizzaro)根据阿伏加德罗(A. Avogadro)假说理顺了当量和原子量的关系，改正了几乎全部的化学式和分子式，确立了原子-分子理论，简称原子理论，它指明：不同元素代表不同原子；分子是由原子在空间按一定方式或结构结合而成的；分子的结构直接决定其性能，分子进一步聚集成物体。从此，化学依据最基本的原子-分子理论而飞速发展。这一时期建立了不少的化学基本定律，发现了元素周期律，发展了有机结构理论等，所有这一切都为现代化学的发展奠定了坚实的基础。在20世纪初，量子理论的形成和发展解决了化学上许多悬而未决的重大问题，使物理学和化学产生了交叉。另一方面，化学又向生物学等领域渗透，使蛋白质和酶的结构等问题逐步得到解决。科学技术的飞速发展使各个学科相互渗透，产生了多个新兴的交叉学科，化学也进入了现代发展时期。

化学研究的对象是各种各样的物质。人类用肉眼能见到的和不能直接观察到的以原子或分子形态存在的物质，都是我们要了解和研究的对象。

随着科学技术的发展，人们已能通过先进的科学仪器观察一些物质的原子排列状况。1990年前后，美国等少数国家首先在 -269 ℃的低温下移动了原子。1993年，中国科学院北京真空物理实验室的研究人员，在常温下以超高真空扫描隧道显微镜为手段，通过探针拨出硅晶体表面硅原子的方法，在硅晶体的表面形成了规整的“中国”两字的图形，经放大约180万倍后可在计算机屏幕上显示出来，这两个字的“笔画”实际宽度约2 nm，是目前已知最小的汉字。

现代化学主要包括无机化学、有机化学、分析化学和理论化学(含物理化学和结构化学)四个分支学科，一般称为四大化学。

无机化学的研究对象是单质和无机化合物；有机化学则专门研究有机化合物；分析化学是研究不同物质组成的分离鉴定和定量测定的学科；理论化学研究的重点是物质的结构和化学的定律、原理及理论等。化学各分支学科的界限是人为规定的，不仅相互之间有交叉，而且化学及其分支学科还和其它学科如生物学、医学、材料学、冶金学、建筑学、能源与环境科学等相互交叉，从而产生了许多交叉学科，如金属有机化学、材料化学、生物化学、冶金物理化学、固体化学、材料腐蚀与防护化学、药物化学、土建化学、工业化学、纳米化学、食品化学、环境化学、水处理化学和能源化学等。作为一门基础学科，化学与科学技术的进步和社会的发展密切相关，是我们每个现代人知识结构中不可缺少的组成部分，生活在现代社会的每个人，尤其是工程技术人员都应该具备基本的化学素质和必要的化学基础知识。

§1.2 化学与我们的生活和工作

在我们的日常生活以及在能源、环境、材料、生命科学等各个方面，化学都直接或间接地起着无可替代的重要作用。

人们的衣、食、住、行、用等无不与化学元素及其所组成的千百万化合物相关。

建筑用的水泥、玻璃和油漆，日常生活用的肥皂、牙膏和化妆品，织物上色所用的合成染料，粮食生产中使用的化肥和农药，维持生命健康的维生素和药物，交通运输工具中金属部件上的油漆，制造汽车轮胎用的合成橡胶，发动机的燃油、润滑油及其添加剂，印刷所用的油墨，摄影胶片上涂用的感光化学品，彩电和电脑显示器中的荧光材料等等，都是化学制品。

菠菜营养丰富，有“蔬菜之王”之称，但也不宜食用过多。因为每百克菠菜含草酸约 300 mg，过多的草酸可以导致人体缺钙、缺铁等而影响健康。豆腐中一般含有较多的钙质，若与菠菜一起食用，可在人体内形成结石成分之一的草酸钙，因此做菜时最好不要把菠菜和豆腐一起烧。

在机械设计制造方面，也会经常碰到与化学相关的问题。例如，某大型企业设计的专用风机投入使用后，为企业创造了巨大的经济效益，但好景不长，由于腐蚀严重，他们不得不定期更换风机，不仅需要投入经费，更重要的是因此停产而造成了巨大的经济损失。风机使用寿命不长的关键原因是腐蚀，因此企业聘请了研究腐蚀问题的专家来解决问题，经过认真的调查研究和分析，他们发现了产生腐蚀的主要原因，其实很简单，就是由于进入风机的污染性气体温度过高，对专用风机的设计和安装稍加改进后就基本上解决了这一问题。又如，某大型化工企业的输料管道使用寿命不长，原因是在管道的转弯处容易发生穿孔而漏料，经分析研究发现，产生这一问题的原因主要有两个，一是管材对输送流体的耐腐蚀性能不够好，二是管道的结构设计上没有充分考虑到腐蚀的影响，企业通过改变管道材质和结构革新设计等，大大地延长了输料管道的使用寿命，为企业创造了可观的经济效益。

材料的研究开发、加工成型和使用过程都与化学密切相关。现代汽车工业、飞机制造业等在机械设备、机械零件加工成型以后，有许多时候需要进一步进行表面处理，例如磷化、涂装、发蓝等，都是化学工作者的任务。材料的化学组成是材料研究与应用的基本问题，在组成确定后，材料的组织结构是影响材料加工使用性能的核心因素，要深入研究原子堆积结构—分子聚集体高级结构—材料组织结构—理化性质—力学性质—材料性能之间的关系，更是离不开化学。

人类社会的发展与能源消费的增长是密切相关的，我们现在使用的能源主要来自化石燃料——煤、石油和天然气等，但化石燃料是一种不可再生、且储藏量有限的资源，而且在开采和燃烧过程中还会对自然环境造成严重污染。为了更好地解决能源问题，人们一方面在研究如何提高燃料的使用效率，另一方面在寻找新的替代能源。这些都离不开化学工作者的努力，例如，可以大大提高燃料能量利用效率的燃料化学电池的研究开发等。在新能源开发方面，化学家正在尝试制备光分解水制备氧气和氢气的高效催化剂，若能成功并可以投入实际应用，生活在地球上的人们将永远不用担心能源枯竭的危险。

环境问题是当今世界各国都非常关注的问题。在世界人口不断增长、生产不断发展、人民生活质量不断提高的过程中，土地的沙漠化、水体污染造成的水资源危机、酸雨的形成、臭氧层的破坏和使用有毒化学品造成的污染等，使环境受到了不同程度的破坏。因此，环境保护已成为当今和未来全球性的重大课题之一，也是我国的一项基本国策。有专家提出，若利用太阳能使燃烧产物如CO_2、H_2O和N_2等重新组合成CH_4、CH_3OH和NH_3等的构想能够成为现实，那么，不仅可以消除大气污染，而且还可缓解能源危机。

人们关心的另一重要课题是如何保持人体健康和提高人们的生活质量。我们知道，用以保证人体健康的营养成分、治疗疾病所用的高效药物、各种元素对人体的生理作用、以及揭开生命奥秘等研究工作都离不开化学。

§1.3 化学的基本研究方法

拉瓦锡(A.L.Lavoisier,1743～1794年)出身于巴黎一个富裕的律师家庭，自幼受到良好的科学教育，对自然科学有着广泛而浓厚的兴趣，是近代化学的奠基者。他的第一篇化学论文是关于石膏成分的研究。他用硫酸和石灰合成了石膏，石膏被加热时放出了水蒸气，拉瓦锡用天平仔细测定了不同温度下石膏失去水蒸气的质量，然后认真分析总结，弄清了石膏的成分。从此，他的老师鲁伊勒就开始使用结晶水这个名词了。这次成功使拉瓦锡开始经常使用天平，并总结出了质量守恒定律，质量守恒定律成为他的信念，成为他进行定量实验、思维和计算的基础。例如他曾经应用这一思想，把糖转变为酒精的发酵过程表示为下面的等式：

$$葡萄糖 = 碳酸(CO_2) + 酒精$$

这正是现代化学方程式的雏形，用等号而不用箭头来表示变化过程，表明了他守恒的思想。拉瓦锡为了进一步阐明这种表达方式的深刻含义，又具体地写到：我可以设想，把参加发酵的物质和发酵后的生成物列成一个代数式，再假定方程式中的某一项是未知数，然后分别通过实验，或逐个算出它们的值，这样就可以用计算来检验我们的实验，再用实验来验证我们的计算。我经常卓有成效地用这种方法修正实验的初步结果，使我能够通过正确的途径重新进行实验，直到获得成功。

早在拉瓦锡出生之前，多才多艺的俄罗斯科学家罗蒙诺索夫就提出了质量守恒定律，他当时称之为"物质不灭定律"，其中含有更多的哲学意蕴。但由于"物质不灭定律"缺乏足够的实验根据，特别是当时俄罗斯的科技发展水平还很落后，造成西欧对沙俄的科学成果不够重视，"物质不灭定律"并没有得到广泛的认同。

1772 年秋天的一天，拉瓦锡称量了一定质量的白磷使之燃烧，冷却后又称量了燃烧产物 P_2O_5 的质量，发现质量增加了！他又燃烧硫磺，同样发现燃烧产物的质量大于硫磺的质量。他想这一定是什么气体被白磷和硫磺吸收了，于是他又做了更细致的实验：将白磷放在水银面上，扣上一个钟罩，钟罩里留有一部分空气。加热水银到 40 ℃时白磷就迅速燃烧，之后水银面上升。拉瓦锡描述道：这表明空气被部分消耗，剩下部分不能使白磷燃烧，并可使燃烧着的蜡烛熄灭，且给出了定量的结论，增加的质量和所消耗的约 1/5 容积的空气质量相同。

燃素说认为燃烧是分解过程，燃烧产物应该比可燃物质量轻。而拉瓦锡实验的结果却是截然相反，他把实验结果写成论文交给法国科学院，从此他做了很多实验来证明燃素说的错误。在 1773 年 2 月，他在实验记录上写到：我所做的实验使物理和化学发生了根本的变化。他将"新化学"称为"反燃素化学"。

1774 年，拉瓦锡做了焙烧锡和铅的实验。他将称量后的金属分别放入大小不等的曲颈瓶中，密封后再称量金属和瓶的质量，然后充分加热反应。冷却后再次称量金属和瓶的质量，发现并没有变化。打开瓶口，有空气进入，这一次质量增加了，显然增加量是进入反应瓶的空气的质量。他再次打开瓶口取出金属锻灰，发现了与金属相比，金属锻灰增加的质量正好和进入反应瓶的空气质量相同，这表明锻灰是金属与空气的化合物。拉瓦锡进一步想，如果设法从金属锻灰中直接分离出空气来，就更能说明问题。他曾经试图分解铁锻灰即铁锈，但实验没有成功。这年 10 月，普里斯特里访问巴黎，在欢迎宴会上他谈到"从红色沉淀

(HgO)和铅丹(Pb_3O_4)可得到脱燃素气”,这使正在无奈中的拉瓦锡很受启发,同年 11 月,拉瓦锡加热红色的汞灰制得了氧气。为了进行更深入的研究,拉瓦锡在舍勒的启发下,甚至制造了火车头大小的加热装置。1775 年,拉瓦锡的实验中心已经从分解金属锻灰制取氧气转移到了对氧气性质的研究,他发现物质燃烧时增加的质量恰好是氧气减少的质量,以前认为可燃物燃烧时吸收了一部分空气,其实是吸收了空气中的氧气并与之化合,即氧化,这就是推翻了燃素说的氧化理论。与此同时,拉瓦锡还通过动物实验揭示了呼吸是氧气在动物体内与碳化合,生成二氧化碳的同时放出热来,和在实验室中燃烧有机物的情况完全一样,这就解答了体温的来源问题。空气中既然含有氧气,就应该含有其它气体,拉瓦锡将其称为“碳气”,在研究了空气的组成后,他总结道:不是全部空气都可用来呼吸的,金属焙烧时,与金属化合的那部分空气是合乎卫生的,最适宜呼吸的,剩下的部分是一种“碳气”,不能维持动物的呼吸,也不能助燃。他把燃烧与呼吸统一了起来,也结束了空气是一种纯净物质的错误见解。1777 年,拉瓦锡明确地讥讽和批判了燃素说:化学家从燃素说只能得出模糊的要素,它十分不确定,因此可以用来任意地解释各种事物,有时这一要素是有质量的,有时又没有质量;有时它是自由之火,有时又说它与土素相化合成火;有时说它能通过容器壁的微孔,有时又说它不能透过;它能同时用来解释碱性和非碱性、透明性和非透明性、有颜色和无色,它真是只变色虫,每时每刻都在改变它的面貌。这年的 9 月 5 日,拉瓦锡向法国科学院提交了划时代的《燃烧概论》,系统地阐述了燃烧的氧化学说。这本书后来被翻译成多国语言,逐渐扫清了燃素说的影响,自此切断了化学与古代炼丹术的联系,揭掉了神秘和臆测的面纱,代之以科学的实验和定量的研究,使化学进入了近代定量化学时期。舍勒和普里斯特里先于拉瓦锡发现氧气,但由于他们思维不够广阔,更多地只是关心具体物质的性质,没有冲破燃素说的束缚而与真理擦肩而过,这是很遗憾的。

从拉瓦锡建立燃烧的氧化学说的过程我们可以知道,科学的态度和一丝不苟的精神是进行科学研究的前提,正确的方法和必要的研究手段是进行科学研究的基础,广阔的思维和善于归纳分析是进行科学研究的保证。化学的基本研究方法是:发现或制备出物质并分离、提纯,用合适的方法确定物质的组成与结构,研究物质的性质、变化规律及其应用。

工程化学是从物质的化学组成、结构和性质出发,联系现代工程技术,如材料的研究开发、加工成型、表面处理,环境污染与保护,能源开发及利用,以及生命科学发展等所遇到的相关的化学问题,介绍工程技术人才完善自己的知识结构、提高自己的综合素质和强化自己的创新能力所必需的基本化学知识及化学思维方法。

在学习工程化学过程中，要始终把握着物质的组成—结构—性质—变化规律—应用这一主线，除了要掌握基本的化学概念、物理量的表示符号及其意义等，更要注意化学问题是怎样被提出并逐步加以解决的，要深刻体会并尽自己的能力去理解其中所蕴含的科学思维方法。**必要的知识积累是十分重要的，但掌握获取知识的方法比获取知识本身更重要！**

§1.4 物理量及其运算

化学是在原子和分子层次上研究物质的组成、结构、性质、变化规律及其应用的一门学科，它常用定量的公式描述物理量之间的关系，因此，必须正确掌握物理量的概念及其运算规则，这也是培养严谨科学态度的基本要求。

§1.4.1 基本概念

物理量简称为量，定义为现象、物体或物质的可以定性区别并定量确定的属性。例如：时间、长度、体积、温度等。

相互之间存在确定关系的一组物理量称为一种量制。在函数关系上彼此独立的物理量称为量制的基本量，由基本量的函数定义的量称为导出量。实际使用的有多种量制，如国际单位制（International System of Units）、工程量制、英制等。

国际单位制是1960年第十一届国际计量大会通过的一种单位制，它是世界上最先进、科学和实用的单位制，其国际代号SI取自法文LeSysètme International d'Unités中的前两字的字头。国际单位制由7个基本单位、2个辅助单位和19个具有专门名称的导出单位所组成。所有单位都各有一个主单位，利用10进倍数和分数的16个词头组成SI单位的10进倍数单位和分数单位。这7个基本单位分别是：① 长度单位：米（m）；② 质量单位：千克（kg）；③ 时间单位：秒（s）；④ 电流强度单位：安培（A）；⑤ 热力学温度单位：开尔文（K）；⑥ 物质的量单位：摩尔（mol）；⑦ 发光强度单位：坎德拉（cd）。它们彼此独立，并有严格的定义。

基本单位

米：米等于光在真空中299 792 458分之一秒时间间隔内所经路径的长度（通过巴黎的地球子午线的四千万分之一）。

［第17届CGPM(1983)］

千克：千克是质量单位，等于国际千克原器的质量。国际千克原器是世界上目前所存的定义最早（1889年）、保存最严密的7个基本量中唯一的实物标准。

18 世纪中叶，法国规定 1 dm^3 纯水在 4 ℃时的质量为 1 kg，并且用铂制作了标准千克原器，保存在法国档案局，因而称这个标准千克器为“档案千克”。1872 年科学家们通过国际会议，决定以法国的档案千克为标准，用铂依合金制作标准千克的复制品，并选择了一个质量与“档案千克”最接近的作为国际千克原器，保存在巴黎国际计量局。1889 年召开的第一届国际计量大会批准以这个国际千克原器作为质量标准，沿用至今。中国“国家千克基准”在 1965 年由国际计量局检定，并由伦敦的 Stanton 仪器公司加以调整，保存在北京中国计量科学院的质量标准库中。

[第一届 CGPM(1889)和第 3 届 CGPM(1901)]

秒：秒是金属原子铯－133 基态的两个超精细能级之间跃迁所对应辐射的 9 192 631 770个周期的持续时间。

安培：安培是电流的单位。在真空中，截面积可忽略的两根相距 1 m 的无限长平行圆直导线内通以等量恒定电流时，若导线间相互作用力在每米长度上为 2×10^{-7} N，则每根导线中的电流为 1 A。

[第 8 届 CGPM(1946)，决议 2；第 9 届 CGPM(1948)批准]

开尔文：热力学温度开尔文是水三相点热力学温度的 1/273.16 。

[第 13 届 CGPM(1967)，决议 4。注 1：第 13 届 CGPM(1967，决议 3)还决定单位开尔文与符号 K 用于表示温度间隔或温度差；注 2：除以开尔文表示的热力学温度(符号为 T)外，也使用按式 $t=T-T_0$ 所定义的摄氏温度(符号 t)，其中 $T_0=273.15$ K。单位“摄氏度”等于“开尔文”，但表示摄氏温度时，“摄氏度”是代替“开尔文”的一个专门名称。温度间隔或摄氏温度差可以表示为摄氏度，也可以表示为开尔文]

摩尔：摩尔是一个系统的物质的量，该系统中所包含的基本单元数与 0.012 kg 碳－12 的原子数目相等。在使用摩尔时，基本单位应予指明，可以是原子、分子、离子、电子及其它粒子，或是这些粒子的特定组合。

[第 14 届 CGPM(1971)，决议 3]

坎德拉：坎德拉是一光源在给定方向上的发光强度，该光源发出频率为 540 $\times10^{12}$ Hz 的单色辐射，且在此方向上的辐射强度为 (1/683)W/SR。

[第 16 届 CGPM(1979)，决议 3]

辅助单位

弧度：弧度是圆内两条半径间的平面角，这两条半径在圆周上截取的弧长与半径相等。

球面度：球面度是一个立体角，其顶点位于球心，而它在球面上所截取的面积等于以球半径为边长的正方形面积。

在国际单位制中，所有的导出单位，当按一定的定义函数从基本单位或辅助单位导出时，其系数都是1，而且所有的 SI 单位在运算过程中的系数也都是1，从而使运算简化，这体现了国际单位的一贯性。国际单位制把科研、生产、文教、贸易及人民生活的各个方面所应用的计量单位统一在一个单位制中，有利于促进国际上的科学技术、文化教育与经济的交流，同时还具有简明、实用的突出优点，因而被许多国家所采用。我国法定计量单位的主体就是国际单位制。

量纲是表示一个物理量如何由基本量组合而成的式子，基本量的量纲为其自身，以其量符号的正体大写字母表示。SI 量制中 7 个基本量的量纲符号分别为：L、M、T、I、Θ、N、J 。导出量 Q 的量纲则以基本量的幂乘积表示，如 Q 的量纲可以表示为

$$\dim Q = \mathrm{L}^{\alpha}\cdot\mathrm{M}^{\beta}\cdot\mathrm{T}^{\gamma}$$

其中，α、β、γ 等称为量纲指数；dim 为量纲符号，例如密度 ρ 的量纲为 $\dim\rho=\mathrm{ML^{-3}}$。若导出量 Q 的量纲表示式中基本量纲的指数均为零，则称 Q 是量纲为1的量（以前称为无量纲量），例如相对密度，质量分数等。

量纲的作用如下：

1）可确定出同一物理量不同单位之间的换算关系；

2）通过量纲分析可以确定表达式中比例系数的量纲和单位；

3）利用量纲可以检验文字结果的正误。

单位是物理量计量单位的简称，表示计量单位的约定符号称为单位符号。给定量制中基本量的单位称**基本单位**，导出量的单位称**导出单位**。SI 单位制中 7 个基本量的名称、单位名称和单位符号分别为：长度，米，m；质量，千克，kg；时间，秒，s；电流，安［培］，A；热力学温度，开［尔文］，K；物质的量，摩［尔］，mol；发光强度，坎［德拉］，cd。SI 的导出单位有 $\mathrm{N=kg\cdot m\cdot s^{-2}}$，$\mathrm{J=N\cdot m}$ 等，上面提到的导出量 Q 的单位应是 $\mathrm{m^{\alpha}\cdot kg^{\beta}\cdot K^{\gamma}}$。单位符号均为正体字母，除来源于人名的单位的第一个字母用大写外，其余均用小写。例如 m 是米的符号，N 是牛顿的符号等。除 SI 单位外，我国在化学中常用的法定计量单位还有：时间：分(min)，［小］时(h)，日(天)(d)；体积：升(L 或 l)；质量：吨(t)；能量：电子伏特(eV)等。

由一个数乘以计量单位所表示的特定量的大小称为**量值**。量值独立于单位，亦即可用不同单位给出同一量值。设量 Q 的单位为$[Q]$，其数值为$\{Q\}$，则 $Q=\{Q\}\cdot[Q]$。$\{Q\}$称为量的数值，其大小与$[Q]$有关。例如：水在 101 325 Pa、4 ℃时的密度 $\rho=1.0\ \mathrm{kg/dm^3}$，还可以表示为 $\rho=1\times10^3\ \mathrm{g/dm^3}$；$\rho=1\times10^3\ \mathrm{kg/m^3}$；$\rho=1.0\ \mathrm{g/ml}$等。

量方程是指物理量之间的定量关系式。使用量方程进行计算时，其中的量

必须以量值(数乘以单位)代入,不能只代入数值。例如,压力 $p=101\ 325\ \mathrm{Pa}$,p 是量的符号,Pa 是压力的 SI 单位符号,101 325 则是以 Pa 为单位时压力 p 的数值。

为了区别物理量本身和用特定单位表示的数值,尤其是图、表中用特定单位表示物理量的数值,可用量与单位的比值 $Q/[Q]=\{Q\}$表示。例如,$p/\mathrm{Pa}=101\ 325$ 或 $p/\mathrm{kPa}=101.325$。

作图时,如果是用具体数据作物理量 y 与 x 的 y-x 图,纵、横坐标应分别用 $y/[y]$和 $x/[x]$,但如果只是示意表示 y-x 的函数关系,为简便起见,有时也可以只标注 y 及 x。

§1.4.2 对数中的物理量以及量值的计算

根据数学中对数的定义,若一个数 $Q=a^b$,则 $\log_a Q=b$。显然,一个对数就是与其真数对应的指数的幂值。物理量 Q 的对数项如 $\ln Q$ 或 $\lg Q$ 中的 Q,实际上是指的物理量 Q 的数值,即$\{Q\}=Q/[Q]$,$\ln Q$ 中的 Q 只是 $Q/[Q]$的简化表示,准确的表示应该是 $\ln\{Q\}$或 $\ln Q/[Q]$。因此,对数中的物理量应先用其量值除以其单位后,才能进行运算。但为了简便起见,一般仍写作 $\ln Q$。

方程式可以分为量方程式和数值方程式,一般给出的均是量方程式。在具体计算时,应该先列出量方程式,再将数值和单位代入后运算。例如,计算 25 ℃、100 kPa 下理想气体的摩尔体积时,用量方程式进行的运算如下:

$$V_{\mathrm{m}}=\frac{PT}{p}=\frac{8.314\ \mathrm{J\cdot mol^{-1}\cdot K^{-1}}\times(273.15+25)\ \mathrm{K}}{100\times10^{3}\ \mathrm{Pa}}$$

$$=2.479\times10^{-2}\ \mathrm{m^{3}\cdot mol^{-1}}$$

若用数值方程式运算,则为

$$\frac{V_{\mathrm{m}}}{\mathrm{m^{3}\cdot mol^{-1}}}=\frac{(R/\mathrm{J\cdot mol^{-1}\cdot K^{-1}})\times T/\mathrm{K}}{p/\mathrm{Pa}}$$

$$=\frac{8.314\times(273.15+25)}{100\times10^{3}}$$

$$=2.479\times10^{-2}$$

故 $\quad V_{\mathrm{m}}=2.479\times10^{-2}\ \mathrm{m^{3}\cdot mol^{-1}}$

一般均采用量方程式进行计算,为了简便起见,在准确使用单位制的情况下,可以不必列出每一个物理量的单位,而直接给出最后单位,如:

$$V_m = \left\{ \frac{8.314 \times (273.15 + 25)}{100 \times 10^3} \right\} \text{ m}^3 \cdot \text{mol}^{-1}$$

$$= 2.479 \times 10^{-2} \text{ m}^3 \cdot \text{mol}^{-1}$$

在图中,因函数关系均是数值关系,运算时均使用数值方程。

习　题

1. 化学的发展经历了哪五个阶段?

2. 拉瓦锡是怎样推翻“燃素说”并建立“氧化学说”的?

3. 学习《工程化学》过程中应把握的一条主线是什么?

4. 举例说明什么是量、量纲、单位和量值。

5. 请写出国际单位制中7个基本量的名称、单位名称和单位符号。

6. 若把水的密度 ρ 定义为单位体积水的质量,请写出导出量 ρ 的量纲表示式和单位。

7. 量方程式和数值方程式有什么联系和区别?

8. 分别用量方程和数值方程计算在 $p = 101\ 325$ Pa, $t = 100$ ℃时理想气体的摩尔体积 V_m。

第二章　物质的组成与结构

世界是由物质构成的,物质的一切性质、变化规律和应用都和它的组成与结构有关。这里所说的结构不仅仅是指组成物质的原子、分子结构,还包括组成宏观物质的原子或分子堆积结构、相结构、组织结构等。

在实验室制取氧气,是用某些不稳定的含有氧元素的化合物作原料,通过加热或其它方法使其分解放出氧气,若不了解物质的组成,就不能找出哪些物质属于含氧化合物。工业上大规模生产氮肥需要大量氨气,只有知道了氨气是由氮元素和氢元素所组成的化合物,人们才能想办法利用空气(含有氮气)和水(含有氢元素)来制取氨气。不了解物质的组成就无法深入研究物质的性质及其变化规律,也就谈不上对物质加以充分有效的利用。

物质的结构决定其性质,可以说结构研究是化学的核心内容。组成是物质结构的基础,但同样组成的物质可以有不同的结构,自然就会有不同的性质。如石墨和金刚石的组成是一样的,它们在纯氧气中燃烧的产物都是二氧化碳,但为什么石墨质软,易传热,能导电?而金刚石却最硬、质脆、是绝缘体呢?这当然和它们的结构密切相关。再如金属能够导电,某些化合物的水溶液也能导电,它们有区别吗?区别又是什么呢?这些都和物质的组成与结构有关。

§2.1　物质的聚集状态

自然界中物质的存在是多种多样的,在一定条件下物质的存在状态称为其聚集状态,可分为固态、液态、气态、等离子态和黑洞态五种。其中,"黑洞"被认为是原子"塌陷"所引起的一种超高密度的状态,正引起天体物理学家和数学家的极大关注。最近有报导发现了物质的一种新的存在状态,称为类流态,科学家正在对其进行深入的研究。

§2.1.1　固体、液体和气体的基本性质

在常见的固、液、气三态中,固态物质具有一定的形状,有软硬之分、透明不透明之分,有一定的质量。固体可分为两类,一类是晶体(crystal),如食盐、金刚石、碳酸钙等;另一类是非晶体或称无定形物质(amorphous substances),如玻璃、

橡胶、沥青等。液体物质无固定形状，有流动性、有透明与不透明之分。气体则易被压缩、无固定形状、有流动性。

§2.1.2　气体状态方程与分压定律

在描述物质存在状态的物理量中，p、V、T 物理意义明确、又易于直接测量，联系 p、V、T 之间关系的方程称为状态方程。气体具有较大的压缩率和体积膨胀系数，一般只讨论气体的状态方程。通常在压力 p 不太高、温度 T 不太低的情况下，可以将实际气体近似看作理想气体加以处理。

§2.1.2.1　理想气体状态方程

在 17 世纪，波义尔(R.Boyle)、盖-吕萨克(J.Gay-J.Lussac)和阿伏加德罗(A.Avogadro)等人研究了低压气体的 p、V、T 关系，总结出了三个经验定律，从中抽象出了理想气体的概念。

理想气体(ideal gas, IG)是指气体分子都是没有体积的质点、分子间没有任何相互作用力、分子之间的碰撞以及分子与容器器壁之间的碰撞是完全弹性碰撞的气体。它是人们对低压高温气体行为简化而建立的一种理想模型，实际气体(real gas, RG)在压力不太高和温度不太低的情况下的行为接近于理想气体，而且实际气体的压力越低，温度越高，就越接近理想气体。所以我们可以按照理想气体的有关规律近似处理实际气体的问题。此外，通过对理想气体定律作适当的修正，也可以比较精确地解决有关实际气体的问题。

对于理想气体，其状态方程可以表示为

$$pV = nRT \tag{2-1}$$

式中：p 为压力，单位是 Pa；V 为体积，单位是 m^3；n 为物质的量，单位是 mol；T 为热力学温度，单位是 K；R 等于 8.314 $J \cdot mol^{-1} \cdot K^{-1}$，与气体种类无关，为普适气体常数。该方程可以用于纯的理想气体，也可以用于混合理想气体。

气体的摩尔体积用 V_m 表示，它是指一定条件下每摩尔气体所具有的体积，因此，$V_m = V/n$，故理想气体状态方程也可表示为

$$pV_m = RT \tag{2-2}$$

其另一种表示形式是 $\rho = pM/RT$，请自己推一下，其中 $\rho = m/V$，是气体的密度，M 是气体的分子量。

以后若不特别说明，均可将实际气体看作理想气体进行处理。但应该明确，只有理想气体才严格遵守理想气体的状态方程。

例 2.1 一个体积为 40.0 dm^3 的氧气钢瓶，在 25 ℃时，使用前压力为 1.25×10^3 kPa。试估算钢瓶压力降为 1.00×10^3 kPa 时所用去氧气的质量。

解 使用前钢瓶中 O_2 的物质的量：

$$n_1=\frac{p_1V}{RT}=\frac{1.25\times10^6\ \text{Pa}\times40.0\times10^{-3}\ \text{m}^3}{8.314\ \text{J}\cdot\text{mol}^{-1}\cdot\text{K}^{-1}\times(273.15+25)\ \text{K}}=20.2\ \text{mol}$$

使用后钢瓶中 O_2 的物质的量：

$$n_2=\frac{p_2V}{RT}=\frac{1.00\times10^6\ \text{Pa}\times40.0\times10^{-3}\ \text{m}^3}{8.314\ \text{J}\cdot\text{mol}^{-1}\cdot\text{K}^{-1}\times(273.15+25)\ \text{K}}=16.1\ \text{mol}$$

所用氧气的质量：

$m=(n_1-n_2)M=(20.2-16.1)\ \text{mol}\times32.0\ \text{g}\cdot\text{mol}^{-1}=130\ \text{g}$

答：用去氧气的质量为 130 g。

§2.1.2.2 分压定律和分体积定律

道尔顿(J.Dalton)和阿马格(E.H.Amagat)在研究低压混合气体时，分别于 1801 年和 1880 年提出了气体的分压定律和分体积定律。

分压力简称分压，用 p_i 表示，是指混和气体中某单一组分 i 处于混和气体的温度 T、单独占有混合气体的总体积 V 时所具有的压力。道尔顿分压定律可表述为：在温度与体积恒定时，定量混合气体的总压力 p 等于各组分气体分压力 p_i 之和。

设在体积为 V 的容器中，充有温度为 T 的 N 种混合气体，各组分物质的量分别为 $n_1, n_2, \cdots, n_N$，则道尔顿分压定律可以用下式表示：

$$p=\frac{nRT}{V}=\frac{n_1RT}{V}+\frac{n_2RT}{V}+\cdots+\frac{n_NRT}{V}=\sum_{i=1}^{N}\frac{n_iRT}{V}$$

即

$$p=p_1+p_2+\cdots+p_N=\sum_{i=1}^{N}p_i \tag{2-3}$$

$$p_i=\frac{n_iRT}{V} \tag{2-4}$$

若定义 y_i 为组分 i 的物质的量 n_i 与混和气体总的物质的量 n 的比值，即 $y_i=n_i/n$，称为**物质的量分数即摩尔分数**(mole fraction)。则有

$$p_i=y_ip \tag{2-5}$$

该式表明：混合气体中每一组分的分压力等于总压乘以其摩尔分数。显然，混和气体中所有组分的摩尔分数之和等于 1，即

$$y_1 + y_2 + \cdots + y_N = 1 \tag{2-6}$$

若定义在混合气体中某单一组分 i 处于混合气体的温度 T、压力 p 时所具有的体积 V_i 为其分体积(partial volume)，则有

$$V = \frac{nRT}{p} = \frac{n_1RT}{p} + \frac{n_2RT}{p} + \cdots + \frac{n_NRT}{p} = \sum_{i=1}^{N} \frac{n_iRT}{p}$$

即

$$V = V_1 + V_2 + \cdots + V_N = \sum_{i=1}^{N} V_i \tag{2-7}$$

$$V_i = \frac{n_iRT}{p} \tag{2-8}$$

这就是阿马格分体积定律。可表述为：在温度与压力恒定时，混合气体的总体积 V 等于各组分分体积 V_i 之和。与道尔顿分压定律类似，$V_i = y_iV$，该式表明：混合气体中每一组分的分体积等于总体积乘以其摩尔分数。我们把 V_i/V 称为组分 i 的体积分数(volume fraction)，它与其摩尔分数 y_i 相等。

分压定律与分体积定律被广泛地应用于混合气体的计算，但应该注意的是：当使用分压计算时，必须使用总体积；而使用分体积计算时，则应使用总压。严格地说，这两个定律仅适用于理想气体，但可以近似用于总压不太高、温度不太低的实际气体。

例 2.2　将氯酸钾加热分解制备氧气，生成的 O_2 用排水集气法收集。在 101.3 kPa，25 ℃时，收集得到的气体体积为 500 ml。其中水蒸气的分压 p_{H_2O} = 3.17 kPa。计算：

(1) O_2 的物质的量；(2) 干燥 O_2 的体积。

解　收集得到的气体是 O_2 和水蒸气的混合气体。即

$$p_{O_2} = p - p_{H_2O} = 101.3\ \text{kPa} - 3.17\ \text{kPa} = 98.13\ \text{kPa}$$

(1) O_2 的物质的量：

$$n_{O_2} = \frac{p_{O_2}V}{RT} = \frac{98.13\times10^3\ \text{Pa}\times500\times10^{-6}\ \text{m}^3}{8.314\ \text{J}\cdot\text{mol}^{-1}\cdot\text{K}^{-1}\times(25+273.15)\ \text{K}} = 1.98\times10^{2}\ \text{mol}$$

(2) 干燥 O_2 的体积：

$$V_{O_2} = yV = \frac{98.13\ \text{kPa}}{101.3\ \text{kPa}}\times500\times10^{-6}\ \text{m}^3 = 4.84\times10^{-4}\ \text{m}^3 = 484\ \text{ml}$$

答：O_2 的物质的量为 1.98×10^{-2} mol；干燥 O_2 的体积为 484 ml。

例 2.3 25 ℃时,32 g 的氧气和 14 g 的氮气盛于 20 dm^3 容器中,试计算:(1) 这两种气体的分压;(2) 混合气体的总压;(3) 两种气体的分体积。

解 根据 $p_i=\frac{n_iRT}{V}$

(1) O_2 的分压 $p_{O_2}=\frac{\frac{32}{32}\times 8.314\times(273.15+25)}{20\times 10^{-3}}=1.24\times 10^5\ (\text{Pa})$

N_2 的分压 $p_{N_2}=\frac{\frac{14}{28}\times 8.314\times(273.15+25)}{20\times 10^{-3}}=6.20\times 10^4\ (\text{Pa})$

(2) 混合气体的总压 $p=p_{N_2}+p_{O_2}=1.86\times 10^5\ \text{Pa}$

(3) O_2 的分体积 $V_{O_2}=y_{O_2}\cdot V=\frac{\frac{32}{32}}{\frac{32}{32}+\frac{14}{28}}\times 20=13.33\ (\text{dm}^3)$

同理可得 N_2 的分体积 $V_{N_2}=6.67\ (\text{dm}^3)$

§2.1.2.3 实际气体

建立在理想气体模型基础上的状态方程和定律,对于实际气体只有在压力不太高、温度不太低时才近似适用,在高压、低温下,随着气体分子间平均距离的缩短,分子之间的相互作用力和分子自身的体积等因素就不能被忽略了,这时,实际气体与理想气体的行为之间就会有较大的偏差,气体在降温和加压后可以液化这一事实,证实了这种偏差的存在。根据定义可以推知,理想气体是不可液化的。

当实际气体偏离理想气体的行为不可忽略时,需要对理想气体状态方程加以修正,常用的方法之一是压缩因子 Z(compressibility factor)法。Z 的定义是:

$$Z=\frac{pV_m}{RT} \tag{2-9}$$

其中 p、V_m、T 都是实测值。若气体是理想的,则 $Z=1$。若 $Z\neq 1$,就表明对理想气体有偏差。当 $Z<1$ 时,说明实际气体的 V_m 比同样条件下理想气体的小,此时实际气体比理想气体易于被压缩;反之,当 $Z>1$ 时,说明实际气体的 V_m 比同样条件下理想气体的要大,实际气体比理想气体难于压缩。由于 Z 值的大小反映了实际气体被压缩的难易程度,所以将它称之为压缩因子。Z 的大小与气体的种类、压力和温度等因素有关,现已有多种方法可以测定出不同气体的 Z

值。

气体在液化时有一个特定温度称为临界温度,用 T_c 表示。在温度高于 T_c 时,无论压力增加到多大,都不能够使气体液化。在临界温度 T_c 时使气体液化所需要的最低压力称为临界压力,用 p_c 表示。相应地,在 T_c 和 p_c 条件下,1 mol气体所占有的体积就称为临界体积,一般用 V_c 表示。T_c、p_c 和 V_c 称为气体的临界常数,它们与气体分子的质量和分子间作用力的大小有关。

§2.1.3　等离子体

随着温度的升高,物质可由固态变为液态,再变为气态。若对气体采取某种手段,如加热升温、激光照射、放电或用电磁场作用等,气体的部分粒子将会电离,当电离产生的带电粒子密度超过一定限度(如＞0.1%),气体的行为将主要决定于离子和电子间的库仑力,这种电离气体成为有别于普通气体的一种新的聚集状态,称为等离子体(plasma),它是带电粒子密度达到一定程度的电离气体,由电子、原子、离子、分子或自由基等粒子组成,无论部分电离还是完全电离,其中负电荷总数总是等于正电荷总数,所以称为等离子体。它是由英国物理学家克鲁克斯(S.Crookes)在1879年研究了放电管中电离气体的性质后首先提出的。等离子体是物质的第四种聚集状态,可能不像对固、液、气三态那样熟悉,但就整个宇宙而言,等离子体是物质的一种比较普遍的存在形式。太阳等恒星都是灼热的等离子体,火球、地球上空的电离层、闪电、极光、霓虹灯管中的辉光放电等也都是等离子体。

等离子体的基本特性为:

1) 导电性　由于存在自由电子和带正电荷的离子,所以等离子体具有导电性。

2) 电中性　虽然等离子体内有很多带电粒子,但在一定的空间和时间尺度内,粒子所带正负电荷总数相等,因此是电中性的。

3) 与磁场可作用性　等离子体是由带电粒子组成的导电体,因此可用磁场控制它的位置、形状和运动,而带电粒子集体运动又可形成电磁场。

4) 活泼的反应性　等离子体中富集了离子、电子、激发态的原子、分子及自由基,因此容易发生各种化学反应。

需要指出的是,并非任何电离气体都可称为等离子体,仅当带电粒子的密度达到足以约束其自身运动时,带电粒子才会对物质性质产生显著的影响,具有这样密度的电离气体才可称为等离子体。

当物质由气态转变为等离子体时,其化学行为将会发生变化。从化学角度讲,等离子体空间富集的离子、电子、激发态的原子、分子及自由基,是极活泼的反应物种，它有利于产生高能量、高密度的化学反应条件。等离子体的研究和应用已从早期作为导电流体、高能量密度的热源等发展到化学合成、薄膜制备、表面处理和精细化学加工等领域，促成了一系列工艺革新和巨大的技术进步。

例如，人工合成金刚石的传统方法是高温、高压法。在催化剂存在下，温度约 1 077 K 和压力 6 GPa 条件下利用石墨作为原料可进行下列转变：

$$C_{(石墨)} \longrightarrow C_{(金刚石)}$$

此法条件苛刻，设备投资大，所获金刚石纯度不高。20 世纪 60～70 年代，人们研究了用等离子体法合成金刚石并取得了成功，其中微波等离子体法低压合成金刚石薄膜获得了突破性进展。反应系统是 CH_4 和 H_2 的混合气体，在微波电场作用下产生等离子体，发生甲烷热分解反应：

$$H_2 \longrightarrow 2H^{\cdot}$$

$$H^{\cdot} + CH_4 \longrightarrow {}^{\cdot}CH_3 + H_2$$

$${}^{\cdot}CH_3 \longrightarrow C_{(金刚石)} + 3H^{\cdot}$$

H_2 促进了甲烷热分解反应并有效地抑制了石墨碳和其它高分子碳氢化合物的形成。在 800～900 ℃、3×10^3～4×10^3 kPa 的条件下，可得到纯度很高的金刚石薄膜。

等离子体还可用于微量元素分析，由于其具有很高的能量，在用作原子化源时表现出了突出的优越性，等离子发射光谱仪就是一个具体的例子。

§2.2　物质的化学组成

物质世界是千变万化的，物质的组成是多种多样的，一般可以分为混合物和纯物质，混合物是由两种或两种以上的纯物质组成的。纯物质具有自己特定的性质，可以分为单质和化合物，化合物又可分为有机化合物和无机化合物等，还可以根据化合物的原子组成分为整比化合物和非整比化合物，此外还有配位化合物和高分子化合物等。

§2.2.1　混合物的化学组成

多数物质都是混合物，其组成一般是比较复杂的。宇宙的组成成分中只有 4%是原子，其余有 23%为不知名的黑色物质，73%为一种神秘的黑色能量。在我们居住的地球上，大气是气体混合物，海水中溶解有各种各样的物质，也是一种混合物。例如，地幔的组成是十分复杂的，结合地球化学研究，林伍德(Ringwood)认为上地幔的化学成分相当于由三份阿尔卑斯型橄榄岩(79%的橄榄石、20%的斜方辉石和1%的尖晶石)和一份夏威夷型拉斑玄武岩组成,上地幔的理想成分为:SiO_2 45.16%、TiO_2 0.71%、Al_2O_3 3.54%、Fe_2O_3 0.46%、FeO 8.04%、MnO 0.14%、MgO 37.47%、CaO 3.08%、Na_2O 0.51%、K_2O 0.13%、P_2O_5 0.06%、Cr_2O_3 0.43%、NiO_2 0.20%,是一种复杂的固体混合物。美国地球资源部合作研究委员会根据高温高压实验资料提出了地幔的矿物组成模型:在地幔过渡带,主要组分为β橄榄石以及镁铁榴石加钙钛矿,在接近下地幔的区域橄榄石转变为γ型(林伍德石),在下地幔则为方镁铁矿和钙钛矿结构型混合物。

§2.2.2 整比与非整比化合物

大家比较熟悉的化合物组成简单且其组成原子之间具有一定的整数比,符合正常的化合价规则。例如 CO_2、$C_6H_{12}O_6$、H_3PO_4、NH_2CH_2COOH、$CuSO_4$ 等,称为整比化合物。但这仅仅是化合物的一部分,还有大量化合物的组成和结构比较复杂,其组成原子间也不一定成整数比(即组成在一定范围内可变),或不符合正常的化合价规则,称之为非整比化合物。如金属间化合物 Cu_5Zn、具有形状记忆功能的 $Ti_{50}Ni$、$Ti_{51}Ni$、碳化物 Fe_3C 等,我国古代青铜文化时期古铜镜表层的耐磨物质 $Sn_{1-x}Cu_xO_2$、高温超导材料 $(Co_{0.90}Fe_{0.06}Ni_{0.02}Nb_{0.02})_{78}Si_{22-x}B_x$ 以及彩色稀土发光(红、绿、蓝)材料等也都是典型的非整比化合物。

§2.2.3 有机化合物和无机化合物

人们在很早以前就认识了无机化合物的应用和变化,但对有机化合物的深入研究在近代才有较大的发展。以前人们把来源于有生命的动物和植物的物质叫做有机化合物,而把从无生命的矿物中得到的物质叫无机化合物。有机化合物与生命有关,所以人们认为它们是"有机"的,故称为有机化合物,实际上,有机化合物不一定都来自有机体,也可以用无机化合物为原料在实验室中人工合成出来。

大量的研究证明,有机化合物都含有元素碳,因此我们把含碳的化合物叫做有机化合物,也有人把有机化合物定义为碳氢化合物及其衍生物。但像一氧化碳、二氧化碳、碳酸盐以及金属氰化物等,由于它们的性质与无机化合物更相似,因此仍把它们看作无机化合物。有机化合物与无机化合物之间并没有绝对的界限,也不存在本质的区别。1828年,德国化学家维勒(1800~1882年)第一次用无机化合物通过人工合成制得了尿素,而尿素原来被认为是在人和动物体内才能生成的一种有机化合物,它大量存在于人和哺乳类动物的尿中,由于人工也能合成尿素这一事实的出现,冲破了无机化合物和有机化合物之间的鸿沟。自此以后，很多过去认为不可能用人工方法制取的有机化合物，一个个地被制备出来，现在人们还能够制造出自然界所没有的有机化合物，如塑料、合成橡胶、合成纤维、染料、药品等。我们对无机化合物的特点已经比较熟悉，而有机化合物在组成、结构和性质等方面有着自己明显的特点：

1）有机化合物数目繁多

组成有机化合物的元素与组成无机化合物的元素相比要少得多，除碳以外，还有氢、氧、硫、氮、磷及卤素等为数不多的元素，但有机化合物的数目却极为庞大，迄今已逾千万种，而且新合成或新分离提取出来的有机化合物还在与日俱增，由碳以外的其它100多种元素组成的无机化合物的总数，还不到有机化合物的十分之一。

有机化合物之所以数目众多，主要有两个原因：一是碳原子彼此之间能够进行多种方式的结合，生成稳定的、长短不同的直链、支链或环状化合物；二是碳的成键能力强，不仅能与电负性较小的氢或金属结合，而且也能与电负性较大的氧、硫、氮等元素结合。

2）热稳定性差，容易燃烧

与典型的无机化合物相比，有机化合物对热一般是不稳定的，分解温度比较低，有的甚至在常温下就会分解。

3）熔点低

有机化合物的熔点通常比无机化合物要低，一般在300 ℃以下就会熔化。

4）难溶于水，易溶于有机溶剂

多数有机化合物易溶于有机溶剂而难溶于水。

5）反应速度慢，常有副反应发生

大多数的有机反应都是反应速度缓慢的分子间的反应，往往需要加热或使用催化剂，而瞬间即可完成的离子型反应很少。另外，大多数有机化学反应都是在分子中的某一部位发生，且一般都是分阶段进行，所以往往有副产物生成或能够分离出多种反应中间产物。

§2.2.4 高分子化合物

高分子化合物又称高聚物，简称高分子，有时也称为大分子化合物，其相对分子量可以高达几千甚至几百万。高分子化合物可以分为无机高分子化合物如硅酸盐等和有机高分子化合物如淀粉等，但一般所说的高分子化合物主要是指有机高分子，按来源的不同，可以分为天然高分子和合成高分子。像淀粉、纤维素、蛋白质、核酸、甲壳素等都是天然高分子化合物。合成高分子化合物是由有机小分子化合物合成出来的，这些有机小分子称为合成高分子的单体，例如：

$$nCH_2=CH_2 \xrightarrow{\text{催化剂}} \text{+}CH_2-CH_2\text{+}_n$$

这是合成高分子聚乙烯的反应式，其中乙烯就是聚乙烯的单体，反应产物的括号内是高分子的重复单元，重复单元中的单体称为链节，高分子化合物的链节总数称为其聚合度。平均聚合度为 2 000 的聚乙烯的相对分子量约为56 000。再如尼龙－66 或称聚酰胺－66 是由己二酸和己二胺两种单体经过缩聚反应制得的：

$$nHOOC\text{+}CH_2\text{+}_4COOH+nH_2N\text{+}CH_2\text{+}_6NH_2 \longrightarrow$$

$$\text{[}OC\text{+}CH_2\text{+}_4CONH\text{+}CH_2\text{+}_6NH\text{]}_n+2nH_2O$$

聚酰胺-66 或尼龙-66

高分子化合物的种类繁多，命名复杂，归纳起来主要有以下几种情况：

1）在单体或组成特征前面加“聚”（poly－）字，如上面提到的聚乙烯、聚酰胺等；

2）在单体后面加“树脂”，例如酚醛树脂等；

3）使用单体英文名称的大写首字母缩写，例如，由单体丙烯腈（Acrylanitile）、丁二烯（Butadiene）和苯乙烯（Styrene）聚合得到的高分子化合物可称为 ABS，聚乙烯（Polyethylene）又称为 PE 等；

4）以高分子化合物的用途来命名，如乙丙橡胶等；

5）商品名称，如聚酰胺高聚物称为尼龙或锦纶等。

§2.2.5　配位化合物

配位化合物简称配合物，也称络合物，这是一大类化合物，是配位化学的研究对象，配位化学开创了经典无机化学崭新的研究领域，为现代科学技术的发展做出了重要的贡献。它为发展原子能、电子工业、空间技术提供了核燃料和超纯物质的制备方法及分析技术，生物体内各种类型的分子中几乎都含有以络合物形态存在的金属元素，它们对生物的新陈代谢起着主要的作用，络合物在无机制备、分析化学、有机合成、催化作用等领域都占有重要地位。

瑞士苏黎世大学化学家维尔纳（Alfred Werner，1866～1919 年）对于配位化学的发展做出了重大贡献。他建立了配位理论，阐明了配合物中化学键的本质，为配合物的制备和应用奠定了理论基础。但是，在维尔纳开始他的实验和理论研究之前的四分之一世纪里，几乎没有人认识到研究“分子化合物”（当还没有正式建立配合物概念时，化学家都称这种化合物为“分子化合物”）中亲合力和化合价的重要性。

1893 年，维尔纳发表了他的重要论文“无机化合物的组成”，阐述了他的划时代的、但有争议的配位理论。配位理论的诞生犹如凯库勒在 1858 年建立碳链学说和 1865 年创立苯环学说一样的重要。但当时的维尔纳还只是一位年仅 26 岁的不知名的青年，所以他的配位理论也与他这个人一样，并没有及时受到化学界的重视。

在配合物的配位理论中，维尔纳提出配合物结构中应分为“内界”和“外界”，**内界**一般是由金属（也有非金属）离子或原子与负离子或中性分子组成的，结合比较紧密，而与内界结合的部分就是**外界**。内界中金属离子或原子处于配合物的中心，称为**配位中心或配合物形成体**，也称**中心离子或中心原子**；按一定空间位置排列在配合物形成体周围，并通过配位键与之结合的负离子或中性分子称为**配位体**，简称**配体**；配体中直接与中心离子结合的原子称为配位原子，与中心离子结合的配位原子的总数称为配位中心的**配位数**，多数情况下，中心离子的配位数是其化合价的两倍；只有一个配位原子的配体称为**单齿配体**，有两个或两个以上配位原子的配体称为**多齿配体**或**螯合剂**，由其形成的配合物也称为**螯合物**。配位体和中心原子结合构成了配合物的内界，一般称为**配离子**，其电荷数等于中心离子的电荷与配体电荷的代数和，内界的结合是比较紧密的，但外界与内界的结合就比较松弛。实验证明，$AgNO_3$ 可以从 $CoCl_3 \cdot 6NH_3$ 溶液中沉淀出三个 Cl^-，即全部 Cl^- 都能被沉淀，但在 $CoCl_3 \cdot 5NH_3$ 的溶液中却只有两个 Cl^- 能被 $AgNO_3$ 沉淀。反应产生的这种差别是不难解释的，根据配合物结构中存在着内界和外界的概念，这两种钴氨配合物的构造式分别为 $[Co(NH_3)_6] \cdot Cl_3$ 和 $[CoCl(NH_3)_5] \cdot Cl_2$，前者三个 Cl^- 都处于外界，它们与钴离子的结合比较松散，所以这三个 Cl^- 都能被 $AgNO_3$ 沉淀；而在 $[CoCl(NH_3)_5] \cdot Cl_2$ 中，一个 Cl^- 处在内界与钴离子结合得比较紧密，它不能被 $AgNO_3$ 沉淀，而外界的两个 Cl^- 则能够被 $AgNO_3$ 沉淀。这两种钴氨配合物的结构如下：

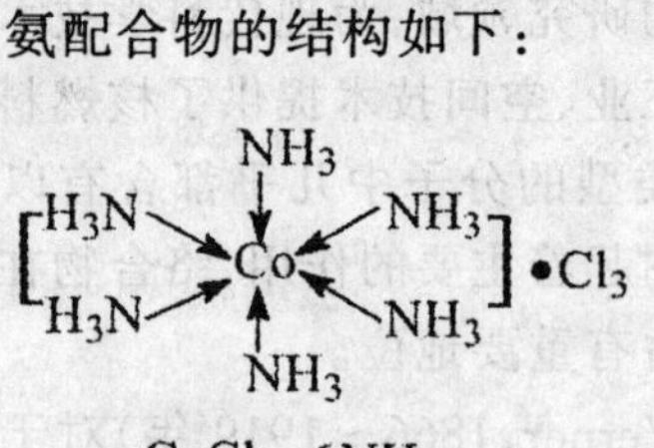

$CoCl_3 \cdot 6NH_3$

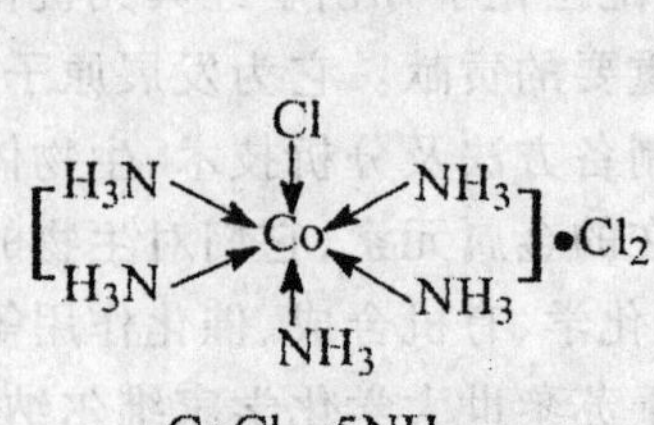

$CoCl_3 \cdot 5NH_3$

在 $[Co(NH_3)_6] \cdot Cl_3$ 中，Co^{3+} 是中心离子，NH_3 是配体，其中的 N 原子是配位原子，中心离子 Co^{3+} 的配位数是 6；又如：配合物 $[Cu(H_2NCH_2CH_2NH_2)_2] \cdot SO_4$ 的结构如下：

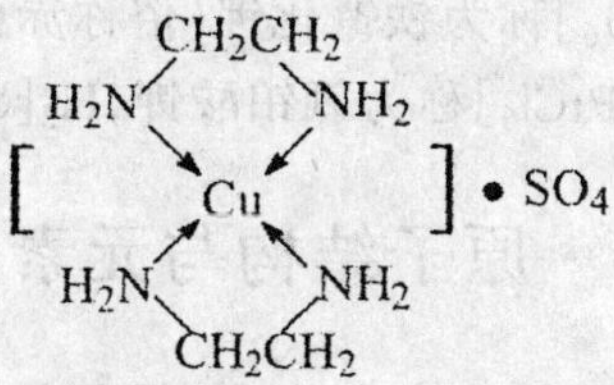

$[Cu(H_2NCH_2CH_2NH_2)_2]\cdot SO_4$

其中，Cu^{2+}是中心离子，$H_2NCH_2CH_2NH_2$是多齿配体，N原子是配位原子，中心离子Cu^{2+}的配位数是4。

在命名配合物时常用系统命名法，首先要进行内界的命名，一般原则是：

1）先命名配体，再命名中心离子，中间加一个“合”（或“络”）字；

2）先阴离子，后中性分子；

3）先简单阴离子，再复杂阴离子，最后是有机酸根离子；

4）中性分子按配位原子元素符号的英文字母顺序，最后是有机分子；

5）在每种配体前加一、二、三等表示配体数目，并以小圆点把不同配体分开；

6）要在中心离子名称后面的括号里用罗马数字Ⅰ、Ⅱ、Ⅲ等表明中心离子的化合价。

整个配合物的内界和外界则按无机化合物的一般命名原则进行命名，即先阴离子，后阳离子，如果是简单的阴离子，则命名为“某化某”，如果是复杂阴离子，则命名为“某酸某”。例如：

配合物的化学式	名称
$H_2[SiF_6]$	六氟合硅（Ⅳ）酸
$K_4[Fe(CN)_6]$	六氰合铁（Ⅱ）酸钾
$[Co(en)_3]\cdot Cl_3$	三氯化三乙二胺合钴（Ⅲ）
$[Ag(NH_3)_2]\cdot OH$	氢氧化二氨合银（Ⅰ）
$[CoCl(NH_3)_5]\cdot Cl_2$	二氯化一氯·五氨合钴（Ⅲ）
$[PtCl(NO_2)(NH_3)_4]\cdot CO_3$	碳酸一氯·一硝基·四氨合铂（Ⅳ）
$[CrCl_2(NH_3)_4]\cdot Cl\cdot 2H_2O$	二水合一氯化二氯·四氨合铬（Ⅲ）
$[Cr(NH_3)_6]\cdot[Co(CN)_6]$	六氰合钴（Ⅲ）酸六氨合铬（Ⅲ）
$[Pt(NO_2)(NH_3)(NH_2OH)(Py)]\cdot Cl$	一氯化一硝基·一氨·一羟胺·一吡啶合铂（Ⅱ）
$[Ni(CO)_4]$	四羰基合镍

除系统命名外，常见的配离子或配合物也有一些俗名。如$[Cu(NH)_4]^{2+}$称

为铜氨配离子，$K_3[Fe(CN)_6]$称为铁氰化钾（俗称赤血盐），$K_4[Fe(CN)_6]$称亚铁氰化钾（俗称黄血盐），$K_2[PtCl_6]$称为氯铂酸钾，$H_2[SiF_6]$称氟硅酸等。

§2.3 原子结构与元素周期律

人们已经发现、合成、表征了千千万万不同的物质，从微观上来看，各种物质都是由分子组成的（除了少数的惰性气体单原子分子等），而分子都是由原子组成的。前面已经介绍了物质组成的复杂性，宇宙中的物质组成可由图 2－1 表示。究竟原子是怎样形成具有不同性质的分子，而分子又是怎样构成具有各种性质的宏观物质的？要回答这个问题，必须首先搞清楚**原子的结构**（Atomic Structure）。由于在发生物理或化学变化时原子核不会发生变化，因此，我们所说的原子结构就是指原子核外的电子结构，即原子核外所有电子的运动状态。

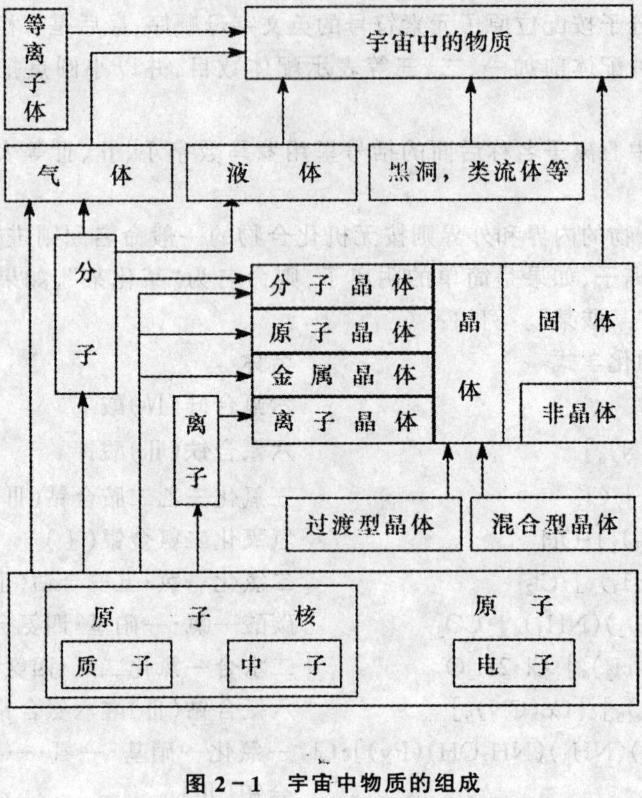

图 2－1　宇宙中物质的组成

英国科学家 J. Dalton 在 1808 年出版的《A New System of Chemical Philosophy》一书中提出了物质的**原子理论**，主要内容有以下五点：

1) 物质是由不可再分的原子组成的;

2) 对于给定化学元素,其原子的质量和所有性质都是确定的;

3) 不同化学元素具有不同的原子,不同的原子具有不同的质量;

4) 在化学反应中,原子不可重构并保持其所有特性;

5) 化合物是由不同元素的原子以小整数比结合而成的。

从古希腊一直到 J.Dalton 时代,原子都被认为是不可再分的物质的组成单元,直到 19 世纪末和 20 世纪初,人们逐渐认识到了原子是由更小的基本粒子构成的,并由此建立了现代物质结构理论。

§2.3.1 玻尔理论

早在 1911 年,英国著名物理学家卢瑟福(E.Rutherford)和他的学生通过粒子散射实验(见图 2-2)提出了含核原子结构模型,认为原子是由一个带正电的原子核(atomic nucleus)和绕核运动的电子构成的,原子核在整个原子中只占有很小的空间,但却几乎集中了原子的全部质量,而在核外运动电子的体积和质量都极小,原子中绝大部分是空的。这一模型是现代原子结构理论的基础。

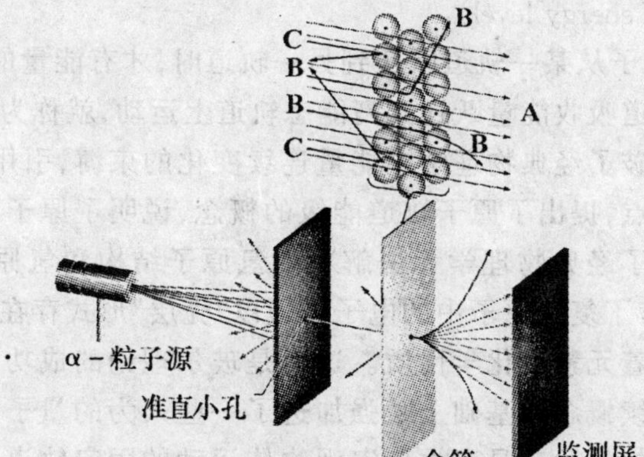

图 2-2 α-粒子散射实验示意图

实践证明,气态原子在高电压激发下会发出不同波长的光线,若将产生的光经棱镜分光后用照相底片记录下来,所得到的图像就称为光谱。氢原子光谱是一种线状光谱(见图 2-3),其特点是不连续而有规律的,与氢原子的结构密切相关。

1913 年,卢瑟福的学生玻尔(N.Bohr)发表了三篇论文,在含核型原子模型理论、普朗克(M.Planck)的量子论和爱因斯坦(Einstein)光子学说的基础上,提出了如下的几点假设,成功地解释了氢原子光谱,建立了原子结构的玻尔理论:

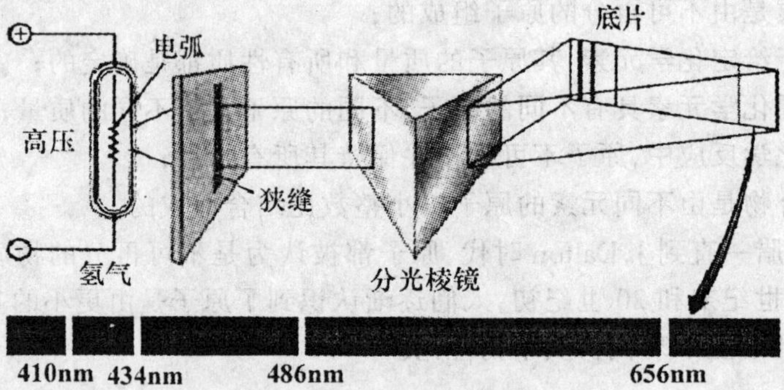

图 2-3　氢原子线状光谱的产生

1) 在原子中,电子不是在任意的轨道上绕核运动,而是在一些符合一定条件的轨道上运动,这些轨道称为稳定轨道(stable orbital),它具有固定的能量。在最低能量稳定轨道上运动的电子,称为基态电子,它不吸收能量,也不发射能量。

2) 电子在不同轨道上运动时具有不同的能量,通常把这些具有不连续能量的状态称为**能级**(energy level)。

3) 只有当电子从某一轨道跃迁到另一轨道时,才有能量的吸收或放出。若电子从低能态轨道吸收能量跃迁到高能态轨道上运动,就称为**激发态电子**。

玻尔理论冲破了经典物理学中能量连续变化的束缚,引用了普朗克量子化(即不连续)的观点,提出了原子轨道能级的概念,说明了原子的相对稳定性,用量子化概念解释了经典物理学无法解释的氢原子结构和氢原子光谱之间的关系,并正确地预言了复杂原子中的电子必须以“壳层”形式存在,还指出了最外层电子的个数决定着元素的化学性质。这都是玻尔理论的成功之处,但玻尔理论是在经典力学连续概念的基础上勉强加进了一些人为的量子化条件和假定,认为电子在原子核外的运动具有类似宏观物体运动的固定轨道,这不仅无法解释多电子原子(核外电子数大于 1 的原子)、分子或固体的光谱,就是氢原子光谱的精细结构以及每条谱线实际上在强磁场中还可分裂为两条谱线的现象也无法解释,这是玻尔理论的不足之处。尽管如此,由于他对原子结构和辐射研究的巨大贡献和对量子力学发展所做的开创性工作,于 1912 年获得了诺贝尔物理学奖。玻尔在近代科学发展史上的地位是极其崇高的。

§2.3.2　现代原子结构理论

现代原子结构理论是建立在玻尔理论和量子力学基础之上的。量子力学是现代物理学的理论基础之一,是研究微观粒子运动规律的科学,使人们对物质世界的认识从宏观层次跨进了微观层次。1900 年,德国理论物理学家普朗克在研究光的黑体辐射问题时发现,辐射过程是不连续的,而是以某个最小量一份一份地辐射出来,他把这个最小能量单位称为**量子**,且给出了一个与实验结果完全一致的公式 $E = nh\nu$,其中 $n = 1,2,3,\cdots$,h 是 Plank 常数,其值为 6.626×10^{-34} J·s,ν 是辐射频率,这就是非常简单而又著名的 Plank 公式,当 $n = 1$ 时,$E = h\nu$,是不同频率光的能量最小单位,即光量子能量。量子假说的提出对量子理论的发展起到了巨大的推动作用,普朗克因此于 1918 年获得了诺贝尔物理学奖。1905 年,爱因斯坦在对光电效应进行研究后得出,光的动量 $P = h/\lambda$,其中 λ 是光的波长,从而确定了光的粒子性。而光的衍射和干涉实验已经充分证明了光的波动性,光的这种即具有波动性又具有粒子性的现象称为波粒二象性。至此,牛顿(Newton)于 1680 年提出的光的微粒说与惠更斯(Huygens)于 1690 年提出的光的波动说之间长达两百多年的反复争论才宣告结束。

§2.3.2.1　**电子运动特性**

从英国科学家克鲁克斯(William Crookes) 在 1879 年发现阴极射线后,人们就开始研究阴极射线的本质。在 1895 年,培润(Jean-Baptiste Perrin)将铝集电管置于阴极射线的通路上,在管中检测出了负电荷,从而推断阴极射线是带负电荷的微观粒子。这一结论由汤姆森(J.J.Thomson)所证实,汤姆森研究了阴极射线在磁场和电场作用下的行为(见图 2-4),他在 1897 年发表的研究论文中指出:由不同的物质制成阴极,使用不同的电压,管内充以不同的气体,所得到的阴极射线都具有相同的基本性质,粒子所带的电荷与其质量的比值,即质荷比 m/e 均为 5.6856×10^{-9} g/C。显然,这种带负电的微粒是一切物质所共有的基本微粒,他称这种带负电荷的微粒为电子。

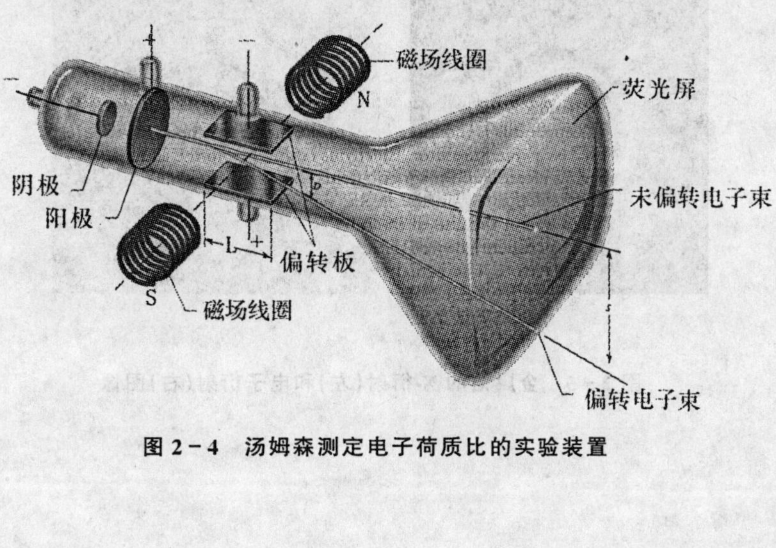

图 2-4　汤姆森测定电子荷质比的实验装置

密立根(R.A.Millikan)独创了著名的油滴实验,并通过这一实验花费了 11 年的时间于 1917 年精确测定出电子电量为 4.807×10^{-10} 静电单位电量(电子电量为 $1.602\ 189\times10^{-19}$ C),结合汤姆森测出的电子荷质比,可以得到电子的质量为 $9.109\ 4\times10^{-31}$ kg,因此,电子是一个实物微粒。

若某个物理量的变化是以某个最小单位或其整数倍做不连续的增减,就称该物理量是量子化的。由原子光谱是线状光谱和光电效应等实验事实可以知道,运动电子的能量是不连续的,即电子的运动具有量子化特征。

1924 年,法国物理学家德布罗意(L.de Broglie)在光的波粒二象性的启发下,大胆地提出了电子、原子等实物微粒都具有波粒二象性的假设,即实物微粒除了具有粒子性外,还具有波的性质,这种波被称为德布罗依波或物质波(matter wave)。他预言高速运动电子的波长符合 $\lambda=h/mv$,式中,m 是电子的质量;v 是电子运动的速率。

微观粒子所具有的静止质量、动量等是微观粒子粒子性的表现,那么微观粒子的波动性是否可以用实验来证明呢?

1927 年,戴维逊(C.T.Davisson)和革默(L.H.Germeer)所做的电子衍射实验得到了一系列明暗相间的衍射环纹——电子衍射图(见图 2-5)。光的衍射现象证明光具有波动性,电子的衍射现象则说明了电子运动具有波动性,这就证明了电子这一实物微粒具有波动性的假设。随后,α-粒子等微观粒子的衍射现象被相继发现,充分证明了德布罗依波即物质波的存在。任何运动着的微观粒子都具有波动性,而其粒子性是十分明显的,故波粒二象性是微观粒子运动的基本特征之一。

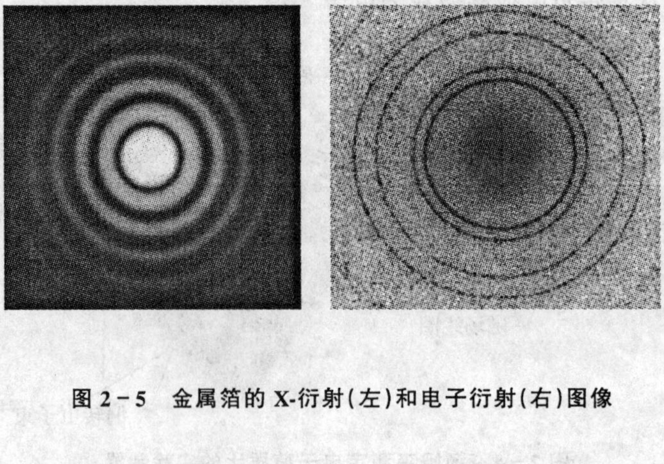

图 2-5 金属箔的 X-衍射(左)和电子衍射(右)图像

例 2.4　一个速率为 $5.97\times10^{6}\ \mathrm{m\cdot s^{-1}}$ 的运动电子，其德布罗依波的波长是多少？（已知电子的质量为 9.11×10^{-31} kg）

解　根据定义，实物微粒的动量 $P=mv$，结合 $P=h/\lambda$ 可知，$\lambda=h/mv$，已知 $h=6.626\times10^{-34}$ J·s，将有关数据代入得

$$\lambda=\frac{h}{P}=\frac{h}{mv}=\frac{6.626\times10^{-34}}{9.11\times10^{-31}\times5.97\times10^{6}}=1.22\times10^{-10}\ \mathrm{m}=0.122\ \mathrm{nm}$$

答：该电子的德布罗意波长为 0.122 nm。

核外运动电子具有像光一样的波粒二象性，那么，究竟应该怎样来描述原子核外电子的运动状态、也就是原子结构呢？

§2.3.2.2　核外电子运动状态的描述

1926 年，奥地利物理学家薛定谔（E. Schrödinger）和德国物理学家海森堡（Werner Heisenberg）分别用波动力学和矩阵力学的方法对像核外电子那样高速运动的微观粒子的运动状态进行了科学的描述，建立了现代量子力学，二者实际上是等同的。由于波动力学的描述方法相对比较容易理解，所以现代原子结构理论是以 Schrödinger 波动方程为基础建立起来的。

对于宏观物体的运动我们都比较熟悉，例如，一个质量为 m 的汽车绕一个中心点在半径为 R 的圆周上以速度 v 作匀速运动，汽车的运动状态可以很简单的描述出来：以中心点为坐标原点，汽车的运动状态可以如下描述：

$$\begin{cases}x^2+y^2=R^2 & \text{运动轨道}\\ P=mv & \text{动量}\end{cases}$$

同样道理，原子核外某个电子的运动状态也可以用一个数学方程来描述，这就是 Schrödinger 方程：

$$\frac{\partial^2\psi}{\partial x}+\frac{\partial^2\psi}{\partial y^2}+\frac{\partial^2\psi}{\partial z^2}=-\frac{8\pi^2 m}{h^2}(E-V)\psi \tag{2-10}$$

在 1928 年，狄拉克（Dirac）引进爱因斯坦相对论的观点，对 Schrödinger 方程进行了改进。其中 ψ 为描述核外电子（或特定微粒）运动状态的波函数（wave functions），代表着电子在核外空间的运动状态。若沿用经典物理学的概念，ψ 就是电子在原子核外的“运行轨道”，称为原子轨道，但一定要注意，由于运动电子的波粒二象性，核外运动的电子是不可能像宏观物体那样具有确定轨道的。

海森堡是玻尔的学生，在思考如何用量子力学对云室中运动电子的粗大径迹进行数学描述时，提出了著名的海森堡测不准原理，他指出了同时严格确定两个共轭变量（例如，位置和速度）的值是不可能的，它们的值的准确度有一个下

限，这是一条自然定律。海森堡测不准原理可通俗地表达为：不可能同时测得高速运动微观粒子的精确位置和动量，可近似用 $\Delta x \cdot \Delta P \geqslant h$ 来表达，更精确的结论是 $\Delta x \cdot \Delta P \geqslant h/4\pi$。从理论上讲，任何运动物体(包括宏观物体)都应服从海森堡测不准原理，但只有在处理微观粒子的运动时，才是不可忽视的。它同时说明，不可能存在 Ruther ford 和 Bohr 模型中像行星绕太阳运动那样的电子运行轨道！

玻恩(Bohn)在用薛定谔理论处理粒子碰撞问题时，提出了得到公认的波函数(即德布罗依波或物质波)的物理解释，波函数 ψ 就是电子绕核运动的原子轨道，与其共轭复数 ψ^{-1} 的乘积记作 $|\psi|^2$，代表了在核外某处电子出现的几率，即**几率密度**，若在空间坐标系中用小黑点的疏密来表示该处几率密度的大小，所得到的图像就称为**电子云**，它是电子出现几率密度的形象化描述。这就是说，德布罗依波或物质波是一种几率波，具有粒子性的电子运动的第三个特征是其**统计性**，电子运动的统计行为构成了其波动性。这样就化解了微观粒子波动性和粒子性的对立，而将两者统一了起来。俄罗斯科学家毕柏曼、苏式金和法布里坎特的电子衍射实验证明了这一结论。

§2.3.2.3　四个量子数

Schrödinger 方程只是描述微观粒子运动状态的一般数学表达式，要得到某个电子的真实运动状态，就必须对 Schrödinger 方程进行求解，找出波函数 ψ 的具体数学表达式，在求解时，针对特定的运动电子，只要 n、l、m、m_s 四个参数的取值一定，波函数 ψ 的具体数学表达式也就确定了，因此，我们可以用 n、l、m、m_s 四个参数的一组取值来间接描述特定电子的运动状态，也就是说，n、l、m、m_s 四个参数的一组取值就代表着一个原子轨道。

由于 n、l、m、m_s 四个参数的取值是不连续的，所以我们将其称为**量子数**。

根据运动电子能量量子化的概念，可以推测出核外电子是按能级高低分层分布的，这种不同的能层就称为电子层(electron layer)。从统计的观点，电子层是按电子出现概率较大区域离核的远近来划分的。

n 是主量子数(principal quantum number)，它代表着原子轨道(即运动电子)离核的远近，决定了运动电子所在的电子层数和电子在核外出现概率最大区域离核的平均距离，是影响运动电子能量的主要因素。n 的取值是 1，2，3，…等所有的正整数，但对于地球上的任何元素，尚未发现 $n>7$ 的基态。对于 $n=1$，2，3，4，5，6，7 这七个取值，即七个电子层，在光谱学上分别用 K、L、M、N、O、P、Q 来表示。原子轨道(即运动电子)的能量随 n 值的增大而升高。

l 是角量子数(azimuthal quantum number)，代表着原子轨道(或电子云)的形状(见图 2-6 和图 2-7),是影响运动电子能量的因素之一。l 值可以取从 0 到 $n-1$ 的正整数,$l=0,1,2,\cdots,n-1$,在光谱学上分别用 s、p、d、f、g 等符号表示,总共可以取 n 个数值,称为电子亚层,l 的取值受 n 值的限制。

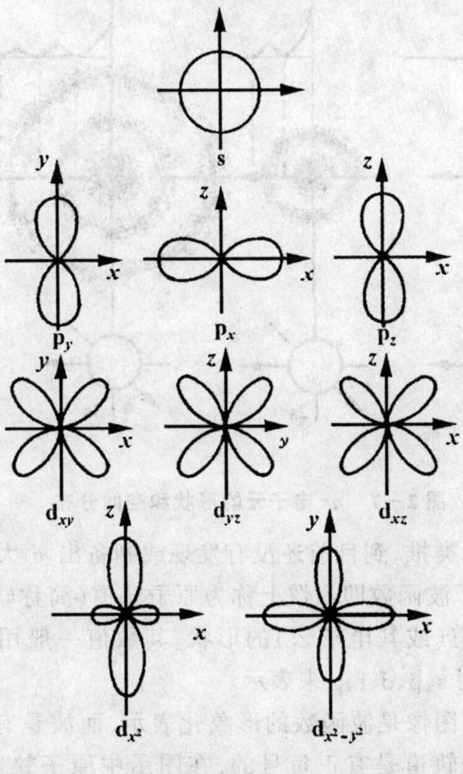

图 2-6　原子轨道(省略位相符号)及其对应的电子云形状示意图

通常将 n 值相同,l 值也相同的电子归在同一电子亚层,不同的电子层中,其亚层数不同:

$n=1$(K 层):$l=0$(s 态),只有 1s 一个亚层。$l=0$ 的原子轨道称为 s 轨道,相应的电子云就称为 s 电子云,呈球形对称。

$n=2$(L 层):$l=0$(s 态),$l=1$(p 态),有 2s、2p 两个亚层。$l=1$ 的原子轨道称为 p 轨道,相应的电子云就称为 p 电子云,呈哑铃形分布,p 轨道(或电子云)沿某一直角坐标轴的方向有最大值。

$n=3$(M 层):$l=0$(s 态),$l=1$(p 态),$l=2$(d 态),有 3s、3p、3d 三个亚层。其中 $l=2$ 的原子轨道称为 d 轨道,相应的电子云就称为 d 电子云,呈花瓣形分布。

$n=4$(N 层):$l=0$(s 态),$l=1$(p 态),$l=2$(d 态),$l=3$(f 态),有 4s、4p、4d、

4f 四个亚层。其中 $l=3$ 的原子轨道称为 f 轨道,相应的电子云就称为 f 电子云,其形状复杂。

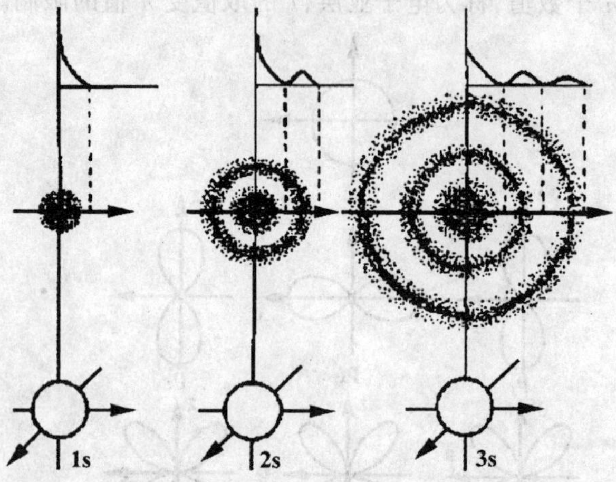

图 2-7　*n*s 电子云的形状和空间分布

$n=5$、6、7 等依此类推,到目前还没有发现或制备出 n 大于 7 的元素。

l 值基本上反映了波函数即习惯上称为原子轨道(简称轨道)的形状。每种 l 值表示一类原子轨道(或其电子云)的形状,其数值一般用光谱学符号表示:$l=0$、1、2、3、4分别用 s、p、d、f、g 来表示。

要注意,原子轨道图像是波函数的形象化表示,而波是有位相的,位相是有正负之分的,所以原子轨道是有正负号的,在图示中**原子轨道的正负与坐标一致**,电子云是几率密度的形象化表示,无正负之分。同种类型的原子轨道的形状与电子云的形状是类似的,只不过原子轨道略"瘦"一些,而电子云稍"胖"一些。

m 是磁量子数(magnetic quantum number),代表了原子轨道在空间的伸展方向。m 的数值受 l 数值的限制,它可以取包括 0 在内从 $-l$ 到 $+l$ 的所有整数值,故 l 确定后 m 可以取 $2l+1$ 个数值,每一个不同的取值代表着原子轨道在空间的一个伸展方向。

通常把 n、l 和 m 都确定的电子运动状态称为**原子轨道**,一般可以用"○"或"□"等表示。n 和 l 相同的几个原子轨道的能量一般是等同的,这样的轨道称为等价轨道(equivalent orbital)或简并轨道(degenerate orbital)。如相同的 3 个 p 轨道、5 个 d 轨道或 7 个 f 轨道等,都是简并轨道。

原子中电子不仅绕核旋转,而且还绕着本身的轴作自旋运动。m_s 是自旋量子数(spin quantum number),只有 $+1/2$ 和 $-1/2$ 两个取值,分别代表了运动电子两个相反的自旋方向,通常可用向上(↑)和向下(↓)的箭头来表示。

上述四个量子数综合起来,可以说明电子在原子中的运动状态。如对原子中某一电子来说,如果只指出 $n=2$,这是不够明确的,因为 $n=2$ 的电子,可以是 s 电子,也可以是 p 电子。如果指出它的 $l=1$,则是 p 电子,但又必须要指出 m 值,最后,还必须指出电子的自旋方向,即 m_s 是 $+1/2$ 还是 $-1/2$。总之,必须是四个量子数的一组取值,才能完全说明某一个电子的运动状态。对于多电子原子,要完整描述其核外所有电子的运动状态(亦即原子结构),就必须要知道每一个电子的量子数取值。

例 2.5　写出下列各状态的轨道符号(s、p、d、…对应于 l 的 0,1,2,…):

(1) $n=3, l=0$;(2) $n=5, l=3$;(3) $n=4, l=2$;(4) $n=2, l=1$

解　(1) 3s;(2) 5f;(3) 4d;(4) 2p(或 $2p_x$)

例 2.6　写出下列符号的轨道数(相当于 m 的个数):

(1) $n=2$,(2) 2p,(3) $2p_x$

解　(1) $n=2$ 时,$l=0,1$;对应于 $l=0, m=0$;$l=1, m=0, \pm1$;所以 m 共有 4 个取值,即 4 个轨道。

(2) 2p,$l=1, m=0, \pm1$,共 3 个 m 值,3 个轨道。

(3) $2p_x$,$l=1$,在 x 轴方向伸展,$m=0$(或 -1、$+1$),一个 m 值,1 个轨道。

§2.3.3　多电子原子核外电子的运动状态

上面从量子力学的原子模型出发,介绍了核外电子的运动状态。下面将重点讨论多电子原子核外电子的运动状态,即多电子原子的结构,分析核外电子是如何分布在各个轨道上的。电子在核外各个轨道上的分布称为核外电子排布(arrangement of extranuclear electrons),对氢原子,通常其核外的一个电子总是位于基态 1s 轨道上。除氢外,其它元素的原子核外都不止一个电子,这些原子统称为多电子原子(multielectron atoms)。要了解多电子原子的核外电子是怎样排布的,首先要对多电子原子的能级进行讨论。

§2.3.3.1　多电子原子的原子轨道能级

氢原子的核外只有一个电子,原子的基态和激发态的能量都取决于主量子数,与角量子数无关,原子的能级主要由光谱实验结果获得。在多电子原子中,由于电子之间的相互作用,使主量子数相同的各轨道产生分裂。原子的能级主要与主量子数有关,但角量子数也有很大影响。多电子原子中各个电子在轨道上的能量很复杂,在此仅讨论各个原子轨道能级的相对高低。

鲍林(L.Pauling)根据光谱实验的结果,总结出了多电子原子轨道近似能级图,如图 2-8 所示。图中每个小方块表示一个原子轨道,它们所在位置的高低表示各轨道能级的相对高低。这样的图称为鲍林近似能级图(approximate energy level diagram),它反映了核外电子填充的一般顺序,能级由低到高的顺序为:1s;2s、2p;3s、3p;4s、3d、4p;5s、4d、5p;6s、4f、5d、6p;7s、5f、6d、7p;…

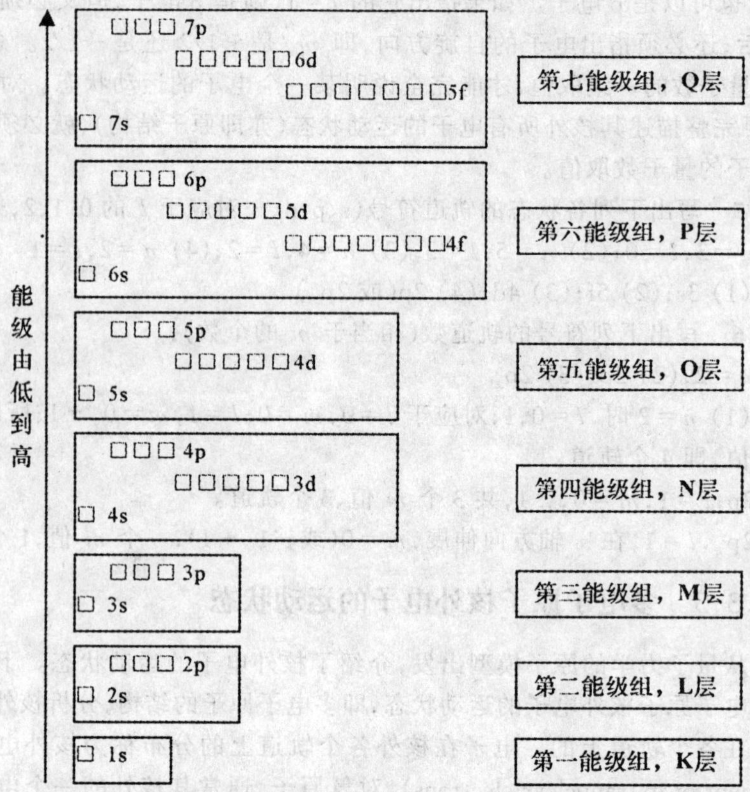

图 2-8 原子轨道鲍林近似能级图

我国化学家徐光宪从光谱数据也归纳出了能级高低顺序的规律:

1) 对原子的外层电子,$(n+0.7l)$越大,电子能量越高。

2) 对离子的外层电子,$(n+0.4l)$越大,电子能量越高。

3) 对原子或离子较深的内层电子,能量高低基本上取决于主量子数 n。

鲍林近似能级图与徐光宪能级规律是一致的。例如,根据徐光宪能级规律,4s 的 $n+0.7l=4+0.7\times0=4$;3d 的 $n+0.7l=3+0.7\times2=4.4$,4p 的 $n+0.7l=4+0.7\times1=4.7$。则 $n+0.7l$ 的大小顺序为:4s<3d<4p,与鲍林近似能级图能级高低顺序一致。

从图 2-8 中可以看出,ns 能级均低于$(n-1)$d,这种 n 值大的亚层的能量

反而比 n 值小的亚层的能量还低的现象称为能级交错(energy leveloverlap)。要注意,能级交错是针对空的原子轨道而言的,在填入电子后其能级可能会有所降低,能级次序也会按量子数的大小排列。根据原子轨道近似能级图,把能量相近的能级分为一个组,共分七个能级组。能级组内各能级能量差别不大,组与组间能级的能量差别较大。能级组的存在是周期表中化学元素可划分为不同周期及每个周期应有元素数目的根本原因。

§2.3.3.2　多电子原子核外电子的分布

1) 核外电子分布的三个原则

为了比较简明的了解多电子原子核外电子的运动状态,即多电子原子结构,我们可以假设在开始形成原子时,核外所有的原子轨道都是空的,确定数目的电子按一定规则顺序填入,最终形成了原子。根据光谱实验结果以及对元素周期律的分析,总结出填充电子形成核外电子分布时要遵循以下三个原则:

能量最低原理:电子在原子中总是尽可能处于能量最低状态,这样的状态最稳定。核外电子总是分布到能量较低的轨道,这一规律称为能量最低原理(lowest energy principle)。因此,核外电子按近似能级图由低至高填充到各原子轨道中。

泡利不相容原理:瑞士物理学家泡利(W.Pauli)根据光谱实验结果和考虑到周期系中每一周期元素的数目,提出了一个假定——不相容原理(exclusion principle)。该原理认为:同一个原子内不可能存在四个量子数完全相同的两个电子,或者说同一个原子中不会有运动状态完全相同的两个电子。这一规则说明了任何一个原子轨道最多只能容纳两个自旋方向相反的电子,由此可以确定各种原子轨道所能填充电子的数目,即 s 轨道可填 2 个电子,p 轨道可填 6 个电子,d 轨道可填 10 个电子,f 轨道可填 14 个电子。

洪特规则:洪特(F.Hund)根据大量光谱实验数据总结出一个普遍规律:在同一亚层的各个轨道(即简并轨道或等价轨道)上,电子将尽可能以自旋平行的方向分占不同的原子轨道。此规则称为洪特规则(Hund's rule)。例如,氮原子的最外层 2p 轨道共有 3 个电子,按照洪特规则应如下分布:

作为洪特规则的特例,当等价轨道处于全充满(p^6、d^{10}、f^{14})、半充满(p^3、d^5、f^7)或全空状态时,原子的结构比较稳定,核外电子会优先按此分布。例如原子序数为 29 的元素铜,其原子核外电子的外层排布为 $3d^{10}4s^1$,而不是 $3d^94s^2$,此

外$_{46}$Pd、$_{47}$Ag、$_{79}$Au 也有类似情况；亚层半充满的例子如$_{24}$Cr，它的外层电子分布式为 $3d^54s^1$，而不是 $3d^44s^2$，此外$_{42}$Mo、$_{64}$Gd、$_{96}$Cm 也有类似情况。

一定要注意，上述三个原则只是根据光谱实验结果总结出来的近似规律，在周期表中有一些例外情况，真正的原子结构还是要以实验测定结果为准。

2) 基态原子中电子的分布

核外电子的分布是客观事实，本不存在人为地向核外原子轨道填入电子以及填充电子的先后次序问题，但作为研究原子核外电子运动状态的一种科学假设，对于了解原子的电子层结构是有益的。

对于多电子原子，根据以上三原则(外加一特例)和原子序数，可以写出周期系中大多数元素基态时的电子分布式，或称为原子的电子结构分布式。书写基态原子的电子结构分布式可分三步完成。

(1) 写出原子轨道能级顺序；

(2) 按上述三原则和特例在每个轨道上填充电子；

(3) 将相同主量子数的各亚层按 s、p、d、f 的顺序进行整理，即可得到基态原子的电子结构分布式。

例 2.7 写出 35 号元素溴元素的电子结构分布式。

解 (1) 写出原子轨道能级顺序：1s2s2p3s3p4s3d4p5s4d5p；

(2) 按上述原则在每个轨道上填充电子。Br 原子序数为 35，共有 35 个电子，直至排完为止。即 $1s^22s^22p^63s^23p^64s^23d^{10}4p^5$；

(3) 将相同主量子数的各亚层按 s、p、d、f 的顺序整理得：$1s^22s^22p^63s^23p^6 3d^{10}4s^24p^5$，这就是 Br 元素基态时的电子结构分布式。

有时为了避免书写过长，又由于化学反应通常仅涉及外层电子的改变，因此常将内层电子分布式用该元素前一周期的稀有气体的元素符号加方括号(称为原子实)代替，再加上外层电子的分布，即为该原子基态时的电子分布式，如 Br 的电子分布式可写成：$[Ar]3d^{10}4s^24p^5$，Fe 的电子分布式可写成：$[Ar]3d^64s^2$ 等。

我们反复强调过“结构决定性质”这一简单而又重要的概念，原子结构当然决定着原子的性质，在多电子原子表现其各种物理或化学性质时，原子核是不发生变化的，变化的只是原子核外电子的运动状态，实际上也并非总是所有核外电子的运动状态都会发生明显的变化，一般发生变化的仅仅是外层电子，我们将其称为**价电子**，价电子所在的原子轨道称为**价层轨道**。根据上述核外电子分布的规律，结合鲍林近似能级图，我们可以比较容易地判断一个原子的价层轨道以及价电子，具体方法是：根据鲍林近似能级图按上述原则填充电子，确定最后一个电子填充轨道的主量子数 n，若在此之前电子填充轨道的最大主量子数 n' 大于或等于 n，则主量子数为 n' 的填充轨道和其后主量子数大于或等于 n 以及主量子数小于或等于n'的所有轨道(包括未填充电子的能量最低的空轨道)都是价层轨道,价层轨道上的电子就是价电子。

例如:24 号铬(Cr)元素,按规则所有电子如下填充:$1s^22s^22p^63s^23p^64s^13d^5$,最后一个电子填充在 3d 上,主量子数 $n=3$,在此之前电子填充轨道的最大主量子数 n'为 4 大于 n,则 24 号铬元素的价层轨道就是 3d4s,其价层电子分布为 $3d^54s^1$,价层轨道上的 6 个电子就是其价电子。

再如:7 号氮(N)元素,所有电子如下填充:$1s^22s^22p^3$,最后一个电子填充在 2p 上,主量子数 $n=2$,在此之前电子填充轨道的最大主量子数 n'为 2 等于 n,则 7 号氮元素的价层轨道就是 2s2p,其价层电子分布为 $2s^22p^3$,价层轨道上的 5 个电子就是其价电子。

11 号钠(Na)元素的所有电子如下填充:$1s^22s^22p^63s^1$,最后一个电子填充在 3s 上,主量子数 $n=3$,在此之前所有电子填充轨道的主量子数都小于 n,则 11 号钠元素的价层轨道就是 3s,其价层电子分布为 $3s^1$,价层轨道上的 1 个电子就是其价电子。

76 号锇(Os)元素的电子如下填充:$1s^22s^22p^63s^23p^64s^23d^{10}4p^65s^24d^{10}5p^66s^24f^{14}5d^6$,最后一个电子填充在 5d 上,主量子数 $n=5$,在此之前电子填充轨道的最大主量子数 n'为 6 大于 n,则 76 号锇元素的价层轨道就是 5d6s,其价层电子分布为 $5d^66s^2$,价层轨道上的 8 个电子就是其价电子。

63 号铕(Eu)元素的电子如下填充:$1s^22s^22p^63s^23p^64s^23d^{10}4p^65s^24d^{10}5p^66s^24f^7$,最后一个电子填充在 4f 上,主量子数 $n=4$,在此之前电子填充轨道的最大主量子数 n'为 6 大于 n ,则 63 号铕元素的价层轨道就是 4f5d6s(因空 5d 轨道的主量子数大于 n 而小于n'),其价层电子分布为 $4f^75d^06s^2$,价层轨道上的 9 个电子就是其价电子。

3) 基态阳离子的结构

像描述原子结构一样,基态阳离子的结构也用其核外电子分布式来描述,可以在相应原子核外电子分布的基础上来考虑,通过对基态原子和离子内轨道能级的研究,从大量光谱数据中可得如下经验规律:

基态原子外层电子填充顺序:ns、$(n-2)$f、$(n-1)$d、np

价电子电离顺序:np、ns、$(n-1)$d、$(n-2)$f

也就是说,在写出相应原子核外电子分布式后,根据基态阳离子的电荷数,从最外层开始依次去掉相应数目的价电子,剩下的就是基态阳离子的核外电子分布。

例如,82 号 Pb 原子中电子的分布为$[Xe]4f^{14}5d^{10}6s^26p^2$;则 Pb^{2+} 和 Pb^{4+} 的核外电子分布式分别为$[Xe]4f^{14}5d^{10}6s^2$ 和$[Xe]4f^{14}5d^{10}$。

Fe是26号元素，大家可以自己写出 Fe^{2+} 和 Fe^{3+} 的电子结构，并简单分析一下它们比较常见的原因。

§2.3.3.3 屏蔽效应与有效核电荷

元素的金属性或非金属性是其最基本的性质之一，简单地说，元素的金属性就是其失去价电子的性质，而元素的非金属性就是其得到电子的性质，而这都取决于原子核对核外电子的束缚能力。原子核外某一电子(一般称为指定电子)不仅要受到核的吸引，同时还要受到核外其余电子的排斥作用。在多电子原子中考虑核外电子之间的相互作用时，可用一种近似的方法来处理：把多电子原子中其余电子对指定电子的排斥作用，简单地看成是抵消了一部分核电荷对指定电子的吸引作用，相当于作用于指定电子核电荷数的减少。这种在多电子原子中其余电子抵消核电荷对指定电子吸引作用的现象称为**屏蔽效应**(screening effect)，其余电子抵消核电荷的程度即屏蔽效应的强弱，可用一个实验得到的经验常数来衡量，称为**屏蔽常数**(screening constant)，用 σ 表示，它相当于抵消掉的核电荷数。因此，指定电子真正感受到的核电荷数就是实际核电荷数 Z 减去其余电子的总屏蔽常数，称为有效核电荷，用 Z^* 表示。下面是屏蔽常数的近似计算规则，称为 Slater 规则：

1) 首先要写出基态原子的核外电子分布式；

2) 将原子核外的电子按如下分组：

1s;2s,2p;3s,3p;3d;4s,4p;4d;4f;5s,5p;5d⋯；

3) 内层电子对指定电子的屏蔽常数值规定如下：

(1) 被屏蔽电子(即指定电子)右边的各组电子，对被屏蔽电子的屏蔽常数 $\sigma=0$；

(2) 1s 轨道上的2个电子相互间的屏蔽常数 $\sigma=0.3$，其它同一轨道上的其余电子对指定电子的屏蔽常数 $\sigma=0.35$；

(3) 若被屏蔽电子是 ns 或 np 电子时，$(n-1)$层轨道上每一个电子对指定电子的屏蔽常数 $\sigma=0.85$，$(n-2)$层轨道及更内层的每一个电子对 n 层轨道指定电子的屏蔽常数 $\sigma=1.0$；

(4) 若被屏蔽电子为 nd 或 nf 电子时，则位于它左边的每一个电子对它的屏蔽常数 $\sigma=1.0$。

4) 将原子中其余电子对被屏蔽电子的屏蔽常数求和，即得其余电子对指定电子总的屏蔽常数 $\sum\sigma$。用原子核电荷数(即原子序数) Z 减去其余电子对指定电子的总屏蔽常数 $\sum\sigma$，就可以得到实际作用于指定电子的有效核电荷 Z^* (effective nuclear charge)：

$$Z^* = Z - \sum\sigma \tag{2-11}$$

例 2.8　试计算 22 号元素 Ti 原子中作用于 4s 和 3d 电子上的有效核电荷。

解　Ti 的原子序数 $Z=22$，其电子分布式为：$1s^2 2s^2 2p^6 3s^2 3p^6 3d^2 4s^2$，按近似计算规则：

(1) 作用在 4s 电子上的屏蔽常数为

$$\sum\sigma = 1 \times 0.35 + 10 \times 0.85 + 10 \times 1.0 = 18.85$$

所以，作用在 4s 电子上的有效核电荷为

$$Z_{4s}^* = Z - \sum\sigma = 22 - 18.85 = 3.15$$

(2) 作用在 3d 电子上的屏蔽常数为

$$\sum\sigma = 1 \times 0.35 + 18 \times 1.0 = 18.35$$

所以，作用在 3d 电子上的有效核电荷为

$$Z_{3d}^* = Z - \sum\sigma = 22 - 18.35 = 3.65$$

答：Ti 原子中作用于 4s 和 3d 电子上的有效核电荷分别为 3.15 和 3.65。

一般来讲，屏蔽常数 $\sum\sigma$ 越大，有效核电荷 Z^* 越小，核对该电子的吸引力就越小，因此该电子的能量就越高，也就越容易失去。如 Ti 原子中对 4s 电子总的屏蔽常数大于对 3d 电子总的屏蔽常数，而 $Z_{4s}^* < Z_{3d}^*$，所以 Ti 的 4s 电子比 3d 电子更易失去。

总的来讲：

(1) l 相同，n 越大，原子轨道的能量越高。这是因为 n 越大，电子离核的平均距离越远，受内层电子的屏蔽作用也越大，从而有效核电荷减小，能量越高。

(2) n 相同，l 不同，则 l 越大，轨道能级越高。这可由大量原子光谱实验结果所证实，其原子轨道能级顺序为 $E_{ns} < E_{np} < E_{nd} < E_{nf}$。

(3) 当 n 和 l 都不同时，相邻能级的高低问题尚有争议(例如 3d 和 4s)。在近似能级图中，$E_{4s} < E_{3d}$，$E_{5s} < E_{4d}$，$E_{6s} < E_{4f} < E_{5d}$ 等，这就是所谓的能级交错现象。

§2.3.4　元素的原子结构和周期律

各元素基态原子的电子分布是根据光谱实验数据确定的，有些元素原子的电子分布还不能用核外电子分布原则予以圆满解释。原子的核外电子分布决定了元素的性质，特别是最外层电子分布对元素性质有极大影响。由于核外电子基本上按近似能级图规律分布，从而使原子电子层结构出现周期性的变化规律，

构成了元素周期表。元素周期表是元素周期律的体现，它全面地反映了元素性质的周期性，故原子结构周期性变化是元素周期表的核心。现以常用的长式周期表讨论元素周期表与核外电子分布的关系。

§2.3.4.1　**元素周期表**

根据各周期中元素的数目，可把周期表分成一个特短周期、两个短周期、两个长周期、一个特长周期和一个不完全周期，共七个周期。

第一周期元素：从原子序数为 1 的 H 到原子序数为 2 的 He，电子分布在第一能级组仅有的一个 1s 轨道上，最多只能容纳 2 个电子，只有两种元素，为**特短周期**。

第二周期元素：从原子序数为 3 的 Li 到原子序数为 10 的 Ne，增加的电子依次分布在第二能级组的 2s 和 2p 轨道上。外层电子分布从 $2s^1$ 的 Li 依次分布到 $2s^2 2p^6$ 的 Ne，共 8 种元素，为**短周期**。

第三周期元素：从原子序数为 11 的 Na 到原子序数为 18 的 Ar，增加的电子依次分布在第三能级组 3s3p 轨道上。价层电子分布从 $3s^1$ 的 Na 到 $3s^2 3p^6$ 的 Ar，共 8 种元素，仍属**短周期**。

第四周期元素：从原子序数为 19 的 K 到原子序数为 36 的 Kr，增加的电子分布在第四能级组 4s3d4p 轨道上，价层电子分布依次由 $4s^1$ 的 K 到 $3d^{10} 4s^2 4p^6$ 的 Kr，共 18 种元素，属**长周期**。但 Cr 以 3d 半满的稳定结构 $3d^5 4s^1$ 存在，而不是 $3d^4 4s^2$；Cu 以 3d 全充满的稳定结构 $3d^{10} 4s^1$ 而存在，而不是 $3d^9 4s^2$。

第五周期元素：从原子序数为 37 的 Rb 到原子序数为 54 的 Xe，增加的电子分布在第五能级组 5s4d5p 轨道上，价层电子分布依次由 $5s^1$ 的 Rb 到 $4d^{10} 5s^2 5p^6$ 的 Xe，共 18 种元素，也属**长周期**。但根据光谱实验，Nb、Ru、Rh、Pd 等原子的电子分布规律不完全与上述分布原则符合。

第六周期元素：从原子序数为 55 的 Cs 到原子序数为 86 的 Rn，增加的电子依次分布在第六能级组 6s4f5d6p 轨道上，价层电子分布依次由 $6s^1$ 的 Cs 到 $4f^{14} 5d^{10} 6s^2 6p^6$ 的 Rn，共 32 种元素，属**特长周期**。其中 La 的电子分布是 $5d^1 6s^2$，而不是 $4f^1 5d^1 6s^1$，这是因为 f 轨道全空也是稳定结构。此周期元素中由原子序数为 57 的镧到原子序数为 71 的镥共 15 个元素占据周期表中一格，称**镧系元素**。其中除 La 以外的 14 个元素，电子分布在 4f 轨道上，所以这些元素又称 4f 元素。本周期元素中 Pt 的核外电子分布与所述规律不一致。

第七周期元素：从原子序数为 87 的 Fr 到已发现的原子序数为 112 的元素，新增加的电子分布在第七能级组 7s5f6d7p 上，由于该周期到目前只发现 26 个元素，少于其最大容量(32)，所以称为**不完全周期**。其中原子序数由 89 到 103 的全是放射性元素，称为**锕系元素**。它们也只占据周期表一格的位置。该周期元素除 Fr、Ra、Ac、Th 外，电子分布在 5f 轨道上。原子序数从 89 起，电子还分布于 6d 轨道。此周期元素电子分布例外的更多。

103 号以后的元素为人工合成元素。

比较原子的电子结构和元素周期系的关系，可得出如下结论：

1）元素的原子序数等于该元素原子的核电荷数或中性原子的核外电子数。

2）元素的周期数等于该元素原子的电子层数或基态原子的最大主量子数（唯一的例外是$_{46}$Pd 元素，请认真思考是什么原因？）。

3）在周期表中，同一周期元素的原子结构有规律地发生变化，它们的性质也依次递变并呈现出周期性，原因是随着原子序数的增加，周期性地重复着相似的电子构型（electron configuration）的结果。

4）周期表中元素分族的根据是原子的电子构型。

周期表中把价层电子构型相似、因而性质也相似的元素排成纵列，称为族，共有 16 个。包括 7 个主族（A 族）、7 个副族（B 族）、零族和第Ⅷ族。由于Ⅷ族包括三个纵列，所以共有 18 个纵列。

周期表中同族（同列）元素的电子层数虽然不同，但它们的外层电子构型非常相似。对于主族元素，其族数等于其价层电子数。例如ⅤA 族元素，它们的价层电子数都是 5，价层电子构型也都同为 ns^2np^3：

N：[He]$2s^22p^3$；　P：[Ne]$3s^23p^3$；　As：[Ar]$3d^{10}4s^24p^3$；

Sb：[Kr]$4d^{10}5s^25p^3$；　Bi：[Xe]$4f^{14}5d^{10}6s^26p^3$

对于副族元素，其族数一般也等于其价层电子数，但要注意第Ⅷ族的第二、三列元素。例如ⅦB 族，其价层轨道包括最外层的 s 轨道和次外层的 d 轨道，价层电子数之和是 7，外电子构型同为 $(n-1)d^5ns^2$：

Mn：[Ar]$3d^54s^2$；　Tc：[Kr]$4d^55s^2$；　Re：[Xe]$4f^{14}5d^56s^2$

5）同族元素在化学性质和物理性质上的类似性，决定于原子价层电子结构的类似性，而同族元素在性质上的递变则决定于电子层数的依次增加，可以根据有效核电荷进行近似分析。

总之，元素性质的周期性决定于原子电子层结构的周期性，这就是元素周期系的实质。

§2.3.4.2　原子的电子层结构与元素的分区

周期表中的元素除了按周期和族划分外，还可按元素的原子在哪一亚层增加电子，而把它们划分为 s，p，d，ds 和 f 五个区：

1）s 区元素：包括ⅠA 和ⅡA 族元素，价层电子构型为 $ns^{1\sim2}$。

2）p 区元素：包括ⅢA 到ⅦA 族和 0 族元素，价层电子构型为 $ns^2np^{1\sim6}$。

3) d 区元素：包括ⅢB 到ⅦB 族和Ⅷ族的元素，价层电子构型为$(n-1)d^{1\sim9}ns^{1\sim2}$(注意：Pd 为$(n-1)d^{10}ns^0$，是周期表中唯一的电子层数与周期数不一致的元素)。

4) ds 区元素：包括ⅠB 和ⅡB 族的元素，价层电子构型为$(n-1)d^{10}ns^{1\sim2}$。

5) f 区元素：包括镧系和锕系元素。价层电子构型为$(n-2)f^{0\sim14}(n-1)d^{0\sim2}ns^2$。

对元素周期表的分区实际上也是根据前述原子核外电子分布规律来进行的，是在将元素划分成不同周期和不同族的基础上，在更大范围内阐述了元素性质的相似性。周期的划分对应于原子结构中的主量子数 n，族的划分则对应于原子结构中价层电子数的多少，而元素的分区则对应于原子结构中角量子数 l，这更进一步说明了原子结构的相似性决定了原子性质的相似性。

§2.3.4.3 元素的性质与原子结构的关系

原子半径，电离能、电子亲和能、电负性等都是元素的基本性质，与原子电子层结构的周期性变化密切相关，它们在元素周期表中呈现规律性的变化。

1) 原子半径

由于电子云没有明显的界面，因此原子大小的概念是比较模糊的，最外电子层到原子核的距离实际上是难以确定的。通常所说的原子半径是根据该原子的不同存在形式来定义的。常用的有以下三种：

(1) 共价半径

两个相同原子形成共价键时，其核间距离的一半，称为原子的共价半径。如果没有特别注明，通常指的都是形成共价键时的共价半径。如单晶硅中 Si－Si 核间距离为 334 pm，所以硅的共价半径 $r=167$ pm。

(2) 范德华半径

在分子晶体中，分子之间是以范德华力结合的。如在稀有气体的晶体中，两个相邻原子核间距的一半，就是稀有气体的范德华半径。

(3) 金属半径

金属单质的晶体中，两个相邻金属原子核间距的一半称为该金属原子的金属半径。例如把金属铜中两个相邻 Cu 原子核间距的一半(117 pm)定义为 Cu 原子的半径。

元素的原子半径多在 50～220 pm，呈现出明显的周期性变化，其变化规律如图 2－9 所示。对于短周期元素，每增加 1 个电子，有效核电荷的增加值为 $Z^*=1-0.35=0.65$，所以同周期 s 区和 p 区(稀有气体除外)元素的原子半径，从左到右，显著递减。

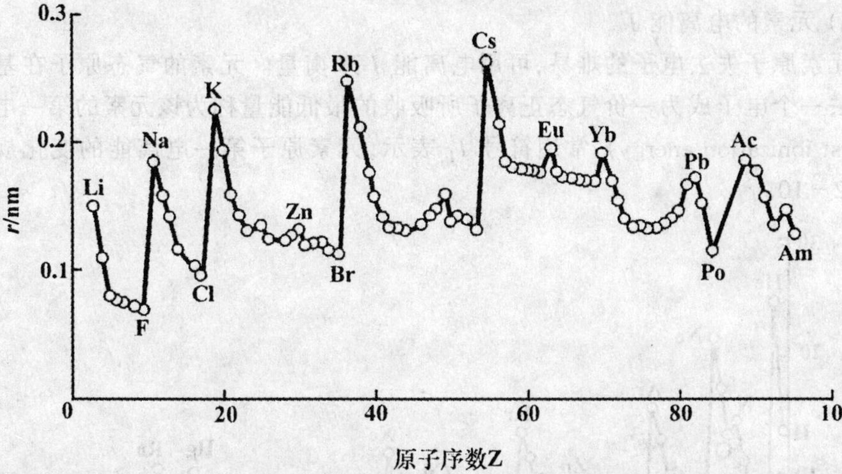

图 2－9　元素原子半径的变化规律

对于长周期元素，前面的 s 区元素和后面的 p 区元素，与短周期一样，原子半径显著递减；而对于中间的 d 区元素，由于最后一个电子填充在次外层，故原子序数增加 1 时，最外层电子所感受到的有效核电荷只增加 $Z^* = 1 - 0.85 = 0.15$，所以原子半径从左至右递减较慢，且不很规律。

因 ds 区元素原子的 d 电子已全满，对外层电子斥力较大，对核电荷屏蔽作用较强，故原子半径又稍有增大。f 区元素由于电子增加在$(n-2)$层，所以原子每增加一个电子，有效核电荷几乎没有增加，原子半径的递减微小且很不规则。镧系元素随原子序数的递增而原子半径递减微小的现象称为“**镧系收缩**”，其直接结果是镧系元素的原子半径非常接近，元素性质也差异不大，因此，常在自然界的矿物中共生。

同族元素从上至下，虽然核电荷数增加，但内层的屏蔽效应也增加，故最外层电子所感受到的有效核电荷变化不大，但由于电子层数增加，原子半径应该增大，对主族元素而言，的确如此，原子半径显著增大；而副族元素原子半径的递增并不显著（ⅢB 除外），特别是同副族第五周期和第六周期的两个元素（如 Zr 和 Hf；Nb 和 Ta），原子半径相差很小，这是由于“镧系收缩”效应所致。

原子半径小，核电荷对外层电子的吸引力强，元素的原子难以失去电子而易与电子结合，非金属性强；反之，原子半径大，核电荷对外层电子吸引力弱，元素的原子易于失去电子，金属性强。

原子半径与岩石矿物中元素共生有密切的关系。一般原子半径相近的元素易共生在一起,如 Nb 和 Ta,Zr 和 Hf,镧系元素等。

2) 元素的电离能 I

元素原子失去电子的难易,可用电离能 I 来衡量。元素的气态原子在基态时失去一个电子成为一价气态正离子所吸收的最低能量称为该元素的第一电离能(first ionization energy),常用符号 I_1 表示,元素原子第一电离能的变化规律见图 2-10。

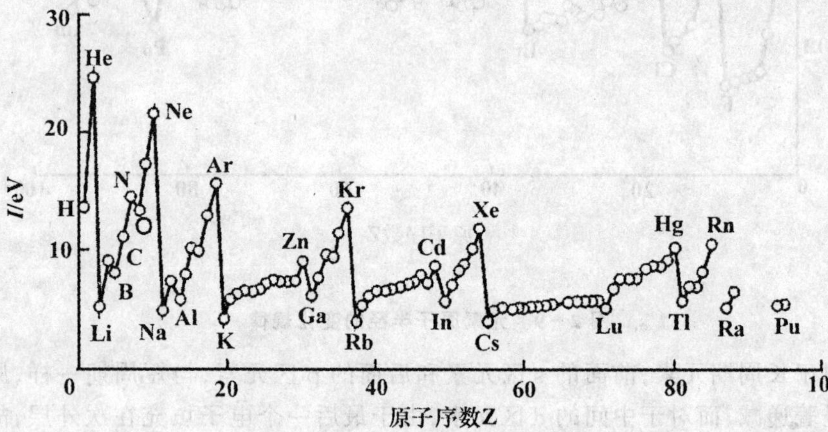

图 2-10　元素原子第一电离能的变化规律

从一价气态正离子再失去一个电子形成二价正离子所需吸收的最低能量称为该元素的第二电离能 I_2,依次类推,还可以有第三电离能 I_3、第四电离能 I_4 等,元素电离能的大小顺序是:$I_1 < I_2 < I_3 < I_4, \cdots$,元素的第一电离能 I_1 最为重要。

影响电离能大小的因素有原子半径、核电荷和电子层结构。一般来说,原子半径越小,有效核电荷越多,原子核对外层电子的吸引力越强,越不易失去电子,电离能越大。电子层结构的影响表现在原子的最外层电子数越少,越易失去电子,电离能越小;反之,最外层电子数越多,越难失去电子,电离能越大。所以同一周期从左至右电离能总的趋势是增大。同一周期中元素的电离能有些曲折变化,这是由于在原子轨道处于半满如 N($2p^3$)、全满如 Be($2s^2$)时电子层结构比较稳定之故,所以它们的电离能不是小于而是大于其后面一个元素的电离能。稀有气体的电离能最大,因它们具有稳定的电子结构 ns^2np^6(He 除外)。同一主族元素由上到下,原子半径增大,原子核对最外层电子的吸引力减弱,电离能减小。但同一副族、不同周期元素电离能的变化则不很规则。

元素的第一电离能大,表示其原子不易失去电子,即非金属性强;第一电离能小，表示其原子易失去电子，即金属性强。电离能相近的元素，化学性质也相似。

电离能数据除了可以说明金属的活泼性外，还可以解释元素的常见化合价：若 I_2 远大于 I_1，元素通常呈 +1 价；若 I_3 远大于 I_2，元素通常呈 +2 价……。任何元素第三电离能之后的各级电离能数值都较大，即高于 +3 价的独立阳离子很少存在。如钠元素的 $I_1 = 496\ \mathrm{kJ \cdot mol^{-1}}$，$I_2 = 4\ 562\ \mathrm{kJ \cdot mol^{-1}}$，$I_2$ 远远大于 I_1，所以钠通常呈 +1 价。

3）元素的电子亲和能 *EA*

元素的原子结合电子的难易，可用电子亲和性(electron affinity)衡量。使某元素的一个基态的气态原子获得一个电子，形成一价气态负离子时所放出的能量，称为该元素的电子亲和能，即第一电子亲和能，常用 EA_1 表示(见图 2－11)。电子亲和能也有第一电子亲和能、第二电子亲和能等等，如果不加注明，一般都是指第一电子亲和能 EA_1。当负一价离子获得电子时，由于要克服负电荷之间的相互排斥力，因此总是要吸收能量。

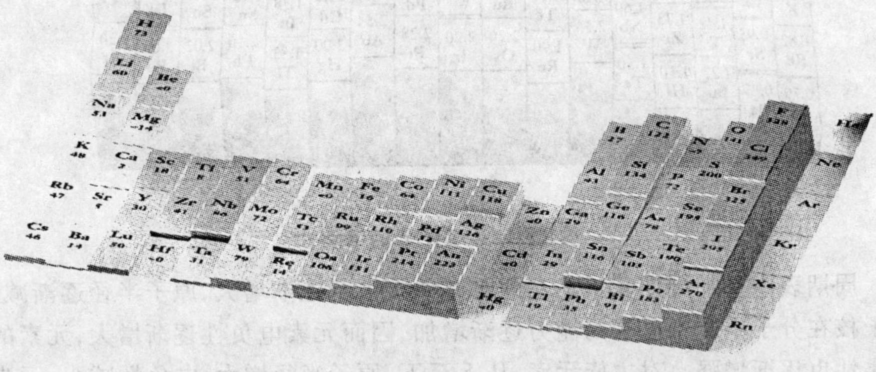

图 2－11　元素原子的第一电子亲和能

非金属原子的第一电子亲和能总是负值(放出能量)，而金属原子的电子亲和能一般为较小负值或正值(吸收能量)。电子亲和能的测定比较困难，通常用间接方法计算，因此，数值的准确度要比电离能差。

电子亲和能的大小反映了原子得到电子的难易。一般说来，电子亲和能的绝对值随原子半径的减小、核对外层电子引力的增大而增大。因此，电子亲和能在同一周期中从左至右依次增加，而同族中从上至下依次减小。

需要强调的是，难以失去电子，并不一定就易于和电子结合。例如，稀有气体既难失去电子，也难和电子结合。

4）元素的电负性

物质发生化学反应时,是原子的价层电子运动状态在发生变化。原子核对核外电子束缚力的不同,是造成元素化学性质差别的主要原因。电子亲和能和电离能各从一个方面反映了原子得失电子的能力,但都不全面。为了全面衡量分子中原子吸引电子的能力,引入了元素电负性的概念。1932 年,鲍林定义元素的电负性(electronegativity)是指在分子中原子吸引电子的能力,并指定氟的电负性最大,为 4.0。根据热化学的数据和分子的键能,比较各元素原子吸引电子的能力,可得到其它元素电负性的数值(见图 2-12)。元素电负性的数值愈大,表示原子在分子中吸引电子的能力愈强,即非金属性越强。

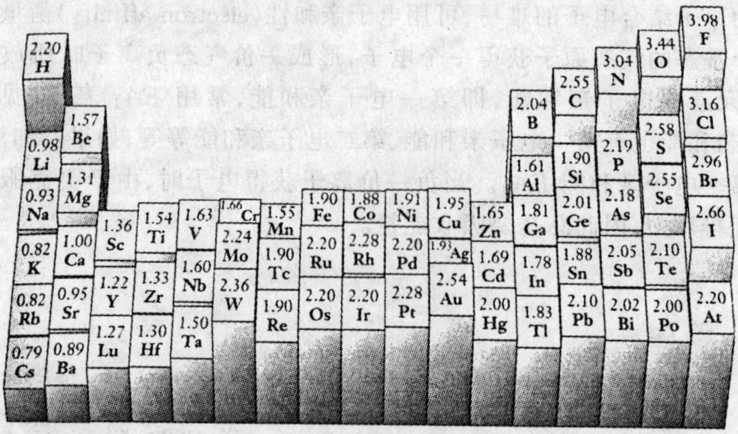

图 2-12　各元素的电负性

周期表中每一周期元素从左到右有效核电荷逐渐增大,原子半径逐渐减小,原子核在分子中吸引电子的能力逐渐增加,因而元素电负性逐渐增大,元素的非金属性也逐渐增强。对主族元素,从上至下,原子半径增大,电负性减小,元素的非金属性依次减弱,副族元素的电负性变化规律不明显。一般说来,金属元素的电负性在 2.0 以下,非金属元素的电负性在 2.0 以上。电负性是衡量各类化合物中相邻原子形成化学键属性的重要标志。

5) 氧化数

元素的氧化数(oxidation number)亦可称氧化值或氧化态,表示化合物中各原子所带的电荷或形式电荷数,该电荷数是假设把化合物中的成键原子间的共用电子都指定归于电负性更大的原子而求得。应注意,多数情况下氧化数和化合价(valence)是一致的。氧化数和正负化合价也有混用,但它们是两种不同的概念,且数值上也有不一致的情况。一般在离子化合物中元素的氧化数等于其离子单原子的电荷数,但在共价化合物中,元素的氧化数和化合价可能会出现不一致。例如,在 CH_4、CH_3Cl、CH_2Cl_2、$CHCl_3$ 和 CCl_4 中,碳的化合价均为 4,但其氧化数分别为 -4, -2,0, +2 和 +4。氧化数是元素在化合状态时的形式电荷,它按一定规则得到,不仅可以有正、负值,而且还可以是分数。例如,KO_2 中 O 的氧化数为 -1/2,在 Fe_3O_4 中 Fe 的氧化数为 +8/3。而化合价只能是整数。

元素的氧化数与其原子的核外电子层结构有着密切的关系。

元素的原子参加化学反应时,常失去或获得电子以使其最外电子层结构达到全满的2、8、18 或 18+2 个电子的稳定结构。显然,元素的最高正氧化数等于其价电子的总数。它在周期表中有明显的周期性,与原子结构有密切关系,是原子结构在化学性质上的重要反映。

对主族元素,次外电子层已经充满,主族元素从ⅠA 到ⅦA 各原子最外层电子(s 或 p 电子)都是价电子,这些元素(F 和 O 除外)的最高氧化数等于其 s 与 p 电子之和,正好等于原子中最外层电子的数目,也等于该元素所属的族数。

副族元素的氧化数不规律,原子最外层的 s 电子和次外层的 d 电子(甚至外数第三层的 f 电子)都是价电子,其氧化数在数值上等于最外层的 s 电子数或 s 电子与次外层部分或全部 d 电子(等于或小于 6)之和。例如 Mn 原子的价层电子结构为 $3d^54s^2$,可以失掉 4s 电子,氧化数为 +2,还可以失掉 3d 上的一个或全部价电子,氧化数为 +3、+4、+5、+6 或 +7。例如, $MnSO_4$、Mn_2O_3、MnO_2、K_3MnO_4、K_2MnO_4、$KMnO_4$ 中的锰。d 区和 ds 区副族元素的最高氧化数,在数值上等于其在周期表中所处的族数(铜、金和汞等元素例外),f 区元素氧化数的变化更不规律。

6) 金属性和非金属性

元素的金属性是指其原子失去电子变成正离子的性质;元素的非金属性是指其原子得到电子变成负离子的性质。元素的原子愈容易失去电子,金属性愈强;愈容易获得电子,非金属性愈强。因此,常用金属性表示在化学反应中原子失电子的能力,而用非金属性表示在化学反应中原子得电子的能力。

影响元素金属性和非金属性强弱的因素和影响元素的电离能、电子亲和能大小的因素一样。因此常用电离能来衡量原子失去电子的难易,用电子亲和能衡量原子与电子结合的难易。元素的金属性和非金属性也可用元素的电负性来衡量:电负性数值大,表明原子在分子中吸引电子的能力强,非金属性强;电负性数值小,表明原子在分子中吸引电子的能力弱,金属性强。

在金属性和非金属性上,主族元素也显示了明显的周期性变化规律,而副族元素的变化规律则不明显。

应当注意,元素的金属性和非金属性一般体现为单质的还原性和氧化性,但并不完全一致。综上所述,元素的化学性质取决 元素原子的电子层结构,特别是价层电子结构，元素性质的周期性决定于原子电子层结构的周期性。

§2.4 分子结构与化学键理论

在通常情况下，自然界中除稀有气体可以以单原子状态稳定存在外，其它各种元素的单质或化合物，都是由原子或离子间相互结合而形成分子的。实际上，分子(molecule)才是保持物质基本化学性质并能够独立存在的最小微粒，也是参与化学反应的最基本单元。物质的化学性质主要决定于分子的性质，而分子的性质主要决定于分子的内部结构。因此，研究分子的内部结构，对于掌握化学反应规律，了解物质的性质及应用具有十分重要的意义。这一节我们在原子结构的基础上介绍分子结构的基本概念，重点讨论分子的形成过程、化学键的类型和有关理论等，以更加深入地了解物质的化学性质及其变化规律。

§2.4.1 化学键

化学键是指分子内相邻原子间的强烈结合力，主要包括共价键、离子键和金属键。

对同种原子或电负性差异不很大的原子之间的成键原因(如 H_2、H_2O 等)可以用共价键理论进行解释。共价键理论是由美国化学家路易斯(G.N.Lewis)在1916年提出的，他认为像 H_2、CCl_4 这样的分子，是通过原子之间共享电子对而形成了稳定的结构。1927年，德国化学家海特勒(W.Heitler)和伦敦(F.London)首先用量子力学处理 H_2 分子结构，初步揭示了共价键的本质，在此基础上建立了近代共价键理论。1931年，鲍林等人进一步提出了杂化轨道理论。1932年，美国的莫立根(R.S.Mullikin)等人提出了分子轨道理论，从而使共价键理论日趋完善。

路易斯共价理论认为，若原子在未化合之前有自旋相反的未成对价电子，则可以通过成单价电子的原子轨道(或电子云)重叠而两两结合，构成共用电子对，每对电子的结合形成一个共价键。成单价电子配对成键之后，就不能再与第三个电子相结合，原子轨道的重叠程度越大，所形成的共价键就越稳定，这就是现代价键理论的基础。

若形成共价键的负电性中心与成键原子的正电中心重合，则把相应的共价键称为非极性共价键；若形成共价键的负电性中心与成键原子的正电中心不重合，则把相应的共价键称为极性共价键。共价键的极性与成键原子的电负性密切相关，只有相同原子形成的共价键才可能是非极性的，不同原子之间形成的共价键都是极性共价键。

共价分子结构的表示一般有两种方法：

路易斯式或电子式，如 H_2：H∶H；HCl：H∶Cl；

键线式，如 H_2：H—H；HCl：H—Cl

当电离能很小的金属原子与电子亲合能很大的非金属原子，亦即电负性差异较大的不同原子相互接近时，它们之间很容易发生电子转移而形成正、负离子，实现外层电子的稳定结构，并通过静电引力结合在一起而形成化合物。这种通过正、负离子之间的静电引力形成的强化学结合力称为离子键(ionic bond)。离子键理论是 1916 年德国化学家柯塞尔(W. Kossel)在玻尔原子结构理论的启示下，根据稀有气体原子具有稳定结构的事实提出的，离子键的本质就是正负电荷间的静电作用力，其形成过程可以看作是通过共价键的高度极化，由量变到质变，形成了带电荷的正负离子，共价键力也就转变成了金属键力。

形成离子键的条件是两成键原子的电负性相差较大。一般电负性差值在 1.7 以上才能形成典型的离子键。由离子键形成的化合物称离子化合物(ionic compound)，由于离子的电场是球形对称的，一个离子可以在任意方向吸引带相反电荷的离子，因此，离子键既无方向性也无饱和性(见图 2-13)。离子键的强度受离子性质的影响较大，离子的性质主要包括离子的电荷、离子的电子构型和离子半径。离子键的强度与离子电荷成正比，与离子半径成反比。

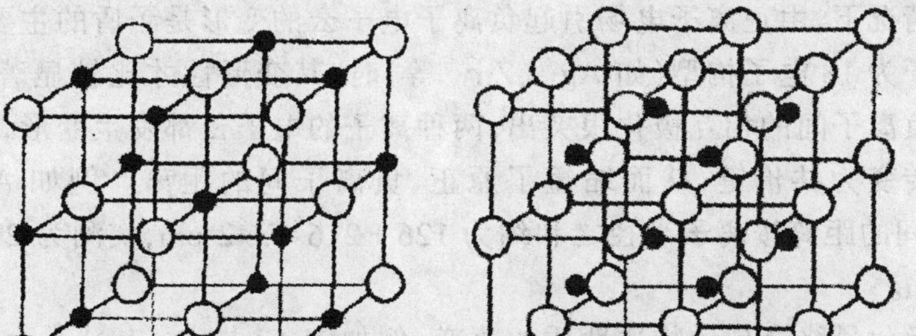

图 2-13　离子化合物 NaCl(左)和 CsCl(右)的结构

正负离子相互接近时，由于两个原子核及电子云之间的相互作用，总会引起对方电子云主要是最外层电子云的变形，使电子云分布的重心偏离原子核，这种现象称为离子极化(见图 2-14)，极化现象对化合物的性质影响很大。

离子极化现象是离子极化力与离子变形性这对矛盾运动的必然结果。所谓离子的极化力是指某离子使异电荷离子发生极化(变形)的能力，它与离子半径成反比、与离子电荷成正比，还与离子的电子构型有关。离子的变形性是指离子核外电子云在外电场作用下发生变形的能力，它与离子半径和负离子所带负电荷的多少成正比、与正离子电荷成反比，同时也与离子的电子构型有关。

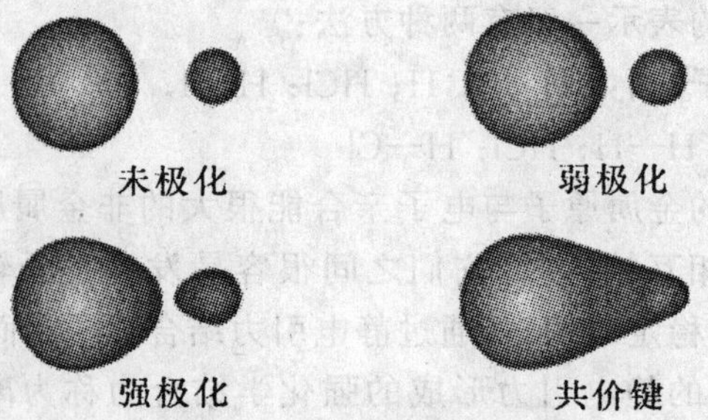

图 2-14　离子极化示意图

离子极化的结果一般会使键长变短，键的极性降低，离子的配位情况也可能因之而变化。离子极化的极端情况可以看作正负离子的电子云叠加，离子键转化为共价键。

离子极化的一般规律为：

1) 正离子半径越小，电荷越多，极化能力越强；

2) 负离子半径越大，电荷越多，越容易被极化，电子云越易变形；

3) 离子半径，电荷相同时，外层为 18 和 18+2 电子构型的离子比 8 电子构型的离子易被极化，即过渡金属离子比主族金属离子的变形性要大，相应化合物的离子性变弱。

一般情况下，由正离子电场引起负离子电子云的变形是矛盾的主要方面，只有当正离子为 18 电子构型(如 Ag^+、Zn^{2+} 等)时，其变形性才比较显著。如 AgI 晶体中正负离子间的相互极化很突出，两种离子的电子云都发生变形，离子键已经基本上转变为共价键，从而缩短了原正、负离子间的距离。例如 AgI 晶体，Ag^+ 与 I^- 间的距离按离子半径之和约为 126+216=342 pm，实测为 299 pm，缩短了 43 pm。

离子极化最终会导致物质性质的改变，例如 NaCl 与 CuCl，Na^+ 为 2、8 电子构型；Cu^+ 为 2、8、18 电子构型。显然 Cu^+ 易被极化，因此 CuCl 间共价成分增大，在水中溶解度远比 NaCl 小。

KCl 与 AgCl 之间也有类似情况，离子电荷相同，但电子构型不同，KCl 易溶于水，而 AgCl 难溶于水。

金属的特点是不透明而有金属光泽，导电性能良好且随温度的升高而减弱，有良好的导热性和延展性等。这些性质可以用金属的“自由电子理论”加以解释。金属元素的电负性较小，电离能也较小，原子中最外层价电子易于电离而产生金属正离子，金属正离子也可以得到电子变回原子并可以再失去价电子，脱离原子的电子不是固定在某一金属正离子的附近，而是在整个金属中较自由地运动，通常被形象地称作“自由电子气”，这种“自由电子气”把失去价电子的金属正离子结合起来就形成了金属。我们把自由电子与金属正离子间的强结合力叫金属键(metallic bond),其特征是无饱和性和方向性,在金属中不存在孤立的原子或分子,自由电子在整个金属内部运动,金属本身就可以看成一个巨大的"分子"。由于金属键的这种特性,球形的金属原子和正离子将做最紧密堆积,以降低能量,增加稳定性。利用"自由电子理论"可以比较好地解释金属的性质。

由于金属中的自由电子可以吸收可见光,因而使金属具有不透明性;金属中因吸收能量而被激发在高能态运动的电子在跃迁到低能态时,会辐射出一定波长的光,因而金属具有光泽;在外加电场作用的影响下,金属中的自由电子会定向流动而形成电流,所以金属具有良好的导电性,但当温度升高时,金属原子或离子振动加快,振幅加大,自由电子流动时所受的阻力就会增加,因而其导电性降低,反之当温度降低时,金属的导电性会增加,接近0 K时,某些金属还会出现超导性;金属中杂质的存在也会使电子的运动受阻,从而会降低金属的导电性,所以金属的纯度越高,其导电性越好;金属的导热性也决定于自由电子的运动,电子在金属中运动时会不断地和原子或离子碰撞而交换能量,当金属的某一部分受热时,会加强其原子和离子的振动,并通过自由电子的运动将能量传递给邻近的原子和离子,使热运动传递开来,从而使金属整体温度很快升高并趋于均匀;当金属受外力作用时,金属内部各层粒子间会发生相对滑动,但不具方向性的金属键力并未被破坏,因此,金属将发生变形而不致断裂,因而具有良好的延展性和可塑性。

描述金属键的现代结构理论是金属能带理论(见§2.4.4),它对现代电子信息产业的发展起了巨大的推动作用,可以看作是描述共价键的分子轨道理论的进一步扩展。

§2.4.2　共价键理论

在原子通过化学键结合成分子时,发生改变的只是原子核外电子的运动状态,所以分子结构就是指分子中原子在空间的位置以及分子中电子的运动状态。与描述原子结构类似,分子中的电子也是在不同能级(或能态)上运动的,原子核外价层电子运动状态的改变是形成分子的关键,也就是说,化学键是通过成键原子核外的价层电子形成的。共价键的形成是化学键的核心内容,在此基础上可以通过现代结构理论演变出离子键和金属键,下面对共价键理论进行介绍。

价键理论(valence-bond theory,**简称 VB 法**),**或称电子配对理论**,其基本要点如下:

1) 成键的两个原子必须具有自旋方向相反的未成对电子。只有满足这一条件的两个原子相互靠近时,才能偶合配对形成稳定的共价键,电子对由成键两原子共享。有两个或两个以上自旋方向相反的成单价电子,就可能形成两个或两个以上的共价键。如 N_2 分子就是由两个氮原子共享三对电子,形成三个共价键而形成的。没有未成对电子则不能形成共价键,如稀有气体原子具有 ns^2np^6 的电子层结构,无未成对电子,故呈单原子分子存在。

2) 形成共价键时,必须满足成单价电子的原子轨道(或电子云)能量相近,对称性匹配和最大重叠三个基本原则,这样才能使电子对在两原子核之间出现的几率最大,两原子的结合力最强,能量最低,形成的键也最牢固。

由价键理论要点可以知道共价键应具有以下两个特点:

(1) 共价键的饱和性

共价键必须由两个原子中自旋方向相反的未成对电子配对形成,每个基态原子所具有的未成对电子数目是一定的,因此可能形成共价键的数目一般是一定的,这就是共价键的饱和性。例如,H_2O 分子是由氧原子 2p 轨道上的两个未成对电子分别与两个氢原子中的 1s 单电子配对形成的。一个氧原子决不可能与 3 个氢原子形成 3 个共价键(请思考:H_2O 中的氧能否再与一个 +1 价氢离子结合形成第三个共价键呢?)。

(2) 共价键的方向性

不同类型的原子轨道(或电子云)在空间的伸展方向不同,只有同号(位相相同)原子轨道(或电子云)在一确定方向上实现最大重叠才能形成最稳定的共价键,因此,共价键必然具有方向性,这也就决定了分子的空间构型。

由于原子轨道的形状不同,它们可以用不同的方式进行重叠。在其有效重叠中,根据原子轨道重叠部分具有的对称性可将共价键分为 σ 键和 π 键。

原子轨道沿核间连线方向以"头碰头"的方式重叠,对键轴(即两原子核间连线)呈圆柱形对称,这种共价键称为 σ 键,如图 2-15 所示。这种键的特点是重叠程度大,形成的化学键牢固,如 s-s、s-p、p-p 等原子轨道的有效重叠都会形成 σ 键。

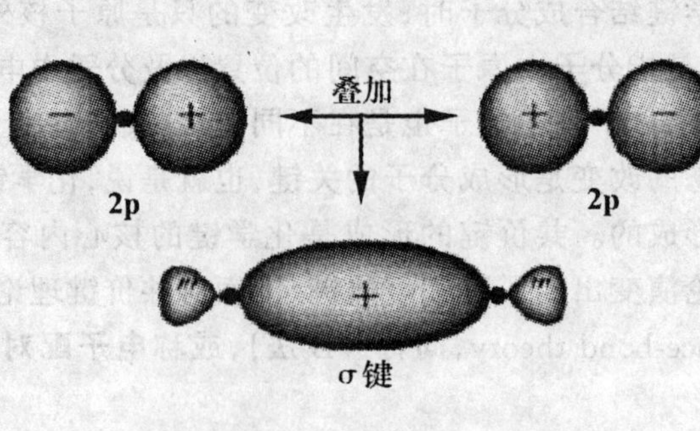

图 2-15　两个 2p 轨道所形成的 σ 键

两原子轨道垂直核间连线互相平行以“肩并肩”的方式进行同号重叠，重叠部分对键轴所在的平面呈镜面反对称性。这种键称为 π 键。如图 2－16 所示。π 键的特点是：轨道重叠程度小于 σ 键，成键电子的能量比 σ 键电子要高，原子核对 π 键的束缚力小，成键电子云的活动性大，不太稳定，容易参与化学反应。如 p_z-p_z 及 p_y-p_y 等轨道的平行重叠就可形成 π 键。

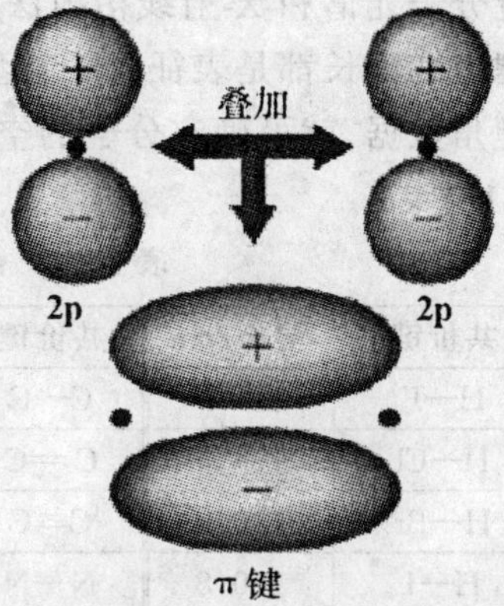

图 2－16　两个 2p 轨道所形成的 π 键

原子结合形成分子时，共价键的类型与成键原子的价层电子构型有关。若为一个单电子，不论在什么轨道上都优先形成 σ 键；若有多个单电子的原子，则两原子间首先形成一个 σ 键，其余均为 π 键。因此，共价单键一般都是 σ 键，在共价双键和三键中，除一个 σ 键外，还有 π 键。例如 N_2 分子，两个 N 原子各以三个 2p 原子轨道相互重叠形成共价三键，如图 2－17 所示，其中各自一个 $2p_x$ 重叠形成一个 σ 键，另外两个 2p 轨道（$2p_y$、$2p_z$）以“肩并肩”方式相互重叠形成两个互相垂直的 π 键。

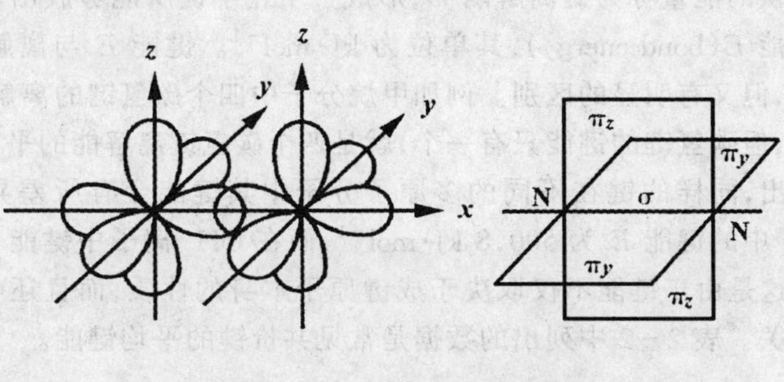

图 2－17　N_2 分子中的共价键

值得注意的是，π 键不能单独存在，它总是与 σ 键相伴才能形成，而且当双键或三键化合物（如不饱和烃）参加化学反应时，总是会先断裂 π 键。

用于表征化学键性质的物理量称为键参数，它是指共价键的键长、键角和键能。通过键参数可以知道共价分子的构型，解释分子的稳定性和分子的极性等。

键长（bond lenth）是指分子中两成键原子间的平均距离，单位常用 nm。键长的数据可通过分子光谱或 X-射线衍射等实验手段测得。也可从已知热力学数据用量子力学的近似方法算得。

键角（bond angle）是指分子中相邻两个键之间的夹角，通常在 60°～180°，也可通过分子光谱和X-射线衍射法测定。

键角和键长都是表征分子构型的重要因素，若知道分子中所有化学键的键长和键角数据，就可确定分子的空间形状。部分共价键的键长和键角数据列于表2-1中。

表2-1 部分共价键的键长和键角

共价键	键长/pm	共价键	键长/pm	分子式	键长/pm	键角
H—F	91.8	C—C	154.0	H_2O	95.8	104°45′
H—Cl	127.4	C═C	134.0	H_2S	133.6	92.1°
H—Br	140.8	C≡C	122.0	NH_3	100.8	107°18′
H—I	160.8	N—N	146.0	PH_3	141.9	93°20′
H—H	74.2	N═N	125.0	CH_4	109.1	109°28′
F—F	141.8	N≡N	109.8	CO_2	116.2	180°
Cl—Cl	198.8	C—N	147.0	SF_6	156.4	90°
Br—Br	228.4	C≡N	116.0	P_4	221.0	60°
I—I	266.6	S═S	188.7	PCl_3	204.0	100°

键能 E 是衡量化学键结合强度的一个物理量。简单地说，断裂某一个化学键所需要提供的能量称为**键离解能** D；形成一个化学键所能够放出的能量就称**为该键的键能** E(bond energy)，其单位为 $kJ \cdot mol^{-1}$。键能 E 与离解能 D 有着密切的联系，但又有明显的区别。例如甲烷分子中四个碳氢键的离解能 D 显然是不一样的，但碳氢键的键能只有一个，就是四个碳氢键离解能的平均值。

应该指出，同样的键在不同的多原子分子中其键能会有所差异，例O—H键，在水分子中的键能 E 为 500.8 $kJ \cdot mol^{-1}$，而在 OH^- 离子中键能 E 为 424.7 $kJ \cdot mol^{-1}$。这是由于键能不仅取决于成键原子本身的性质，而且还与分子中的其它原子有关。表2-2中列出的数据是常见共价键的平均键能。

表2-2 常见共价键的键能 $kJ \cdot mol^{-1}$

共价键	E	共价键	E	共价键	E
H—F	565.0	Br—Br	190.2	C—C	345.6
H—Cl	428.0	I—I	149.0	C═C	602.0
H—Br	362.3	O—H	458.8	C≡C	835.1
H—I	294.6	C—H	411.0	O—O	~142.0
H—H	432.0	N—N	167.0	O═O	493.6
F—F	154.8	N═N	418.0	C═N	615.0
Cl—Cl	239.7	N≡N	941.7	C≡N	887.0

通常情况下，键能越大，化学键越牢固，所形成的分子也就越稳定。

现代价键理论利用“价电子配对”的概念能够简明地解释共价键的本质、形成过程和特征，并为化学键的深入研究提供了理论基础，但在解释许多共价分子的空间结构时，价键理论遇到了困难。例如甲烷 CH_4 分子，用现代实验方法测得它是正四面体空间构型，C 原子位于四面体的中心位置，四个 H 原子占据四面体的四个顶点。形成的 4 个 C—H 键完全相同，键角均为 109°28′。但按照价键理论，C 原子的电子层结构为 $1s^22s^22p_x^12p_y^1$，只有两个成单价电子，因此 C 原子应该只能形成 2 个共价单键；即使将 C 原子的 1 个 2s 电子激发到 2p 轨道上，形成 $1s^22s^12p_x^12p_y^12p_z^1$ 的电子层结构，得到 4 个成单价电子，它们分别可与 4 个 H 原子的 1s 电子配对形成 4 个共价键，但由于 2s 和 2p 轨道处于不同的能量和方向上，所形成的 4 个 C—H 键的键长、键角和键能不应该完全相同，其空间构型也不应完全对称，但这与实验事实是不一致的。除此之外，BCl_3、$BeCl_2$ 等许多分子也都遇到类似的问题。为了解释这些矛盾，鲍林于 1931 年在价键理论的基础上提出了杂化轨道理论，解释了一般多原子的价键形成和分子的空间构型等问题，丰富和发展了价键理论，其基本要点如下：

1) 在成键过程中，由于中心(多价)原子中能量相近、不同类型的 n 个原子轨道如 s，p，d…等受到其它成键原子接近的影响，会“混合起来再重新分配”，组成相同数目成键能力更强的新的原子轨道，这个过程称为**轨道的杂化**，所形成的新原子轨道称为**杂化轨道**(hybrid orbital)。

2) 同一中心原子中 n 个能量相近的原子轨道的杂化，只能发生在分子形成的过程中。在形成分子时，通常会存在价电子的激发、轨道的杂化、轨道的重叠和成键等过程，并且这几个过程同时发生。

3) 杂化轨道(或对应的电子云)在中心原子核外的分布要满足最小斥力原则，即杂化轨道(或对应的电子云)在空间的伸展要使其相互之间的排斥力最小。通常杂化轨道上未成键电子对之间的斥力大于电子对和单电子之间的斥力，而单电子之间的斥力最小。

4) 通过中心原子杂化轨道与组成分子的其它原子的原子轨道(也可能是杂化轨道)的重叠而形成共价键，成键时同样要满足形成共价键的三个基本原则，由于不同类型的杂化轨道之间的夹角是一定的，所以可形成特定的分子空间构型。

按分子形成过程中新形成杂化原子轨道的组成成分和能量是否相同，可将杂化分为等性杂化和不等性杂化。杂化轨道的名称是根据其组成来确定的。

等性杂化　n 个能量相近、类型不同的原子轨道杂化以后，形成 n 个成分和能量完全相同的新原子轨道，这种杂化称为**等性杂化**，形成的新原子轨道称为**等性杂化轨道**。对于 sp^n（$n=1,2,3$）杂化，所形成的每个 sp^n 杂化轨道中所含的 s 成分为 $1/(1+n)$，所含的 p 成分为 $n/(1+n)$，常见的等性杂化有以下几种类型：

1）sp 杂化　由中心原子的一个 ns 轨道和一个 np 轨道杂化形成两个 sp 杂化轨道，其中每个杂化轨道均含有 50％的 s 成分和 50％的 p 成分。为满足成键以后化学键之间的排斥力最小，杂化轨道分布在一条直线上，夹角为 180°，空间构型为直线型。其杂化过程如图 2－18 所示。（请通过杂化轨道理论说明，为什么乙炔、$BeCl_2$ 等分子为直线型空间构型？）

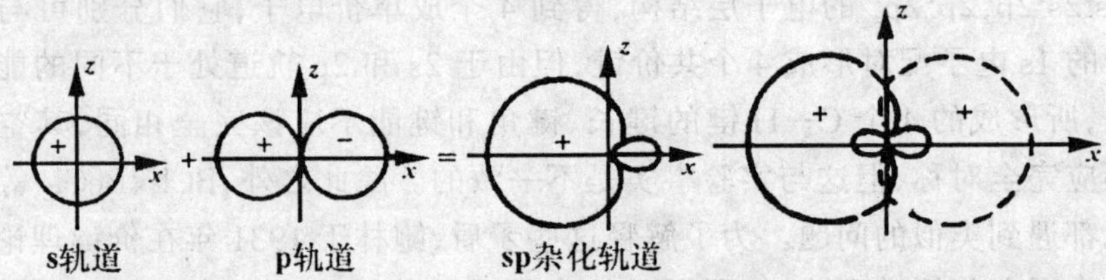

图 2－18　sp 杂化过程和角度分布

2）sp^2 杂化　由中心原子的一个 ns 轨道与两个 np 轨道杂化，形成三个等同的 sp^2 杂化轨道，每个杂化轨道均含有三分之一的 s 成分和三分之二的 p 成分。杂化轨道间夹角为 120°时斥力最小，因此，sp^2 杂化具有平面三角形的空间构型（见图 2－19）。

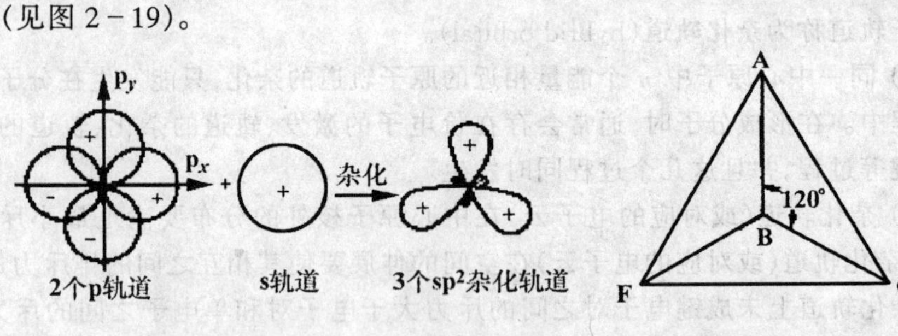

图 2－19　sp^2 杂化轨道的形成及其在空间的伸展方向

乙烯分子中的 C 原子就是 sp^2 杂化的（见图 2－20），每个 C 原子以两个 sp^2 杂化轨道与 H 原子的 1s 重叠形成四个 C—H 单键，各自用剩余的一个 sp^2 杂化轨道“头碰头”重叠形成一个 C—C 单键，这些都是 σ 键。两个 C 原子未参加杂化的第三个 p 轨道上的单电子在与三个 σ 键所在平面（平面三角形构型）相垂直的方向上，以“肩并肩”的形式重叠形成一个 π 键。碳酸根 CO_3^{2-} 中的 C 原子以及 NO_3^- 中 N 原子也是以 sp^2 杂化轨道分别与三个 O 原子结合的。（请通过杂化轨道理论说明，为什么 BF_3 等分子为平面三角形空间构型？）

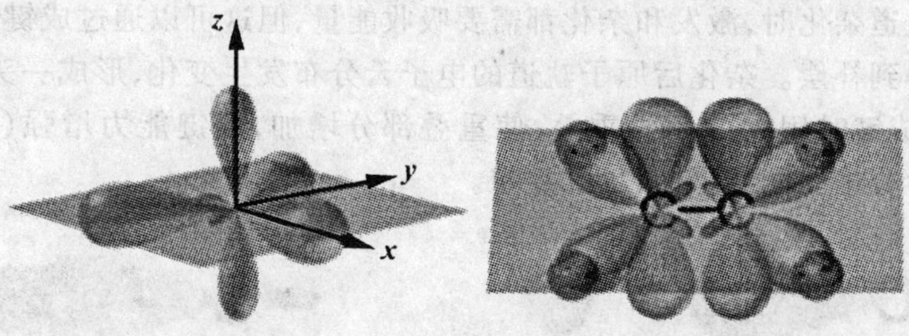

图 2－20　乙烯分子中 C 原子的 sp^2 杂化轨道和乙烯分子的结构

3）sp^3 杂化　由中心原子的一个 ns 轨道与三个 np 轨道杂化，可形成四个等同的杂化轨道，称为 sp^3 杂化。每个 sp^3 杂化轨道均含有四分之一的 s 轨道成分和四分之三的 p 轨道成分，4 个杂化轨道互呈 109°28′的夹角时斥力最小，因此，sp^3 杂化具有正四面体的空间构型(见图 2－21)。

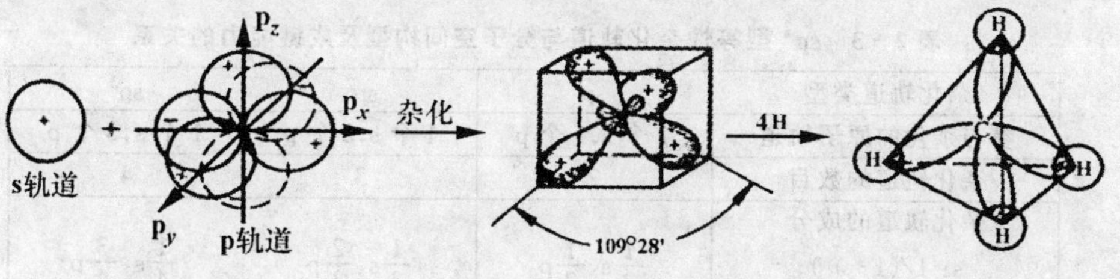

图 2－21　sp^3 杂化轨道的形成及其在空间的伸展方向

例 2.9　请用杂化轨道理论解释，为什么 CH_4 分子具有正四面体构型？

解　碳原子的结构：$1s^22s^22p^2$；它与氢原子形成甲烷的过程可如下描述：

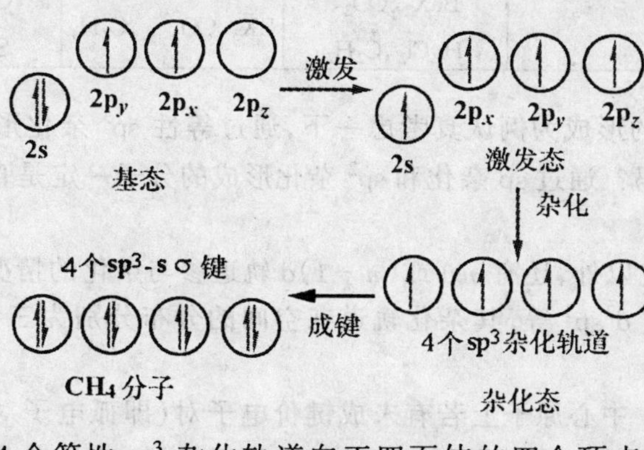

杂化态的 4 个等性 sp^3 杂化轨道向正四面体的四个顶点伸展，与四个氢原子的 1s 轨道重叠，形成四个 sp^3-s σ 键，键角为 109°28′，所以由等性 sp^3 杂化形

成的 CH_4 分子具有正四面体构型(见图 2－21),与实验结果完全一致。

原子轨道杂化时,激发和杂化都需要吸收能量,但这可以通过成键过程释放的能量而得到补偿。杂化后原子轨道的电子云分布发生变化,形成一头大、一头小的形状,成键时用大的一头重叠,使重叠部分增加,成键能力增强(见图 2－22),成键后分子的能量降低,更加稳定。

图 2－22　sp^n 型杂化轨道的形状与成键能力

除 CH_4 分子外,CCl_4、CF_4、SiH_4、$SiCl_4$、$GeCl_4$ 等分子中的中心原子也都是等性 sp^3 杂化,形成键角为 109°28′,具有正四面体构型的分子。

现将 sp^n 型等性杂化轨道与分子构型及成键能力的递变关系归纳于表 2－3 中。

表 2－3　sp^n 型等性杂化轨道与分子空间构型及成键能力的关系

杂化轨道类型	sp	sp^2	sp^3
参与杂化的原子轨道	1 个 s,1 个 p	1 个 s,2 个 p	1 个 s,3 个 p
杂化轨道的数目	2	3	4
杂化轨道的成分 s: $1/(1+n)$ p: $n/(1+n)$	$\frac{1}{2}$s、$\frac{1}{2}$p	$\frac{1}{3}$s、$\frac{2}{3}$p	$\frac{1}{4}$s、$\frac{3}{4}$p
杂化轨道间的夹角	180°	120°	109°28′
空间构型	直线型	平面三角形	正四面体
成键能力		依次增强→	
实例	BeX_2、CO_2、$HgCl_2$、C_2H_2	BX_3、CO_3^{2-}、C_2H_4	CH_4、CCl_4、SiH_4、$SiCl_4$

请以 CH_3Cl 的形成为例认真考虑一下,通过等性 sp^3 杂化形成的分子一定是正四面体构型吗?通过 sp 杂化和 sp^2 杂化形成的分子一定是直线形和正三角形构型吗?

除 sp^n 型杂化以外,还有 nd 或($n-1$)d 轨道参与杂化的情况,如等性 sp^3d、dsp^2 以及 sp^3d^2 和 d^2sp^3 等,其杂化轨道在空间的分布分别为三角双锥、平面正方形和正八面体。

不等性杂化　中心原子上若有未成键价电子对(即孤电子对),就可能会形成成分不完全相同或能量不完全相等的杂化原子轨道,这类杂化称为不等性杂化,形成的杂化轨道也称为**不等性杂化轨道**。例如 NH_3 分子中的 N 和 H_2O 分子中的 O 都是以不等性杂化轨道参与成键的。在 NH_3 分子中，中心 N 原子的外层电子构型为 $2s^22p^3$，成键前，2s 轨道和 2p 轨道进行 sp^3 杂化形成 4 个 sp^3 杂化轨道，其中一个杂化轨道被已成对的两个价电子占据，3 个未成对电子占据剩余的 3 个杂化轨道，并分别与三个自旋相反的氢原子的 1s 轨道重叠，按电子配对法形成三个共价键；被孤电子对占据的轨道只参与杂化而不参与成键，称为**非键杂化轨道**。由前面讨论已知，sp^3 杂化形成的分子具有四面体空间构型。但 NH_3 的形成因有孤对电子占据的轨道参与了杂化而不参与成键，故分子呈三角锥构型。此外，N 原子的孤电子对占据非键 sp^3 杂化轨道，并没有参与成键，比其它杂化轨道含有较多的 s 成分（$>1/4$ s）和较少的 p 成分（$<3/4$ p），形成了不等性杂化。由于孤对电子与其它成单价电子之间的斥力较大，致使 3 个 N—H 键之间的夹角比 109°28′要小，实测为 107°18′（见图 2－23）。

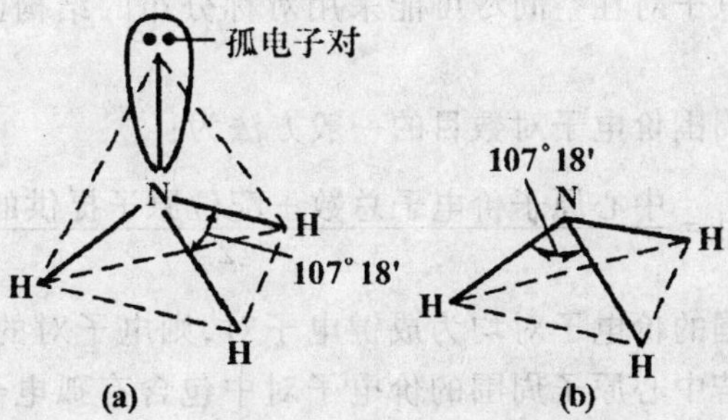

图 2－23　氨分子的结构

与 NH_3 分子相似，H_2O 分子中的 O 原子也采用不等性 sp^3 杂化，形成 4 个 sp^3 杂化轨道。由于 O 原子比 N 原子多一对孤对电子，使杂化的不等性更加突出，孤对电子对成键电子云的排斥作用更大，所以 O—H 键之间的夹角被压缩得更小，实测为 104°45′，形成 V 形空间构型的 H_2O 分子，这样的解释与实验结果完全一致，如图 2－24 所示。

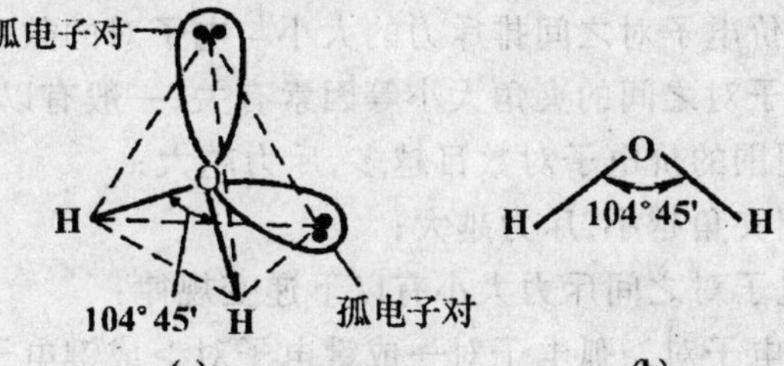

图 2－24　水分子的结构

除 NH_3 和 H_2O 外，PH_3、H_2S 等分子也都采用不等性 sp^3 杂化轨道成键。

应当指出，杂化轨道所形成的键要比简单原子轨道形成的键更强，虽然电子的激发和轨道杂化需要一定的能量，但成键时所放出的能量足以补偿且有余，所以，成键时原子轨道一般都要进行杂化，以增强成键能力，提高分子的稳定性。

随着研究的深入，由西德威克（M.V.Sidgwick）和鲍威尔（H.M.Powell）于1940年提出，20世纪50年代以后经吉来斯必（R.J.Gillespie）补充和完善，形成了另一种用以判断分子空间构型的价层电子对互斥理论，简称 VSEPR 法。其基本要点如下：

在一个由于中心原子和配位原子组成的多原子共价分子（或原子团）中，由于中心原子周围各个价电子对（指 σ 键电子对和孤对电子）之间的相互排斥作用，在空间的分布会尽可能彼此远离，使相互之间的静电排斥力最小，分子最稳定。一定数目的价电子对在空间尽可能采用对称分布的结构（以使相互之间的排斥力最小）。

确定中心原子周围价电子对数目的一般方法为：

$$价层电子对数目=\frac{中心原子价电子总数+配位原子提供的共用电子数}{2}$$

若中心原子周围的价电子对均为成键电子对，则电子对的排布形式就是该分子的空间构型。若中心原子周围的价电子对中包含有孤电子对，则电子对的空间构型将与分子的空间构型不同。因为电子对的空间结构既包括成键电子对，也包括弧电子对，而分子的空间构型则只考虑成键电子对数目以及周围的孤对电子对成键电子对空间结构的影响。如 NH_3 分子中 N 原子的价层电子对数为 4，电子对的空间分布为四面体，但由于四面体的一个顶角被 N 原子的一对孤对电子占据，对邻近的成键电子对有较大的排斥作用，使价电子对的理想排布发生变形，键角变小到 $107°18'<109°28'$，形成三角锥空间构型。价电子对数及其种类与分子几何构型的对应关系见表 2-4。

中心原子周围价电子对之间排斥力的大小与电子对的数目、电子对的类型、是否有重键以及电子对之间的夹角大小等因素有关，一般有以下规律：

1）中心原子周围的价电子对数目越多，斥力越大；

2）电子对之间夹角越小，斥力越大；

3）不同类型电子对之间斥力大小有以下递变规律：

孤电子对—孤电子对＞孤电子对—成键电子对＞成键电子对—成键电子对

表 2－4　中心原子周围价电子对的数目、类型与分子几何构型的对应关系

价层电子对数	价层电子对几何分布	成键电子对数	孤电子对数目	分子类型	分子几何构型	实　例
2	直线形	2	0	AB_2	直线形	$HgCl_2$、CO_2
3	平面三角形	3	0	AB_3	平面三角形	BF_3、SO_3
		2	1	AB_2E	V 形	$PbCl_2$、SO_2
4	四面体形	4	0	AB_4	四面体形	CH_4、SO_4^{2-}
		3	1	AB_3E	三角锥形	NH_3、SO_3^{2-}
		2	2	AB_2E_2	V 形	H_2O、ClO_2^-
5	三角双锥形	5	0	AB_5	三角双锥形	PCl_5、AsF_5
		4	1	AB_4E	变形四面体	SF_4、$TeCl_4$
		3	2	AB_3E_2	T 形	ClF_3、BrF_3
		2	3	AB_2E_3	直线形	XeF_2、I_3^-
6	八面体形	6	0	AB_6	八面体形	SF_6、$[FeF_6]^{3-}$
		5	1	AB_5E	四方锥形	IF_5、$[SbF_5]^{2-}$
		4	2	AB_4E_2	平面正方形	XeF_4、ICl_4^-

注：A 代表中心原子；B 代表配位原子；E 代表孤电子对

此斥力还与是否形成重键以及中心原子、配位原子的电负性有关，形成重键的数目不同，斥力也不同：一般情况下，三键＞双键＞单键。若中心原子相同，键角将随配位原子电负性的增加而减小（成键电子对之间的排斥力随配位原子电负性增加而减小）。若配位原子相同，键角将随中心原子电负性的增大而增大（成键电子对间的斥力随中心原子电负性增大而增大）。

例如 NH_3 分子和 NF_3 分子，由于 F 原子的电负性（4.0）比 H 原子的电负性（2.1）要大，吸引键电子对的能力强，NF_3 分子中成键价电子对距离中心 N 原子较远，因而 NF_3 分子中成键电子对之间的排斥力小于 NH_3 分子中成键电子对之间的斥力，因而 NF_3 分子的键角（102°6′）小于 NH_3 分子的键角（107°18′）。

配位原子相同，键角随中心原子电负性的增加而增大（见表 2－5）。

表 2－5　键角随中心原子电负性的变化

分子	NH_3	PH_3	AsH_3	SbH_3
中心原子的电负性	3.0	2.1	2.0	1.9
键角	107°18′	93°20′	91°24′	91°18′

上述共价键理论是以价层轨道的叠加、成单价电子配对为基础来说明共价键形成的本质、解释共价分子空间构型的，比较直观、简单，但由于未将分子看作

一个整体，而仅局限于研究配对电子在相邻成键原子之间的运动，因此对于有些分子是不适用的，例如，对能稳定存在的氢分子离子 H_2^+ 中的单电子键以及自然界中 O_2 分子的顺磁性等都无法进行解释。1932 年，莫立根和洪特等人提出的分子轨道理论(molecular orbitaltheory，MO 法)可以较好地解释一些分子的形成和磁性，说明共价分子的结构，它是以量子力学为基础来揭示共价分子形成的本质的，进一步完善和丰富了现代化学键理论。

§2.4.3 分子轨道理论基本要点

分子轨道理论是原子结构理论在分子体系中的自然推广，R.S.Mulliken 由于建立和发展分子轨道理论而获得 1966 年度的诺贝尔化学奖。该理论把分子作为一个整体加以考虑，分子中的每一个价电子不仅仅属于原来所属的原子，而是在整个分子内运动，原子轨道通过线性组合而形成分子轨道，其要点如下：

1) 电子在整个分子中运动

分子中的电子在整个分子范围内运动，每个电子的运动状态，也可用波函数 ψ 来描述。每个波函数 ψ 代表一个分子轨道，同样，$|\psi|^2$ 表示分子中的电子在空间各处出现的几率，即几率密度或电子云。通常根据分子轨道的对称性不同用 σ、π 等符号来表示各分子轨道的名称。由于分子比原子复杂得多，因而分子轨道也要比原子轨道复杂得多。

2) 分子轨道由能量相近的不同原子的原子轨道组合而成

分子轨道可由原子轨道线性组合(linear combination of atomic orbitals)而成，和价键理论一样，原子轨道要有效地组合成分子轨道必须符合对称性匹配原则、能量相近原则和最大重叠原则，所形成分子轨道的数目等于参与组合的原子轨道数目。对称性匹配是形成分子轨道的前提，其余两条则是组合效率的问题。每一个分子轨道具有一定的能量，其能量随构成分子轨道的原子轨道类型的不同及其重叠方式的不同而异。能量低于原子轨道的称为**成键分子轨道**(the bonding molecular orbital)，能量高于原子轨道的称为**反键分子轨道**(antibonding molecular orbital)。分子中电子在分子轨道上的分布规律和填充次序与原子中电子在原子轨道上的排布规律一样，遵循能量最低原理、鲍利不相容原理和洪特规则。两个原子轨道(atomic orbitals，简写为 AO)形成两个分子轨道(molecular orbital，简写为 MO)时，AO 能级差越小，形成的 MO 能级分裂越大，电子转移到低能量的成键 MO 后越有利于形成分子；反之，AO 能级差越大，形成的 MO 能级分裂越小，电子转移到低能量的成键 MO 后能量下降越不明显，不利于形成分子。在低能量的成键 MO 中，低能量的 AO 组分较多；在高能量的反键 MO 中，高能量的 AO 组分较多。还要注意，类似于原子轨道，当在空的分子轨道中填入电子后，其能级也会有所降低。

例如，当 A 原子和 B 原子的两个原子轨道（ψ_A 和 ψ_B）通过线性组合形成两个分子轨道（ψ_1 和 ψ_2）时，有如下两种线性组合方式：

$$\psi_1 = C_1\psi_A + C_2\psi_B; \quad \psi_2 = C_1\psi_A - C_2\psi_B$$

式中：C_1、C_2 为常数，表示两个原子轨道 ψ_A 和 ψ_B 对所形成的分子轨道 ψ_1 和 ψ_2 贡献的大小。s 和 p 原子轨道线性组合成分子轨道的情况见图 2－25。

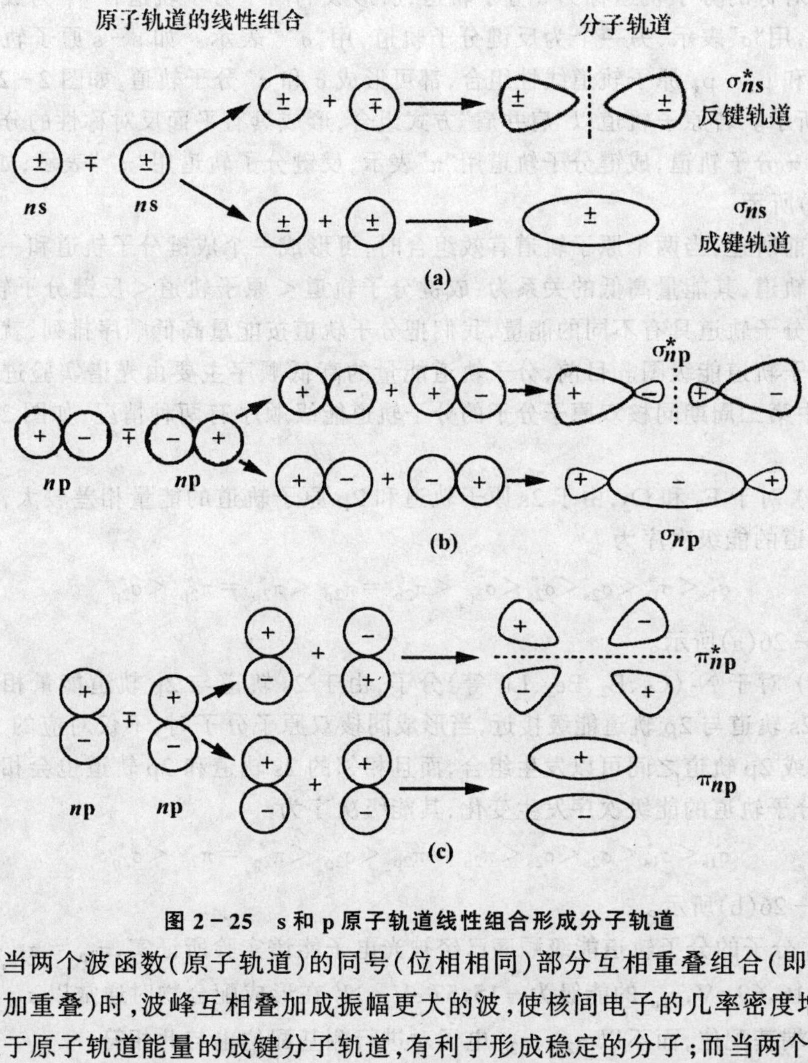

图 2－25　s 和 p 原子轨道线性组合形成分子轨道

当两个波函数（原子轨道）的同号（位相相同）部分互相重叠组合（即原子轨道相加重叠）时，波峰互相叠加成振幅更大的波，使核间电子的几率密度增大，形成低于原子轨道能量的成键分子轨道，有利于形成稳定的分子；而当两个波函数（原子轨道）的异号（位相相反）部分互相重叠组合（即原子轨道相减重叠）时，波峰与波谷相遇，叠加后振幅相互抵消，使核间电子云的几率密度降低，形成高于原子轨道能量的反键分子轨道，不利于稳定分子的形成。在形成分子轨道前后系统总能量不变，对同核双原子分子，成键分子轨道降低的能量等于反键分子轨道升高的能量。

3) 分子轨道的类型

由于形成分子的原子轨道可能采用不同的方式重叠组合，因而可以形成不同类型的分子轨道。若原子轨道以“头碰头”方式组合，形成以键轴为对称轴、呈圆柱形对称的分子轨道称为 σ 分子轨道，所形成的两个分子轨道，一个为成键分子轨道，用“σ”表示，另一个为反键分子轨道，用“σ*”表示。如 s－s 原子轨道线性组合和 p_x-p_x 原子轨道线性组合，都可形成 σ 和 σ* 分子轨道，如图 2－25(a) 和(b)所示。若原子轨道以“肩并肩”方式组合，形成具有平面反对称性的分子轨道称为 π 分子轨道，成键分子轨道用“π”表示，反键分子轨道用“π*”表示，如图 2－25(c)所示。

如前所述，当两个原子轨道有效组合时，可形成一个成键分子轨道和一个反键分子轨道，其能量高低的关系为：成键分子轨道＜原子轨道＜反键分子轨道。不同的分子轨道具有不同的能量，我们把分子轨道按能量高低顺序排列，就可以得到分子轨道能级图。目前，分子轨道能量的高低顺序主要由光谱实验进行测定，其中第二周期同核双原子分子的分子轨道能级顺序有两种情况，如图 2－26 所示。

(1) 对于 F_2 和 O_2，由于 2s 原子轨道和 2p 原子轨道的能量相差较大，形成分子轨道的能级次序为

$$\sigma_{1s}<\sigma_{1s}^*<\sigma_{2s}<\sigma_{2s}^*<\sigma_{2p_x}<\pi_{2p_y}=\pi_{2p_z}<\pi_{2p_y}^*=\pi_{2p_z}^*<\sigma_{2p_x}^*$$

如图 2－26(a)所示。

(2) 对于 N_2(C_2、B_2、Be_2、Li_2 等)分子，由于 2s 轨道与 2p 轨道能量相差较小，使 2s 轨道与 2p 轨道能级接近，当形成同核双原子分子时，不仅对应的 2s 轨道之间或 2p 轨道之间可以发生组合，而且相邻的 2s 轨道和 2p 轨道也会相应组合，使分子轨道的能级次序发生变化，其能级次序为

$$\sigma_{1s}<\sigma_{1s}^*<\sigma_{2s}<\sigma_{2s}^*<\pi_{2p_y}=\pi_{2p_z}<\sigma_{2p_z}<\pi_{2p_y}^*=\pi_{2p_z}^*<\sigma_{2p_x}^*$$

如图 2－26(b)所示。

N_2 分子的分子轨道能级顺序已经被光电子能谱实验所证实，$\pi_{2p_y}=\pi_{2p_z}$ 的能级为 －16.69 eV，σ_{2p_x} 的能级为 －15.57 eV。N_2 在形成配合物时通常以 σ_{2p_x} 电子对进行端基配位，而不以 π_{2p_y}、π_{2p_z} 电子对进行侧基配位也与此相符。

电子在分子轨道上的分布规律和填充次序与原子中电子在原子轨道上的排布规律一样，遵循能量最低原理、鲍利不兼容原理和洪特规则。电子进入成键轨

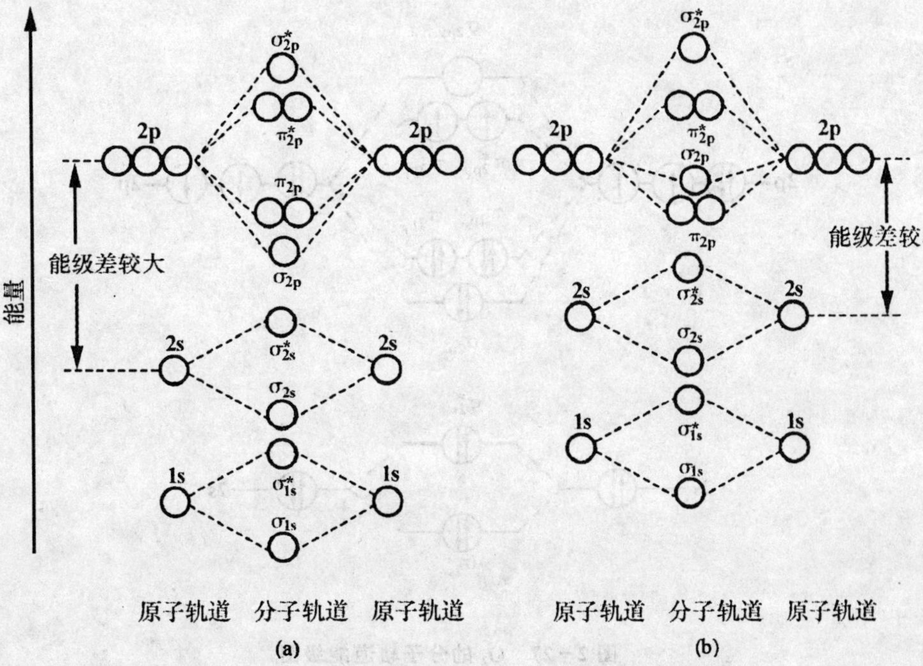

图 2-26　第二周期同核双原子分子的分子轨道能级图

道,会使系统能量降低,有利于形成共价键。最终能否成键还取决于进入成键轨道和反键轨道的电子数。若前者大于后者,则能够成键,反之则不能成键;如果二者相等,则由于电子填进分子轨道使系统降低的能量与升高的能量正好抵消,总能量不变,会形成非键分子轨道。因此,在分子轨道能级图中表示出价电子的填充情况非常重要。

O_2 分子中共有 16 个电子,其分子轨道中的电子分布式为

$$O_2:(\sigma_{1s})^2(\sigma_{1s}^*)^2(\sigma_{2s})^2(\sigma_{2s}^*)^2(\sigma_{2p_x})^2(\pi_{2p_y})^2(\pi_{2p_z})^2(\pi_{2p_y}^*)^1(\pi_{2p_z}^*)^1$$

因此,在 O_2 中有一个 σ 键和两个三电子 π 键,其分子轨道能级图如图 2-27 所示 。

N_2 分子中共有 14 个电子,其分子轨道中的电子分布式为

$$N_2:(\sigma_{1s})^2(\sigma_{1s}^*)^2(\sigma_{2s})^2(\sigma_{2s}^*)^2(\pi_{2p_y})^2(\pi_{2p_z})^2(\sigma_{2p_x}^*)^2$$

因此,N_2 分子中两个 N 原子以三键结合,包括 2 个 π 键和 1 个 σ 键,其分子轨道能级图如图 2-28 所示。

氧分子的价键结构式如图 2-29(a)所示。由于在 O_2 分子中有两个单电

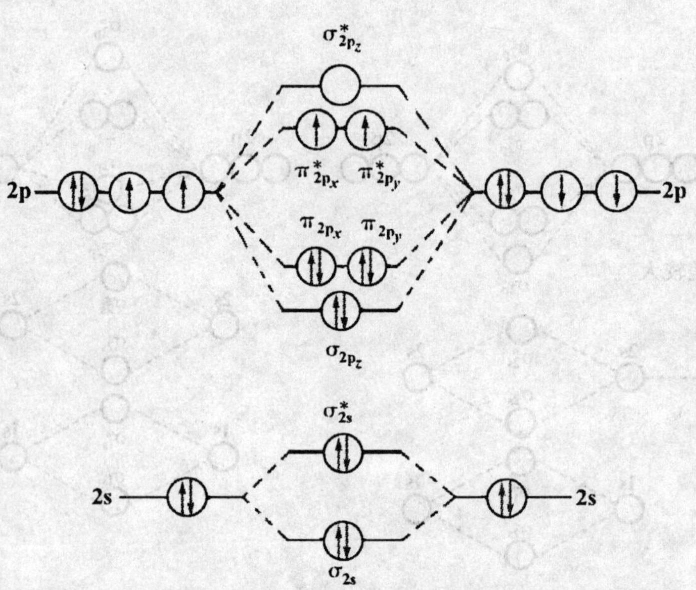

图 2－27　O_2 的分子轨道能级图

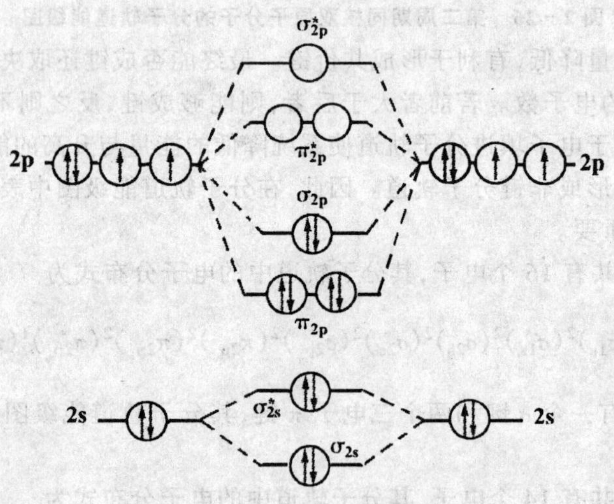

图 2－28　N_2 的分子轨道能级图

子，所以 O_2 分子具有顺磁性，这与实验结果是一致的。

N_2 分子的价键结构式如图 2－29(b)所示。由于 N_2 分子中无成单电子，故 N_2 分子具有逆磁性。

图 2－29　O_2 分子和 N_2 分子的价键结构式

综上所述，分子轨道理论较全面地反映了分子中电子的运动状态，它既能说明共价键的形成，也可以解释分子或离子中单电子键或三电子键的形成，但对分子几何构型的描述不如价键理论直观，与价键理论比较各有特点，二者各有利弊，互为补充。

§2.4.4　能带理论基本要点

固体材料如金属材料、半导体等功能材料、陶瓷材料等在现代社会进步和人类生产、生活的各个方面都有着广泛的应用。在原子间距较大而孤立存在时，其电子都处在特定的原子能级上，而对于具有紧密堆积结构的固体，原子间距缩小，有较大的相互影响，用能带理论可以比较圆满地揭示其性能以及组成粒子之间的结合力。上节我们学习分子轨道理论时利用原子轨道叠加形成分子轨道的思路讨论了共价键的形成，仍然沿着这个思路，固体组成粒子紧密堆积在一起，可以设想它们的原子轨道都能够按图2－30所示的方式相互叠加，参与叠加的

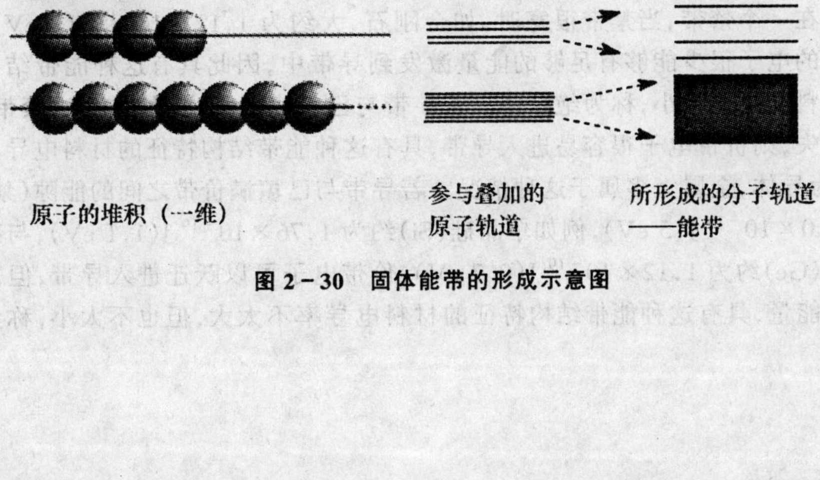

图 2－30　固体能带的形成示意图

原子轨道越多，相对应的分子轨道也越多(有多少个原子轨道参与叠加，就形成多少个分子轨道)，分子轨道的能量差也越来越小，最终合并成一个连续的分子能级区间，这就是固体的能带。对于基态金属，当原子核外价层轨道上的电子填入金属的能带后，会使系统的总体能量下降，因此形成了稳定的化学结合力，即金属键。固体能带的形成实际上是共价键的高度“离域”，所以金属键是一种“改性共价键”。

原子内层轨道上是填满电子的，由原子内层轨道形成的能带(包括对应于成键和反键轨道的能带)也就会被填满电子，所有允许填充电子的能带都称为允许带；而对应于两个允许带之间的部分是不允许电子出现的能级区，称为禁带；允许带中已经填满电子的能带称为满带；所有没有电子填入的允许带都称为空带；由价电子填充的能带被称为价带，价带是最高占有带，金属的典型特征是价带部分充满，即为半填充带；满带(包括半填充价带中已填充电子部分)中的电子不能改变它们在能带中的运动状态而不违背不相容原理，因此电子被“冻结”，不能“自由”运动。而价带中高于基态能量的电子可能(越过禁带)进入能级较低的空带，与满带中的电子不同，空带中的电子是可以“自由”运动的，因此可以传导电流，所以又把空带称为导带。我们知道，空的原子轨道或分子轨道在填入电子后其能级会有所降低，同样地，若空带中填入电子，其能级也可能会下降而与满带连接在一起，从而导致禁带的消失，这就更有利于满带中的电子进入空带。在绝对 0 K 时，具有紧密堆积结构的金属等固体处于基态，所有电子占有不相容原理所允许的最低可能能级，而电子占有的最高能级被称为费米能级(E_F)，E_F 以下所有能带均被电子充满。当温度升高时，电子跃迁最可能发生在费米能级附近，因此，费米能级通常作为电子跃迁的一个参考能级。

利用能带理论，可以判断什么样的固体是导体、半导体或绝缘体，如图 2－31 所示。

若能级最低的空带不与能级最高的满带重叠或连接在一起，则二者之间必然会存在一个禁带，当禁带很宽时，如金刚石，大约为 1.12×10^{-18} J(7 eV)，在价带中的电子很少能够有足够的能量激发到导带中，因此具有这种能带结构特征的材料电导率很小，称为绝缘体。若导带与已填满价带之间的能隙(禁带)很小或消失，则价带电子很容易进入导带，具有这种能带结构特征的材料电导率很大，称为导体，金属大多属于这种情况。若导带与已填满价带之间的能隙(禁带)小于 8.0×10^{-19} J(5 eV)，例如单晶硅(Si)约为 1.76×10^{-19} J(1.1 eV)，与硅同族的锗(Ge)约为 1.12×10^{-19} J(0.7 eV)，价带电子可以跃迁进入导带，但需要一定的能量，具有这种能带结构特征的材料电导率不太大，但也不太小，称为半导体。

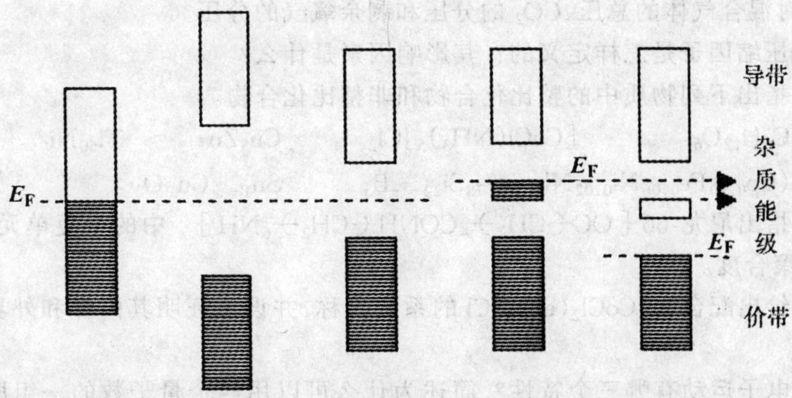

图 2－31　能带示意图

费米能级 E_F 对于金属来说具有价带顶部或导带底部边界能级的意义，但对于纯粹的绝缘体或半导体来说，它总是位于禁带中间。我们把不含杂质的纯粹半导体称为本征半导体。若在本征半导体中掺入少量的杂质原子(不会影响基本的能带结构)，就可以得到掺杂半导体。例如在单晶硅中掺入磷，磷原子有五个价电子，而硅原子只有四个，磷置换硅，多出的价电子只有进入导带，并同时使其能级有所降低，形成一个填满价电子的杂质能级和一个新的较窄的禁带，电子从杂质能级更容易跃迁进入导带，使导电性增强，这种掺杂半导体中由于其掺杂原子的价电子多而被称为 n-型半导体；若在单晶硅中掺入硼，硼置换硅，少了一个价电子，因而使原来已经填满的价带会空出一些能级，且能量有所升高，形成一个未填入电子的杂质能级和一个新的较窄的禁带，电子从价带跃迁直接进入未填入电子的杂质能级，使导电性增强，这种掺杂半导体中由于其掺杂原子的价电子少而被称为 p-型半导体，如图 2－31 所示。

固体能带理论获得成功的重要原因之一就是可以对固体显著不同的电学性质进行简单而又有效的解释，此外还可以说明金属的不透明性、具有光泽、良好的导热性和延展性等。目前能带理论虽然还有一定的局限性，但对于新型半导体材料、固体功能材料等的研究开发和非晶态固体技术等仍具有重要的理论指导意义。

习　题

1. 1 mol 碳在装有 5 mol 纯氧气的 100 dm^3 刚性密闭容器中完全燃烧，计算

300 K 时混合气体的总压、CO_2 的分压和剩余氧气的分压。

2. 压缩因子是怎样定义的？其影响因素是什么？

3. 指出下列物质中的整比化合物和非整比化合物。

$C_6H_{12}O_6$　　$[CoCl(NH_3)_5]Cl_2$　　Cu_5Zn　　$Ti_{50}Ni$

$(Co_{0.90}Fe_{0.06}Ni_{0.02}Nb_{0.02})_{78}Si_{22-x}B_x$　　$Sn_{1-x}Cu_xO_2$

4. 指出尼龙-66 $\text{+}OC\text{+}CH_2\text{+}_4CONH\text{+}CH_2\text{+}_6NH\text{+}_n$ 中的重复单元数、链节数和聚合度。

5. 给出配合物$[CoCl_2(en)_2]Cl$ 的系统名称，并设法证明其内界和外界都有氯离子。

6. 电子运动有哪三个特性？简述为什么可以用四个量子数的一组取值来描述一个核外电子的运动状态。

7. 哪些实验事实可证明核外电子既有微粒性又有波动性，即具有波粒二象性？

8. 价层电子分布为 $3d^54s^2$ 的元素是哪一区和哪一族的？其最典型的化合价是哪两个？写出在酸性溶液中你最熟悉的离子的存在形态。

9. 指出下列各组量子数中取值不合理者，并说明原因。

(1) $n=1, l=1, m=0$;　　(2) $n=2, l=2, m=1$;

(3) $n=3, l=0, m=0$;　　(4) $n=3, l=1, m=1$;

(5) $n=2, l=0, m=1$;　　(6) $n=2, l=3, m=2$。

10. 写出 $n=3$ 的所有原子轨道的符号，并指出共有几个亚层？各亚层各有几个轨道？

11. 怎样用玻尔理论解释氢原子的线状光谱？

12. 某原子的下列轨道中哪些是简并轨道？

$2s$、$3s$、$2p_x$、$2p_y$、$2p_z$、$3p_x$、$4p_x$

13. 核外电子分布的三个原则是什么？什么是核外电子结构分布式？

14. 什么是能级交错现象？3d 轨道的能级实际上真的高于 4s 轨道吗？

15. 请给出 8 号氧元素的所有价层电子在核外的具体分布状态。用"○"或"□"代表原子轨道，用其位置高低表示能量的相对高低，用"↑"或"↓"表示电子及其自旋量子数。

16. 写出 29 号基态铜原子的核外电子排布式，并根据 Slater 规则计算最外层轨道上一个电子所感受到的有效核电荷。

17. 请写出 26 号元素 Fe 的核外电子分布式和价层电子分布式，并简单说明铁为什么容易出现 +2 价和 +3 价？

18. 写出 p 区、d 区和 ds 区元素的价层电子分布通式。

19. 什么是离子极化？请解释为什么碘化钾易溶于水而碘化银难溶于水。

20. 请你根据原子结构的周期性变化，分析一下元素的原子半径、电离能、电负性等性质的变化规律。

21. 请用杂化轨道理论说明 NH_3 和 H_2O 的立体结构。

22. 请用杂化轨道理论说明乙烯分子 C_2H_4 的立体结构。

第三章　物质的结构和性质

随着化学研究深入到更复杂的体系尤其是生命体系后，化学就不仅是要考虑离子键和共价键那样的强作用力，考虑成键和断键，而且必须考虑复杂体系中分子间或分子内的弱相互作用力，如范德华力、库伦力、π-π 堆集和氢键等等。虽然它们的作用力较弱，如其中较强的氢键键能一般也仅为普通 C—H 共价键键能的四分之一弱，但由此组装了分子聚集体、分子互补体系或通称的超分子体系等。在生物体中最著名的 DNA 双螺旋结构就是由源自氢键的碱基配对而形成的，高效的酶催化反应和信息的传递也都是通过分子聚集体进行的，这样一个分子间互补、组装的过程也就是通称的分子识别过程。上一章我们学习了物质的一般组成和原子、分子结构，本章我们将对分子怎样构成宏观的物质以及结构与性质之间的一般关系进行讨论。

§3.1　物质的结构与物理性质

物质的性质除了受原子结构和化学键的影响外，还取决于分子与分子之间的作用力。这种作用力虽然比化学键弱得多，但会对物质的若干性质，如熔点、沸点、溶解度、表面张力、熔化热、气化热以及化学反应性能等产生很大影响。这种原子、离子或分子之间的非化学键相互作用力称为分子间力（intermolecular force），它是由共价分子形成宏观物质的基础。分子间力早在 1873 年就引起了范德华的注意，并对其进行了深入的研究，其本质属于静电引力，与原子、分子结构密切相关。

§3.1.1　微观粒子之间的作用力与物质的聚集状态

化学键是分子内部相邻原子之间的强烈结合力，它对物质的性质起着决定性作用，而分子间力则要小得多，但它对物质的物理性质、聚集状态以及宏观物质的形成有着很大的影响。

§3.1.1.1　分子的极性和分子的极化

1) 分子的极性与共价键的极性

任何分子中正负电荷的总数都相同，使分子呈电中性。由于分子中的正电荷和负电荷有其各自的运动规律，可以设想正负电荷各有一个“重心”或“中心”，正负电荷重心可能重合在一起，也可能不相重合。根据共价分子中正、负电荷重心相对位置的不同，可将其分为极性分子和非极性分子：若分子中正负电荷重心相互重合，这类分子称为**非极性分子**(nonpolar molecule)；反之，如果分子中正负电荷重心不相互重合，在分子中存在正负两个极，即“偶极”，这种分子就称为**极性分子**(polar molecule)。前面已经讲过，离子键与共价键不一样，不具有饱和性及方向性，是发散的化学键，我们可以把离子键化合物中的正负离子看作是共价键高度极化的产物，而把金属键看作是由共价键高度“离域”(是指成键电子运动范围的扩大)所形成的，因此我们仅考虑共价分子的情况。

必须指出，分子的极性与化学键的极性是两个概念，两者并不完全一致。**化学键**的极性是指在某化学键静态下未受外来电场或试剂作用时表现出来的一种属性，主要取决于原子在该化学键中吸引电子能力(即电负性)的大小。如同核双原子分子(如 H_2、O_2、N_2 及卤素分子等)中，两原子对其共用电子对的吸引力相同，化学键正负电荷重心重合，此类化学键为**非极性共价键**。如果化学键由不同元素的原子(如 HCl 等)组成，由于成键原子的电负性不同，对共用电子对的吸引能力有差异而使其偏向某一原子，化学键的正负电荷重心不重合，形成正负两个极，这种化学键称为**极性共价键**。对于简单的双原子分子，键的极性就是分子的极性，而对复杂的多原子分子，分子的极性不仅与键的极性有关，而且还取决于分子的空间构型。一般来说，空间结构对称的分子(如 CO_2、CCl_4 等)，虽然共价键有极性，但因整个分子结构的高度对称性而使键的极性相互抵消，分子的正负电荷重心重合，分子不显极性，是非极性分子；而由极性共价键构成的空间构型不对称的分子(如 H_2O、NH_3 等)，正负电荷重心不重合，是极性分子。

2) 分子的偶极矩 μ

分子极性的强弱常用偶极矩来量度。分子的偶极矩(electric dipole moment)是指分子中正负电荷重心之间的距离 l(偶极长)与偶极一端电量 q 的乘积。常用符号“μ”表示。如下式：

$$\mu = l \cdot q \tag{3-1}$$

偶极矩 μ 是一个矢量，规定其方向由正电中心指向负电中心，其值可由实验测得，见表 3-1。

表 3-1　一些常见分子的偶极矩及其空间构型

分子	$\mu/(10^{-30}C\cdot m)$	空间构型	分子	$\mu/(10^{-30}C\cdot m)$	空间构型
N_2	0	直线型	CS_2	0	直线型
H_2	0	直线型	CO_2	0	直线型
HF	6.37	直线型	H_2S	3.63	V字形
HCl	3.60	直线型	SO_2	5.28	V字形
CO	0.37	直线型	H_2O	6.17	V字形
BF_3	0	三角形	CH_4	0	正四面体
NH_3	4.90	三角锥	$CHCl_3$	3.63	四面体

3) 分子的极化

在分子中，不论是原子核还是核外电子都以其特有的规律不停地运动着，其相互位置也在不停的变化之中，由于分子的运动及其周围环境的影响，会使分子发生相对形变(分子中原子核外电子云形状的改变)。**分子的变形性**与分子的大小、所含电子数及电子构型等因素有关。一般说来，分子越大，包含的电子越多，分子的变形性也越大。在外电场(如周围的极性分子等)的作用下，由于正负电的同极相斥，异极相吸，会使非极性分子的正负电荷重心发生相对位移，引起分子变形，将原来重合的正负电中心分开而产生偶极，使极性分子原来正负电中心的不重合性进一步加大。这种在外电场作用下，共价分子的正负电中心被分化的过程称为**分子的极化**(polarization)，所产生的偶极称为**诱导偶极**(induced dipole)。因电子云与原子核发生相对位移而使分子中电子云形状发生变化的性质称为分子的变形性。外电场越强，分子变形越显著，则诱导偶极越大；电场消失，诱导偶极也随之消失。

实际上，每一个极性分子对于与其相邻的每个分子都相当于一个外加的微电场，这将使与其相邻的共价分子(非极性分子或极性分子)发生极化而产生诱导偶极，对于分子间力的形成具有重要影响。

§3.1.1.2　分子间作用力

共价分子间的作用力简称分子间力，主要包括范德华力和氢键。

1) 范德华力

由于微观粒子的热运动以及原子核外电子云的“流动性”，任何分子都存在着正负电中心的不重合性，又都具有被极化而发生变形的能力。这两点是分子在相互靠近到一定距离时产生分子间力的根本原因。分子偶极之间的作用力称为范德华力，它没有方向性和饱和性，作用范围仅在几百 pm 之间，比化学键力小 1～2 个数量级(见表 3-2)。

表 3-2　一些常见共价分子之间的范德华力　　$kJ \cdot mol^{-1}$

分子	色散力	诱导力	取向力	范德华力
H_2	0.17	0.000	0.000	0.17
Ar	8.49	0.000	0.000	8.49
CO	8.74	0.008	0.003	8.75
HI	25.86	0.113	0.025	25.98
HBr	21.92	0.502	0.686	23.09
HCl	16.82	1.004	3.305	21.13
NH_3	14.94	1.548	13.31	29.58
H_2O	8.996	1.929	36.38	47.28

范德华力包括色散力、诱导力和取向力三种：

色散力：由于分子中原子核在其中心位置附近的热运动以及核外电子的高速运动，核外电子云与原子核可以发生瞬间的相对位移，使分子产生"**瞬时偶极**"，相邻的瞬时偶极之间会处于异极相吸的状态而相互吸引。这种由于瞬时偶极而产生的相互吸引力称为**色散力**(dispersion force)。虽然色散力存在的时间短暂，但可不断地重复产生，因而分子之间始终存在着色散力。色散力的大小与分子的变形性有关，变形性越大，分子越易被极化，色散力越强。一般情况下，分子量越高(分子越大)，分子的变形性也越大，所以色散力与物质的分子量成正比。稀有气体是单原子分子，原子之间不会形成化学键，但当它们互相接近时，可以通过瞬时偶极之间的吸引而释放出能量，就是由于色散力的存在。

无论是极性分子还是非极性分子，都会产生瞬时偶极，所以色散力不仅存在于非极性分子之间，极性分子之间以及极性分子与非极性分子之间也都存在着色散力。

诱导力：当非极性分子与极性分子相互靠近时，在极性分子的微电场作用下，非极性分子的电子云和原子核会发生相对位移，从而产生诱导偶极。极性分子的固有偶极与诱导偶极之间的相互吸引力称为**诱导力**(induced force)。其强弱与非极性分子的变形性以及极性分子的固有偶极矩成正比，极性分子的偶极矩越大，被诱导分子的变形性越大，诱导力越强。极性分子之间也会彼此使对方产生诱导偶极，使分子的极性增大，相互吸引力增强。

取向力：当极性分子相互接近时，除了色散力、诱导力以外，由于它们的固有偶极之间同极相斥，异极相吸，使分子在空间按异极相吸的状态取向而相互吸引，这种由于固有偶极的取向所产生的相互吸引力称为**取向力**。取向力与固有偶极矩 μ 的大小有关，μ 越大，取向力越大。

范德华力还与分子间的距离有关，通常与分子间距离的 7 次方成反比。因此，随分子间距离的增大（＞10 nm），范德华力会急剧减弱。

各种分子之间都存在色散力，除了偶极矩很大的分子（如 H_2O 等强极性分子）之间的范德华力以取向力为主外，一般都以色散力为主，而诱导力所占的比例最少，所以范德华力一般随分子量的增加而增大（见表 3－2）。

范德华力是最重要的分子间力之一，对物质存在状态和物理性质等有很大影响。例如，当分子间力主要为范德华力时，若忽略晶体结构类型的不同，在固体物质熔化或气化时，分子间力越大，熔化热和气化热越大，物质的熔、沸点越高。对同族元素形成的同类型分子，分子间力从上到下随相对分子质量的增加（如卤素、稀有气体的单质等）而增加，故熔、沸点依次增高，常温下卤素单质具有不同的聚集状态就是典型的例子。又如，物质的溶解度随溶质与溶剂的本性及其分子间相互作用力的不同而不同，溶质分子的极性与溶剂分子的极性越相近，则溶解度也越大，这就是“相似相溶”的经验规律。如 H_2O 为强极性分子，分子间力以取向力为主，CCl_4 为非极性分子，分子间力以色散力为主，由于二者内部分子间的作用力均大于 CCl_4 与 H_2O 之间作用力，故互溶性很差。而乙醇和 H_2O 都是极性分子，环己烷和 CCl_4 都是非极性分子，故乙醇和 H_2O、环己烷和 CCl_4 可以互溶。

2）氢键

若某分子中有 N、O、F 这三种元素与氢原子形成的共价键存在，则常常会表现出一些特殊的性质，例如：NH_3、H_2O、HF 的熔、沸点“反常”地高出同族其它元素同类型氢化物的熔、沸点；卤素氢化物的水溶液都应显强酸性，但 HF 却表现为弱酸的性质等。这种现象表明，在这些分子之间必然存在着除范德华力之外的另一种作用力，这就是氢键。

当 H 原子与电负性很大的 X 原子形成 X—H 共价键时，由于键的极性太强，共享电子对强烈地偏向电负性大的 X 原子，使 H 原子成了几乎不带电子、带较多正电性的几乎“裸露”的质子，它与另一个分子中电负性很大、半径很小的原子 Y 相互吸引，接近到一定程度时，这个 H 原子核外的、已经与 X 原子的价层轨道重叠成键的 1s 轨道，就会再与 Y 原子中孤对电子所占据的原子轨道发生部分重叠（类似于共价键的形成，但重叠程度要小），在一定程度上共用 Y 原子的孤对电子，从而使两个分子之间产生吸引力，这种吸引力就称为氢键（hydrogen bond）。通常用 X—H…Y 表示，其中 X 和 Y 代表 N、O、F 原子，X 和 Y 可以是同种元素，也可是不同的元素。图 3－1 是水分子之间形成氢键的示意图。

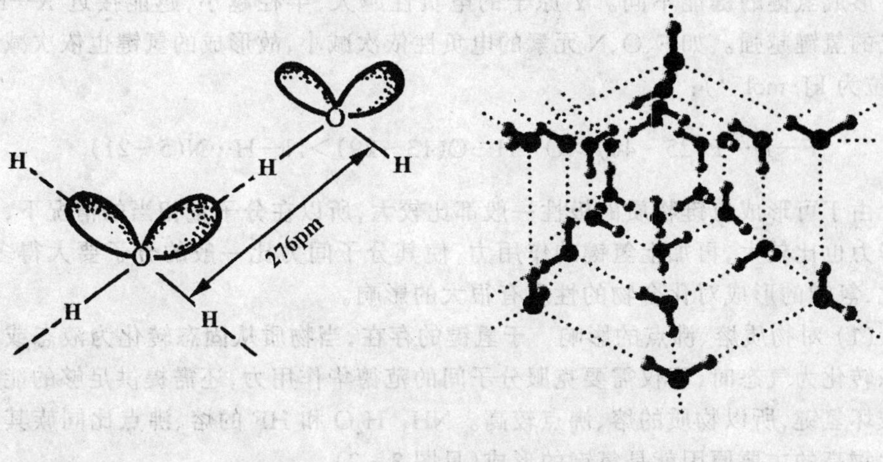

图 3－1　水分子之间氢键的形成

从氢键的形成过程可见,形成氢键必须具备两个条件:(1)分子中必须有 X—H 键,X 原子的电负性要足够的大,足以使 H 原子的价层 1s 轨道几乎空着(否则不能容纳 Y 原子的孤对电子);(2)另一分子中 Y 原子的电负性也要足够的大,半径要足够小(否则不能足够靠近,轨道不能有效重叠),且有孤对电子。实际上,只有 O、N、F 三种元素才能满足这两个条件,也只有含有 O 原子或 N 原子或 F 原子的分子之间才有可能形成氢键。在无机含氧酸、有机羧酸、醇、胺、某些合成高分子化合物、蛋白质等天然产物分子(或分子链)之间都存在有氢键,因为这些物质的分子中都含有 O—H 键或 N—H 键(F—H 键只存在于 HF 分子中)。

氢键具有如下两个特点:

(1) 氢键具有饱和性和方向性　分子中每一个 X—H 键只能与一个 Y 原子形成氢键,这就是**氢键的饱和性**。此外,形成氢键 X—H…Y 的三个原子一般会尽可能的处于同一直线上,这样才可以使 X—H 中氢原子已用于成键的 1s 轨道与 Y 原子中孤对电子所占据的原子轨道发生相对有效的重叠,也可以使 X 原子和 Y 原子之间的距离最远,以减小其相互斥力,这就是**氢键的方向性**。氢键 X—H…Y 的键长是指 X 原子和 Y 原子之间的平衡距离(请思考:为何要这样规定氢键的键长?)。

(2) 氢键的强弱与 X 和 Y 的电负性大小有关　氢键的键能(bond energy)是指断开氢键中 H…Y 所需要的能量,它比共价键的键能小得多,而与范德华力具有相同的数量级,但一般要比范德华力要大。如在水分子中 O—H 键的键能为 462.8 kJ·mol^{-1},而氢键 O—H…O 的键能仅为 18.8 kJ·mol^{-1}。不同种类原子所形成氢键的键能不同。Y 原子的电负性越大，半径越小，越能接近 X—H，形成的氢键越强。如 F、O、N 元素的电负性依次减小，故形成的氢键也依次减弱(单位为 $kJ \cdot mol^{-1}$)：

$$F—H \cdots F(25 \sim 40) > O—H \cdots O(13 \sim 29) > N—H \cdots N(5 \sim 21)$$

由于可形成氢键物质的极性一般都比较大，所以在分子量相当的情况下，范德华力也比较大，再加上氢键的作用力，使其分子间力比一般的分子要大得多，因此，氢键的形成对化合物的性质有很大的影响。

(1) 对物质熔、沸点的影响　于氢键的存在，当物质从固态转化为液态或由液态转化为气态时，不仅需要克服分子间的范德华作用力，还需提供足够的能量来破坏氢键，所以物质的熔、沸点较高。NH_3、H_2O 和 HF 的熔、沸点比同族其它氢化物高的主要原因就是氢键的形成(见图 3-2)。

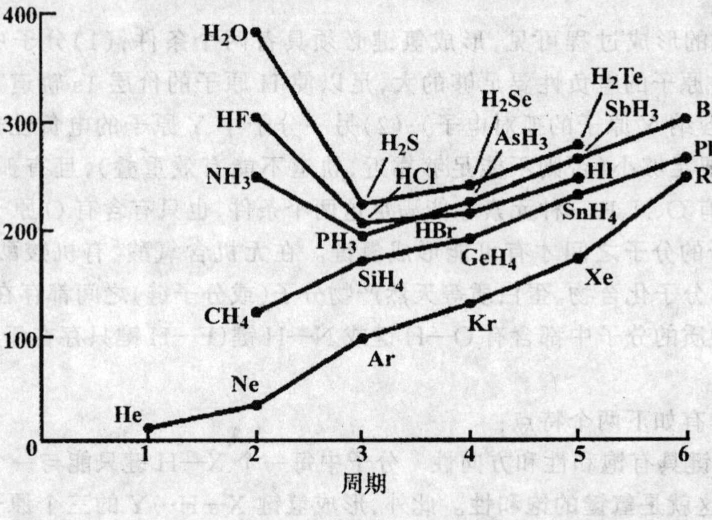

图 3-2　同族元素含氢化合物沸点的变化

(2) 对物质溶解度的影响　若溶质与溶剂分子之间能够形成氢键，则会大大增加溶质在溶剂中的溶解度。乙醇分子与 H_2O 分子之间可以形成氢键，因而二者可以无限混溶。在自然界中，H_2O 分子与岩石中的含氧物质形成氢键，而使岩石中的某些离子溶于水，造成岩石风化。若溶质分子内部可以形成分子内氢键，则会减弱其极性，降低它在极性溶剂中的溶解度，而在非极性溶剂中溶解度会增大。如邻硝基苯酚和对硝基苯酚，二者在水中的溶解度之比为 0.39:1，而在苯中的溶解度之比为 1.93:1，其主要原因是由于邻硝基苯酚硝基中的氧与邻位的酚羟基形成了分子内氢键。

§3.1.2　固态物质的结构与性质

常温下,大多数物质都以固态形式存在于自然界。根据固态物质的结构和性质,可将其分为晶体和非晶体两大类。晶体在宏观上具有整齐的几何外形、固定的熔点、各向异性等特征,一般处于热力学上的稳定状态。蓝晶石两个方向上的硬度差异显著,有“二硬石”之称,古代的宝石工匠早就知道钻石的八面体面特别难以抛光;1669 年巴尔托林发现了光束通过冰洲石的双折射现象;石墨在平行于层面的方向上电导率高且为半金属性导电,而在垂直于层面的方向上电导率低且为半导体性导电等等。都是晶体各向异性的具体表现。晶体内部各部分的宏观性质是相同的,称为晶体性质的均匀性。天然和合成的无机固态物质大多为晶体。非晶体又称为无定形体,其内部质点排列不规则,没有一定的结晶外形。一般处于热力学上的介稳或亚稳态。非晶体内部也有均匀性,尽管起因与晶体不同。

§3.1.2.1　晶体的结构特征与性质

人类对晶体的最初认识也许是从采集石器时发现外形规则或光彩夺目的天然矿物开始的。世界各地的考古发掘表明,人类使用玉类宝石至少已有七千年的历史。我国西汉时期刘胜夫妇墓葬中的两套金缕玉衣就用了 4 600 多块玉片,唐宋诗词中更是屡屡出现“云母屏风烛影深”之类的佳句。地球上的晶态物质比比皆是,矿物中有 98% 是晶体,动物的骨骼、毛发中也有结晶组织,脱离了营养介质的病毒会形成结晶,漫天飞舞的雪花也是晶体……。我国西汉时代的《韩诗外传》中就写道“雪花六出”。1611 年,德国天文学家开普勒在其结晶学论著《圣诞节礼物——六方形雪》中提出,为什么天上不飘落五角和七角的雪花呢?这一貌似简单的问题过了 200 年后才由法国结晶学家布拉维解决。

晶体的宏观性质由晶体的微观结构所决定。应用 X 射线衍射研究晶体结构的结果表明:组成晶体的内部粒子(原子、离子或分子),是按照一定的规则有序地排列在空间一定的点上,各种粒子排列的顺序和相对距离固定,且呈现出一定的周期性。为便于研究构成晶体微粒(原子、离子或分子)在空间的排列规律即晶体结构,法国晶体学家伯瑞维斯(A.Bravais)提出:把晶体中规则排列的微粒抽象为几何学中的点,称为结点或点阵点,代表构成晶体微粒的这些结点的总和称为**空间点阵**(lattice),沿着一定方向按某种规则把结点联结起来,可以得到描述各种晶体内部结构的几何图像称为晶体的空间格子,简称为**晶格**(lattice),在晶格中,能表现出其结构一切特征的最小重复单位称为**晶胞**(unit cell)。可见,晶格是由晶胞在三维空间无限重复而构成的,若把空间点阵中的所有结点还原为它所代表的微粒，就可以得到实际晶体的结构。晶体具有长程有序性，其周期性结构使它成为天然的三维光栅，能够对 X 光产生衍射(见图 3－3)。

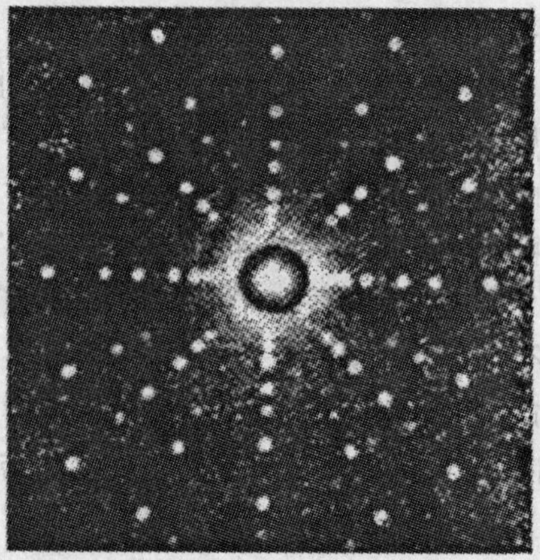

图 3－3 晶体的 X 光衍射图像

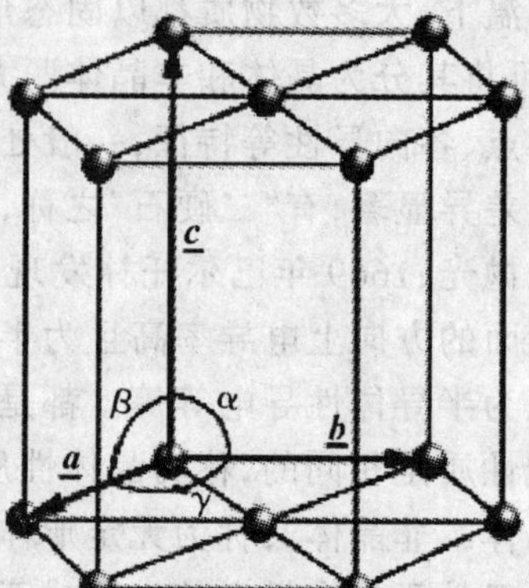

图 3－4 晶胞参数

晶胞的特征通常可用 6 个参数描述(见图 3－4)：三个棱长 a、b、c 和 3 个棱边的夹角 α、β、γ。这 6 个参数称为晶胞参数。

按照各种晶体中晶胞参数的不同，可把晶体划分为 7 个晶系(见表 3－3)，它们在宏观上具有不同的对称性。已知某晶体的晶胞参数，便可推知该晶体属于何种晶系。

表 3－3 晶体的 7 个晶系

晶　系	边　长	夹　角	晶体实例
立方(cubic)	$a=b=c$	$\alpha=\beta=\gamma=90°$	Cu、NaCl
四方(tetragonal)	$a=b\neq c$	$\alpha=\beta=\gamma=90°$	Sn、SnO_2
正交(rhombic)	$a\neq b\neq c$	$\alpha=\beta=\gamma=90°$	I_2、$HgCl_2$
三方(trigonal)	$a=b=c$	$\alpha=\beta=\gamma\neq 90°$	Bi、Al_2O_3
六方(hexagonal)	$a=b\neq c$	$\alpha=\beta=90°,\gamma=120°$	Mg、AgI
单斜(monoclinic)	$a\neq b\neq c$	$\alpha=\gamma=90°,\beta\neq 120°$	S、$KClO_3$
三斜(triclinic)	$a\neq b\neq c$	$\alpha\neq\beta\neq\gamma\neq 90°$	$CuSO_4\cdot 5H_2O$

在 7 大晶系基础上，如果进一步考虑到简单格子和带心格子，就会有 14 种空间点阵型式，也叫做 14 种布拉维格子(见图 3－5)，是由布拉维(O.Bravais)在 1895 年确定的。

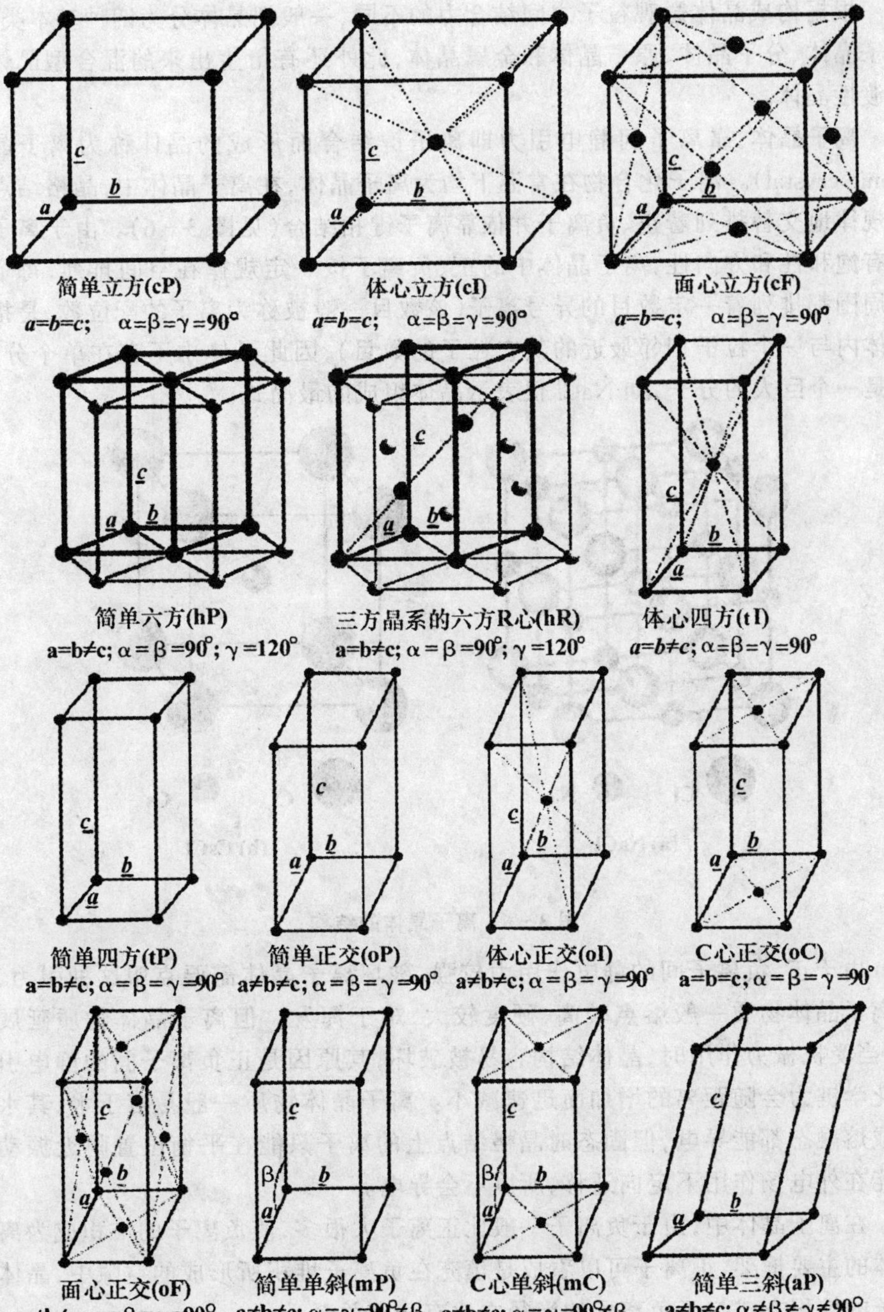

图 3－5　14 种布拉维格子

根据构成晶体微观粒子之间结合力的不同，一般把晶体分为四种基本类型：离子晶体、分子晶体、原子晶体和金属晶体，此外还有衍生出来的混合型晶体和过渡性晶体。

离子晶体：靠离子间静电引力即离子键结合而形成的晶体称为离子晶体(ionic crystal)。离子化合物在常温下均为离子晶体，在离子晶体中，晶格结点上有规律地交替排列着正、负离子并依靠离子键相结合(见图3-6)。由于离子键没有饱和性和方向性，离子晶体中的正、负离子按一定规律在空间排列，每个离子周围都排列着一定数目的异号离子(该数目一般被称为离子的配位数，是指在晶体内与一个粒子相邻最近的其它粒子的数目)，因此晶体中不存在单个分子，而是一个巨大的分子，如 NaCl 仅表示晶体组成的最简式。

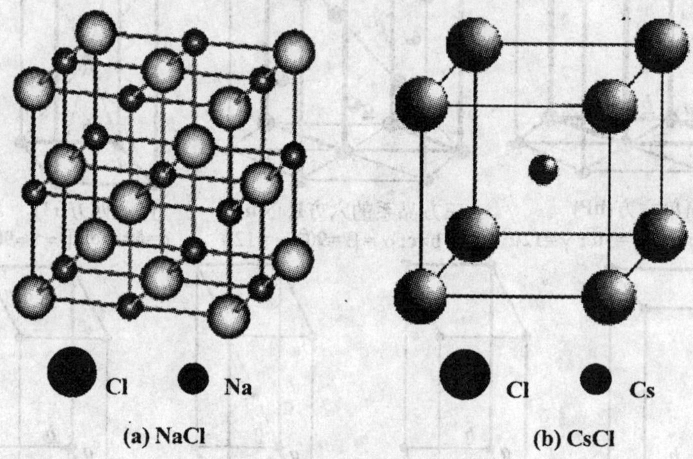

图 3-6 离子晶体的结构

由于正、负离子间的静电作用力较强，破坏离子晶体需要克服这种引力，所以离子晶体物质一般熔点较高，硬度较大，难于挥发。但离子晶体物质延展性差，当受机械力作用时，晶体结构容易被破坏，其原因是正负离子间的静电引力即化学键力会随距离的增加而迅速减小。离子晶体物质一般易溶于水，其水溶液或熔融态都能导电，但固态时晶格结点上的离子只能在平衡位置附近振动而不能在外电场作用下定向迁移，所以不会导电。

在离子晶体中，由于负离子一般比正离子大很多，使负离子的堆积成为离子晶体的主要框架，正离子可以看成是填充在负离子堆积所形成的空隙中，晶体中离子的堆积方式与正负离子的半径之比有一定关系。

离子晶体的稳定性与离子键的强弱有关。离子键的强弱一般可用晶格能来衡量。晶格能(crystallattice energy)亦称晶体的点阵能，是指在标准状态下，由相互远离的气态正、负离子生成 1 mol 离子晶体时所释放的能量，常用 U 表示，单位为 $kJ \cdot mol^{-1}$。晶格能为负值，负号仅表示放出能量。晶格能 U 的绝对值越大，离子晶体正、负离子间的作用力也越强，形成离子键的强度也越高。晶格能的大小与离子电荷和离子半径等有关，一般来说，正、负离子的电荷越多，离子半径越小，离子间的相互吸引力越强，则晶格能的绝对值越大，因而晶体越稳定，相应的物理性质也更突出，如硬度大，熔点高等。

原子晶体(或共价晶体)：晶格结点上排列着中性原子，原子间以强大的共价键结合而构成的晶体，称为原子晶体(atomic crystal)，亦称共价晶体(covalent crystal)。原子晶体既可以是单质，也可以是化合物。如单质硅(Si)、锗(Ge)、金刚石(C)和化合物金刚砂(SiC)、方石英(SiO_2)、砷化镓(GaAs)、立方氮化硼(BN)等都属原子晶体。在原子晶体中，构成晶体的微粒通过共价键形成一种网络式的结构，不存在独立的小分子，整个晶体实质上就是一个大分子，没有确定的相对分子质量。由于共价键具有饱和性和方向性，所以原子晶体的配位数一般不变。以典型的原子晶体金刚石为例，每一个 C 原子在成键时以 sp^3 等性杂化形成 4 个 sp^3 杂化轨道，并与邻近的 4 个 C 原子形成 4 个共价键构成了正四面体结构，所以在金刚石中 C 原子的配位数为 4。无数的 C 原子互相连接，在空间延伸，形成了三维网状结构的巨型分子(见图 3－7 和图 3－8)。SiC 和 GaAs 等晶体的结构与金刚石相似。

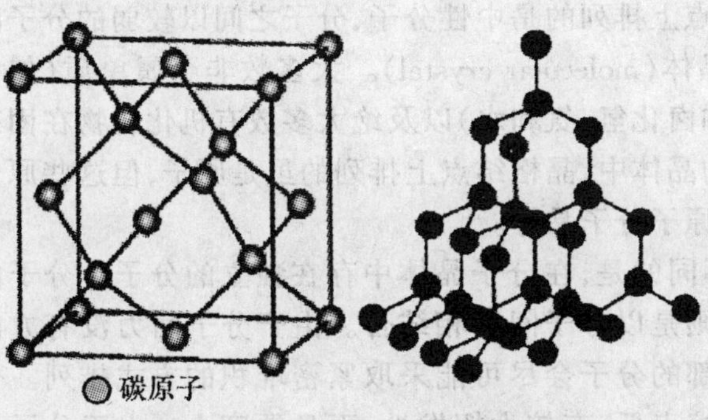

图 3－7　金刚石的晶体结构

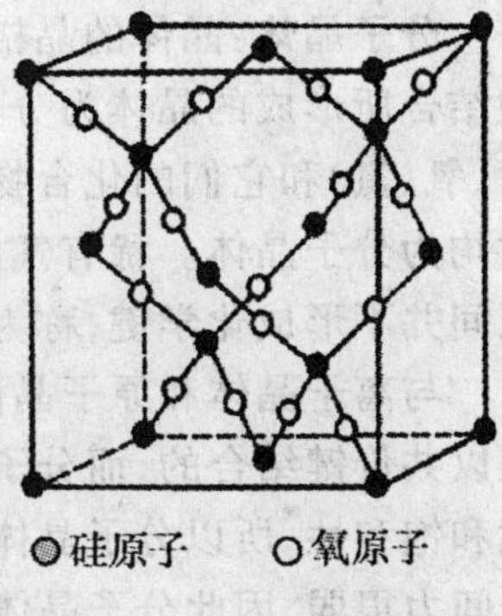

图 3－8　方石英的晶体结构

在原子晶体中，原子间以共价键结合，键能大，晶体稳定性好，具有很大的硬度和很高的熔点，一般均是电的不良导体，即使在熔融状态时，导电能力也极弱，但其中某些原子晶体可在一定条件下导电，如 Si、GaAs 等都是半导体，作为半导体材料，GaAs 的综合性能优于 Si，开关速度仅为 10^{-12} s (而 Si 为 10^{-9} s)，用 GaAs 芯片制造计算机将使运算速度提高千倍，GaAs(见图 3－9)是超级计算机、光信号处理和卫星信号直接接收用的较理想材料。原子晶体不易溶于绝大多数溶剂，其化学性质也十分稳定。例如金刚石，由于C原子半径小，共价键强度很大，所以金刚石的硬度最大，其熔点高达3 570 ℃，在单质中也是最高的。立方BN的硬度则接近于金刚石。

在工业上，原子晶体多被用作耐磨、耐熔和耐火材料。如金刚石和金刚砂是最重要的磨料；SiO_2 则是应用最为广泛的耐火材料；石英和它的变体，如水晶、紫晶、燧石和玛瑙等，是贵重工业材料和饰品材料；而 SiC、立方 BN、Si_3N_4 等是性能良好的高温结构材料；碳的单质有多种同素异性体，除了金刚石外，石墨（见图3-10）以及布基球、碳纳米管等都是十分有用的材料。

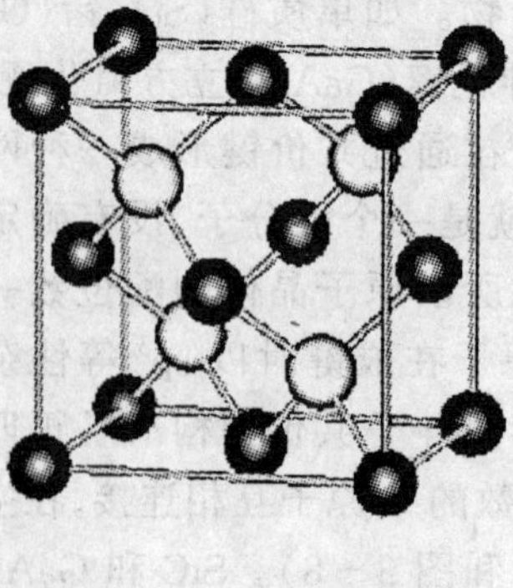

图3-9　砷化镓的结构

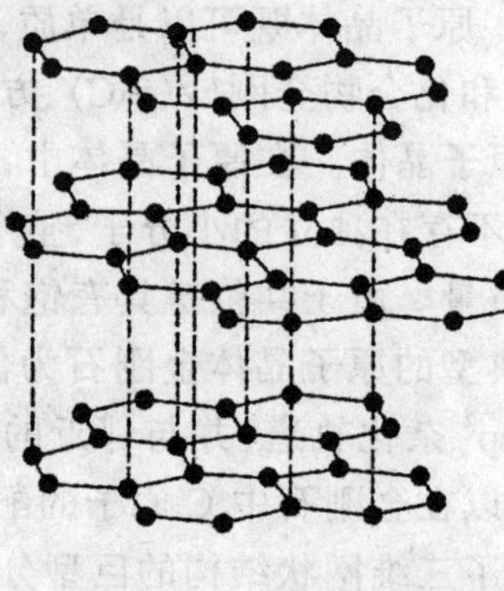

图3-10　石墨的层状结构

分子晶体：晶体的晶格结点上排列的是中性分子，分子之间以较弱的分子间力结合所形成的晶体为分子晶体（molecular crystal）。大多数非金属单质（如卤素、氧、氮）和它们的化合物（如卤化氢、氨和水）以及绝大多数有机化合物在固态时均为分子晶体。稀有气体的晶体中，晶格结点上排列的虽是原子，但这些原子之间并不形成化学键，称为单原子分子晶体。

与离子晶体和原子晶体不同的是，在分子晶体中存在独立的分子。分子内是以共价键结合的，而分子间则是以分子间力相结合。由于分子间力没有方向性和饱和性，所以分子晶体内部的分子会尽可能采取紧密堆积的方式排列。分子间力很弱，因此分子晶体的熔点低、有较大挥发性，而且硬度小。由于分子晶体的结点上是中性分子，故在固态和熔融态时均不导电，都是性能良好的绝缘材料；但某些极性较强的分子晶体，如HCl等溶于极性溶剂如 H_2O 后，会离解产生离子而使其水溶液导电，具有一定的导电性。

干冰（固体 CO_2）是典型的分子晶体，其晶体结构如图3-11所示。晶格结点上排列着 CO_2 分子，CO_2 分子之间以分子间力结合，而分子内的C原子和O原子之间则以共价键相结合。干冰能吸收外界大量的能量而直接升华成气态 CO_2，因而可作为致冷剂使用。尤其与氯仿、乙醚、丙酮等有机物混合时，致冷效果特佳，可使温度降低至 −73 ℃。

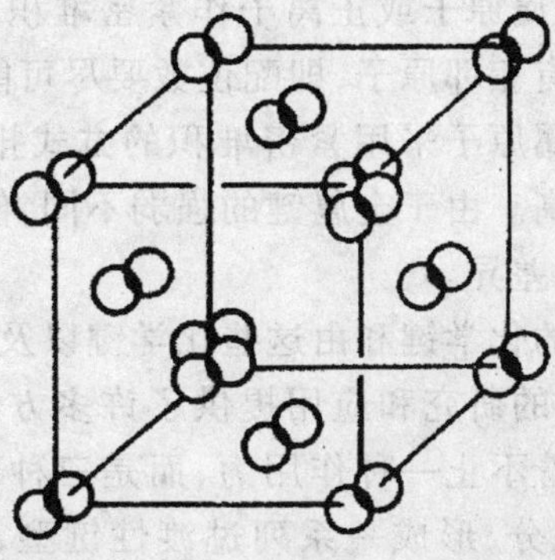

图 3−11　干冰（固体 CO_2）的晶体结构

金属晶体：元素周期表中，除了 22 个非金属元素外，其余均为金属，绝大多数金属元素的外层价电子都少于 4，许多元素只有 1 个或 2 个价电子。由于结构上的相似性，使它们表现出许多共性：如特殊的金属光泽、良好的导电、导热性和机械加工性能等。除液态汞以外，常温下金属单质都以金属晶体（metallic crystal）的形式存在。纯金属晶体由同种原子组成，其电负性相同，不可能形成正负离子以离子键结合，而是以金属键相结合。大多数金属元素按照等径圆球紧密堆积的几何方式构成金属单质晶体，主要有面心立方最密堆积、六方最密堆积和体心立方密堆积三种类型（见图 3−12），晶格中的每个原子一般都有 8 个或 12 个相邻原子。

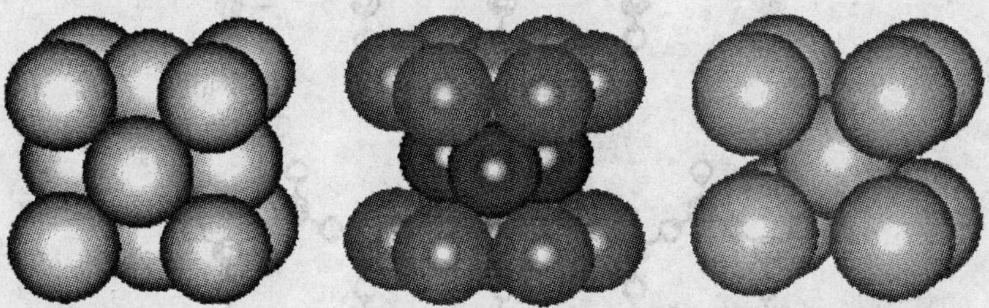

面心立方（最密堆积）　六方（最密堆积）　体心立方（非最密堆积）

图 3−12　金属晶体的紧密堆积结构

由金属键形成的晶体称金属晶体（metallic crystal）。在金属晶体的晶格结点上排列着同种金属原子或金属正离子，同时还有被所有原子或离子共享的自由电子，依靠自由电子把它们结合起来（金属键）。与离子晶体和原子晶体一样，金属晶体中不存在孤立的原子或分子，而是形成一个巨大的分子。由于自由电子的结合作用，使每一个金属原子或正离子作紧密堆积，只要空间允许，每一个原子周围都尽可能多的拥有相邻原子，即配位数要尽可能的大。

由于金属晶体中的金属原子采用紧密堆积的方式排列，故金属的密度一般都较大，硬度、熔点也比较高。由于金属键的强弱不同，使不同金属晶体的硬度、熔点、延展性等性质有很大差异。

前面介绍了三种典型的化学键和由这些化学键以及分子间作用力构成晶体的四种基本类型，这给我们的研究和应用提供了许多方便，除此之外，许多实际晶体中的组成粒子间存在着不止一种作用力，而是三种理想的化学键型之间相互交融，各自存在对方的成分，形成一系列过渡性键型，得到**过渡键型晶体**，例如，对于一些离子晶体，由于正负离子之间的相互极化作用，而使离子晶体向分子晶体过渡，导致晶体的性质发生改变，$FeCl_2$ 的熔点为 672 ℃，而 $FeCl_3$ 的熔点只有 306 ℃就是其中的一个例子。对于同一元素的卤化物或氧化物等，价态高时倾向于形成分子晶体，熔、沸点较低；价态低时倾向于形成离子晶体，熔、沸点较高，其原因就是由于离子极化作用而形成了某种过渡键型晶体。有的晶体、晶格和微粒之间包含两种或两种以上的键型，称之为**混合键型晶体**。自然界中存在的多种硅酸盐晶体是其中的一个例子，其基本结构是 1 个硅原子和 4 个氧原子以典型的共价键组成负电性的硅氧四面体，可以是分立型、链型、层型（见图 3－13）和三维骨架型，在硅氧结构之间存在有金属正离子与其以离子键相结合。

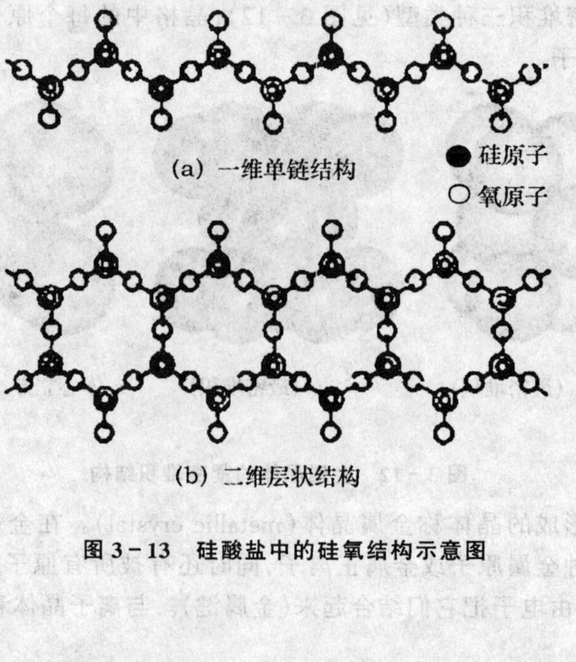

图 3－13　硅酸盐中的硅氧结构示意图

层状结构的石墨、二硫化钼和氮化硼等也都属于混合键型晶体。在石墨晶体(见图3-10)中,同层碳原子以共价键相结合,而层与层之间则是以分子间力相结合。

§3.1.2.2　晶体的缺陷

前面我们所讲的是理想晶体的结构,这些晶体的构成微粒是完全规则有序地排列的,实际上固态物质的结构要复杂得多,即使结晶态的固体,也往往不是一个完美的单晶体,而是由许许多多的小晶体颗粒堆积而成的,例如大家熟悉的钢铁、铜、铝合金等。在晶粒之间会存在界面,晶粒的组成、结构、大小、形状、堆积方式以及界面等一般称为**物质的组织结构**,它对物质的宏观性质和使用性能有着巨大的影响。

所有的实际晶体总会出现位错或缺陷,这就造成了所谓的**晶体缺陷**(defect of crystal)。晶体的缺陷对晶体的导电性、光学、力学和机械性能以及化学反应活性等性质都有明显的影响,甚至会出现一些新的功能特性。在晶体中可明显观察到晶体缺陷的存在。

晶体缺陷的分类方法很多。按缺陷的组成和结构可分为**本征缺陷和杂质缺陷**;从几何角度出发又可分为**点缺陷**、**线缺陷**、**面缺陷和体缺陷**;从化学角度出发,晶体缺陷可分为两类:**整比缺陷和非整比缺陷**。

整比缺陷是在整比化合物(符合定组成定律的化合物)的晶体中观察到的缺陷,这类缺陷的产生并不影响晶体的组成。整比缺陷可以分成以下两种类型:

1) 空穴缺陷

空穴缺陷是由于晶体晶格中有相等数目的正离子和负离子同时消失而出现成对的空穴,故又称为**离子双离位缺陷**。一般ⅠA族元素的卤化物如 NaCl、CsCl 和 KCl 等容易形成这类缺陷,如图 3-14(a)所示。

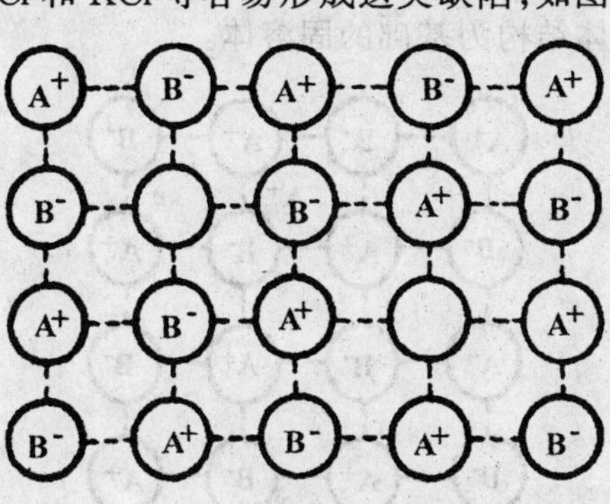

(a) 离子双离位缺陷

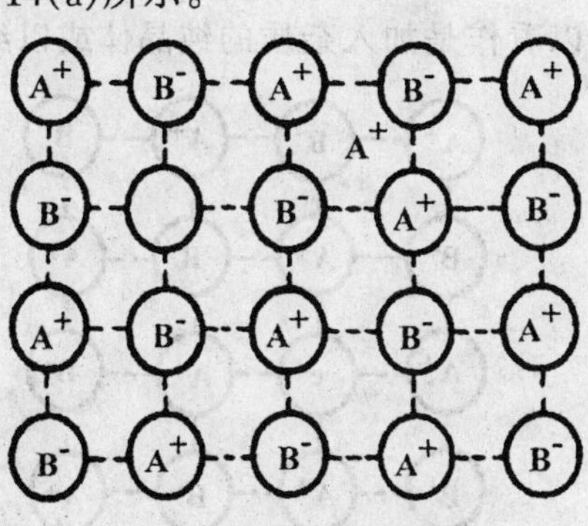

(b) 正离子单离位缺陷

图 3-14　AB 型离子晶体的整比缺陷

2) 间充缺陷

间充缺陷是由于有的正离子离开其正确的晶格位置而进入了晶格的间隙位置，从而形成空穴，如图 3-14(b)所示，故又称为**正离子单离位缺陷**。一般ⅠB 和ⅡB 族的化合物如 ZnS、AgCl、AgBr 和 AgI 等比较容易形成正离子单离位缺陷。

晶体整比缺陷的产生主要是因为粒子的热运动，任何温度高于 0 K 的实际晶体，由于晶格结点上的粒子都在其平衡位置不停地进行热运动，少数能量较高的粒子就可能脱离其平衡位置进入晶格间隙而使其原位成为空穴，在空穴和间隙粒子附近，原来粒子间作用力的平衡被打破，从而导致晶格发生局部变形。由于这种空穴的存在，晶体内离子会通过空穴运动，不断出现新的空穴，造成了好象空穴在晶体内移动，而使晶体导电。如果晶体中空穴的"浓度"较大，则导电率较高。因此，这种晶体又称为固体电解质。一般情况下，整比缺陷中空穴的数目很少，但随温度升高，空穴"浓度"会增大，因此，整比缺陷的晶体其导电性随温度升高而明显增强。如 Li_2SO_4 在常温下不导电，但当温度升高到 572 ℃时，导电率急剧增大为 $1\ \Omega^{-1}\cdot cm^{-1}$，成为固体电解质。

AgBr 用于照相底片，就是由于 AgBr 晶体中 Br^- 离子按照紧密堆积方式排列，较小的 Ag^+ 则占据在 Br^- 堆积的空隙中，但有时会有少数 Ag^+ 离开原来的位置挤到其它离子的夹缝中，产生正离子单离位缺陷。当光照射在涂有 AgBr 的胶片上时，少数 Br^- 会失去电子变成 Br 原子，而在夹缝中的 Ag^+ 则得到电子变成 Ag 原子，感光程度不同，所还原的 Ag 原子的量不同，因此在胶片显影时变黑的程度不同而成像。

非整比缺陷是在非整比化合物(化学组成不符从定组成定律)的晶体中所观察到的缺陷。AB 型离子晶体的正离子过量缺陷如图 3-15 所示。非整比晶体可以看作是加入杂质的纯晶体或以纯晶体结构为基础的固溶体。

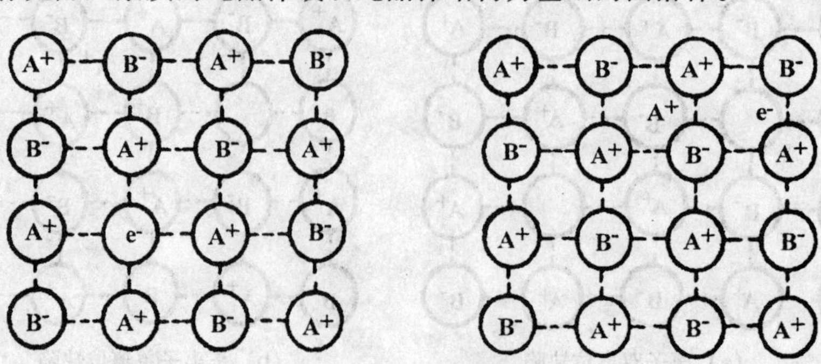

(a) 缺负离子，空穴由电子填入　　(b) 间充正离子

图 3-15　AB 型离子晶体的正离子过量缺陷

近代晶体结构的研究表明，许多离子化合物或分子化合物晶体的组成可以在一定范围内变动。所以在晶体化合物中有相当一部分是非整比化合物，而且它们总伴有晶体缺陷。例如钨青铜 $Na_xWO_3(0<x<1)$ 和方铁矿 $FeO_{1+x}(0.09<x<0.19)$ 等，这类化合物中所含的正离子和负离子的数目不等，固体的电荷平衡需要靠额外的电子或离子来补偿。与相同元素组成的整比化合物相比，非整比化合物的化学性质变化不大，但在导电性、光学性质以及催化性能等方面却有很大分别。这使非整比化合物具有更为重要的工业技术性能。

晶体中正离子过量或正离子缺少都可能引起非整比缺陷。图 3－15 是由于正离子过量引起的非整比缺陷。电荷平衡须由占据空穴或进入间隙位置的电子来维持，因此该晶体内含有自由电子，在电场的作用下，这些电子会发生迁移，所以具有一定的导电性。由于缺陷较少，导电率不高，属于半导体，这类半导体称为 n-型半导体。图 3－16 是正离子缺少而引起的非整比缺陷，电荷平衡是由邻近一个同种元素原子形成的高电荷离子来补偿的。高电荷离子的形成实际上是一个电子从 A^+ 离子跑到 A^{2+} 离子，从而实现导电性能的。这类物质也可作为半导体材料，称为 p-型半导体。

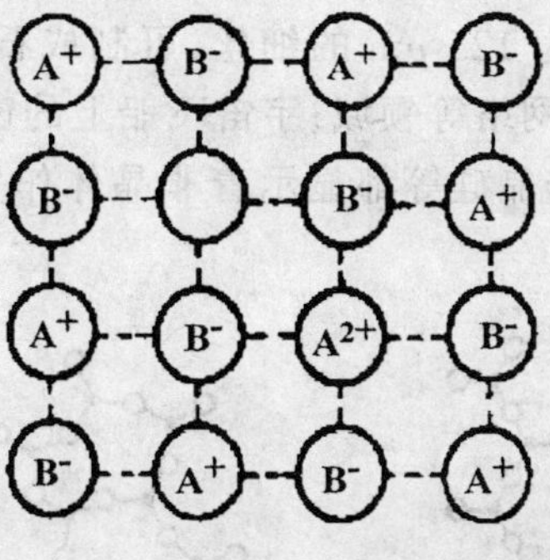

图 3－16　缺少正离子引起的非整比缺陷

可见，非整比缺陷晶体都是半导体材料，这类缺陷在电子工业上有重要的应用。例如在单晶硅中掺入砷(As)，由于 As 比 Si 多一个核外电子，这个多出来的电子可自由移动，形成 n-型半导体；若在单晶硅中掺入镓(Ga)，Ga 也可占据 Si 的位置，由于 Ga 与 Si 相比少一个电子，就会产生一个正电空穴，形成 p-型半导体。若使单晶硅含有可变浓度的杂质，使一部分为 n-型半导体，而另一部分为 p-型半导体，就会形成 p－n 结，这就是一个具有使电流单向通过功能的整流器，可把交流电转变为直流电。若做成 n－p－n 或 p－n－p 即为晶体管，将大量晶体管集成在半导体芯片上，就成为了集成电路，这是计算机、通讯、遥控和自动化技术的基础。在不含杂质的纯净晶体中，晶格中的空穴、间隙粒子以及位错等也可引起非整比缺陷。负离子空穴和间隙正离子可导致金属离子过量(如TiO_{2-x}/ZrO_{2-x}和$Zn_{1-x}O$等);正离子空穴和间隙负离子可导致负离子过量(如NiO_{1+x}、PdH_{1+x}等),它们也都具有半导体性质。

§3.1.2.3 **非晶体和液晶**

1) 非晶体

固态物质除了晶体之外,还有非晶体,如玻璃、沥青、石腊、橡胶和塑料等。非晶体一般是温度突然下降到液体的凝固点以下,物质的质点来不及进行有序排列时得到的。非晶体没有规则的外形,内部微粒的排列是无规则的,具有短程有序而长程无序的结构特点,没有特定的晶面。基于这一点,人们把非晶体看作是"过冷的液体"。

玻璃是非晶体,快速冷却石英熔体可以得到石英玻璃。石英晶体又称为水晶,是长程有序的(见图 3-17(a)),在硅氧四面体构成的立体网状结构中,键角均为109°28′;石英玻璃的结构特征是近程有序、长程无序(见图 3-17(b)),是非晶体。近程范围一般指 0.1 nm 以下,长程范围一般指 20 nm 以上。近几十年来对玻璃结构的研究取得了重大进展,从而带动了各种特种玻璃的制造。例如,将石英玻璃拉成直径为 125 μm 的细丝,可制成石英玻璃光导纤维,现已广泛用于通讯、电视、计算机网络等领域;宇宙飞船上的窗玻璃、激光器所用的激光玻璃、太阳能电池所用的非晶硅等都显示着非晶体作为新材料在高科技领域中广阔的应用前景。

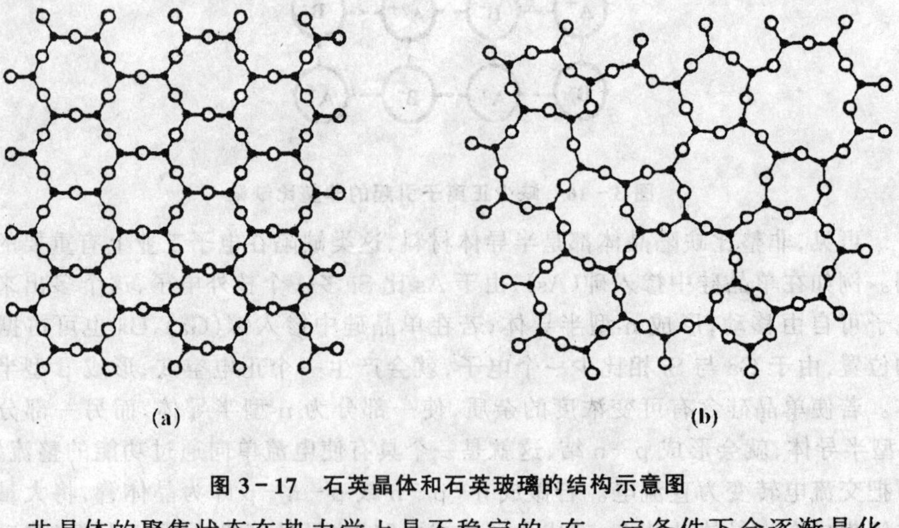

图 3-17 石英晶体和石英玻璃的结构示意图

非晶体的聚集状态在热力学上是不稳定的,在一定条件下会逐渐晶化,因此,晶体和非晶体之间没有绝对的界限。换言之,同一种物质既可形成晶体,也可形成非晶体。如非晶态的玻璃经过反复加热和冷却,可使结构有序变化,转变为晶体,其性质也会相应改变;橡胶、明胶是典型的非晶体,但适当地改变条件也能得到它们的晶体。传统的金属晶体经过骤冷(如冷却速率达到 $10^6\ K \cdot s^{-1}$时)处理,则可制得非晶态金属(又称为金属玻璃),它具有许多普通金属材料所不具备的特性,使之既有较高的强度,又有很好的韧性、优异的耐酸性和磁性等。

2) 液晶

一些分子结构特殊的物质在从固态转变为液态的过程中,先要经历一种外观是流动性的浑浊液体,同时又具有晶体各向异性特点的状态。这种能在某一温度范围内兼有液体和晶体两种特性的物质叫液晶。

早在 1888 年,奥地利植物学家莱尼茨尔(F.Reinitzer)就发现了液晶,直到 20 世纪 50 年代以后,随着人们对物质结构和性质研究的深入发展,才逐渐加深对液晶结构特性的了解,使探索各种液晶奥秘的研究发生了历史性的重大转折,对液晶现象作出了符合客观实际的解释,也在实际应用中取得了重大的进展。

液晶是晶体向液体过渡的中间态,内部粒子的位置无序、具有一定的流动性,取向有序、各相异性。总的来说,具有液晶特性的所有化合物(绝大多数是有机化合物)都具有细长棒状的分子结构,如油酸铵水溶液、胆固醇乙酸酯等。但不同类型液晶分子的排列有不同的方式,根据分子排列有序性的不同,可将液晶分为三种类型:向列型,又称丝状相;胆甾型,又称螺旋相;近晶型,又称层状相。

由于液晶具有如电光效应、热效应、光化学效应等重要的物理和化学性质,使其在生产和科学研究方面都获得了广泛的应用。近年来,液晶科学获得了许多重要的进展,其研究遍及物理学、化学、电子学、生物学和材料科学,形成了各自的专门学科。如液晶物理、液晶光学、液晶化学、生物液晶等。液晶作为一种新型的显示材料,具有功耗小、驱动电压低和明亮环境下显示的独特优点,还具有尺寸大小灵活、可平板化、弯曲化、显示清晰、使用范围广、生产成本低等特点。液晶显示装置及其在电视、传感、印刷、信息等领域的应用正在迅速展开。长期以来扮演显示主角的阴极射线管正逐步被液晶显示器所代替,液晶显示手表、计算器,甚至高清晰液晶彩色电视机都已商品化。显示技术领域正在发生深刻变化,液晶的研究和应用必将更加深入。

§3.1.3　液态物质的结构与性质

固态物质的结构是长程有序的,而液态和气态物质则是长程无序的。从微观上看,液态物质是短程有序、气态物质则是短程无序的。一定数目构成液态物质的微粒会有序地形成团簇结构而整体运动,在团簇内部,微粒的排列与在固态中没有太大的区别。液体中的这种团簇密度越大,就越易变成固态,液态物质的团簇结构对于其凝固过程有着较大的影响，这在材料的研究开发和成型加工中必须要加以考虑。

我们一般把研究的对象称为**体系**或**系统**，体系中物理性质和化学性质完全一样部分称为**相**。若固态物质获得足够的能量，就会变为液态，液态物质也可以获得能量转变为气态，这种物质在固态、液态和气态之间的相互转变就是**相变**。相变可以由物理变化引起，也可以由化学变化引起。例如：在常压下升温可以使冰转变成水，水可以进一步转化为水蒸气，这是属于由物理变化产生的相变；氢气和氧气反应生成液态的水、硝酸银溶液和氯化钠溶液反应生成氯化银沉淀等都是由化学变化产生的相变。

体系中往往不仅只有一个相。例如，在 101 325 Pa 时 0 ℃ 的冰水混合物就有两个相，若在其中加入氯化钠固体并完全溶解均匀且使冰全部溶化后，体系中就只有一个相了，而冰未完全溶化时仍然有两个相。（请考虑若再加入一定量的硝酸银溶液后，体系中会有几个相？）根据体系中相的数量，我们可以把体系（或系统）分为**单相体系（系统）**和**多相体系（系统）**。如溶液中的高锰酸钾将二价铁离子氧化为三价铁离子就是一个单相或均相反应体系；而在乙烯的 CCl_4 溶液中通入氯气发生加成，生成可溶于四氯化碳的 1，2-二氯乙烷的反应就是一个多相或非均相反应体系。

液态物质可以通过增大固态物质构成微粒的运动能力或减小气态物质构成微粒的运动能力来得到，总体上是长程无序、短程有序的团簇结构，团簇的大小和数量对液态物质的性质有很大影响。液态物质可分为纯液体和溶液，下面我们简单介绍其基本性质。

§3.1.3.1 液体的饱和蒸气压

构成物质的微粒通常总是处在不断的热运动之中，凝聚态的固体和液体物质中的分子之所以不像气体分子那样可以自由的运动，是由于分子间力的束缚作用，我们把液体分子克服分子间引力逸出液体表面成为蒸气的过程称为**液体的蒸发**（evaporation），同时，蒸气分子运动时撞击液面又会在分子间力的作用下进入液体，这个过程称为**凝聚**（condensation）。液体包括纯液体和溶液。

在密闭的容器中，蒸发和凝聚是同时进行的。开始时前者占优势，并在一定温度下以某恒定的速率进行，随着蒸发的进行，产生的蒸气分子数增多，凝聚速率就会逐渐增大，最后达到蒸发和凝聚速率相等的平衡状态。此时系统中液体与其蒸气共存，这种状态也称为液体的饱和态，蒸气被称为**饱和蒸气**（saturated vapor），相应的压力称为**饱和蒸气压**，一般简称**蒸气压**（vapor pressure）。蒸气压的大小表明了在一定温度下某液体蒸发的难易程度，它是液体分子间作用力大小的反映。一般来说，液体的分子间力越弱，越易蒸发，蒸气压越高，反之亦然。

温度升高,蒸气压增大。当温度升高至使蒸气压与外界压力相等时,液体的气化不但在液体的表面进行,而且在液体内部同时进行,此温度就是该液体在该外界压力下的沸点(boiling point, T_b)。液体的沸点是随外界压力的改变而变化的。例如,当外界压力大于 101.3 kPa 时,水的沸点高于 100 ℃;当外界压力小于 101.3 kPa 时,水的沸点就低于 100 ℃。在珠穆朗玛峰,大气压力约为 32 kPa,水在 71 ℃就沸腾了。因此,提到液体的沸点时,必须同时指明外界压力。习惯上将外界压力等于 101.3 kPa 时的沸点称为正常沸点,无特别说明时都是指正常的沸点。

§3.1.3.2 溶液的一般概念

一种物质以分子或离子的状态均匀地分布在另一种物质中所得到的分散体系称为溶液(solution),它们可以是液态、气态或固态,一般是指液态。在溶液中,通常把量少的或非液态的物质称为溶质(solute),量多的液体称为溶剂(solvent)。水是最常用的溶剂,水溶液一般也简称为溶液。酒精、汽油等也可作为溶剂,其溶液称为非水溶液。

物质在形成溶液时,往往伴有能量和体积的变化,说明了溶剂和溶质之间有某种物理或化学作用发生,因此溶液与化合物有些相似,但化合物有一定组成,而溶液中溶质和溶剂的相对含量通常在很大范围内可变;此外溶液中的每个成分还多少保留着原有的性质,因此溶液又和混合物有些相似,任何一种溶液都是单相的。

溶液的组成常用浓度来表示,溶液浓度的表示方法很多,常用的有下列几种:

1) 质量分数 w_B

是指以溶质 B 的质量在全部溶液质量中所占的分数来表示的溶液浓度,一般用 w_B 表示。最常用的是百分浓度。

2) 物质的量分数(即摩尔分数)x_B 或 y_B

是指某一物质的物质的量与全部溶质和溶剂的物质的量之比。设 n_1 和 n_2 分别为溶液中溶剂和溶质的物质的量,则

溶质的物质的量分数 $$x_2 = \frac{n_2}{n_1 + n_2} \tag{3-2}$$

溶剂的物质的量分数 $$x_1 = \frac{n_1}{n_1 + n_2} \tag{3-3}$$

显然,任何溶液中溶质和溶剂的物质的量分数之和等于 1,即

$$x_1 + x_2 + \cdots + x_n = 1 \tag{3-4}$$

物质的量分数用于凝聚态物质时一般用 x_B 表示，用于气态物质时一般用 y_B 表示。

3) 物质的量浓度(即体积摩尔浓度)c_B

用每立方分米或每升溶液中所含溶质的物质的量来表示的浓度称为溶液的量浓度，用 c_B 表示。例如，若 1 dm^3 氯化钠溶液中含有 0.1 mol NaCl，则 c_{NaCl} = 0.1 $mol \cdot dm^{-3}$。

4) 质量摩尔浓度 b_B

用 1 000 g(1 kg)溶剂中所含溶质的物质的量来表示的溶液浓度称为质量摩尔浓度。常用 b_B 表示。在浓度很小的水溶液中，质量摩尔浓度在数值上近似等于物质的量浓度：

$$b_B \approx c_B (\text{足够稀的水溶液}) \tag{3-5}$$

请考虑一下这是为什么？

§3.1.3.3 拉乌尔定律

1886 年，法国化学家拉乌尔(F. Raoult)根据实验得出如下规律：在一定温度下，稀溶液中溶剂的蒸气压 p_A 等于同温度下纯溶剂的蒸气压 p_A^* 与溶剂摩尔分数 x_A 的乘积，这就是拉乌尔定律(Raoult's law)，可以用下式表示：

$$p_A = p_A^* x_A \tag{3-6}$$

溶液的蒸气压是溶剂的蒸气分压与溶质的蒸气分压之和。显然，若溶质 B 不挥发，则 p_A 即为溶液的蒸气压 p；若溶质 B 挥发，则 p_A 为溶剂 A 在气相中的分压。

当稀溶液只由溶剂 A 和溶质 B 两种物质组成且溶质是难挥发的非电解质时，由(3-4)式可得：，$x_A = 1 - x_B$，故拉乌尔定律也可写成：

$$\Delta p = p_A^* - p_A = p_A^* x_B \tag{3-7}$$

其中 Δp 称为溶液的蒸气压下降。(3-7)式说明，对于难挥发、非电解质的稀溶液，其蒸气压下降值 Δp 等于纯溶剂的蒸气压 p_A^* 与溶质摩尔分数 x_B 的乘积，而与溶质的种类无关。

拉乌尔定律是关于稀溶液最基本的定律，它适用的对象是稀溶液中的溶剂，且不论溶质挥发与否，该定律都是适用的。所谓稀溶液，就是指溶质的浓度很低、溶剂的摩尔分数接近于 1 的溶液。严格地说,只有溶质浓度趋近于零的实际溶液中的溶剂才完全遵守拉乌尔定律;但在稀溶液范围内,它还是近似适用的,对不同的溶液,其适用范围可能小、也可能大。我们把在全部浓度范围内,溶质和溶剂都服从拉乌尔定律的溶液称为理想溶液。

例 3.1　苯和甲苯形成一理想溶液。在 293.15 K 时,纯苯(A)的蒸气压为 9.958 kPa,纯甲苯(B)的蒸气压为 2.973 kPa。求该温度时等质量的苯和甲苯混合溶液的蒸气压和蒸气的组成。

解　假定混合溶液是由 1.00 kg 的苯(A)和 1.00 kg 甲苯(B)混合而成的。因为 $M_A = 0.078\ 10\ \text{kg}\cdot\text{mol}^{-1}$;$M_B = 0.092\ 13\ \text{kg}\cdot\text{mol}^{-1}$,所以有

$$x_A = \frac{\dfrac{1.00\ \text{kg}}{0.078\ 10\ \text{kg}\cdot\text{mol}^{-1}}}{\dfrac{1.00\ \text{kg}}{0.078\ 10\ \text{kg}\cdot\text{mol}^{-1}} + \dfrac{1.00\ \text{kg}}{0.092\ 13\ \text{kg}\cdot\text{mol}^{-1}}} = 0.541\ 2$$

$$x_B = 1 - x_A = 1 - 0.541\ 2 = 0.458\ 8$$

溶液的蒸气压:

$$p = p_A^* x_A + p_B^* x_B = 9.958\ \text{kPa} \times 0.541\ 2 + 2.973\ \text{kPa} \times 0.458\ 8 = 6.753\ \text{kPa}$$

根据分压定律可以计算蒸气的组成:

$$y_A = \frac{p_A^* x_A}{p} = \frac{9.958\ \text{kPa} \times 0.541\ 2}{6.753\ \text{kPa}} = 0.798\ 0$$

$$y_B = 1 - y_A = 1 - 0.798\ 0 = 0.202\ 0$$

对于实际的稀溶液,在纯溶剂 A 中溶解了少量的溶质 B 后,虽然 A-B 分子间力与 A-A 分子间力不同,但由于 B 的浓度很低,对于每个 A 分子来说,其周围绝大多数的相邻分子还是同种的 A 分子,故可认为其总的受力情况与同温度下在纯溶剂 A 中的受力情况相同,因而液面上的每个 A 分子逸出液面进入气相的概率与在纯溶剂 A 中相同。但因溶液中溶有一定的溶质 B,使单位液面的 A 分子数在单位液面分子总数中所占的比例从纯 A 时的 1 降低至溶液情况下的 x_A,导致单位面积上溶剂 A 的蒸发速率按比例下降,达到平衡时液面上气相中 A 的分压也就会降低,这就是溶液中溶剂的蒸气压比纯溶剂的蒸气压低的原因。

§3.1.3.4　亨利定律

1803 年,英国化学家亨利(W. Henry)在研究气体在液体中的溶解度时,总结出了一条重要规律,即亨利定律(Henry's law):"在一定的温度和压力下,一

种气体在液体中的溶解度 x_B 与该气体和溶液的平衡分压 p_B 成正比”，其数学表达式如下：

$$p_B = k_{x,B} x_B \tag{3-8}$$

式中：$k_{x,B}$为比例系数，称为亨利常数(Henry coefficients)，单位为 Pa。

若气体在液体中的溶解度用质量摩尔浓度 b_B 表示，则亨利定律也可写成如下形式：

$$p_B = k_{b,B} b_B \tag{3-9}$$

式中：$k_{b,B}$是用质量摩尔浓度表示溶液浓度时的亨利常数，其单位为 $Pa \cdot kg \cdot mol^{-1}$。请思考一下，亨利定律还有其它表达形式吗？

该定律适用的条件是气体的平衡分压不大(即稀溶液)，且在溶液中不与溶剂发生化学反应。我们把在全部浓度范围内溶质和溶剂都服从亨利定律的溶液称为理想溶液。

该式与拉乌尔定律的数学表达式在形式上类似，但适用对象是不同的。拉乌尔定律适用于稀溶液中的溶剂，比例系数 p_A^* 为同温度下纯溶剂的饱和蒸气压；而亨利定律适用于稀溶液中的挥发性溶质，比例系数 k_B 在一定温度下是只与溶质、溶剂性质有关的一个常数，并不具有纯溶质 B 在同温度下饱和蒸气压 p_B^* 的含义。其原因在于，当挥发性溶质 B 溶于溶剂 A 形成稀溶液时，B 分子周围几乎完全由 A 分子包围，其受力情况由 A—B 间的作用力决定，这种受力情况在一定浓度范围内并不因稀溶液组成的变化而发生多大的改变。因此，溶质 B 在单位溶液表面的蒸发速率正比于溶液表面 B 分子的浓度，但由于 A-B 间的作用力一般不同于 B-B 间的作用力，故 k_B 不同于 p_B^*。

当然，若 B-B、A-B 间的作用力完全相同，k_B 也就和 p_B^* 相等了，则在溶液的全部浓度范围内亨利定律均适用，在这种情况下，亨利定律和拉乌尔定律是等同的，即拉乌尔定律或亨利定律对所有溶剂和溶质在全部浓度范围内皆是适用的，这就是理想溶液(ideal solution)的情况。

例 3.2　在 273.15 K 时，101 325 Pa 的氧气在水中的溶解度为 $4.490 \times 10^{-2}\ dm^3 \cdot kg^{-1}$。试求该温度时氧气在水中溶解的亨利系数 k_{x,O_2}和 k_{b,O_2}。

解　在 273.15 K 时，1.00 kg 水中溶解氧气的体积为 $4.490 \times 10^{-5}\ m^3$，则有

$$n_{O_2} = \frac{pV}{RT} = \frac{101\ 325\ Pa \times 4.490 \times 10^{-5}\ m^3}{8.314\ J \cdot mol^{-1} \cdot K^{-1} \times 273.15\ K} = 2.003 \times 10^{-3}\ mol$$

$$n_{H_2O}=\frac{1.00\ \text{kg}}{18.02\times10^{-3}\ \text{kg}\cdot\text{mol}^{-1}}=55.49\ \text{mol}$$

$$x_{O_2}=\frac{n_{O_2}}{n_{H_2O}+n_{O_2}}=\frac{2.003\times10^{-3}\ \text{mol}}{55.49\ \text{mol}+2.003\times10^{-3}\ \text{mol}}=3.610\times10^{-5}$$

$$b_{O_2}=\frac{n_{O_2}}{m_{H_2O}}=\frac{2.003\times10^{-3}\ \text{mol}}{1.00\ \text{kg}}=2.003\times10^{-3}\ \text{mol}\cdot\text{kg}^{-1}$$

$$k_{x,O_2}=\frac{p_{O_2}}{x_{O_2}}=\frac{101\ 325\ \text{Pa}}{3.610\times10^{-5}}=2.81\times10^{9}\ \text{Pa}$$

$$k_{b,O_2}=\frac{p_{O_2}}{b_{O_2}}=\frac{101\ 325\ \text{Pa}}{2.003\times10^{-3}\ \text{mol}\cdot\text{kg}^{-1}}=5.10\times10^{7}\ \text{Pa}\cdot\text{kg}\cdot\text{mol}^{-1}$$

§3.1.3.5　稀溶液的依数性

前面讲过，当溶液由溶剂 A 和溶质 B 两种物质组成时，难挥发、非电解质稀溶液的蒸气压下降值 Δp 等于纯溶剂的蒸气压 p_A^* 与溶质摩尔分数 x_B 的乘积，它仅与溶液中溶质的质点数目有关，而与溶质的种类无关，这就是**稀溶液的依数性**。结合沸点和凝固点等的定义，我们还可以得到沸点升高（溶质不挥发）、凝固点降低（从溶液中析出固体纯溶剂）和渗透压等稀溶液的依数性质（colligative property）。

1）沸点升高

沸点通常用 T_b 表示，是指液体的饱和蒸气压等于外压时的温度。若不特别指明，则是指外压为 101.325 kPa 时的沸点。在溶剂 A 中加入难挥发的非电解质 B 时，由于溶液的蒸气压会降低，即低于同温度下纯溶剂的饱和蒸气压，所以溶液的蒸气压曲线就会位于纯溶剂饱和蒸气压曲线的下边。在一定外压下，溶液要在温度上升到纯溶剂的沸点 T_b^* 之上直至 T_b 时才沸腾，这种现象称为溶液的沸点升高（boiling point elevation）。如图 3－18 所示。对于难挥发、非电解质的稀溶液，其沸点升高 ΔT_b 与溶质 B 的质量摩尔浓度 b_B 之间的关系，可用下式表示：

$$\Delta T_b=T_b-T_b^*=K_b b_B \tag{3-10}$$

其中 K_b 称为溶剂的沸点升高常数，它只取决于溶剂的本性。一些常见溶剂的 K_b 值见表 3－4。

表 3-4　一些常见溶剂的 K_b 值和 K_f 值

溶剂	水	醋酸	乙醇	四氯化碳	苯	乙醚
分子式	H_2O	$C_2H_4O_2$	C_2H_5OH	CCl_4	C_6H_6	$C_4H_{10}O$
$K_b/(K\cdot mol^{-1}\cdot kg)$	0.52	3.07	1.22	5.03	2.53	2.02
$K_f/(K\cdot mol^{-1}\cdot kg)$	1.86	3.90	1.90	32.00	5.10	1.80

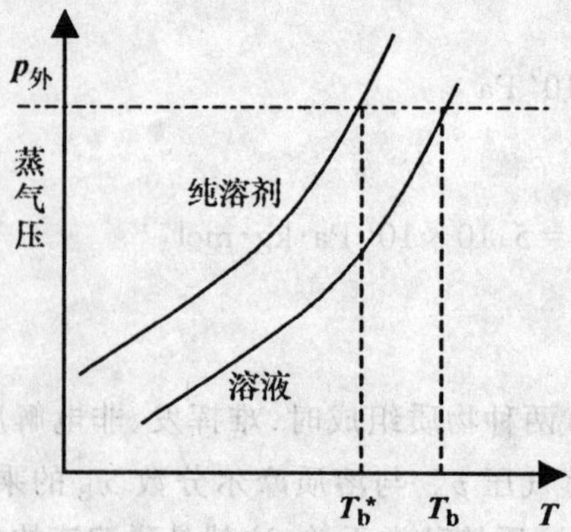

图 3-18　溶液的沸点升高

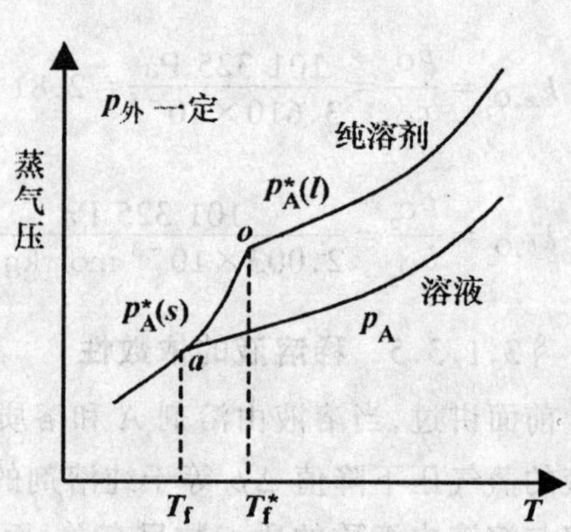

图 3-19　稀溶液的凝固点降低

2）凝固点降低

与液态物质一样，固态物质在一定温度下也有一定的饱和蒸气压，但由于固态时物质构成微粒的热运动能力相对要弱于液态，所以物质在固态时的蒸气压要低于其在液态时的蒸气压。一般把液态物质降温至开始析出固态时的平衡温度，称为该物质的**凝固点**，此时物质固态和液态的蒸气压相等，外压变化不大时对物质凝固点的影响较小。溶液的凝固点与溶剂(A)的本性、环境的压力、溶液的组成以及析出固态物质的组成有关。当从溶液中析出的固态物质为纯 A(s)时，就会出现溶液的凝固点低于同样外压下纯 A(l)的凝固点的情况。凝固点降低的原理如图 3-19 所示。图中 $p_A^*(s)$及 $p_A^*(l)$分别为纯 A(s)和纯 A(l)在一定外压下，不同温度时的饱和蒸气压曲线，两曲线的交点 O 对应的温度 T_f^* 为纯 A 的凝固点；p_A 为相同外压下，组成为 x_B 的稀溶液中溶剂 A 在气相中的分压随温度变化的曲线，它与 $p_A^*(s)$线的交点 a 所对应的温度为溶液的凝固点 T_f。

$\Delta T_f = T_f^* - T_f$ 称为溶液的凝固点降低(freezing point lowering)，它与溶液组成的定量关系如下：

$$\Delta T_f = T_f^* - T_f = K_f b_B \qquad (3-11)$$

式中：K_f 称为溶剂的凝固点降低常数（见表 3-4），它只取决于溶剂的本性。

例 3.3　在 25.00 g 的苯中溶入 0.245 g 苯甲酸，测得凝固点降低 $\Delta T_f = 0.2048$ K，凝固时析出纯固态苯，求苯甲酸在苯中的分子式。

解　苯的 $K_f = 5.10\ \text{K}\cdot\text{mol}^{-1}\cdot\text{kg}$

$$\Delta T_f = K_f b_B = \frac{K_f m_B}{M_B m_A}$$

$$M_B = \frac{K_f m_B}{\Delta T_f m_A} = \frac{5.10 \times 0.245}{0.2048 \times 25.00}\ \text{kg}\cdot\text{mol}^{-1} = 244.0 \times 10^{-3}\ \text{kg}\cdot\text{mol}^{-1}$$

已知苯甲酸 C_6H_5COOH 的摩尔质量为 $122 \times 10^{-3}\ \text{kg}\cdot\text{mol}^{-1}$，故它在溶剂苯中的分子式为 $(C_6H_5COOH)_2$。

3) 溶液的渗透压（Osmotic pressure）

在生物体内分子通过细胞膜的转移过程中，渗透压起着重要的作用。许多天然或人造的膜对粒子的通过有明显的选择性。如亚铁氰化铜薄膜只允许水而不允许水中的糖分子透过；动物的膀胱可让水分子透过，不让摩尔质量大的溶质或胶体粒子透过，我们把具有这类性质的薄膜称为半透膜（semipermeable membrane）。如图 3-20 所示，将一个底部是半透膜、装有糖水溶液的细颈瓶浸入盛

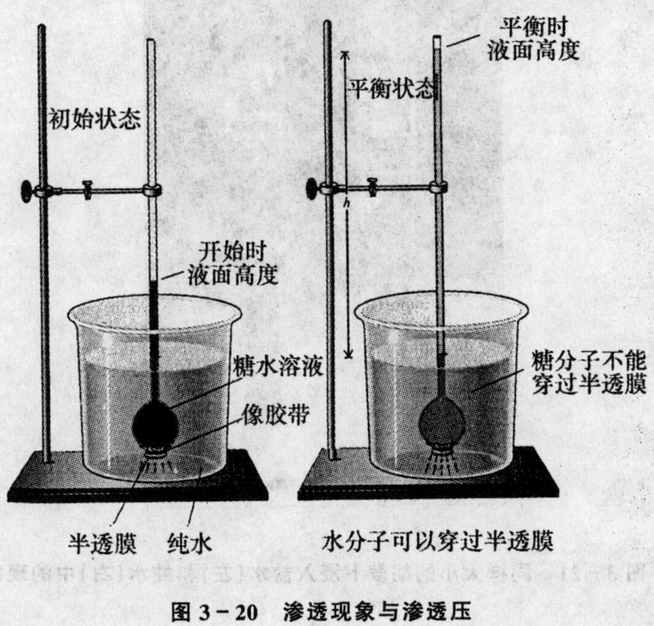

图 3-20　渗透现象与渗透压

有纯水的烧杯中，糖分子不能穿过半透膜而水分子可以，在大气压力 p 下，溶剂将自动透过半透膜向溶液中渗透，直至溶液上升到一定高度达到渗透平衡时为止，溶液的浓度越大，液面上升的高度也越高。此时，纯水和同一水平面糖水溶液的截面上所受的压力分别为 p 和($p+\Pi$)。则

$$\Pi=(p+\rho gh)-p=\rho gh$$

式中：ρ 为达到渗透平衡时溶液的密度；h 为达到渗透平衡时溶液与溶剂的液面高度差；g 为重力加速度；Π 为溶液的渗透压(osmotic pressure)，若在溶液液面上施加一个压力 Π，则在达到新的渗透平衡时两液面的高度差应该为零。对于难电离、不挥发溶质的稀溶液，其渗透压可以按下式计算：

$$\Pi V=n_{\mathrm{B}}RT \quad 或 \quad \Pi=c_{\mathrm{B}}RT \tag{3-12}$$

式中：V 为溶液的体积，c_{B} 为溶质 B 的物质的量浓度。此式是范特霍夫(Jacobus Van't Hoff)在 1887 年首先提出的，亦称为稀溶液的范特霍夫渗透压公式。从形式上看，渗透压公式与理想气体状态方程式相似，实际上我们也可以把稀溶液中难电离、不挥发的溶质分子看作是“气体分子”，而把溶剂看作是装有这种“气体”的容器。通过渗透压的测量，可以求出大分子溶质的摩尔质量。

请思考：为什么会出现图 3-21 所示的现象？

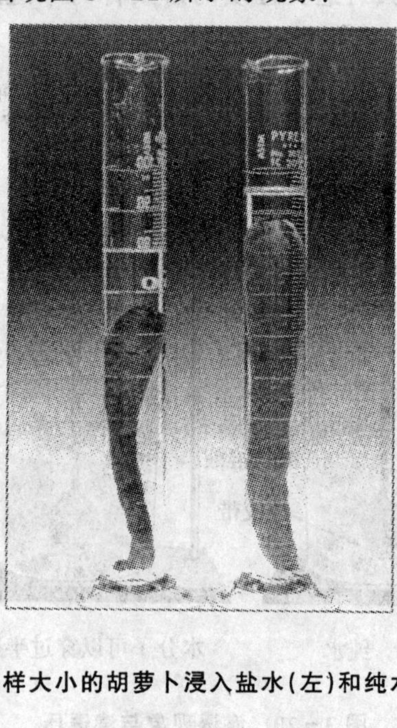

图 3-21 同样大小的胡萝卜浸入盐水(左)和纯水(右)中的现象

例 3.4　测得 30 ℃时蔗糖水溶液的渗透压 $\Pi=252.0\ \text{kPa}$。试求：

(1) 此溶液中蔗糖的质量摩尔浓度 b_B；

(2) 此溶液的沸点升高值 ΔT_b；凝固点降低值 ΔT_f。

已知溶液的密度 $\rho=1\ 000\ \text{kg·m}^{-3}$。

解　(1) 由(3－12)式可知，蔗糖(用 B 表示)的物质的量浓度

$$c_B=\frac{\Pi}{RT}=\frac{252.0\times10^3}{8.314\times303.15}\ \text{mol·m}^{-3}$$

$$=100.0\ \text{mol·m}^{-3}$$

在 c_B 很小的情况下：

$$b_B=\frac{c_B}{\rho}=\frac{100.0\ \text{mol·m}^{-3}}{1\ 000\ \text{kg·m}^{-3}}$$

$$=0.10\ \text{mol·kg}^{-1}$$

(2) 已知水的 $K_b=0.52\ \text{K·mol}^{-1}\text{·kg}$，题给溶液的沸点升高：

$$\Delta T_b=K_b b_B=(0.52\times0.10)\ \text{K}=0.052\ \text{K}$$

已知水的 $K_f=1.86\ \text{K·mol}^{-1}\text{·kg}$，题给溶液的凝固点降低：

$$\Delta T_f=K_f b_B=(1.86\times0.10)\ \text{K}=0.186\ \text{K}$$

§3.1.3.6　胶体溶液

一种或几种物质分散在另一种介质中所形成的体系称为分散体系，被分散的物质称为**分散相**，而连续介质称为**分散介质**。分散体系的某些性质常随分散相粒子的大小而改变，因此，按分散相质点大小的不同，可将分散系分为如下三类(见表 3－5)：

粗分散系——分散相粒子大于 100 nm，用肉眼或普通显微镜即可观察到分散相颗粒，由于颗粒较大，能阻止光线通过，因而外观上是浑浊且不透明的。另外，因分散相颗粒大，故不能透过滤纸或半透膜，同时易受重力影响而自动沉降，因此体系不稳定。按分散相状态的不同又可将粗分散系分为悬浊液(固体分散在液体中——如泥浆等)和乳浊液(液体分散在液体中——如牛奶等)。

低分子分散系——又称为**溶液**，其分散相粒子小于 1 nm，不能阻止光线通过，所以溶液是透明的，这种溶液具有高度的稳定性，无论放置多久，分散相颗粒也不会因重力作用而下沉，不会从溶液中分离出来。分散相颗粒能透过滤纸或半透膜，在溶液中扩散很快，例如盐水和糖水等。

表 3-5 分散系的分类和基本特点

分散系	实例	外观	分散质微粒			
			能否透过滤纸	能否透过半透膜	粒子组成	直径
悬浊液 乳浊液	泥水 油水混合物	不均一 不稳定 不透明	不能	不能	许多分子的聚合体	>100 nm
胶体	$Fe(OH)_3$ 胶体 淀粉胶体	均一 稳定 透明	能	不能	分子聚集体或高分子	1～100 nm
溶液	$FeCl_3$ 溶液 碘酒	均一 稳定 透明	能	能	单个分子或高分子	< 1 nm

胶体分散系即胶体溶液，其分散相粒子大小在 1～100 nm，属于这一类分散系的有溶胶和高分子化合物溶液。此类分散系的胶体粒子比低分子分散系的分散相粒子大，而比粗分散系的分散相粒子小，因而胶体分散系的胶体粒子能透过滤纸，但不能透过半透膜。外观上胶体溶液不浑浊，用肉眼或普通显微镜均不能辨别。胶体溶液能产生丁达尔现象而溶液不能，所以可以通过丁达尔现象来鉴别胶体。分子或离子可以透过半透膜，而胶体粒子不能透过半透膜，根据这一原理，可利用半透膜使分子或离子从胶体里分离出来，这样的操作叫渗析，通过渗析可以达到净化、精制胶体的目的。

胶体只是物质以一定的分散程度而存在的一种状态，胶体化学是研究胶体分散系物理性质和化学性质的一门科学，它不仅和工农业生产有着密切的关系，而且和生命科学紧密相关，在研究动植物生命现象时，随处都会遇到胶体体系。从胶体化学的观点来说，人体就是典型的胶体体系，因为细胞、血液、淋巴液、肌肉、脏器、软骨、皮肤、毛发等都属于胶体体系，因此，生物体内发生的许多生理变化和病理变化都与胶体的性质有联系。另外，许多药物、消毒剂、杀虫剂等也都是以胶体形式生产、储存和使用的。

胶体是物质的一种分散状态，不论任何物质，只要以线性大小为 1～100 nm 的粒子分散于另一物质中时，就成为胶体。例如，氯化钠在水中分散成离子时属低分子分散系。而在苯中则分散成离子的聚集体，聚集体粒子的大小在 1～100 nm，属胶体溶液。许多蛋白质、淀粉、糖原溶液及血液、淋巴液等都属于胶体溶液。

溶胶的制备：

(1) 分散法：使粒子较大的系统分散成胶体系统以达到分散的目的。常需通过研磨、胶溶、超声波或电弧处理。

(2) 凝聚法：是由分子(或原子、离子)分散状态凝聚为胶体分散体系。常需通过化学、物理和交换溶剂处理。

溶胶的净化：

(1) 透析：用孔径小的半透膜提纯，使溶胶中的杂质通过半透膜与溶胶进行分离。

(2) 电透析：施加外电场的透析过程。

(3) 超过滤：在铺有半透膜的过滤器中进行抽滤。

溶胶的老化：新生成的溶胶即使经过净化，胶粒也会慢慢增长，这一过程称为老化。

溶胶的光学性质——丁达尔效应：在暗室中，如果让一束聚集的光线通过胶体系统，在入射光的垂直方向上可以看到一个发光的圆锥体，这种现象称为丁达尔效应，是由溶胶中分散相粒子对光线的散射作用而引起的。

溶胶的动力性质——布朗运动：布朗运动是溶胶体系固有热运动的表现。溶胶粒子会在介质中不停地做无规则运动，这种现象是由于粒子间的相互碰撞产生的。布朗运动的速率取决于粒子的大小、温度及介质的粘度。

溶胶的电性质——电动现象：在外电场的作用下，分散相和分散介质发生相对移动的现象，称为溶胶的电动现象，包括电泳、电渗等。

(1) 电泳：在外电场的作用下，溶胶中带电的固体微粒在液相介质中向带异性电荷的电极定向运动的现象称为电泳。

(2) 电渗：在外电场的作用下，液体介质通过固定不动的多孔固体或毛细管定向运动的现象称为电渗。

在气体中悬浮有固体或液体微粒的分散系统称为气溶胶。常见的分散介质是空气，分散相是直径在 0.001～100 μm 的固体或液体微粒，云、雾、烟等都是常见的气溶胶。由于环境污染而发生的历史上著名的光化学烟雾事件，如 1930 年 12 月比利时的默兹峡谷烟雾、1952 年 12 月英国的伦敦烟雾和美国的洛杉矶烟雾、1970 年 7 月日本的东京烟雾等，就是因污染物通过光化学反应形成了既有烟又有雾的有毒气溶胶所致。

§3.2　物质的结构与化学性质

我们知道，物质的化学性质是通过物质的化学变化体现出来的，当发生化学变化时，虽然由一种物质变成了另外一种物质，但组成物质的原子改变的仅仅是其核外电子的运动状态。例如：$NH_3(g) + HCl(g) = NH_4Cl(s)$，其中的 Cl 原子在反应物时是以极性共价键与 H 原子结合的，而在产物时是以离子键与铵离子结合的，原子核并未改变，变化的只是核外电子的运动状态。为什么 $NH_3(g)$ 和 $HCl(g)$ 会发生反应生成 $NH_4Cl(s)$ 呢？大家从分子结构（即分子中核外电子运动状态）进行分析，是不难得出结论的。

我们已经知道，化学反应的类型有很多，如化合反应、分解反应、置换反应、复分解反应等。还可以根据参与反应的物质的种类，分为无机化学反应和有机化学反应等。无机化学反应描述的是无机化合物之间发生的反应，其特点是反应速度快、副产物少、反应产物的收率高、后处理相对比较简单等等；有机化学反应描述的是有机化合物参加的化学反应，其特点前面已经讲过，与无机反应相反，一般反应速度慢、副产物多、反应产物的收率低、后处理相对复杂等。此外，还可以根据反应体系中物质相的数量，将反应分为均相反应和多相反应等。

化学反应的本质就是反应物旧键的断裂和产物新键的生成。1918 年 Lewis 运用气体分子运动论的成果提出的化学反应的碰撞理论（collision theory）指出：

(1) 反应物分子必须要发生接触，碰撞是先决条件，碰撞频率越高，反应速率越大。

(2) 并非每次碰撞都是有效的，只有少数碰撞才能导致化学反应的发生。

能导致发生化学反应的碰撞称为有效碰撞，能发生有效碰撞的反应物分子称为活化分子（activation molecule），反应物分子要有足够大的能量，才可以克服相互接近时电子云之间的斥力，从而导致反应物分子中的原子重新排列，转变成为产物分子。之所以反应物分子之间的大多数碰撞都是无效的，除了发生碰撞的分子的能量太低外，另一个原因是真正的有效碰撞应该是反应物分子之间的定向碰撞，由于共价键具有方向性，当碰撞方向不合适时，即使有足够的能量，也不会导致特定化学反应的发生。对于前面提到的 HCl 和 NH_3 发生的气相反应，显然 HCl 的 H 端只能通过狭窄的“窗口”接近 NH_3 中氮原子上的孤对电子，发生有效碰撞的机会自然小多了（见图 3－22）。

下面的有机化学反应是一溴代甲烷在碱性条件下的水解反应，事实证明，HO^- 只有从背面进攻溴原子所连的碳原子才能发生反应：

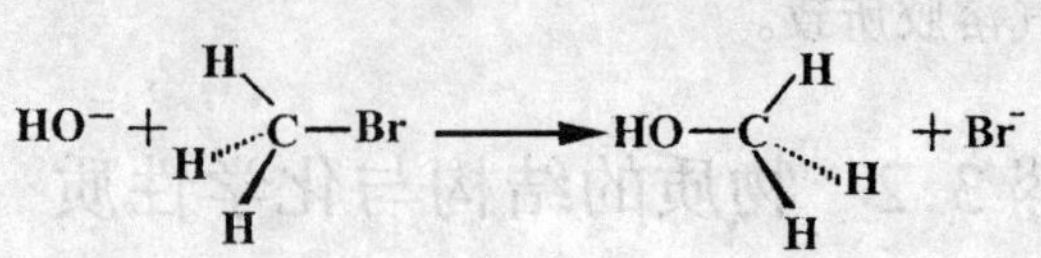

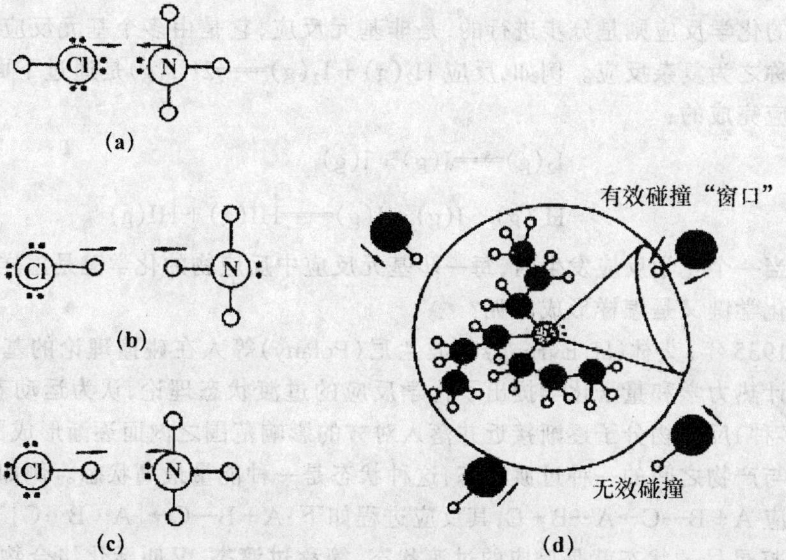

图 3-22　HCl 与 NH_3 分子之间的定向碰撞

对于无机离子化合物来说，其化学性质主要通过正负离子各自的独立性质体现出来。如硝酸银溶液可以与氯化钠溶液生成氯化银沉淀，实际上是银离子与氯离子的性质，而钠离子和硝酸根离子在反应前后并无变化；再如氨气和氯化氢气体可以发生反应生成氯化铵，与氨水和盐酸反应生成氯化铵溶液的反应并无实质上的区别，本质上都是氨分子与氢离子的结合。

而对于有机化合物来说，都是通过共价键形成的，在发生旧健断裂和新键形成的化学反应中，会涉及到反应物共价键中的共用电子对究竟是均裂（两个成键原子各自占有一个电子）呢还是异裂（共用电子对被其中一个成键原子占有），因此，有机化合物就可能发生共用电子对均裂的自由基反应，如在氧气中的燃烧反应等，以及共用电子对异裂的离子型反应，如上面讲到的卤代烃在碱性条件下的水解反应和大家熟悉的有机酸与醇发生的酯化反应等。

对于通过金属键形成的金属，因为其中有大量自由电子，故通常都发生失去电子生成金属离子的反应。

实际上物质具有什么样的结构，就应该具有什么样的特定化学性质。但由于物质结构的复杂性，导致了物质化学性质的多样性，物质结构的任何微小差异，都会使其化学性质有所不同。

通过对化学反应进行本质的进一步研究表明，有的化学反应是一步反应，即反应物分子之间通过一次碰撞就可以得到产物，我们把这种反应称为基元反应；而有的化学反应则是分步进行的，是非基元反应，它是由多个基元反应组成的，我们称之为复杂反应。例如，反应 $H_2(g) + I_2(g) \!=\!=\!= 2HI(g)$ 是通过下面两步基元反应完成的：

$$I_2(g) \!=\!=\!= I(g) + I(g)$$

$$H_2(g) + I(g) + I(g) \!=\!=\!= HI(g) + HI(g)$$

当一个化学反应发生时，每一步基元反应中反应物的化学键是怎样断裂、产物的化学键又是怎样形成的呢？

1935 年，艾林(H.Eyrimg)和波兰尼(Polany)等人在碰撞理论的基础上，根据统计热力学和量子化学提出了化学反应的过渡状态理论，认为运动着的两种(或多种)反应物分子逐渐接近并落入对方的影响范围之内而逐渐形成了处于反应物与产物之间的一种过渡状态，这种状态是一种能量最高状态。例如，对于基元反应 A + B—C→A—B + C，其反应进程如下：A + B—C→[A…B…C]*→A—B + C，打星号的状态就是反应的过渡状态，简称**过渡态**，又叫活化络合物(activated complex)，这是一种反应进程中能量最高的最不稳定状态，旧的化学键没有完全断裂，新的化学键也没有完全形成。一旦形成过渡态，就可以自动地生成反应的产物，一般把过渡态能量与反应物能量之间的差值称为反应的活化能 E_a，产物能量与反应物能量之间的差值就是反应所放出的能量。整个反应的进程符合微观可逆性原理，也可以反过来进行，由产物得到反应物。

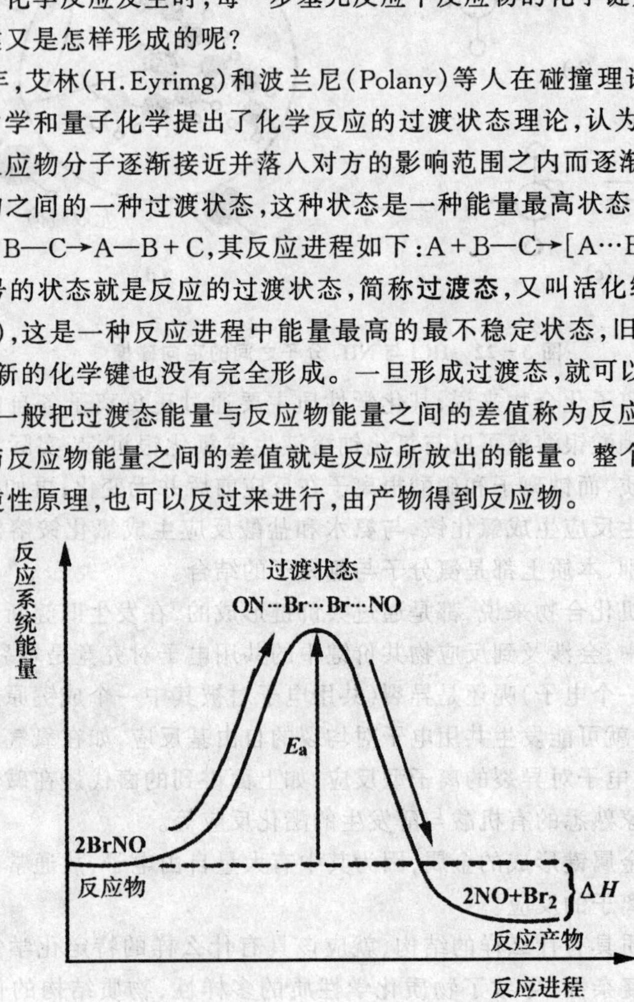

图 3－23　基元反应 $2BrNO = 2NO + Br_2$ 的反应进程曲线

图 3-23 是基元反应 $2BrNO = 2NO + Br_2$ 的反应进程曲线，对于更多的复杂反应，其反应进程曲线可以由相应的两个或多个基元反应的进程曲线组合得到。

§3.3 物质的结构与表面性质

物质的表面层分子与内部分子相比，它们所处的环境是不同的。体相内部分子所受四周邻近相同分子的作用力是对称的，各个方向的力彼此抵销，但是处在界面层的分子，一方面受到体相内相同物质分子的作用，另一方面受到性质不同的另一相中物质分子的作用，其作用力未必能相互抵销，因此，界面层会显示出一些独特的性质。

由于物质尤其是凝聚态物质表面上原子或分子的力场（包括化学键力和分子间力等）是不饱和的，因此具有吸引其它分子的能力，从而使环境介质在物体表面上的浓度大于其体相中的浓度，这种现象称为吸附，能吸附它物的物质称为**吸附剂**(adsorbent)，被吸附的物质称为**吸附质**(adsorbate)，吸附是固体表面最重要的性质之一。

在表面工程技术中，许多任务都是通过基体和气体或液体的表面接触作用而实现的，因此了解表面对于气体和液体的基本作用规律是非常重要的。

§3.3.1 固体对气体的吸附

气体分子或原子在固体表面上发生吸附作用的吸引力和单个原子或分子之间的相互作用力在本质上没有多大区别，问题只是表面原子参与了固体的体相结构，因此使吸引力受到影响，一个气体分子被表面吸附的吸引力主要分成物理和化学两类：

物理吸附：任何气体分子都会在其和固体表面之间的范德华力作用下被固体吸附，但两者之间没有电子转移。

化学吸附：气体分子和固体之间发生了电子的转移，二者之间产生了化学键力，其作用力和化合物中原子之间形成的化学键力相似，比范德华力大得多。

并非任何气体分子在任何固体表面上都可以发生化学吸附，像化学反应一样，无论是物理吸附还是化学吸附，都会伴随有热效应，称为吸附热，表 3-6 列出了物理吸附和化学吸附的不同特点。

表 3-6 表面物理吸附与化学吸附

比较项	物理吸附	化学吸附
吸附热	近于液化热(1~40 kJ·mol^{-1})	近于反应热(40~400 kJ·mol^{-1})
吸附力	范德华力,弱	化学键力,强
吸附层	单分子层或多分子层	仅单分子层
吸附选择性	无	有
吸附速率	快	慢
吸附活化能	不需要	需要、且很高
吸附温度	较低	较高
吸附层结构	基本同吸附质分子结构	形成新的化合态

虽然物理吸附与化学吸附有着明显的区别,但二者并不是孤立的、截然分开的,在固体表面上常常会出现化学吸附和物理吸附同时存在的现象,而且气体分子先进行物理吸附再发生化学吸附要比直接发生化学吸附容易得多,通常在化学吸附前往往都会先发生物理吸附。

§3.3.2 固体对液体的吸附

固体表面对液体分子同样有吸附作用。但这种吸附与对气体的吸附又有不同,主要表现为:

1) 这种吸附包括对电解质的吸附和对非电解质的吸附。对电解质吸附将使固体表面带电形成正负双电层,双电层中组分会发生变化,也可能是溶液中的某些离子被吸附到固体表面,而固体表面的离子则进入溶液之中,产生离子交换作用。对非电解质的吸附一般表现为单分子层吸附,吸附层以外就是本体相溶液。

2) 溶液中的溶质和溶剂都可能被固体吸附,但被吸附的程度不同,分为以下两种:

正吸附:吸附层内吸附质的浓度比本体相大。

负吸附:吸附层内吸附质的浓度比本体相小。

显然,溶质被正吸附时,溶剂必被负吸附,反之亦然。在稀溶液中,可以将对溶剂的吸附忽略不计,仅简单的如气体吸附一样处理对溶质的吸附,但在浓度较大时,则必须同时考虑二者的吸附。

3) 固体表面的粗糙度及污染程度对吸附有很大的影响,液体表面张力的影响也很重要。液体表面分子受液体内部分子间力的吸引，有向液体内部迁移，使液体表面积自动缩小的趋势，我们把液体表面的这种收缩力称为表面张力。从能量的角度来看，要使液体内部的分子迁移到表面，就必然要提供一定的能量使其克服表面张力，这一能量就称为表面能。表面张力或表面能的大小正比于液体的分子间力，同时与周围介质有关。

固体对液体的吸附情况如图 3－24 所示，其中 σ 为表面张力，θ 为接触角。

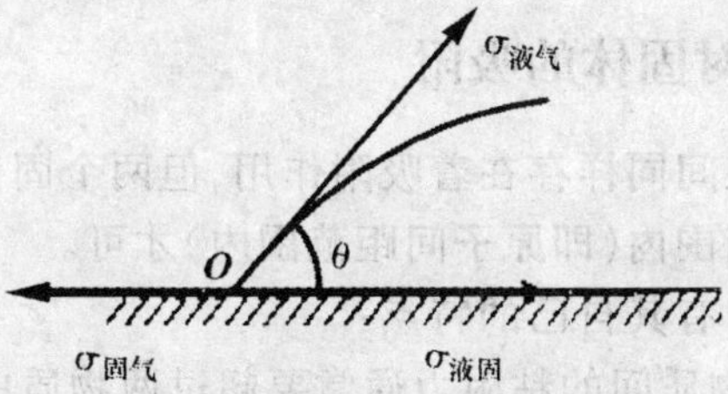

图 3－24　接触角与界面张力的关系

当 $\theta<90°$ 时，称为**润湿**。θ 越小，润湿性越大，液体在固体表面的铺展能力越强。

当 $\theta=0°$ 时，为**完全润湿**，液体在固体表面完全铺展开来。

当 $\theta>90°$ 时，为**不润湿**。θ 越大，润湿性越小，液体越不易铺展开，易收缩为球状。

当 $\theta=180°$ 时，为**完全不润湿**，液体收缩为球状。θ 角的大小，与界面张力有关。

在固体、液滴和空气三相接触点 O 处，同时有 $\sigma_{s\text{-}g}$、$\sigma_{l\text{-}g}$ 和 $\sigma_{s\text{-}l}$ 三个界面张力的作用，这三个界面张力都趋于缩小各自的表面积，作用方向如图 3－24 所示，$\sigma_{s\text{-}g}$ 力图将液体拉向左方，以使 s-g 界面缩小；$\sigma_{s\text{-}l}$ 则力图将液体向右拉以缩小 s-l 界面；$\sigma_{l\text{-}g}$ 则将液体向切线方向拉，以缩小 l-g 界面。当上述三个力达到平衡时，则有

$$\sigma_{s\text{-}g}=\sigma_{s\text{-}l}+\sigma_{l\text{-}g}\cos\theta \quad 或 \quad \cos\theta=(\sigma_{s\text{-}g}-\sigma_{s\text{-}l})/\sigma_{l\text{-}g} \tag{3-13}$$

（3－13）式称为杨氏方程式，它表达了接触角的大小与三相界面张力之间的定量关系。因此，凡是引起任一界面张力变化的因素都会影响到液体在固体表面的润湿性能。

应当指出的是，杨氏方程式只能用于固、液、气三相稳定接触的情况。这时三个界面张力之间必须满足不等式 $\sigma_{s\text{-}g}-\sigma_{s\text{-}l}\leqslant\sigma_{l\text{-}g}$，否则，分子大于分母，$\theta$ 角就无意义了，这意味着三相接触时不会达到稳定的平衡状态。

由杨氏方程可以看出：表面能高的固体比表面能低的固体更容易被液体所

润湿。润湿与否取决于液体分子间的相互作用力(即内聚力)和液固分子间的吸引力(即粘附力)的相对大小,若后者较大,则液体容易在固体表面铺展,易呈润湿状态;若前者较大,则液体不容易在固体表面铺展,易呈不润湿状态。

有人做了钢材和环氧树脂粘结的剪切强度试验,采用不同的有机溶剂清洁钢材的表面,所得到的表面清洁状况不同,从而影响了接触角 θ 的不同,最终导致了粘结强度的不同。

§3.3.3　固体对固体的吸附

固体和固体表面之间同样存在着吸附作用,但两个固体表面必须非常接近,直到表面张力作用的范围内(即原子间距范围内)才可。

固体对固体的吸附有其自己的特点:

1) 两个不同固态物质间的粘附力通常要超过两物质中较小的内聚力。

2) 表面污染会使固体表面的粘附力大大减小,而且这种污染往往是非常迅速的。例如:铁片在水银中断裂,两裂开面可以再粘结起来;而在空气中断裂时,由于铁会迅速吸附氧气而形成化学吸附层,从而导致两裂开面不能再粘结起来。

§3.3.4　表面活性剂

前面已经讲过,液体在固体表面的润湿作用在一定程度上取决于液体分子间的相互作用力(即内聚力),因此,我们可以通过改变液体的表面张力来改变其润湿作用等性质,凡能使水溶液表面张力显著降低的物质称为**表面活性剂**(Surfactant)。具有表面活性的分子在结构上通常都是不对称的线型分子,一般由亲水(或憎油)的极性基团与憎水(或亲油)的非极性基团两部分组成。

§3.3.4.1　表面活性剂的分类

表面活性剂是一类在生产、生活中广泛使用的精细化学品,按表面活性剂分子能否离解,可将其分为离子型和非离子型两大类。

离子型:在水中可以离解,根据离解后具有表面活性大离子所带电荷的不同,又可分为阴离子型、阳离子型和两性型三类:

阴离子型:包括羧酸盐、硫酸酯盐、磺酸盐、磷酸酯盐等,如 $C_{16}H_{31}COONa$ 等。

阳离子型:如有机胺盐 $C_{16}H_{33}NH_3Cl$ 等。

两性型:如氨基酸 R—NH—CH_2COOH 等。

非离子型:在水中不会离解,主要有如下两大类:

聚乙二醇型:可用亲水的环氧乙烷类有机化合物与憎水基原料进行开环加成聚合反应制取。

多元醇型:可用亲水的多元醇类有机化合物与高级脂肪酸类憎水基原料进行缩聚反应制取。例如:

脂肪醇聚氧乙烯醚: R—O—$(CH_2CH_2O)_n$H 等;

烷基酚聚氧乙烯醚: R—(C_6H_4)—O$(C_2H_4O)_n$H 等;

聚氧乙烯烷基胺: R_2N—$(C_2H_4O)_n$H 等;

聚氧乙烯烷基酰胺: R—CONH$(C_2H_4O)_n$H 等;

多元醇型: R—COO$CH_2(CHOH)_n$H 等。

§3.3.4.2 表面活性剂的性质

表面活性剂分子在结构上的特征都是线型不对称的,分子中同时存在着亲水(或憎油)的极性基团与憎水(或亲油)的非极性基团,具有这种结构特征的表面活性剂分子可使水溶液的表面张力显著降低,但当超过某一浓度后,溶液的表面张力又几乎不变,这与其在水溶液中的行为密切相关。

当浓度很低时,水溶液中表面活性剂分子的合理排列是亲水基向水,憎水基向空气,在溶液表面定向排列,直到吸附达到表面饱和状态。

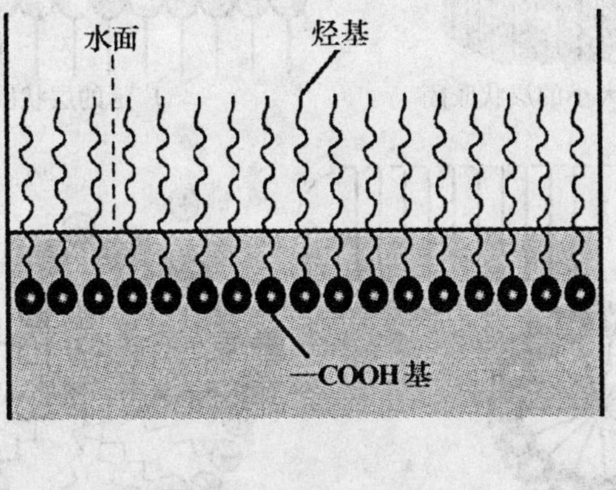

图 3-25 脂肪酸分子在水溶液表面上的定向排列

图 3-25 是具有表面活性的脂肪酸分子在水溶液表面的定向排列情况。继续增加表面活性剂的浓度时,由于表面已经无法容纳而进入溶液本体,其非极性部分会自相靠拢,以憎水基向里、亲水基向外的取向形成聚集体,这种多分子聚集体称为**胶团**或**胶束**(micella),根据亲水基的不同和溶液浓度的不同,形成的胶束可呈现棒状、层状或球状等多种形状(见图 3-26)。我们把开始形成一定形状胶束所需表面活性剂的最低浓度称为**临界胶束浓度**(criticalmicelle concentration),以 CMC 表示。在表面活性剂浓度增加的过程中,水溶液的表面张力、电导率、渗透压、密度、去污能力等性质的变化都会以临界胶团浓度 CMC 为分界

而出现明显转折。因此,可以根据这些性质的变化来测定临界胶束浓度的数值。

根据实验,表面活性剂在水中的浓度达到一定数值(即 CMC)后,它在表面层中的浓度为一定值,与本体浓度无关,并且和它的憎水基长度也无关。使水的表面张力明显降低所需表面活性剂的浓度称为**表面活性剂的效率**;能够把水的表面张力降低到的最小值称为**表面活性剂有效值**。显然,使水的表面张力明显降低所需表面活性剂的浓度越低,则表面活性剂的效率或表面活性越高;能把水的表面张力降得越低,表面活性剂就越有效。

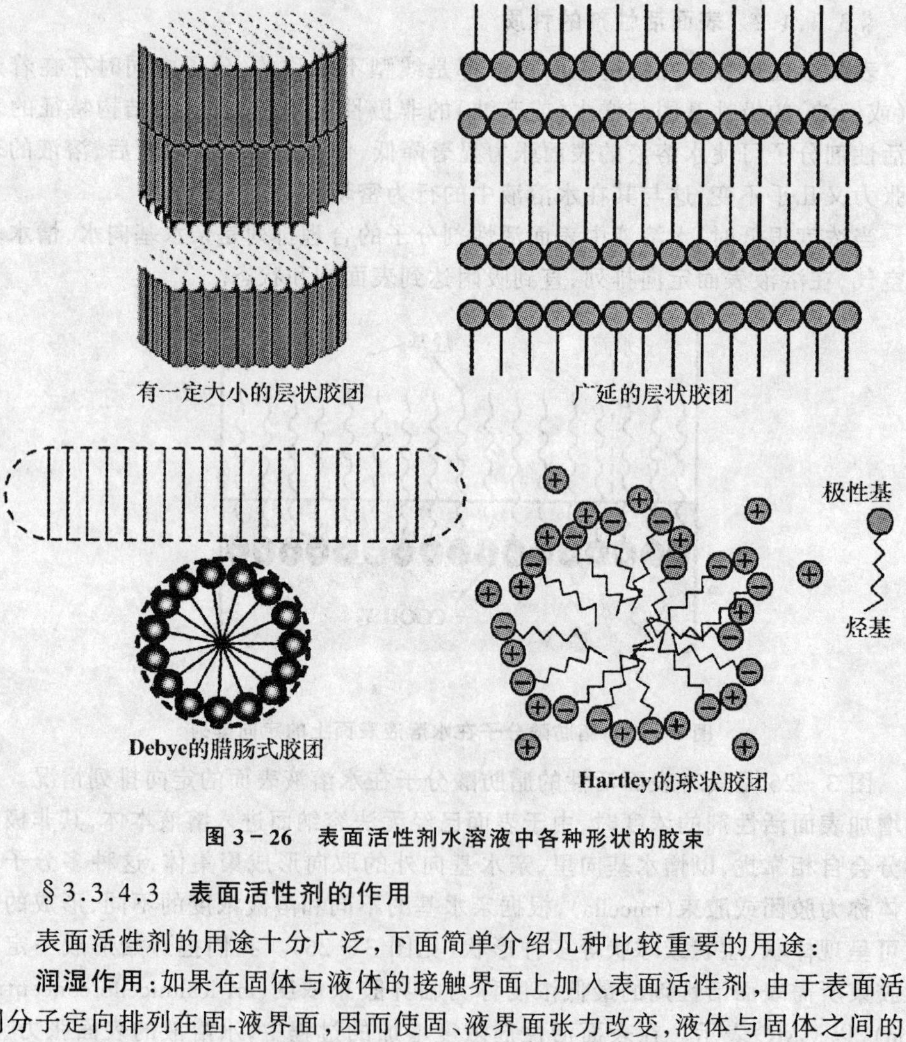

图 3-26　表面活性剂水溶液中各种形状的胶束

§3.3.4.3　表面活性剂的作用

表面活性剂的用途十分广泛,下面简单介绍几种比较重要的用途:

润湿作用:如果在固体与液体的接触界面上加入表面活性剂,由于表面活性剂分子定向排列在固-液界面,因而使固、液界面张力改变,液体与固体之间的接触角发生改变,即改变了液体在固体表面的润湿程度。例如,要制造防水材料,就要在材料表面涂上憎水的表面活性剂,使接触角 θ 大于 90°,减弱水对防水材料表面的润湿程度。

起泡与消泡作用:"泡"是由液体薄膜包裹着气体而形成的。有的表面活性剂和水可以形成一定强度的薄膜,包裹着气体而形成气泡,可以用于矿物浮选、泡沫灭火和洗涤去污等,这种表面活性剂称为起泡剂。有时也要使用消泡剂来消除气泡,例如,在制糖、制中药过程中泡沫不宜太多,要加入适当的表面活性剂以降低液膜强度,消除气泡。

增溶作用:一些非极性或弱极性的碳氢化合物,如苯、乙烷、异辛烷等在水中的溶解度是非常小的,但超过临界胶束浓度的表面活性剂水溶液却能"溶解"相当数量的碳氢化合物,这种现象称为表面活性剂的增溶作用。增溶作用与普通的溶解是不同的,增溶的苯等并不是均匀地分散在水中的,而是分散在表面活性剂分子所形成的胶束中,因此,更准确的应该是称为表面活性剂的**胶束增溶作用**。

乳化与破乳作用:一种液体(称为分散相)以细小液珠的形式分散在另一种与它不相互溶的液体(称为分散介质)之中所形成的分散体系称为**乳状液**(emulsion)。若这两种不相互溶的液体其中之一是水,则记为 W;另一种是水不溶性的有机物,泛称"油",记为 O;若油以小液珠形式分散在水相中,则称为水包油型乳状液,记为 O/W,如牛奶等。若是小水珠分散在油相中,则称为油包水型乳状液,记为 W/O,如含水的原油等。要使乳状液能稳定存在必须要有乳化剂的作用。有时为了破坏乳状液则需加入另一种表面活性剂将乳状液中的分散相和分散介质分开,称为破乳剂。例如,新采出的原油一般是以油包水型乳状液存在的,在送入炼油厂进行炼制前需要进行预处理,加入破乳剂将原油中的水分离出来就是一道不可缺少的重要工序。

表面活性剂的种类繁多,用途十分广泛,那么在实际应用中应该怎样来进行选择呢?由于表面活性剂分子都是两亲分子,而亲水集团和亲油基团是不同的,很难用相同的单位来衡量,为解决这一问题,Griffin 提出了用亲水亲油平衡(hydrophile-lipophile balance)值,即 HLB 值来表示表面活性物质的亲水亲油性能,可以根据实际工作的要求,通过 HLB 值来选择合适的表面活性剂。例如:若表面活性剂的 HLB 值在 2～6 时,可用作油包水型乳状液的乳化剂;HLB 值在 8～10 时则可用作润湿剂;而 HLB 值在 12～18 时可用作水包油型乳状液的乳化剂。

§3.3.5　化学反应中的催化剂

化学反应进行的快慢可以用化学反应速率来描述,我们可以在化学反应体系中加入少量的某一种或多种物质来参与反应,改变反应速率,而其自身在反应前后并不发生任何变化，具有这种性质的物质称为**催化剂**(catalyst)，可以增加反应速率的称为正催化剂，可以减小反应速率的称为负催化剂，通常所说的催化剂都是指正催化剂，简称催化剂。还有的物质自身催化作用很小或根本没有催化作用，但在反应体系中可以显著改善其它物质的催化性能，我们将这种物质称为**助催化剂**(promoter)。

催化剂之所以可以改变反应的速率，是因为它的存在改变了反应进行的过程，使过渡态及其能量发生了变化，从而改变了反应的活化能所致，但催化剂不能使根本不能进行的反应变成可以进行，不会改变化学反应的能量变化，也不会改变化学反应体系的平衡状态。由于催化剂能同时等量地改变正逆反应的活化能，使正逆反应同时加快，所以它可以改变化学反应达到平衡状态所需的时间。在图 3-27 中，由于催化剂改变了反应的进程，使正反应的活化能从 $E_{a_1}^{+}$ 降低到 $E_{a_2}^{+}$，逆反应的活化能从 $E_{a_1}^{-}$ 降低到 $E_{a_2}^{-}$，正、逆反应同时被加速，但反应物和产物的能量、以及反应前后的能量变化 ΔE 并未改变。

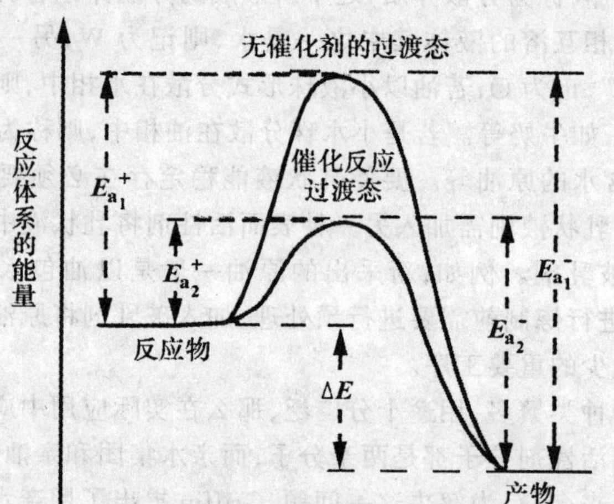

图 3-27　有催化剂参与的反应进程

一种催化剂并不能催化所有的化学反应，而是仅对一个或几个化学反应有催化作用，这就是催化剂的选择性，选择不同的催化剂会有利于不同种产物的生成，催化剂只有在特定的条件下才能表现出催化活性。我们总是希望催化剂具有较高的催化活性和选择性。

有的催化剂与反应物种处于同一相中，称为均相催化反应。例如：Br_2 可以和 H_2O_2 处于同一相中，催化 H_2O_2 的分解反应：

$$2H_2O_2(aq) \xrightarrow{Br_2} O_2(q) + 2H_2O(l)$$

催化剂与反应物种不属于同一相的催化反应则是更为常见的非均相催化(或多相催化)反应。例如:汽车尾气中 NO 和 CO 的催化转化:

$$2NO(g) + CO(g) \xrightarrow{Pt,Pd,Rh} N_2(g) + CO_2(g)$$

反应在固相贵金属催化剂表面的活性中心上进行,催化剂分散在陶瓷载体上,其表面积很大,活性中心足够多,汽车尾气可以与催化剂充分接触而发生反应。

以酶为催化剂的反应称为酶催化反应,酶催化反应的特点是条件温和、效率高且选择性很好。在生物体内不断进行着大量高效、高选择性的酶催化反应。

还有一类以冠醚为催化剂的相转移(phase-transfer)催化反应,其作用原理是利用冠醚的空穴与金属离子络合,使金属离子的外围具有类烃结构,从而将离子型化合物转移到有机相中,使非均相反应转变为均相反应而大大加快反应速率。冠醚与被转移离子之间的关系称为主-客体关系,冠醚是主体,离子是客体。仅当冠醚的空穴半径与正离子半径相等或相近时,冠醚与该离子才能形成主-客体关系,即形成配合物。例如,18-冠-6 的空穴半径是 0.26～0.32 nm,与钾离子的半径 0.266 nm 相近,两者可形成配合物;15-冠-5 的空穴半径约为 0.17～0.22 nm,与钠离子的半径 0.18 nm 相近,两者可形成配合物。但 18-冠-6 与钠离子或 15-冠-5 与钾离子都不能形成配合物。高锰酸钾水溶液与环己烯四氯化碳溶液的反应是一个非均相反应,在加入 18-冠-6 后大大加快。

多相催化通常是通过催化剂吸附反应物来进行的,一种好的催化剂必须要能够吸附反应物并使它活化,这样吸附作用就不能太弱,否则达不到活化的效果,但吸附作用也不能太强,否则被吸附物质不易解吸,占据催化剂的活性位而使催化剂很快失去活性(中毒)。好的催化剂的吸附能力应恰到好处,太强太弱都不好,并且对物质的吸附和解吸速率都比较快。催化剂经常要负载到一些多孔性物质(即催化剂载体)上,以增大其吸附表面积,提高其催化性能。多相催化一般要经历下述几步:反应物质在催化剂表面上的吸附;吸附物种在催化剂表面的迁移;吸附物种在催化剂表面的反应和产物从表面的解吸。多相催化是表面化学最为活跃的研究领域,目前这方面的研究工作主要集中在表面吸附物种的化学组成与结构、表面物种的反应动力学和表面反应机理等方面。

§3.4 材料化学概论

材料是人们制作有用物件、装备或设施等所用的物质。按作用可以分为结构材料和功能材料两大类。结构材料一般是指使用其力学性能、以承载作用力为主的材料;而功能材料是指主要使用其某种典型特性如电性能、光性能或磁性能等的材料。按化学组成则可以分为金属材料、无机非金属材料、有机高分子材料和复合材料四大类。

在一定的外界条件下,当材料的化学组成确定后,其物理性能、力学性能和化学性能只取决于材料的内部结构和组织。也就是说,结构是材料性质和使用性能的决定因素。

§3.4.1 金属材料

金属材料是以金属元素为基础的材料,包括纯金属和合金。其发展和使用有着悠久的历史,人类在很早以前就懂得使用铜和铜合金,后来发展到了铁和铁合金。产业革命后钢铁材料便占据了绝对优势,但第二次世界大战以后,随着合成高分子材料、无机非金属材料和各种复合材料的发展,金属材料的主导地位受到了一定的冲击,同时也促进了金属材料自身的不断发展。传统的钢铁工业在冶炼、浇铸、加工和热处理等方面不断出现新工艺,新型的金属材料如高温合金、形状记忆合金、贮氢合金、永磁合金、非晶态合金等也在不断出现。作为最重要的结构材料和广泛应用的功能材料,金属材料的地位仍然是不可替代的。

地壳中铁元素的丰度为 5.63%,主要以氧化物、硫化物和碳酸盐形式存在,铁资源是十分丰富的。重要的矿石有赤铁矿(Fe_2O_3)、磁铁矿($FeO·Fe_2O_3$)、褐铁矿($Fe_2O_3·2Fe(OH)_3$)、菱铁矿($FeCO_3$)和黄铁矿(FeS_2)等。

欲将铁矿石中的铁提炼出来,可将铁矿石置于高炉中冶炼,冶炼过程的实质为还原反应,焦炭为还原剂,再加一些石灰石和二氧化硅等助熔。冶炼时先将处于高炉下层的焦炭点燃,使其生成 CO_2,CO_2 与灼热的焦炭起反应生成 CO,一氧化碳气体可将铁矿石中的铁还原出来:

$$Fe_2O_3 + 3CO \longrightarrow 2Fe + 3CO$$

纯铁呈银白色且有金属光泽,性软,有延展性,熔点为 1 535 ℃,沸点为 3 000 ℃。除了作为分析试剂外,纯铁的其它用途很少。纯铁在室温下是体心立方结构,称为 α-Fe,将纯铁加热,当温度达到 910 ℃时,由 α-Fe 转变为 γ-Fe,γ-Fe 是面心立方结构,继续升高温度,达到 1 390 ℃时,γ-Fe 又会转变为 δ-Fe,它的结构与 α-Fe 一样,也是体心立方结构。纯铁随着温度的增加,由一种结构转变为另一种结构的现象称为相变,发生结构转变时的温度称为相变温度。

纯金属虽具有良好的可塑性、导电性和导热性,但其强度和硬度一般都很低,因此无法用作工程实践中大量使用的结构材料。

工程上大量使用的金属材料是合金。合金是由两种或更多种化学元素所组成的具有金属特性的物质,根据合金形成的特点,可将其分为混合物合金、固溶体合金和化合物合金。

混合物合金:是两种或多种金属所构成的机械混合物,在显微镜下可以观察到各组分的微晶体或其混合晶体。合金组分在熔融状态时可以完全混溶或部分互溶,但在凝固时各组分又会分别结晶出来。例如,用作焊锡的 Sn-Pb 合金就是一种混合物合金。

固溶体合金:是两种或多种金属不仅在熔融状态时可以完全混溶,而且在凝固态时也一样能够混溶的合金。根据溶剂金属中溶入溶质金属(或非金属)的方式不同,可以分为取代(置换)固溶体和间隙(填充)固溶体。一般情况下,金属原子半径相差不大,外层电子结构相似的金属之间容易形成置换固溶体。例如,俗称黄铜的合金是由锌原子部分取代铜晶格结点上的铜原子所形成的取代固溶体。原子半径小的原子如 H、B、C、N、O 等易“钻入”密堆积金属原子之间所形成的四面体孔隙或八面体孔隙中而形成间隙固溶体。无论是取代固溶体还是间隙固溶体,都基本上保持着溶剂金属的性质,但由于溶质原子的外层电子结构、原子半径、电负性等都不同于溶剂金属,因此会造成晶格的变形和扭曲,致使晶体的变形抗力增加,因此,合金的强度和硬度都会升高。这种由于形成固溶体而引起合金强度和硬度升高的现象称为固溶强化。需要注意,若合金元素的含量高于某个值时,固溶强化的同时会导致韧性的降低。间隙固溶体的金属光泽和导电性等与基体金属相当,而取代固溶体的导电性、传热性和熔点等都比纯溶剂金属要低。例如,由 50% Bi、25% Pb、13% Sn 和 12% Cd 所组成的伍德合金就是取代固溶体,其熔点为 71 ℃,应用于自动灭火设备和锅炉安全装置等。马氏体(α-Fe)合金和奥氏体(γ-Fe)合金都是间隙固溶体,加热到相变温度时二者之间就会发生结构上的转变,从而引起形状上的改变,降温时又会恢复原状,这就是形状记忆合金。近年来已经发现,不但 Fe—Ni—C、Ti—Ni 、Cu—Zn—Al 和 Cu—Al—Ni 等金属合金具有形状记忆效应,在一些高分子材料、铁磁材料和超导材料中也存在形状记忆效应。对这类形状记忆材料的研究开发,将会促进自动控制学科的发展。

金属化合物合金:在固溶体合金中,当溶质含量超过其溶解度时,将可能会出现新的物相,这个新相可能是另一种固溶体,但若是一种金属化合物,就会形成金属化合物合金。其种类繁多,熔点常比纯金属高,硬度和脆性也会更大。

金属材料分为黑色金属和有色金属两大类，除了铁、锰、铬之外，周期表中其它金属都可归于有色金属。有色金属又可分为轻金属如 Li、Be、Mg、Al、Ti；重金属如 Cu、Zn、Cd、Hg、Pb；高熔点金属或难熔金属如 W、Mo、Zr、V；稀土金属如 La、Ce、Pr、Nd 等；稀散金属如 Ga、In、Ge；贵金属如 Au、Ag、Pt、Pd 等。但作为结构材料的有色金属，主要有铝合金、镁合金、铜合金、钛合金、镍合金和锌合金等。

熔融状态的合金缓慢冷却得到的是晶态合金，因为从熔融的液态到晶态需要时间使原子排列有序化。如果将熔融状态的合金以极高的速度骤冷，不给原子有序化排列的时间，把原子瞬间冻结在像液态一样的无序排列状态，得到的就是非晶态合金，其结构与玻璃的结构极为相似，所以常把非晶态合金称为金属玻璃。非晶态物质中原子没有周期性重复排列，因而没有确定的熔点。与 X 射线作用只产生散射，没有衍射，表明非晶态物质中原子排列是长程无序的，但短程可以有序。非晶态合金是从熔融液态急冷凝固得到的，合金整体呈现均匀性和各向同性，因而具有优良的力学性能，如拉伸强度大，强度、硬度都比一般晶态合金高。由于非晶态合金中原子是无序排列，没有晶界，所以不存在晶体滑移、位错、层错等缺陷，使合金具有高电阻率、高导磁率、高抗腐蚀性等优异性能。非晶态合金的电阻率一般要比晶态合金高 2～3 倍，这可以大大减少涡流损失，故特别适合做变压器和电动机的铁芯材料。采用非晶态合金做铁芯，效率为 97%，比用硅钢片高出 10%左右，因此得到了推广应用。此外，非晶态合金在脉冲变压器、磁放大器、电源变压器、漏电开关、光磁记录材料、磁头和超大规模集成电路基板等方面均已获得应用。

§3.4.2 无机非金属材料

无机非金属材料耐高温、硬度高、抗腐蚀，且具有优良的介电、压电、光学及电磁学特性，既可用作结构材料，也可用作功能材料。按性能和用途的不同，可分为陶瓷、玻璃、水泥和其它无机功能材料。

1) 陶瓷

陶瓷是人类最早利用自然界的原料制成的人工材料。传统陶瓷如：日用瓷、卫生瓷、建筑瓷等，主要是以天然硅酸盐矿物为原料，经过配料、成型、烧成等工艺而制成的，这类陶瓷也称为硅酸盐陶瓷。随着科学技术的发展，陶瓷制品的原料也发生了很大变化，从天然矿物原料发展到氧化物原料以及人工合成原料。性能上也有很大的变化，从普通陶瓷材料发展到具有各种特殊性能的功能陶瓷和结构陶瓷材料，一般称为特种陶瓷。陶瓷材料化学键的特点是以离子键及共价键为主要结合力，因此，其固有的力学强度、硬度、耐磨性和耐热性能等都非常高，在高温和恶劣环境下的性能也非常稳定；工艺上的主要特点一般是先成型后烧成；从组织结构上看，多数陶瓷材料包括晶体相、玻璃相和气孔等。

陶瓷材料除了具有耐高温、耐腐蚀、高硬度、高强度的特点以外，还具有压电性、磁性、光学性能等某些特殊性能，这主要是由材料的化学组成（包括杂质等）和结构状态（包括晶体结构，化学键的种类以及晶体中的缺陷等）所决定的。

结构与材料的性能有着密切的关系。组成和化学键性质基本相同的物质，其性质也可以有很大的差别。例如，同属于硅酸盐类矿物的石棉和云母，前者可分散成纤维，后者则可以剥离成薄片。在新型陶瓷材料中具有重要意义的各种复合氧化物陶瓷，虽然化学键性质大致相同，但有的具有压电性、铁电性或铁磁性，有的则没有。原因是除了化学键的性质以外，组织结构、相结构、杂质和缺陷等也是决定材料性能的重要因素。

传统陶瓷中的大部分原料和成品，以及一些新型陶瓷产品等都是由硅酸盐形成的，经研究发现，硅酸盐是以硅氧四面体[SiO_4]为基本结构单元所形成的。硅氧四面体可以独立地存在，形成岛状结构，也可以通过共用顶点而相互连接，形成链状、层状或网状结构（见图 3－28），一个氧原子可以被两个硅氧四面体所共有，Si—O—Si 的键角大约为 145°。

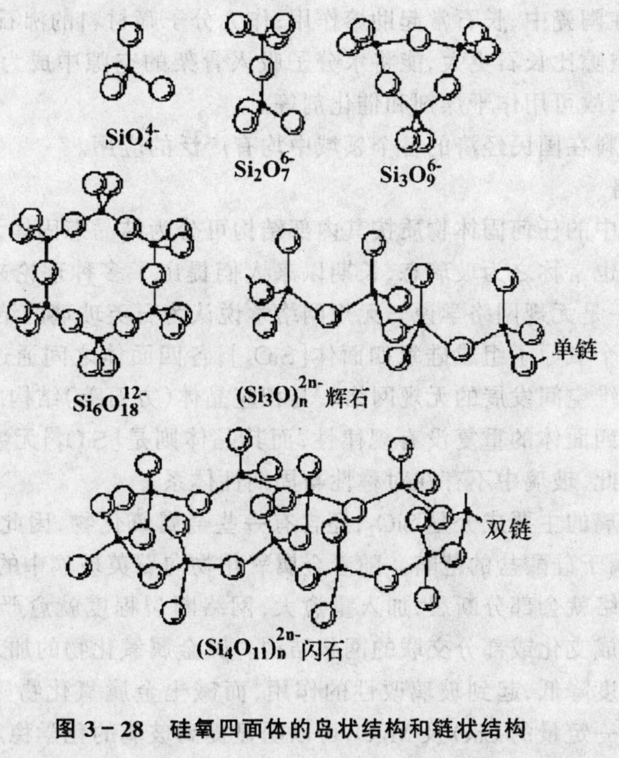

图 3－28　硅氧四面体的岛状结构和链状结构

一个单独的硅氧四面体带有四个负电荷，如果有足够的其它阳离子存在，使化合价达到饱和,就可以出现不直接相连的独立硅氧四面体,镁橄榄石 Mg_2SiO_4 和锆英石 $ZrSiO_4$ 等就是这种结构的代表。而在硅钙石 $Ca_3[Si_2O_7]$ 中,则存在共用一个氧原子的双硅氧四面体基团。

在偏硅酸盐中,一个硅氧四面体有两个顶点被共用,从而形成各种链状结构的长链,既可以是单链,也可以是双链,而链上未被饱和的氧负电荷靠金属阳离子(如 Mg^{2+},Ca^{2+} 等)饱和,而且主要靠这种离子键把链与链连接在一起。辉石族就是陶瓷中重要的链状结构硅酸盐。石棉是闪石类矿物,具有双链结构,它之所以呈细长纤维状,就是其链状结构所决定的。

在高岭石、云母和滑石等硅酸盐中,一个硅氧四面体中的三个氧原子被共用,第四个氧原子则通过离子键与金属阳离子相结合,因此形成了层状结构的硅酸盐。在层与层之间靠分子间力相结合,所以很容易产生层与层之间的滑移,可以从层与层之间分开而形成薄片。

若硅氧四面体 $[SiO_4]$ 之间共用四个顶点,就会构成三维网状结构。在陶瓷材料中,非常重要的硅石英(SiO_2)就具有三维骨架结构;除此以外,陶瓷中常用的长石也属于三维骨架状结构,由于它的空隙大,密度低,空间骨架结构易形成玻璃相,故在陶瓷中,长石常起助熔作用;作为分子筛材料的沸石,也具有骨架状结构,但其空隙比长石更大,能将水分子吸入骨架的空隙中成为结构水,在受热时又可放出,故可用作干燥剂和催化剂等。

陶瓷材料在国民经济的各个领域中均有广泛的应用。

2) 玻璃

自然界中的任何固体物质按其内部结构可分为结晶态固体及非晶态固体两种。非晶体也常称之为玻璃态,长期以来人们提出了多种理论来解释玻璃的结构,其中之一是无规网络学说。无规网络学说认为石英玻璃的结构为:每个硅原子与周围四个氧原子组成硅氧四面体 $[SiO_4]$,各四面体之间通过共顶点互相连接形成向三维空间发展的无规网络。与相应晶体(方石英)结构的差别在于石英玻璃中硅氧四面体的重复没有规律性,而其晶体则是 $[SiO_4]$ 无数次有规律重复的结构。因此,玻璃中不存在对称性与周期性体系。

普通玻璃的主要成分是 SiO_2,还含有一些金属氧化物,因此,从化学成分上来说,玻璃属于硅酸盐的范畴。随着金属氧化物向石英玻璃中的加入,硅氧四面体组成的网络就会部分断裂,加入量愈大,网络断裂程度就愈严重,使得完整的三维网络变成支化或部分交联的网状结构。碱金属氧化物的加入使得石英玻璃的熔点和粘度降低,起到玻璃改性的作用,而碱土金属氧化物则能强化玻璃网络。如加入一定量的 CaO 及 MgO,可以明显提高玻璃的化学稳定性和增强玻璃的绝缘性。

有的材料在冷却过程中容易形成晶体,而有的则易形成玻璃。流体冷却时,若要形成晶体,则液态时无规排列的原子必须进行迁移和调整,先聚集形成小的结晶核心,即晶核,然后晶核再继续长大而形成晶体。如果熔融流体的粘度很大,原子或原子团的迁移和调整就会十分困难,凝固后就会成为玻璃。从化学键的角度来看,离子键化合物是由互相分离的正、负离子构成的,熔融时粘度很小,当熔体冷却到结晶温度以下时,由于正、负离子的相互吸引,能够很快排列成晶体。金属熔融时常以单个原子存在,故粘度也很小,原子容易运动,熔体冷却时,即可迅速结晶。而在陶瓷材料中,很多是极性共价键的化合物,在熔融状态下具有较复杂的链状或层状结构,粘度较大,熔体冷却时就容易形成玻璃。

玻璃的透明度好,机械强度高,质地均匀,表面光滑且耐腐蚀,在工农业生产和科学研究中有着广泛的用途。玻璃的品种很多,如石英玻璃,它的膨胀系数极小,热稳定性高,可在 1 100～1 200 ℃的高温下长期使用。它对酸的耐蚀性也好,除氢氟酸和热浓磷酸外,能耐其它任何种类和浓度的酸,但它对碱的耐蚀性较差。石英玻璃的性能很好,但成本较高。硬质玻璃也叫硼玻璃,化学稳定性和热稳定性均很高,最高使用温度可达 1 600 ℃以上,制造玻璃时在配料中添加金属氧化物作为晶核,在熔制和冷却过程中,晶核会生长成微小晶粒,从而形成微晶玻璃,由于微晶粒的反射作用,它透光但不透明,又由于具有结晶结构,故机械性能十分优良,具有抗振、抗冲击、耐骤冷骤热而不易破碎的特性,例如,将其加热至 900 ℃后再骤然投入到 5 ℃的水中也不会破碎。

把玻璃拉成直径为 0.005 mm 左右的细丝,则称为玻璃纤维,其力学性能会发生极大的变化,原来又硬又脆、没有弹性、易破碎的大块玻璃,变成了柔软而富有弹性,拉伸强度比尼龙纤维还要高的玻璃纤维,它是制做复合材料的重要原材料之一。

3) 水泥

最为重要的水泥是硅酸盐水泥,在水泥生产过程中约 1 450 ℃的高温下,CaO、Al_2O_3、SiO_2、Fe_2O_3 等相互间发生化学反应,生成一些以硅酸盐为主的新的化合物被称为水泥熟料。由硅酸盐水泥熟料、不高于 5% 的石灰石或颗粒化高炉矿渣,加适量石膏磨细后制成的水硬性胶凝材料就称为水泥,是现代最广泛使用的建筑材料之一。水泥熟料主要包括硅酸三钙(C_3S),硅酸二钙(C_2S),铝酸三钙(C_3A)和铁铝酸四钙(C_4AF)四种矿物,如提高 C_3S 的含量,可得到高强硅酸盐水泥;提高 C_3S 和 C_3A 的含量,即可制得快硬硅酸盐水泥。使用时要先将水泥由无水状态变为有水状态,由低含水态变为高含水态,这一过程称为水化;在水化初期会形成具有可塑性的浆体,然后会逐渐变稠并失去可塑性,这一过程称为凝结;此后,浆体的强度逐渐提高并最终变成坚硬的石状固体称为水泥石,这一过程称为硬化。在使用水泥的大多数情况下，是依赖于硬化后形成水泥石的强度、硬度等作为结构工程材料使用的。

§3.4.3　高分子材料

高分子化合物又称高聚物，相对分子质量可高达 $10^4 \sim 10^6$，在物理、化学和力学性能上与低分子化合物有很大的差异。作为材料使用的大量高分子化合物，是以煤、石油、天然气等为起始原料，先制得小分子有机化合物单体，再经聚合反应而制成的。通常聚合反应分为加成聚合和缩合聚合两类，简称加聚和缩聚。高分子化合物的化学性质稳定，并具有优良的弹性、可塑性、机械性能（抗拉、抗弯、抗冲击等）及电绝缘性等，不同高聚物性能之间的差别与其分子结构、分子间作用力、分子链的柔顺性、聚合度和分子的极性等因素有关。

1）高分子链的结构与柔顺性

链型（包括带支链的）高聚物的长链分子通常呈卷曲状，且互相缠绕，分子链之间有较大的分子间作用力，显示出一定的柔顺性和弹性，可溶解于合适的溶剂。它们在加热时会变软，冷却时又会变硬，可反复加工成型，称为热塑性高聚物。聚氯乙烯、未硫化的天然橡胶、高压聚乙烯等都是链型高分子化合物。

体型高聚物是链型（含带支链的）高分子化合物分子之间以化学键交联而形成的具有空间网状结构的高分子化合物，一般弹性和可塑性较小，而硬度和脆性则较大，加工成型后不能再次熔化，故又称为热固性高聚物。它们具有耐热、耐溶剂、尺寸稳定等优点。如酚醛树脂、硫化橡胶及离子交换树脂等都是体型高聚物。

2）高分子化合物的物理形态

非晶态链型高分子化合物无确定的熔点，在不同的温度范围内可呈现三种不同的物理形态，即玻璃态、高弹态和粘流态，如图 3-29 所示。

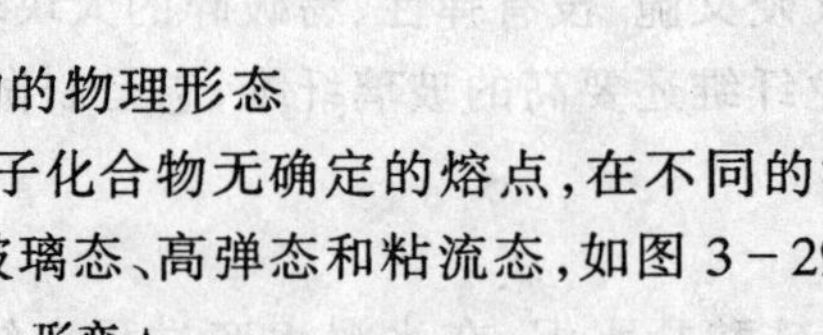

图 3-29　高聚物的物理形态与温度的关系

高弹态是高聚物所独有的一种物理形态。呈高弹态的高聚物当温度降低到一定程度时，可转变成如同玻璃体状的固态，称为玻璃态（如常温下的塑料），该转化温度称为玻璃化温度，用 T_g 表示，如天然橡胶的 T_g 为 −73 ℃。而当温度升高时，高聚物可由高弹态转变成能够流动的粘液，称为粘流态。高弹态转变为粘流态的温度称为粘流化温度，用 T_f 表示。一些非晶态高聚物的 T_g 和 T_f 值如表 3−7 所示。

表 3−7　一些非晶态高聚物的 T_g 和 T_f 值

高　聚　物	T_g/℃	T_f/℃
聚氯乙烯	81	175
聚苯乙烯	100	135
聚甲基丙烯酸甲酯	105	150
聚丁二烯（顺丁橡胶）	−108	−
天然橡胶	−73	122
聚二甲基硅氧烷（硅橡胶）	−125	250

对于非晶态高分子化合物，T_g 的高低决定了它在常温下所处的状态，以及是适合用作橡胶还是用作塑料等。T_g 高于室温的高聚物通常称为塑料，T_g 低于室温的高聚物通常称为橡胶。用作塑料的高聚物要求 T_g 要高，而作为橡胶，T_g 与 T_f 之间的温度差值则决定着橡胶类物质的使用温度范围。

按所制得的高分子材料的性能和用途的不同，可分为通用高分子（如塑料、橡胶与纤维）、工程塑料及功能高分子（如离子交换树脂）等。

橡胶是以高分子化合物为基础的材料，它在很宽的温度范围内（−50～150 ℃）处于高弹态，能在较小的负荷作用下发生很大的变形，除去负荷后又能很快恢复到原来的状态。橡胶可分为天然橡胶与合成橡胶两大类，天然橡胶的化学组成是聚异戊二烯，其结构式为

$$\left[CH_2—\underset{\displaystyle CH_3}{\underset{|}{C}}═CH—CH_2 \right]_n$$

合成橡胶的种类和性能因单体不同而异，按不同的性能和用途，合成橡胶可分为通用橡胶和特种橡胶。通用橡胶性能和天然橡胶相似，如丁苯橡胶、异戊橡胶、顺丁橡胶等。工业上为了满足某些特殊性能要求（如耐油、耐高温等），已经合成了许多特种橡胶，如硅橡胶、含氟橡胶、丁腈橡胶、聚异丁橡胶等。

塑料是以合成树脂为主要成分，一般含有填料、增塑剂和添加剂等，在一定

条件下可塑制成型，通常条件下能保持固定形状的材料。工程塑料常指综合性能较好（电绝缘性好、强度高、化学性能稳定、耐摩擦等），可以作为工程材料和替代金属用的塑料，其中主要有聚酰胺、ABS、聚碳酸酯等。

聚酰胺是应用最多的热塑性工程塑料。如由己二酸和己二胺缩聚而成的尼龙-66 的结构式为

$$\left[\overset{\overset{\displaystyle O}{\|}}{C} \left(CH_2\right)_4 \overset{\overset{\displaystyle O}{\|}}{C}-NH\left(CH_2\right)_6NH \right]_n$$

ABS 树脂是由丙烯腈(A)、丁二烯(B)和苯乙烯(S)三种单体的共聚物，基本上保持了苯乙烯的优良电性能和易加工成型性，又增加了弹性、强度（丁二烯的特性）、耐热性和耐腐蚀性（丙烯腈的优良性能），且表面硬度高、化学稳定性好，通过同时改变这三种组分的比例，可改变 ABS 的各种性能，故 ABS 工程塑料具有广泛的用途，主要用于机械、电气、纺织、汽车和造船等工业。其结构式为

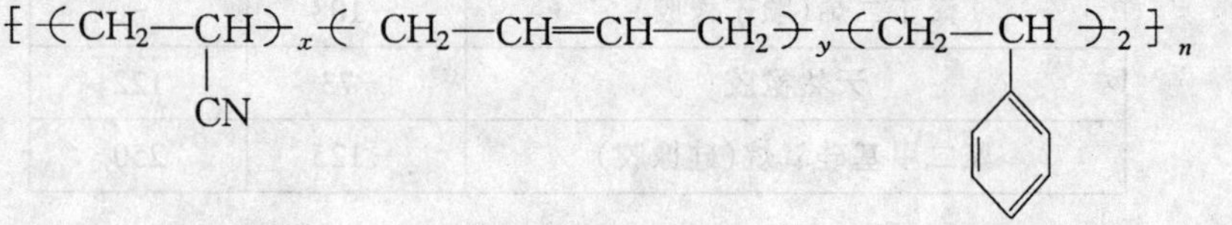

聚碳酸酯是一种新型的热塑性工程塑料，具有优良的电绝缘性能和机械性能，尤其是以抗冲击性能最为突出，韧性很高，允许使用温度范围较宽（-100～130 ℃），透明度高、无毒、加工成型方便。它不但可替代某些金属，还可替代玻璃、木材等。近年来聚碳酸酯发展迅速，在机械、汽车、飞机、仪器仪表、电器等行业都得到了广泛的应用。其结构为

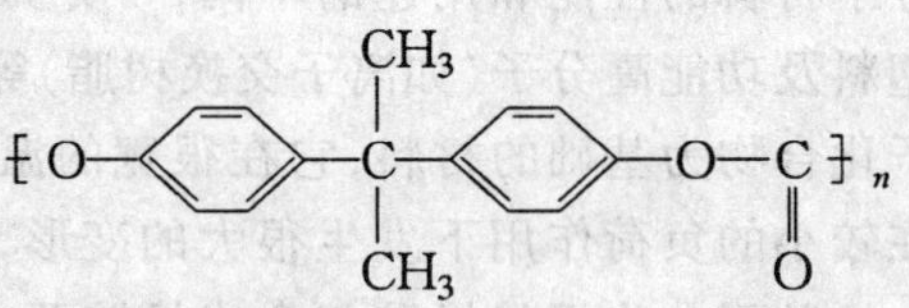

高分子材料在使用过程中，其强度、硬度和弹性等使用性能会逐渐丧失，这种现象称为高分子材料的老化。老化是一个十分复杂的过程，它是受外力、热、光、氧、生物及化学试剂等许多环境因素作用的综合结果，主要包括光老化、热氧老化和化学试剂作用下的老化三种类型。根据老化的原因和作用机理，若在高分子材料加工成型前加入一定量的光稳定剂、热稳定剂和抗氧剂等，就能够有效地防止或延缓高分子材料的老化。

§3.4.4 复合材料

随着科学技术的发展，对材料提出了更高、更多的新要求，而传统的单一材

料已经难以满足这些要求，因此，由两种或两种以上性质不同的材料组合而成的多相材料——复合材料应运而生。它既保持了原材料的特点，又使各组分之间相互协同，形成了优于原有材料特性的复合材料。这种复合后的材料的性能可以根据人们的需要来安排，即复合材料具有可设计性，这样就可能满足高科技发展对材料性能越来越高的要求，成为新型的工程材料。

复合材料是由以连续相存在的基体材料与分散于其中的增强材料两部分组成的。

增强材料按增强物质的形态可分为纤维增强材料和粒子增强材料两大类。前者是材料的骨架，其作用是承载负荷、增加强度，它基本上决定了复合材料的各种力学性能(如抗拉性能、强度和刚性等)。常用的纤维增强材料有：玻璃纤维、碳纤维和石墨纤维等。粒子增强材料除可以作为填料以降低成本外，还可改变材料的某些性能，起功能增强作用。如炭黑、陶土、粒状 SiO_2 作为橡胶的增强剂，可以使橡胶的强度显著提高。

基体材料的主要作用是使增强材料粘合成型，且对承受的外力起传导和分散作用。基体材料一般有高聚物、金属和陶瓷等。各种增强材料分散到不同的基体中可以复合成高聚物基、金属基和陶瓷基复合材料。作为基体材料的高聚物除了常用的酚醛、不饱和聚酯、有机硅等热固性树脂外，也有用聚酚胺类等热塑性树脂的，这两类高聚物具有耐腐蚀、易加工、耐辐射等良好特性。由于高聚物本身的特性，高聚物基复合材料常只能在 350 ℃以下使用，而金属基复合材料不仅具有较好的耐高温性能(适用于 350～1 200 ℃)和不易燃烧性，而且具有较高的导热导电性能及耐老化等特性。陶瓷基复合材料具有耐高温(可在 1 200～1 900 ℃使用)、高硬度、耐腐蚀及优良的韧性和热疲劳性能，克服了陶瓷材料本身易于断裂的弱点，广泛应用于刀具、航空航天器件、发动机部件等。

一般认为，在基体材料与增强材料的两相界面上，除了以分子间力、氢键结合外，还能以化学键相结合。

§3.4.5 纳米材料

1) 纳米材料的一般性质

纳米材料(nano material)又称为超微颗粒材料，由纳米粒子(nano particle)组成。可以采用物理、化学或综合的方法来制备纳米微粒，然后加压烧结后即得纳米固体。纳米粒子一般是指尺寸在 1～100 nm 的微粒，其尺度处于原子簇和宏观物体交界的过渡区域，这样的系统既非典型的微观系统也非典型的宏观系统，因而会具有许多既不同于微观粒子，又不同于宏观物体的特性。由于组成纳米固体的颗粒极小，使其界面组元所占的比重显著增大，具有表面效应、小尺寸效应和宏观量子隧道效应。

纳米材料的许多特殊性质都是由于小尺度效应和表面效应产生的。具有弯曲表面的材料，其表面应力正比于其表面曲率，由于纳米粒子的表面曲率很大，因而将有很大的表面应力作用其上，从而使其处于受高压压缩(表面应力为负值时则为膨胀)状态。由于表面原子有较多的断键(可称为剩余键力)，因此当粒子变小时，其单位表面自由能(即 Gibbs 函数)将会增加，结构稳定性将会降低，熔点也会有较多的降低。

当宏观物体被制备成纳米级的超微颗粒后，会表现出许多奇异的特性：它的光学、热学、电学、磁学、力学以及化学性质等与普通固体材料相比都有显著的不同。例如，颗粒直径为 6 nm 的纳米固体铁的断裂应力比相应的普通材料要高 12 倍，硬度要高 2～3 个数量级；室温下制备的纳米 TiO_2 陶瓷晶体能被弯曲，其塑性变形率可高达 100%，并具有与烧结陶瓷相同的韧性。纳米材料还显示出高的热容、高的热膨胀系数、高的电导率、高的扩散速率和高的磁化率等，可对电磁波产生均匀的强吸收、比表面大(当粒子直径为 10 nm 时，其表面原子数与总原子数之比已可达 50%)、表面活性高，因而在催化反应、传感器、磁记录、生物医学工程等领域可望得到广泛的应用。

在一定程度上，我们可以说纳米技术是在高技术领域中继信息技术和生命科学之后的又一个里程碑。

2) 纳米材料的常用制备方法

对于高纯、超细、均匀的纳米微粒制备，有多种形式的分类方法，按制备原理则可分为物理法、化学法和物理化学法三类，它们之间还会产生相互交叉，下面通过一些例子进行简单的说明。

早期的物理制备方法是将较粗的物质粉碎，如低温粉碎法、超声波粉碎法、冲击波粉碎法、蒸气快速冷却法、分子束外延法等等。近年来发展起了一些新的物理方法，如旋转涂层法制备银纳米颗粒，是将聚苯乙烯微球涂敷到基片上，由于转速不同，可以得到不同的空隙度，然后用物理气相沉积法在其表面上沉积一层银膜，经过处理即可得到银纳米颗粒。中国科学院物理研究所开发出了对非晶玻璃态合金进行压力下纳米晶化的方法，例如，将 ZrTiCuNiBeC 玻璃态合金在 6 GPa 和 623 K 进行晶化，可以制备出颗粒尺寸小于 5 nm 的纳米晶。

固相物质热分解法是利用金属化合物的热分解来制备超微颗粒，但其粉末易固结，还需再次粉碎，成本较高。

机械合金化(MA)是在 1970 年美国 INCO 公司的 Benjamin 为了制备镍的氧化物粒子弥散强化合金而开发的一种工艺。其原理是利用介质和物料间的相互研磨和冲击，以达到微粒的超细化。该工艺简单，制备效率高，并能制备出常规方法难以获得的高熔点金属或合金纳米材料，成本也较低，但很难使粒径小于100 nm且较易引进杂质，降低纯度，颗粒分布也不很均匀，近年来，助磨剂物理粉碎法和超声波粉碎法的采用，虽然可以制得粒径小于100 nm的微粒，但上述不足仍然无法克服，有待于继续进行深入的研究。

气相法在纳米微粒制造技术中占有重要的地位。利用此法可以制造出纯度高、颗粒粒径分布窄且细小的纳米微粒，尤其是通过控制气氛，可以制备出液相法难以制备的金属碳化物、硼化物等非氧化物的纳米微粒。该法主要包括真空蒸发-冷凝法、高压气体雾化法、高频感应加热法、溅射法、气体还原法、化学气相沉积法和粒子气相沉积法等。

液相法是利用化学方法，在不需要复杂仪器的前提下，通过简单的溶液过程来制备纳米材料的。包括沉淀法、溶胶-凝胶法、水热法、胶体法、溶液蒸发法和热分解法等。

物理化学方法包括热等离子体法、电解法和辐射合成法等。热等离子体法是用等离子体将金属等粉末熔融、蒸发和冷凝以制成纳米微粒，是制备高纯、均匀、粒径小的氧化物、氮化物、碳化物系列、金属系列和金属合金系列纳米微粒的最有效方法。电解法包括水溶液和熔盐电解两种方法，用此法可制得高纯金属纳米微粒。辐射合成法制备纳米材料具有明显的特点，一般采用γ射线辐照较大浓度的金属盐溶液，制备工艺简单，可在常温常压下操作，制备周期短，产物粒度易控制，一般可得10 nm左右的粉末，产率较高。通过控制条件也可制备非晶纳米粉末，所以纳米材料的辐射法制备近年来得到了很大的发展。

目前已有的纳米材料制备方法虽然五花八门，但还是很不完整的，从发展纳米材料的角度看，需要开发比较简单、能严格控制颗粒的尺寸、形状和结构且便于大规模生产的方法。

3) 纳米材料的应用

基于纳米粒子的量子效应设计、制造纳米电子器件。红、绿、蓝三基色可调谐的纳米发光二极管以及利用纳米丝制成的超微磁场探测器已经问世，具有奇特性能的碳纳米管的制备成功，为纳米电子学的发展起到了巨大的促进作用。碳纳米管是由石墨碳原子层卷曲而成的，径向尺寸控制在100 nm以下，电子在碳纳米管中的运动在径向上受阻，表现出典型的量子限制效应，而在轴向上则不受任何限制。

纳米粒子作为催化剂具有许多优点：首先是粒径小，比表面大，催化效率高；其次，纳米粒子产生的电子、空穴在到达表面之前，大部分不会重新结合，因此，电子、空穴能够到达表面的数量多，化学反应活性高；第三，纳米粒子分散在介质中往往具有透明性，容易运用光学手段和方法等进行观察研究。目前，工业上利

用纳米 TiO_2-Fe_2O_3 作为光催化剂,用于废水处理(含 SO_3^{2-} 或 $Cr_2O_7^{2-}$ 系统),已经取得了很好的效果。

用沉淀溶出法制备出的粒径约 30～60 nm 的白色球状钛酸锌粉体,比表面积大、化学活性高,用它作吸附脱硫剂,比固相烧结法制备的钛酸锌粉体效果明显提高。

纳米技术在医学、生命科学、仿生、化工和军事等领域都具有很好的应用前景。

习　题

1. 什么是分子间力?你怎样理解它与化学键的联系和区别?

2. 分子的极性与化学键的极性一致吗?通常是怎样描述分子极性强弱的?

3. 瞬时偶极和诱导偶极分别是怎样产生的?各举一例说明。

4. 分子偶极之间的作用力称为范德华力,是最主要的分子间力,它包括哪三种?分别是怎样产生的?一般怎样判断分子间力的大小?

5. 影响范德华力大小的主要因素是什么?通常怎样判断物质分子之间范德华力的相对大小?

6. 什么是氢键?通常是怎样表示的?

7. 你是怎样理解氢键的形成的?形成氢键必须具备哪两个条件?实际上只有哪三种元素才能满足这两个条件?

8. 氢键具有什么样的特点?它与共价键和范德华力相比有什么异同?

9. 氢键的键长指的是什么?试根据氢键的形成进行简单的说明。

10. 分子间力(包括范德华力和氢键等)是怎样影响物质的熔点、沸点和溶解度等物理性质的?

11. 根据构成晶体的微观粒子之间结合力的不同,一般把晶体分为哪四种基本类型?它们在组成、结构和性质上各有什么特点?

12. 什么是液体的饱和蒸气压?它与物质的分子间力和温度有什么样的关系?

13. 同一种溶液的组成即溶液浓度可以用多种方法来表示,常用的有哪几种?你认为它们之间可以相互转换吗?

14. 拉乌尔定律是怎样表述的?怎样从分子间力的角度来理解溶液蒸气压下降的原因?

15. 亨利定律是怎样表述的?它与拉乌尔定律有什么联系和区别?

16. 为什么我们把难挥发非电解质稀溶液的饱和蒸气压下降、沸点升高、凝固点降低和渗透压称为其依数性？你怎样理解这些依数性的核心内容是饱和蒸气压下降？

17. 从形式上看，稀溶液的范德霍夫(Van't Hoff)渗透压公式与理想气体状态方程式相似，请将稀溶液中难电离、不挥发的溶质分子的行为与容器中理想气体分子的行为作一下对比。

18. 胶体溶液中分散相粒子一般有多大？一般通过什么现象来鉴别胶体溶液？

19. 化学反应的本质是什么？请简单说明碰撞理论和过渡态理论的要点。

20. 什么是吸附现象？凝聚态物质表面产生吸附的根本原因是什么？

21. 一个分子被表面吸附时，根据吸附力可以分成哪两类？它们有什么联系和区别？

22. 什么是液体的表面张力？它与分子间力有什么关系？

23. 什么是表面活性剂？它在结构上有什么特点？

24. 表面活性剂在水溶液中会表现出什么样的行为？什么是临界胶束浓度(CMC)？

25. 什么是催化剂和助催化剂？它们是怎样对化学反应起催化作用的？

26. 将下列物质的沸点从高到低进行排列：

① C_5H_{12}　② C_6H_{14}　③ $C_5H_{11}OH$

27. 比较下列各组物质熔点的相对高低：

① H_2O 与 H_2S　② Br_2 和 I_2　③ $CH_3CH_2CH_2OH$ 和 CH_3CH_2OH

28. 指出在下列化合物中，哪种分子相互之间可以形成氢键？

① CH_3COOH　② NaOH　③ CH_3NH_2　④ H_2S　⑤ HCl

⑥ HF

29. 将苯在下列溶剂中的溶解度由小到大进行排列：

① $CHCl_3$　② H_2O　③ CCl_4

30. 列表说明四种基本类型晶体的组成粒子、粒子之间的结合力、导电性、硬度、熔点和实例。

31. 某溶质水溶液的质量摩尔浓度 b_B 为 1.0 $mol \cdot kg^{-1}$，M_{H_2O} 为 18 $g \cdot mol^{-1}$，密度近似为 1.0 $kg \cdot dm^{-3}$，计算该溶液的物质的量分数(即摩尔分数)浓度 x_B 和物质的量浓度 c_B。

32. 请简单解释：为什么在结冰的路面上撒上一些盐可以防滑？

33. 填空：

① 范德华力一般随分子量的增加而__________。

② 稀溶液的依数性是指稀溶液的某些性质仅与溶液中溶质的__________

有关,而与溶质的__________无关。

③ 化学反应的本质就是反应物的化学键的__________和产物化学键的__________。

④ 液体表面分子受液体内部分子间力的吸引,有向液体内部迁移,使液体表面积自动缩小的趋势,我们把液体表面的这种收缩力称为__________。

⑤ 把开始形成一定形状胶束所需表面活性剂的最低浓度称为__________。

⑥ 环境介质在物体表面上的浓度大于其体相中的浓度,我们把这种现象称为物体的__________。

⑦ 外观上胶体溶液不浑浊,用肉眼或普通显微镜均不能辨别,但可以通过__________现象来鉴别胶体。

⑧ 结合过渡态理论的反应进程曲线可以知道,催化剂之所以能够改变化学反应的速率,是因为催化剂的存在改变了反应的__________,因而改变了反应的活化能所致。

⑨ 在密闭容器中液体的蒸发和凝聚是同时进行的,开始时前者占优势,并在一定温度下以某恒定的速率进行,随着蒸发的进行,产生的蒸气分子数增多,凝聚速率就会逐渐增大,最后达到蒸发和凝聚速率相等的平衡状态,此时系统中液体与其蒸气共存,而蒸气的压力称为__________。

⑩ Griffin 提出用__________值来表示表面活性物质的亲水亲油性能,我们可以根据实际需要,参考该值来选择合适的表面活性剂。

34. 按化学组成可以把材料分为哪几大类?

35. 高分子材料的玻璃化温度和粘流化温度是怎样定义的?怎样区分橡胶和塑料?

36. 什么是纳米材料?其特殊性质是怎样产生的?

第四章　化学反应的基本原理

上一章对分子怎样构成宏观的物质以及物质结构与性质之间的一般关系进行了讨论，本章我们将在此基础上从能量的角度对于化学反应的基本原理进行探讨，并进一步学习化学动力学的基础知识。

我们把对物质世界进行研究时所确定的研究对象称为**体系或系统**(system)，而把系统周围与之密切相关、且能够对系统有一定影响的有限部分称为**环境**(surroundings)。热力学(thermodynamics)是研究系统能量变化应遵循规律的科学，将热力学的基本原理应用于解决与化学有关的问题时就称为**化学热力学**(chemical thermodynamics)。化学热力学研究的是化学系统在发生各种物理变化和化学变化时所伴随的能量效应，它可以告诉我们在一定条件下某种过程能否自发进行？如果能自发进行，则进行到什么程度为止？这就是化学系统状态变化的方向和限度问题，是解决实际问题的一种非常有效的方法。例如，19 世纪末人们进行了由石墨制造金刚石的大量尝试，但所有的试验都以失败而告终，以后通过热力学计算得知，只有当压力超过大气压 15 000 倍时，石墨才有可能转变成金刚石，现在已经成功地实现了这个转变过程。但化学热力学只能告诉我们化学系统发生状态变化的可能性以及这种变化能够进行到什么程度，却不能告诉我们发生这种变化所需要的时间，发生的原因以及所经过的历程等，这正是**化学动力学**(chemical kinetics)的研究内容。

§4.1　热力学基本概念

为了讨论的方便，我们首先来了解化学热力学中一些常用的基本概念。

§4.1.1　系统与环境

由于系统是我们人为确定的研究对象，因此系统的确定具有一定的随意性，系统与环境之间可以用实际存在的界面来分隔，也可以没有实际的界面。例如一钢瓶氧气，当研究其中的气体时就将氧气定为系统，而将钢瓶以及钢瓶以外的物质(空气等)称为环境；若钢瓶中的氧气喷至空气中，我们需要研究某一瞬间钢瓶中残余氧气的性质时，则该残余氧气就是系统，离开钢瓶的氧气则为环境，它与残余氧气之间没有实际的界面隔开。再如,钢瓶中装有空气,若我们仅研究其中的氧气,则氧气为系统,空气中的其它成分(如氮气等)以及钢瓶皆为环境,系统与环境间亦无实际的界面。系统与环境之间的联系包括有能量交换和物质交换两类。据此可把系统分成以下三类。

1) 隔离系统(isolated system):系统与环境之间既无物质交换,也无任何形式能量交换的系统。所以环境对隔离系统中所发生的变化不会有任何影响。有时把所研究的系统及环境作为一个整体来对待,这个整体就应当是一个隔离系统。隔离系统也常称为孤立系统。

2) 封闭系统(closed system):与环境之间只有能量交换而无物质交换的系统。当系统被封闭于实际的容器内或假想的界面内时,系统仅能与环境有能量交换,而不会发生物质交换,即为封闭系统。相对而言,封闭系统与环境有一定的联系,但又不很复杂,所以它是化学热力学研究的基础,以后除特别说明外,均以封闭系统作为我们的研究对象,并且忽略地心引力等外力场的作用,也不涉及系统本身的宏观运动。

3) 敞开系统(open system):与环境之间既有能量交换,又有物质交换的系统。实验及生产过程中常会遇到一些连续进料、出料的装置,若把装置中的物质与空间确定为系统,则系统与环境之间的进、出料就构成了二者之间的物质交换,这种系统就是敞开系统,又称开放系统。

应该注意,所确定的研究对象不同,则可能为不同类型的系统。例如,在一个钢性绝热的封闭容器内放入一个装有水的敞口烧杯,若仅研究烧杯内的液态水,由于水可以变为水蒸气进入环境,故为敞开系统;若研究钢性容器内所有的水(包括水蒸气),则为封闭系统;若研究钢性容器内所有的物质(包括装水的烧杯等),则为隔离系统。

此外,还可以根据系统中相的数量将系统分为单相系统和多相系统。

§4.1.2 系统的性质

物质的性质可分为两类,即微观性质和宏观性质。前者包括分子的极性、偶极矩、磁矩等;后者包括温度 T、压力 p、体积 V、密度 ρ、粘度 η、表面张力 σ 等。化学热力学研究的是由大量粒子构成系统的宏观性质,简称性质。

系统的(宏观)性质可按其是否具有加和性分为两类:一类是广度性质(extensive properties),它是指与系统内物质的量有关的性质,具有加和性。也就是说,系统的任一广度性质等于系统中各部分该性质之和。例如,一盛有气体的容器用隔板分隔成两部分,则气体的总体积 V 为两部分气体体积的和,系统中物质的量 n 也是两部分之和:即 $V=V_1+V_2$;$n=n_1+n_2$,则系统的体积 V 以及物质

的量 n 均为广度性质。另一类是强度性质(intensive properties),它是指与系统中物质的量无关的性质,不具有加和性。系统的温度 T、压力 p、密度 ρ 等都与系统中物质的量无关,不具有加和性,故皆为强度性质。

应当注意,一个广度性质与另一个广度性质的比值是强度性质。例如,摩尔体积($V_m = V/n$)是广度性质体积 V 与广度性质物质的量 n 的比值,不具有加和性,就是一个强度性质。

§4.1.3 状态与状态函数

在热力学中,系统所处的状态是由系统的性质来确定的。状态(state),就是系统一切性质的总和。即系统所有的性质确定后,状态就完全确定了,反过来讲,系统状态确定后,它所有的性质均有确定值,与系统达到该状态前的经历无关。鉴于系统状态与系统性质之间的这种单值对应关系,我们又把系统的性质称为状态函数(state function)。

状态函数是化学热力学中一个非常简单但又极其重要的概念。系统处于定态时其状态函数有定值,其变化只与系统的始态、终态有关,而与变化的具体过程无关。状态函数变化的这一特性,是化学热力学研究中采用的一种重要的状态函数法的基础。

§4.1.4 热力学平衡态

如果把处于某确定状态下的系统与环境之间的一切联系隔绝,它的状态仍不随时间而变,则称该系统处于热力学平衡状态(equilibrium state),简称平衡态。例如,一根金属棒的两端分别与 0 ℃及 100 ℃的两个恒温热源接触,传热稳定后,金属棒的温度可达到某一稳定的分布,而且不随时间而变,但是,这种不随时间而变的状态并不是一种平衡状态,它只是靠两个恒温热源(环境)维持的一种稳态,一旦把金属棒与两热源之间的联系隔绝,金属棒的温度分布随即发生变化,直至整个温度均匀为止,最终达到的温度均匀一致的状态才是该金属棒的一种热力学平衡状态。

若无特殊说明,我们所说的状态皆是指热力学平衡状态,它一般满足以下四个平衡:

1) 热平衡(thermal equilibrium):系统内各部分以及环境的温度相等,没有因温度差异而引起的热量传递。如果系统与环境之间以绝热壁隔开,则系统与环境的温度可以不等。

2) 力平衡(mechanical equilibrium):系统内各部分以及系统与环境之间的各种作用力达到平衡,时间改变时没有由于力的不平衡而引起的位移。例如系统各部分与环境的压力(这里是指单位面积上的压力,即压强,后同)相等,体积就不会膨胀或压缩(即发生位移)。如果系统与环境之间用刚性器壁隔开,则系统与环境的压力可以不等。

3) 相平衡(phase equilibrium):当系统中有不止一相时,物质在各相之间的分布达到平衡,在各相之间没有物质的净转移,达相平衡后各相的组成和数量不随时间而变。

4) 化学平衡(chemical equilibrium):化学反应达到平衡状态时,系统的组成不随时间而变。

严格地说,一个平衡态应满足以上四个平衡,但是当化学变化或相变化的速度极慢,在一定时间内组成变化极其微小,以致于难以觉察时,只要符合热平衡与力平衡的条件,可近似作为平衡态进行研究。

§4.1.5 过程与途径

系统由一个状态变化至另一状态,这种变化即称为发生了一个过程(process)。实现这一变化的具体步骤称为途径(path)。常见的特定过程如下:

可逆过程(reversible process):是热力学中一个十分重要的概念。如果在系统状态变化的全过程中,不仅系统内部任何瞬间都无限接近于平衡态,而且系统与环境间也无限接近于平衡。例如系统与环境之间有体积功交换时(有体积变化),它们的压力差应该是无穷小量,即 $p_{环} = p + dp$;又如系统与环境之间有热交换时二者的温度差应为无限小量,即 $T_{环} = T + dT$。在一系列无限接近于平衡状态下进行的过程称为可逆过程。可逆过程是一种理想化的过程,实际上是不可能实现的,因为每个过程的发生都要引起状态的改变,而状态的改变一定会破坏平衡,虽然如此,仍然可以设想一个进行得无限缓慢的过程,当过程进行的速度无限趋近于零时,这个过程就是可逆过程。

综上所述,可逆过程具有下列几个特点:

1) 在整个过程中,系统内部以及系统与环境都无限接近于平衡状态,亦即环境的压力、温度与系统的压力、温度的差为无穷小,每一时刻都可以看作相等。

2) 过程进展得无限缓慢。

3) 可逆过程进行后,系统和环境都能由终态沿着无限接近原来途径的逆过程回复原来的状态。

可逆过程是一种理想过程,但像理想气体一样,具有重要的理论和实际意义。一方面,可以把可逆过程当作一种基准来研究实际过程的效率,另一方面,可根据状态函数的性质,选择可逆过程来计算状态函数的变化以及建立状态函数间的关系,热力学的许多重要公式就是通过可逆过程建立的。

尽管可逆过程是一个理想化的过程，但某些实际过程，如物质在两相平衡时的气化或冷凝，凝固或熔化等皆可视为可逆过程来处理。如无特别说明，通常涉及的过程均指可逆过程。

恒温过程：系统状态变化过程中温度始终不变，且等于环境温度，即 $T_{系}=T_{环}$ 且为定值的过程。若系统状态变化时，仅是系统的始态温度等于终态温度且等于环境温度，但具体变化过程中的温度并非为常数，则此过程应称为等温过程，因此恒温过程与等温过程是不同的，但对于可逆过程，二者可等同处理。下述各过程也有类似的情况。

恒压过程：状态变化过程中，$p_{系}=p_{环}=$常数的过程。若系统的始态压力 p_1 及终态压力 p_2 与环境压力 $p_{环}$ 相等且为常数，则称为等压过程。一般并不对二者加以区分。

恒容过程：状态变化过程中，系统的体积始终保持不变，即 $V_{系}=$常数的过程。

绝热过程：状态变化过程中，系统与环境交换的热量为零的过程。应当注意，绝热过程中系统与环境之间可以有功的交换。对那些变化极快的实际过程，如爆炸，快速燃烧等，体系与环境来不及发生热交换，那个瞬间可近似作为绝热过程来处理。

循环过程：系统由始态出发，经历一系列具体变化途径后又回到原来状态的过程。其特点是系统所有状态函数的变化量均为零。

§4.1.6　热和功

热和功是系统状态变化过程中与环境交换能量的两种不同形式。换言之，仅当系统经历某过程时才会以热和功的形式与环境交换能量，我们不能说当系统处于定态时具有多少的热或功。热和功的大小与状态变化时所经历的途径有关，同时也与系统的始态、终态有关，故热和功称为途径（或过程）函数（path function）。

1）热（heat）Q

在系统状态变化过程中，因其与环境之间存在温度差异而引起的能量交换称为热，以符号 Q 表示。特别规定：若系统吸热，会使系统的能量增加，Q 为正值；若系统放热，会使系统的能量减少，则 Q 为负值。Q 的绝对值代表了系统与环境之间交换热量的多少，Q 的正负代表了系统能量的增减。

热是物质运动的一种表现形式，它总是与大量分子的无规则运动联系着。分子无规则运动能力越强，则温度就越高，热实质上是系统与环境之间因内部粒子无序运动强度不同而交换的能量。

2）功（work）W

在系统状态变化过程中，除热之外，以其它各种形式与环境交换的能量均称为功，用符号 W 表示。特别规定：若环境对系统做功，会使系统的能量增加，W 为正值；若系统对环境做功，会使系统的能量减少，W 为负值。与热量 Q 一样，W 的绝对值代表了系统与环境之间交换功的多少，W 的正负代表了系统能量的增减。

虽然热和功都是系统与环境之间交换的能量，但热是因系统与环境之间粒子的无序运动强度不同而交换的能量，而功则是因系统与环境之间粒子的有序运动强度不同而交换的能量。

因系统体积变化而与环境交换的功称为体积功（用 W_V 表示），它实质上是机械功。除此之外所有类型的功通称为非体积功，或称为其它功（用 W' 表示），如电功、表面功等，如无特别说明，一般均指体积功。因此

$$W = W_V + W' \tag{4-1}$$

3）体积功的计算

设有一个带活塞的容器（见图 4-1），内盛气体。假定活塞本身没有质量而且与容器内壁之间没有摩擦力。若环境压力为 $p_{环}$，活塞面积为 A，则活塞所受总外力为 $p_{环}A$。假设活塞移动一个无穷小的距离为 dl，则体积的变化是无穷小的，用 dV 表示，对应的体积功也是无穷小的，用 δW_V 表示，则按照对功的符号的规定：

$$\delta W_V = -p_{环}A\,dl = -p_{环}\,dV \tag{4-2}$$

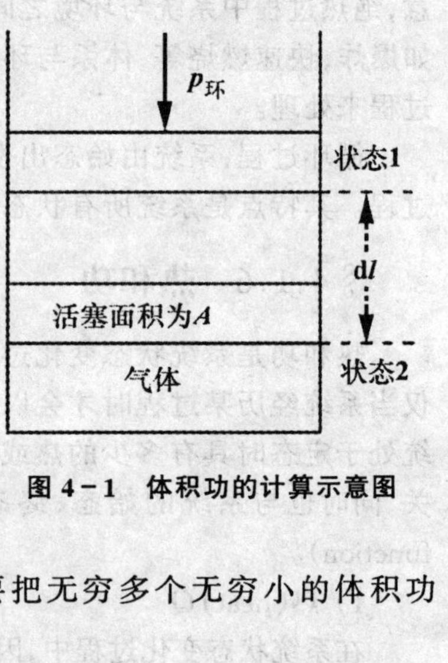

图 4-1　体积功的计算示意图

由(4-2)式知，系统膨胀时，$dV>0$，则 $\delta W_V<0$，表示系统对环境做功；当系统被压缩时，$dV<0$，则 $\delta W_V>0$，表示环境对系统做功。

若要计算一个实际过程的体积功 W_V，则要把无穷多个无穷小的体积功 δW_V 加起来：

$$W_V = \sum(-p_{环}\,dV) = -\int_{V_1}^{V_2} p_{环}\,dV \tag{4-3}$$

该式是计算体积功的通式，是整个途径的总体积功 W_V。

要计算(4-3)式，须知 $p_{环}$ 与 V 的关系，$p_{环}$ 是环境的压力，V 是系统的体积，$p_{环}$ 与体积 V 的关系随过程不同而不同，下面列举几种简单情况。

(1) 恒容过程：系统体积恒定不变，过程的每一步都有 $dV=0$，所以 $W_V=0$

(2) 自由膨胀（即向真空膨胀）：因为 $p_{环}=0$，所以 $W_V=0$

(3) 恒压过程：$p_{环} = p_{系} = p =$ 常数，所以有

$$W_V = -\int_{V_1}^{V_2} p_{环}\,dV = -p(V_2 - V_1) = -p\Delta V \qquad (4-4)$$

一般化学反应都是在与大气通连的恒压、恒温条件下进行的，故(4-4)式最为常用。应该注意：

① 只有状态函数在系统处于定态时有定值，过程函数不具有这样的性质。例如，当系统处于某个状态时，我们可以说系统的温度 T 是多少 K，压力 p 是多少 Pa，但是不能说系统的热 Q 或功 W 是多少 J 或 kJ。

② 若系统状态由始态 1 变化到终态 2，则某状态函数的无穷小变化量要在前面加符号“d”来表示，某状态函数的宏观(非无穷小)变化量要在前面加符号“Δ”来表示；过程函数的无穷小量要在前面加符号“δ”来表示，过程函数的宏观(非无穷小)量直接用符号表示。如 dT、dP、ΔV、Δn、δW、δQ、W、Q 等。

③ 任何状态函数的变化都简称状态函数变，始终都用终态的值减去始态的值。如：$\Delta V = V_2 - V_1$，$\Delta n = n_2 - n_1$，$\Delta p = p_2 - p_1$，$\Delta T = T_2 - T_1$，等。

例 4.1　1.0 mol H_2 由 $p_1 = 101.325$ kPa、$T_1 = 273.15$ K 分别经历以下两条不同途径恒温膨胀到 $p_2 = 50.663$ kPa，试求两不同途径中系统与环境交换的体积功。

(1) 从始态向真空膨胀到终态；

(2) 反抗恒定环境压力 $p_{环} = 50.663$ kPa 至终态。

解　系统中的 1.0 mol H_2 自始态经两条途径至同一终态，都是在恒温下进行的。体积功的数值取决于系统状态变化前后的体积差值与环境压力，故求体积功时一般需先求出始、终态的体积。

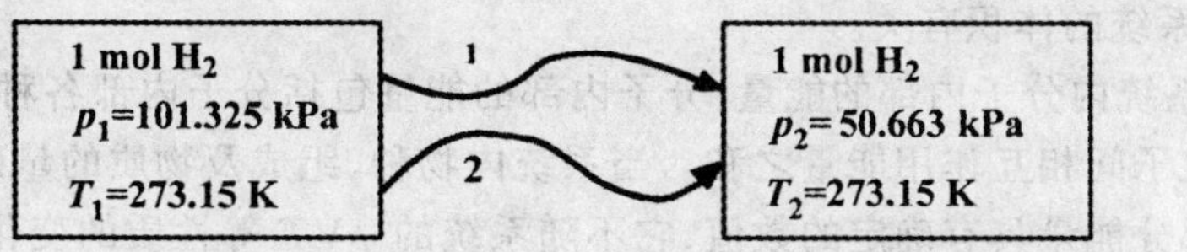

$$V_1 = n_1RT_1/p_1 = 22.4\ \text{dm}^3 \qquad V_2 = n_2RT_2/p_2 = 44.8\ \text{dm}^3$$

(1) 向真空膨胀(即自由膨胀)，$p_{环} = 0$

$$W_1 = -\int_{V_1}^{V_2} p_{环}\,dV = 0$$

(2) 恒温下反抗恒定环境压力膨胀

$$W_2 = -p_{环}(V_2 - V_1)$$

$$= -[50\ 663\ \text{Pa} \times (44.80 - 24.40) \times 10^{-3}\ \text{m}^3]$$
$$= -1\ 134.9\ \text{J}$$

此例的计算结果表明,虽然系统变化的始、终态相同,但因途径不同,导致体积功的数值不同,证明功与途径有关,是一个过程函数。

§4.2 热化学与能量转化

当一个化学系统的状态发生物理变化或化学变化时,常常会伴随着能量的转化。例如,将盛有一定量水的导热容器加热,设有 Q 的能量以热的形式传递给了水,使水的温度升高,那么,以热的形式传递的这部分能量变成了系统的什么能量呢?要认识这个问题,需引入一个新的概念——热力学能(thermodynamical energy)或称内能(internal energy),以符号 U 表示。当环境以热的形式将能量 Q 传给水后,使得水的热力学能 U 增加。

热力学能 U 是系统内所有粒子除整体势能及整体动能外,全部能量的总和。系统内每个粒子的能量是粒子的微观性质,U 是这种微观性质的总体表现,是系统的一种宏观性质。显然,U 具有能量的单位,具有加和性,是一个广度性质。它应由以下三部分能量构成:

1) 系统的内动能:指系统内分子热运动所具有的动能,亦称为内动能。分子热运动的剧烈程度可由系统温度的高低来衡量。

2) 系统的内势能:因系统内分子间相互作用所具有的能量称作内势能。内势能的大小取决于分子间的作用力和分子间的距离。当物种确定后,分子间力可表示为分子间距离的函数。因此,系统的内势能与系统内分子的平均间距有关,即与系统的体积有关。

3) 系统内分子内部的能量:分子内部的能量包括分子内部各种微粒运动的能量与粒子间相互作用能量之和。当系统内物种、组成及物质的量确定后,可以认为这部分能量具有确定的数值,它不随系统的 pVT 等性质的变化而变化。

当构成系统的物质的种类、数量、温度、体积、压力确定后,亦即系统状态确定后,热力学能 U 就有确定的数值,因此,U 是系统的状态函数。实践证明,当系统的物质种类及数量确定后,只要不发生化学变化与相变化,即进行一个单纯 pVT 变化时,则在 pVT 三个性质中任意确定两个,系统的状态即可确定,热力学能 U 就应当有确定的值。

由于系统内部粒子运动以及粒子间相互作用的复杂性,所以迄今为止无法确定系统在某状态下热力学能 U 的绝对数值。但是,U 的这一特性并不妨碍它的实际应用,因为我们所关心的主要是热力学能的变化量 ΔU,而不是某状态

下热力学能 U 的绝对值。

§4.2.1　系统热力学能的变化——热力学第一定律

能量不能无中生有，也不能无形消灭，这一原理早就为人们所知。1840 年左右，焦耳(J.Joule)和迈耶(Mayer)做了大量的实验，结果表明，能量可以从一种形式转变为另一种形式，而且不同形式的能量在相互转化时有着严格的当量关系，这就是著名的热功当量：1 cal = 4.184 J。焦耳的热功当量为能量守恒定律提供了科学的实验证明。1850 年，科学界已经公认了能量守恒定律。所谓能量守恒与转化定律是指：自然界的一切物质都具有能量，能量有各种不同形式，可以从一种形式转化为另一种形式，但能量的总量不变。换言之：隔离系统中，能量的形式可以转化，但能量的总值不变。将其应用于以热和功进行交换的热力学过程，就称为热力学第一定律(first law of thermodynamics)。通常将其叙述为：系统处于确定状态时，其热力学能具有单一的确定数值，系统状态发生变化时，其热力学能的变化完全取决于系统的始态与终态，而与状态变化的途径无关。或者简单地说：热力学能 U 是状态函数。这种说法的实质就是能量守恒定律。

热力学第一定律是人类经验的总结，还没有发现从第一定律所导出的结论与实践相矛盾的事例，这就有力地证明了这个定律的正确性。要想制造一种机器，它既不靠外界供给能量，本身也不减少能量，却能不断地对外做功，根据第一定律知道，这是不可能的。人们把这种假想的机器称为第一类永动机(first kind of perpetual motion machine)。因此，热力学第一定律也可以表述为：第一类永动机是永远也不可能制造出来的。

如图 4-2 所示，若系统由始态 1 变化至终态 2，从环境吸收的热量为 Q，得到的功为 W。

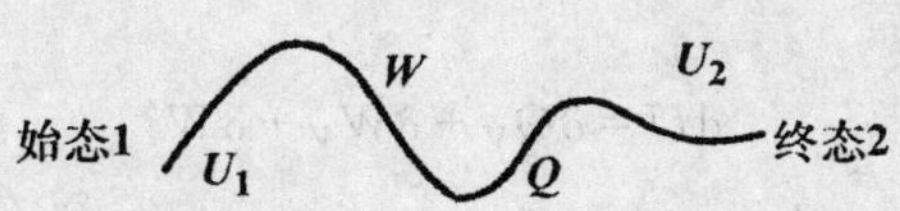

图 4-2　热力学能与系统状态的变化

根据热力学第一定律，环境传递给系统的这两部分能量只能转变为系统的热力学能。即

$$U_2 = U_1 + W + Q \tag{4-5}$$

$$U_2 - U_1 = \Delta U = Q + W \qquad (4-6)$$

若系统状态变化为无限小量，上式可写成：

$$dU = \delta Q + \delta W \qquad (4-7)$$

(4-6)和(4-7)两式就是热力学第一定律的数学表达式。应该指出，这里的功 W 包括体积功和非体积功两部分。即 $W = W_V + W'$ 或 $\delta W = \delta W_V + \delta W'$，式中的 W' 表示除体积功以外的所有其它功，包括后续章节将涉及到的电功等。

由上式可得出如下结论：

1) 隔离系统与环境之间既无物质交换又无能量交换，所以在隔离系统内进行任何过程时，Q 与 W 均为零，隔离系统的热力学能 U 不变。换言之，隔离系统的热力学能守恒。

2) 系统从确定的始态变化至规定的终态时，ΔU 不会因途径不同而不同，$Q + W$ 也与途径无关，但这并不表示 Q、W 或 $Q + W$ 是状态函数，只是说明当始、终状态确定后，不同途径的热与功之和 $Q + W$ 是一个定值。

§4.2.2 热效应和焓变

与化学反应等有关的工业生产或科学研究的各种过程，绝大多数是在恒温、恒容或恒温、恒压条件下进行的。所以将热力学第一定律应用于恒容、非体积功 W' 为零或恒压、W' 为零的过程，有着重要的实用价值。

§4.2.2.1 恒容热效应与热力学能

前面已经讲过，热 Q 是系统状态变化过程中因温度差异和环境交换的能量，也称为热效应。若系统状态的变化过程是恒容过程，则对应的热效应就称为恒容热效应，用 Q_V 表示，因恒容过程的 $dV = 0$，则 $\delta W_V = 0$，根据热力学第一定律 $dU = \delta Q_V + \delta W$ 可得

$$dU = \delta Q_V + \delta W_V + \delta W'$$

$$dU = \delta Q_V + \delta W' \qquad (4-8)$$

若无特别说明，非体积 W' 都为零，这种情况下有

$$dU = \delta Q_V \qquad (4-9)$$

对一个确定的非体积功 W' 为零的恒容过程，则有

$$Q_V = \Delta U \qquad (4-10)$$

式中：Q_V 为恒容热效应。该式表明，在恒容且不做非体积功的条件下，恒容热效

应 Q_V 和系统热力学能的改变值 ΔU 相等。注意:这并不表示恒容热效应 Q_V 和热力学能在概念和性质上完全相同,也不能从(4－10)式得出恒容热效应 Q_V 是状态函数的结论。

§4.2.2.2　**恒压热效应与热焓**

若系统状态的变化过程是恒压过程,则对应的热效应就称为恒压热效应,用 Q_p 表示,由热力学第一定律和(4－4)式可得

$$U_2 - U_1 = Q_p - p_{环}(V_2 - V_1) + W'$$

因恒压过程的 $p_1 = p_2 = p_{环} = p$,当非体积功 W'为零时

$$U_2 - U_1 = Q_p - p(V_2 - V_1) = Q_p - p_2 V_2 - p_1 V_1$$

整理后得　$$Q_p = (U_2 + p_2 V_2) - (U_1 + p_1 V_1) \qquad (4-11)$$

式中:Q_p 为恒压热效应。

由于 U、p、V 都是状态函数,定态时有定值,故它们的组合($U + pV$)也是定态时有定值,是一个状态函数,我们以符号 H 表示,称为热焓(enthalpy),简称焓,其量纲与内能 U 一样,也是 J 或 kJ。故有

$$H \equiv U + pV \qquad (4-12)$$

这是热焓 H 的定义式,于是有

$$Q_p = H_2 - H_1 = \Delta H \ (\mathrm{d}p = 0, W' = 0) \qquad (4-13)$$

或

$$\delta Q_p = \mathrm{d}H \quad (\mathrm{d}p = 0, W' = 0) \qquad (4-14)$$

由焓的定义可知,焓 H 和热力学能 U 具有相同的量纲和单位;又因 U、V 都是广度性质,所以焓也是系统的一个广度性质;由于系统热力学能的绝对数值无法确定,所以焓的绝对数值也是无法确定的。

还需注意的是,虽然我们从恒压过程引入焓的概念,但并不是说只有恒压过程才可以使用焓这个热力学函数。焓是状态函数,是系统的性质,无论在何种确定的状态下皆有确定的值;无论什么过程,只要系统的状态改变了,系统的焓值就可能发生改变;仅在不做非体积功的恒压过程中,才有 $Q_p = \Delta H$,而对于非恒压过程或有非体积功的恒压过程,这一关系就不能成立。

对于任意一个过程

$$\Delta H = \Delta(U + pV) = \Delta U + \Delta(pV) = Q + W + \Delta(pV) \qquad (4-15)$$

该式即为任意过程 ΔH 和 Q 的关系。

如果进行一个恒压过程,且非体积功 W'存在,因为

$$W = -p\Delta V + W'$$

$$\Delta(pV)=p\Delta V$$

所以(4－15)式变为

$$\Delta H=Q_p+W' \tag{4-16}$$

此式反映了恒压、非体积功不为零时热焓的变化、即焓变 ΔH 与 Q_p 的关系。

上面所讲的都是一般过程，适用于任何体系的状态变化，当然也适用于化学反应体系。通常我们可以将反应物看作体系的始态 1，而将产物看作体系的终态 2，在 W'为零时，将(4－10)、(4－13)和(4－15)三式结合起来可以得到

$$\Delta H=\Delta U+\Delta(pV)=Q_p=Q_V+\Delta(pV) \tag{4-17}$$

对于没有气体参与的凝聚相反应，通常情况下反应前后的 pV 值变化不大，即

$$\Delta(pV)=p_2V_2-p_1V_1\approx 0$$

则(4－17)式变成如下形式：

$$\Delta H=\Delta U=Q_p=Q_V \tag{4-18}$$

对于纯气相反应，若把所有气体近似看作理想气体，则有

$$\Delta(pV)=\Delta(nRT)=p_2V_2-p_1V_1=n_2RT_2-n_1RT_1 \tag{4-19}$$

式中：n_2 是产物气体的总摩尔数，n_1 是反应物气体的总摩尔数。对于 $T_1=T_2=T$ 的恒温反应，则有

$$\Delta(pV)=n_2RT_2-n_1RT_1=(n_2-n_1)RT=\Delta nRT \tag{4-20}$$

其中 $\Delta n=n_2-n_1$，是纯气相反应的产物气体的总摩尔数与反应物气体的总摩尔数之差；T 是反应的温度。对于有气体参与的多相反应，在计算 $\Delta(pV)$时可以忽略与气态物质相比很小的凝聚态物质的 pV 值，而仅考虑反应前后的气体物质，这样，也可以使用(4－20)式，但式中的 $\Delta n=n_2-n_1$ 是指多相反应中气体产物的总摩尔数与气体反应物的总摩尔数之差。因此，对于恒温反应，结合(4－17)和(4－20)式，可得

$$\Delta H=\Delta U+\Delta nRT=Q_p=Q_V+\Delta nRT \tag{4-21}$$

这就是化学反应的 ΔH、ΔU、Q_p、Q_V 之间的相互关系。

例 4.2 物质的量为 n 的理想气体由始态 p_1、V_1、T_1 变至终态 p_2、V_2、T_2。若始态温度 T_1 等于终态温度 T_2，已知理想气体发生等温状态变化的 ΔU 为零，求理想气体的焓变。

解 系统的始态与终态表示如下：

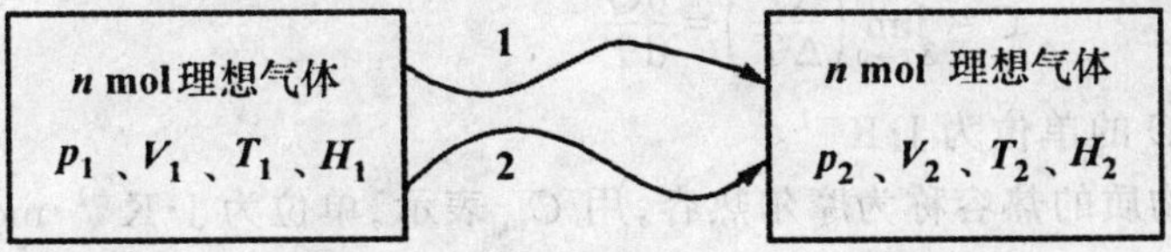

由焓的定义式 $H=U+pV$ 得

$$\Delta H = H_2 - H_1$$

$$= (U_2 + p_2 V_2) - (U_1 + p_1 V_1)$$

$$= (U_2 - U_1) + (p_2 V_2 - p_1 V_1)$$

因　　$\Delta U = U_2 - U_1 = 0$

根据理想气体状态方程 $pV = nRT$，得

$$p_2 V_2 - p_1 V_1 = nRT_2 - nRT_1 = 0$$

故　　$\Delta H = 0$

结果表明，当一定量理想气体仅发生 p、V、T 性质变化，而且始态温度与终态温度相等时，理想气体的焓不变，即 $\Delta H=0$。换言之，和热力学能 U 一样，理想气体的焓 H 也仅是温度的函数而与系统的压力或体积无关。

§4.2.2.3　**热容与热效应的测量**

通常把仅因系统温度改变而与环境交换的热称为显热(apparent heat)。如在一定条件下，将水从 25 ℃升温至 100 ℃所需的热即为显热。而在一定温度、压力下系统发生相变化时与环境交换的热则称为相变热或潜热(latent heat)，如水在 100 ℃、101.325 kPa 下变成 100 ℃、101.325 kPa 的水蒸气时所吸的热。在温度恒定且不作非体积功的条件下化学反应系统与环境交换的热称为化学反应的热效应。在计算以上显热、相变热或化学反应的热效应等数值时，必须要有相应的实验数据与计算方法，热容就是其中的一个重要的概念。

加热一个系统时，它会吸收热量，若此时系统不发生相变化和化学变化，则可通过测量系统温度的升高来确定系统吸热的多少。

设系统从环境中吸收热量 Q，温度由 T_1 升至 T_2。(吸热时不发生相变化，系统的组成也不改变，即也不发生化学反应)，则定义系统的平均热容为

$$\bar{C} = \frac{Q}{T_2 - T_1} = \frac{Q}{\Delta T} \tag{4-22}$$

由实验可知，$\bar{C}$ 值随温度不同而异。因此，严格的热容(heat capacity) C 定义为某温度 T 下：

$$C=\lim_{\Delta T\to 0}\left(\frac{Q}{\Delta T}\right)=\frac{\delta Q}{\mathrm{d}T} \tag{4-23}$$

式中:热容 C 的单位为 $\mathrm{J\cdot K^{-1}}$。

1 mol 物质的热容称为摩尔热容,用 C_{m} 表示,单位为 $\mathrm{J\cdot K^{-1}\cdot mol^{-1}}$。此外,物质的比热 C_{B}(B 代表任意物质)也是物质热容的一种表达方式,它是指单位质量物质的热容,单位有 $\mathrm{J\cdot K^{-1}\cdot g^{-1}}$和 $\mathrm{J\cdot K^{-1}\cdot kg^{-1}}$等。

由于相同物质在相同温度下所吸收的热量 Q 随途径而异,所以热容也因途径不同而异,对于组成不变的均相系统,在恒压条件下的热容称为恒压热容,记作 C_p;在恒容条件下的热容称为恒容热容,记作 C_V。即

$$C_p=\left(\frac{\delta Q_p}{\mathrm{d}T}\right)_p \tag{4-24}$$

$$C_V=\left(\frac{\delta Q_V}{\mathrm{d}T}\right)_V \tag{4-25}$$

1 mol 物质的恒压热容称为摩尔恒压热容,记作 $C_{p,\mathrm{m}}$;1 mol 物质的恒容热容称为摩尔恒容热容,记作 $C_{V,\mathrm{m}}$。在化学热力学中,对任何物质单纯 pVT 变化中系统的 ΔH 和 Q_p 以及 ΔU 和 Q_V,均可由始、末态的温度用 $C_{p,\mathrm{m}}$和 $C_{V,\mathrm{m}}$直接进行计算。

物质的热容与温度的关系随物质的种类、聚集状态、温度以及变化途径的不同而异,凝聚态物质的恒压热容与恒容热容可近似认为相等。热容可以通过实验进行测定,有了热容的数据,就可以测定或计算系统的显热、相变热或化学反应的热效应等。通常使用弹式量热计(见图 4-3)来进行恒容热效应的精确测量。

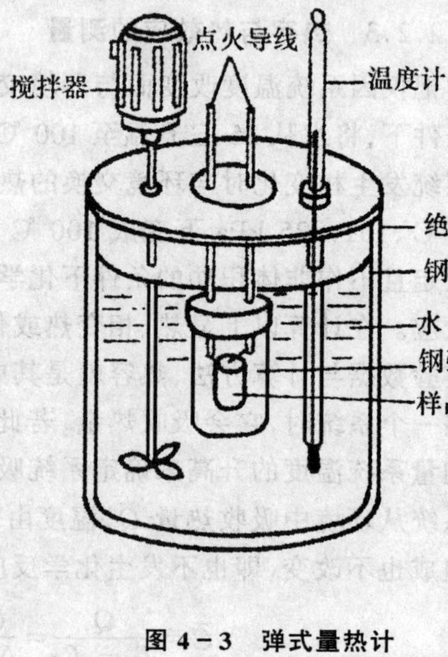

图 4-3 弹式量热计

用弹式量热计测量 Q_V 时,首先要用标准样品测量出整个量热系统全部组件的整体热容 C_{s},再测量出某一定量样品燃烧所引起的温度升高值 ΔT ,即可计算出相应的恒容热效应 Q_V,进而可以计算出作用更大的 Q_p,即 ΔH 等。

例 4.3　将 0.500 g 摩尔质量为 122.5 $g \cdot mol^{-1}$ 的苯甲酸(C_6H_5COOH,s)在盛有 1 210 g 水的弹式量热计的钢弹(即氧弹)内完全燃烧,温度由 23.20 ℃上升到 25.44 ℃。已知系统的热容 C_s 为 848.0 $J \cdot K^{-1}$,水的比热 C_{H_2O} 为 4.18 $J \cdot K^{-1} \cdot g^{-1}$,试计算:1 mol苯甲酸完全燃烧反应的恒容热效应 Q_V 和恒压热效应 Q_p。

解　第一步,先计算 0.500 g 苯甲酸完全燃烧所产生的热效应 Q。

温度升高 $\Delta T = \Delta t = (25.44 - 23.20)\ K = 2.24\ K$

量热计内水吸收的热量:

$$Q_{H_2O} = C_{H_2O} m_{H_2O} \Delta T$$

$$= 4.18\ J \cdot g^{-1} \cdot K^{-1} \times 1\ 210\ g \times 2.24\ K$$

$$= 11\ 329.47\ J \approx 11.33\ kJ$$

弹式量热计系统所吸收的热量:

$$Q_s = C_s \Delta T = 848.0\ J \cdot K^{-1} \times 2.24\ K = 1\ 899.52\ J \approx 1.90\ kJ$$

0.500 g 苯甲酸完全燃烧所产生的热效应:

$$Q = -(Q_{H_2O} + Q_s) = -(11.33\ kJ + 1.90\ kJ) = -13.23\ kJ$$

其中的负号表示反应放出热量。由于燃烧是在体积不变的钢弹内进行的,所以 Q 是 0.500 g 苯甲酸完全燃烧反应的恒容热效应。

第二步,计算 1 mol 苯甲酸完全燃烧反应的恒容热效应 Q_V。

$$Q_V = \frac{M}{m} Q = \frac{122.5\ g \cdot mol^{-1}}{0.5\ g} \times (-13.23)\ kJ = -3\ 241\ kJ \cdot mol^{-1}$$

第三步,计算 1 mol 苯甲酸完全燃烧反应的恒压热效应 Q_p。

1 mol 苯甲酸完全燃烧的反应方程式如下:

$$C_6H_5COOH(s) + \frac{15}{2}O_2(g) = 7CO_2(g) + 3H_2O(l)$$

根据(4-17)和(4-19)式,有

$$Q_p = Q_V + \Delta(pV) = Q_V + \Delta(nRT) = Q_V + n_2RT_2 - n_1RT_1$$

由反应式可知,产物气体的总摩尔数 $n_2 = 7$ mol,反应物气体的总摩尔数 $n_1 = 7.5$ mol,所以

$$Q_p = Q_V + n_2RT_2 - n_1RT_1$$

$$= [-3\ 241 \times 10^3 + 7 \times 8.314 \times (273.15 + 25.44) - 7.5 \times 8.314 \times (273.15 + 23.20)]\ J \cdot mol^{-1}$$

$= -3.242 \times 10^6\ \mathrm{J \cdot mol^{-1}} = -3\ 242\ \mathrm{kJ \cdot mol^{-1}}$

这一结果与恒容热效应 Q_V 几乎相等(请思考一下是什么原因?)。

此外,由于反应前后的温度差很小,可以将温度取为 $T = \dfrac{T_1 + T_2}{2}$,近似看作恒温反应而用 $Q_p = Q_V + \Delta nRT$ 进行计算。当然,也可以先求出 0.500 g 苯甲酸完全燃烧反应的恒压热效应 $Q_p{}'$,再算出 Q_p。

0.500 g 苯甲酸的摩尔数为:$\dfrac{0.500\ \mathrm{g}}{122.5\ \mathrm{g \cdot mol^{-1}}}$,与之对应的反应方程式为

$$\frac{0.500}{122.5}C_6H_5COOH(s) + \frac{0.500}{122.5} \times \frac{15}{2}O_2(g) = \frac{0.500}{122.5} \times 7CO_2(g) + \frac{0.500}{122.5} \times 3H_2O(l)$$

产物气体的总摩尔数 $n_2 = \dfrac{0.500}{122.5} \times 7\ \mathrm{mol} = 0.028\ 57\ \mathrm{mol}$;

反应物气体的总摩尔数 $n_1 = \dfrac{0.500}{122.5} \times 7.5\ \mathrm{mol} = 0.030\ 61\ \mathrm{mol}$,所以

$$\begin{aligned} Q_p{}' &= Q + n_2RT_2 - n_1RT_1 \\ &= [-13.23 \times 10^3 + 0.028\ 57 \times 8.314 \times (273.15 + 25.44) \\ &\quad - 0.030\ 61 \times 8.314 \times (273.15 + 23.20)]\ \mathrm{J \cdot mol^{-1}} \\ &= -13\ 234\ \mathrm{J \cdot mol^{-1}} = -13.23\ \mathrm{kJ \cdot mol^{-1}} \end{aligned}$$

$$Q_p = \frac{M}{m}Q_p{}' = \frac{122.5\ \mathrm{g \cdot mol^{-1}}}{0.5\ \mathrm{g}} \times (-13.23)\ \mathrm{kJ} = -3\ 241\ \mathrm{kJ \cdot mol^{-1}}$$

计算结果几乎与上面的一样,而与 Q_V 相等(请思考一下是什么原因?)。

答:1 mol 苯甲酸完全燃烧反应的恒容热效应 Q_V 为 $-3\ 241\ \mathrm{kJ \cdot mol^{-1}}$,恒压热效应 Q_p 为 $-3\ 242\ \mathrm{kJ \cdot mol^{-1}}$。

§4.2.3 热化学

热化学(thermochemistry)是研究化学过程和物理过程中热效应的科学。而化学反应的热效应是指系统在不做非体积功的恒温反应过程中所放出或吸收的热量,简称为反应热。对热效应的研究在理论和实践上都具有重要意义。后续章节将要讨论的熵、吉布斯函数及平衡常数的计算,化工生产中反应器的热量衡算,键能的估算等,都需要用到热化学数据。系统进行化学反应时,物质的种类和数量都发生了变化,反应物分子的化学键被打断,形成产物分子的新化学键,因而系统能量发生变化并与环境进行热和功的交换。

§4.2.3.1 化学反应方程式与化学反应进度

系统进行化学反应时必然有反应物的消耗与产物的生成。可用一方程式表

示参与反应的物质的种类、相态与数量的变化关系，这就是化学反应方程式，如

$$CO(g)+\frac{1}{2}O_2(g)=\!=\!=CO_2(g)$$

它表明了由反应物 $CO(g)$、$O_2(g)$ 可以得到产物 $CO_2(g)$，生成 1 mol $CO_2(g)$ 时需消耗 1 mol $CO(g)$ 和 0.5 mol $O_2(g)$。对于任一化学反应

$$aA+bB=\!=\!=lL+mM$$

按热力学的规定，状态函数的变化值应是终态值减去始态值。将上述计量方程式始态物质向右移项，得

$$0=lL+mM-aA-bB \quad 或 \quad 0=\nu_L L+\nu_M M+\nu_A A+\nu_B B$$

即
$$0=\sum_B \nu_B B \tag{4-26}$$

式中：B 表示计量方程式中任一物质；ν_B 表示物质 B 的化学计量数，是一个量纲为 1 的量。产物的化学计量数为正，反应物的化学计量数为负，即，$\nu_L=l$，$\nu_M=m$ 而 $\nu_A=-a$，$\nu_B=-b$。化学反应方程式中的化学计量数仅表示反应过程中各物质的量之间转化的比例关系，并不说明在反应进程中各物质所转化的量。如 U 与 H 等均为系统的广度性质，变化值的大小与反应进行的程度有关。系统中化学反应进行了多少，可以用一个新的物理量——反应进度(extent of reaction)来表示。设有如下化学反应：

$$N_2(g)+3H_2(g)=\!=\!=2NH_3(g)$$

反应开始 t_0 时各物质的量　　$n_{N_2}(t_0)$　$n_{H_2}(t_0)$　$n_{NH_3}(t_0)$

反应至某时刻 t 时各物质的量　$n_{N_2}(t)$　$n_{H_2}(t)$　$n_{NH_3}(t)$

则反应至该时刻 t 时的反应进度可定义为

$$\Delta\xi=-\frac{n_{N_2}(t)-n_{N_2}(t_0)}{1}=-\frac{n_{H_2}(t)-n_{H_2}(t_0)}{3}=\frac{n_{NH_3}(t)-n_{NH_3}(t_0)}{2} \tag{4-27}$$

若将 ξ 的定义写成具有更普遍的定义式，则

$$d\xi=\nu_B^{-1}dn_B \tag{4-28}$$

式中：n_B 为 B 的物质的量，ν_B 为化学计量数。由该式可知，ξ 的 SI 单位为 mol。由(4-28)式可以看出，对于同一反应，反应进度 ξ 的值与选用反应式中何种组分量的变化来进行计算无关，因同一反应中任一组分 B 的 $\Delta n_B/\nu_B$ 数值都相等。当参加化学反应的各组分按反应方程式中的化学计量数消耗反应物中各组分的物质的量，并生成产物各组分的物质的量时，则称该化学反应的反应进度为 1

mol。例如，对上述合成氨反应，若 1 mol 的 N_2 和 3 mol 的 H_2 反应并生成 2 mol 的 NH_3，则称此反应进行了 1 mol。在应用反应进度 ξ 时必须注意，对同一化学反应，因化学反应方程式写法不同会导致 ξ 的数值不同。倘若合成氨反应的化学反应方程式写为

$$\frac{1}{2}N_2(g)+\frac{3}{2}H_2(g)=\!=\!=NH_3(g)$$

此反应进行了 1 mol 时，N_2 和 H_2 分别只消耗了 0.5 mol 和 1.5 mol，而 NH_3 只生成了 1 mol。也就是说，此反应进行 1 mol 的反应进度时，只相当于前述化学反应进度的一半。这是因为反应组分物质的量的变化 Δn_B 一定时，化学反应方程式写法不同，化学计量数不同，因而反应进度 ξ 值不同。

§4.2.3.2 物质的标准态以及标准摩尔反应焓变

1) 物质的标准态

为避免同一物质的某热力学状态函数在相同条件下的不同反应系统中数值的不同，热力学规定了同一物质的共同参考状态——标准状态(standard state)，简称标准态。标准状态是指物质处在规定的标准条件下的状态。

标准条件对压力和浓度等作了如下规定：

标准压力，用 $p^{\ominus}$表示，所有物质的标准压力 $p^{\ominus}$都为 100 kPa(精确值)；

标准浓度，用 $c^{\ominus}$表示，是指物质处在标准状态下的浓度。不同情况下 $c^{\ominus}$具有不同的值。

气体物质的标准态：在任一温度 T、标准压力 $p^{\ominus}$下表现出理想气体性质的纯气体状态；

凝聚态物质(液体、固体)的标准态：在任一温度 T、标准压力 $p^{\ominus}$下的纯液体或纯固体状态；

溶液的标准态：要对溶质和溶剂分别进行考虑，对于溶剂，在溶液浓度不太大时可以近似地看作纯液体而按凝聚态物质进行考虑；对于溶质，一般规定在任一温度 T、标准压力 $p^{\ominus}$、标准浓度 $c^{\ominus}$为 1.0 $mol\cdot dm^{-3}$时为其标准状态。

由上述定义可知，物质的标准态强调物质的压力必须为标准压力，对温度并无限定。若某纯气体 B 的温度为 T、压力为 100 kPa 且具有理想气体性质时，则称该气体处于其标准状态。1 mol B 物质在温度为 T 的标准条件下所具有的焓值称为**其标准摩尔焓**，以 $H_m^{\ominus}(B,T)$表示(其值是无法确定的)。右上角的符号“$\ominus$”表示 B 物质处于其标准条件下。其它广度性质的表示可以进行类似处理，如 $U_m^{\ominus}(B,T)$为 B 物质在温度为 T 时的标准摩尔热力学能。

2) 标准摩尔反应焓变

对如下的化学反应：

$$\begin{array}{ccccc} CO(g) & + & \frac{1}{2}O_2(g) & = & CO_2(g) \\ T, p^\ominus, \text{纯态} & & T, p^\ominus, \text{纯态} & & T, p^\ominus, \text{纯态} \\ H_m^\ominus(CO, T) & & \frac{1}{2}H_m^\ominus(O_2, T) & & H_m^\ominus(CO_2, T) \end{array}$$

反应方程式中的 $CO(g)$、$O_2(g)$、$CO_2(g)$ 皆处在温度为 T 的标准状态下。若反应进度为 1 mol，则其焓变值称为标准摩尔反应焓变，常用 $\Delta_r H_m^\ominus(T)$ 表示。

上述反应的 $\Delta_r H_m^\ominus(T)$ 与反应各物质的标准摩尔焓有如下关系：

$$\Delta_r H_m^\ominus(T) = H_m^\ominus(CO_2, T) - H_m^\ominus(CO, T) - (\frac{1}{2})H_m^\ominus(O_2, T)$$

任一化学反应的标准摩尔反应焓变可用下式表示：

$$\Delta_r H_m^\ominus(T) = \sum \nu_B H_m^\ominus(B, T) \qquad (4-29)$$

该式说明，任一反应的 $\Delta_r H_m^\ominus(T)$ 仅为温度的函数。应当指出：不论 T 是什么温度，只要某化学反应中参与反应的各物质均处于标准态，则该反应进行 1 *mol* 反应进度时的焓变均称为标准摩尔反应焓变，$\Delta_r H_m^\ominus(B, T)$ 之数值与反应计量方程式的写法有关。需要说明的是，由于物质的 $H_m^\ominus(B, T)$ 是无法确定的，因此不可能根据(4－29)式来计算化学反应的标准摩尔反应焓变 $\Delta_r H_m^\ominus(T)$。

§4.2.3.3　盖斯定律

盖斯(G.H.Hess)于 1840 年从实验中总结出如下规律："化学反应所吸收或放出的热量，仅决定于反应的始态和终态，与反应是一步或者分为数步完成无关"。盖斯定律的提出略早于热力学第一定律，但它实际上是第一定律的必然结论。因为化学反应通常是在恒压(一般也恒温)且不做非体积功的条件下进行的，因此，$Q_p = \Delta H$，而 H 是状态函数，故反应热 Q_p 仅决定于反应的始、终态也是必然的了。利用盖斯定律可求算一些难以直接测定的化学反应的热效应，例如，我们很难控制碳的燃烧只生成 CO 而不生成 CO_2，因此，$C(\text{石墨}) + \frac{1}{2}O_2(g) = CO(g)$ (a) 的标准摩尔反应焓变 $\Delta_r H_{m,a}^\ominus$ 就很难直接从实验测得。但我们可以根据盖斯定律(也就是状态函数的性质)，由下面两个反应进行计算：

$$C(\text{石墨}) + O_2(g) = CO_2(g) \text{ (b)}; \quad \Delta_r H_{m,b}^\ominus = -393.5 \text{ kJ·mol}^{-1}$$

$$CO + \frac{1}{2}O_2(g) = CO_2(g) \text{ (c)}; \quad \Delta_r H_{m,c}^\ominus = -283.0 \text{ kJ·mol}^{-1}$$

根据盖斯定律，石墨直接氧化为 $CO_2(g)$ 与石墨先氧化为 $CO(g)$，再进一步

氧化为 $CO_2(g)$ 的热效应相同，如图 4－4 所示。

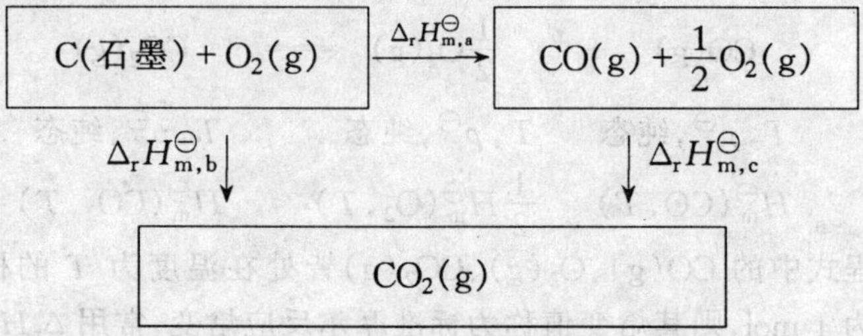

图 4－4　利用盖斯定律进行反应热的计算

根据盖斯定律知：

$$\Delta_r H^\ominus_{m,a} + \Delta_r H^\ominus_{m,c} = \Delta_r H^\ominus_{m,b}$$

$$\Delta_r H^\ominus_{m,a} = -393.5\ kJ\cdot mol^{-1} - (-283.0\ kJ\cdot mol^{-1}) = -110.5\ kJ\cdot mol^{-1}$$

实际上，方程(a)可以由方程(b)减去方程(c)并经移项后得到。因此，对待热化学方程式可以像对待代数方程式一样处理：如果一个化学反应可由其它化学反应相加减而得，则该反应的热效应(以及系统所有容量性质的变化值)也可以由这些反应的热效应相加减而得到。但要注意，物质的聚集状态和化学计量数必须一致。由于盖斯定律是关于热效应(非状态函数)计算的，故只能用于化学反应的恒压过程($Q_p = \Delta H$)或恒容过程($Q_V = \Delta V$)。

§4.2.3.4　热化学方程式

若在书写化学反应方程式时同时给出反应的热效应，就成为了**热化学反应方程式**，即表示化学反应与其热效应关系的反应方程式。一个热化学方程式的正确表示应注意以下几点：

(1) 写出该反应的计量方程式，计量方程式不同，其热效应也不同。

(2) 指明是摩尔恒压热效应还是摩尔恒容热效应，前者用 $\Delta_r H_m$ 表示，后者用 $\Delta_r U_m$ 表示。吸热反应 $\Delta_r H_m$ 和 $\Delta_r U_m$ 均为正值，放热反应则为负值。

(3) 必须标明反应的温度和压力。若反应系统中各物质均处于自己的标准状态，对应的反应称为**标准化学反应**，其热效应用 $\Delta_r H^\ominus_m(T)$ 或 $\Delta_r U^\ominus_m(T)$ 表示，其中省略了标准压力 $p^\ominus$。若温度为 298.15 K，也可以省略温度。

(4) 必须标明物质的聚集状态，聚集状态不同，热效应也不同。气体、液体和固体分别用 g、l 和 s 表示；固体有不同晶态时，还需将晶态注明，如硫 S(斜方)，硫 S(单斜)，碳 C(石墨)，碳 C(金刚石)等。如果参与反应的物质是溶液，则需注明其浓度，用 aq 表示水溶液(aqueous，aq)，如 NaOH(aq)表示氢氧化钠的水溶液，而无限稀释的氢氧化钠的水溶液则用 NaOH(aq,∞)表示。

下面写出一个完整的热化学方程式：

$$2H_2(g) + O_2(g) \xlongequal{\quad} 2H_2O(l) \quad ; \quad \Delta_r H_m^{\ominus} = -571.66\ kJ \cdot mol^{-1}$$

计量方程式和反应热之间用分号隔开。上式表示 298.15 K 时，反应物和生成物都处于各自的标准态(压力为 $p^{\ominus} = 100$ kPa)时，按计量方程式发生反应进度为 1 mol 的反应，放出的热量为 571.66 kJ。

§4.2.3.5 标准摩尔反应焓变的计算

标准摩尔反应焓变 $\Delta_r H_m^{\ominus}$ 是计算化学反应系统 Q_p、Q_V 与 $\Delta_r U$ 或 $\Delta_r U$ 等的基础。(4－29)式中的 $H_m^{\ominus}(B,T)$是无法知道的，那么 $\Delta_r H_m^{\ominus}$ 如何求得呢？人们希望用最少的基础热数据，再利用状态函数的特点来解决 $\Delta_r H_m^{\ominus}$ 的计算问题。这就要用到标准摩尔生成焓与标准摩尔燃烧焓的概念。

在一定温度下，由最稳态单质生成某物质的反应称为该物质的生成反应(reaction of formation)。例如，$H_2(g) + \frac{1}{2}O_2(g) \xlongequal{\quad} H_2O(g)$就是水蒸气(而不是液态水)的生成反应。在温度为 T、参与反应各物质均处于各自的标准条件下，由最稳态单质生成 1 mol 某物质 B(β)的标准摩尔反应焓变 $\Delta_r H_m^{\ominus}(T)$，称为物质 B(β)在温度 T 时的**标准摩尔生成焓**(standard molar enthalpy of formation)，以符号 $\Delta_f H_m^{\ominus}(B,\beta,T)$表示。符号中的下标"f"表示生成反应，括号中的 β 表示物质 B 的相态。$\Delta_f H_m^{\ominus}(B,\beta,T)$的单位为 $J \cdot mol^{-1}$或 $kJ \cdot mol^{-1}$。

例如：

$H_2(g)$	+	$\frac{1}{2}O_2(g)$	══	$H_2O(g)$
纯态		纯态		纯态
100 kPa,g		100 kPa,g		100 kPa,g
298.15 K		298.15 K		298.15 K

该反应表明，在 298.15 K、参与反应的各物质均处在自己的标准条件下，由最稳定状态的 $H_2(g)$与 $O_2(g)$生成了 1 mol 的 $H_2O(g)$，此反应的 $\Delta_r H_m^{\ominus}$(298.15 K)称为水蒸气的标准摩尔生成焓(298.15 K)，表示为 $\Delta_f H_m^{\ominus}(H_2O, g, 298.15\ K)$。

应该注意，当某单质在温度 T 下有不同相态时，应采用该温度下该单质最稳定的相态。例如，碳在 298.15 K 下有石墨、金刚石以及无定形等多种相态，其中以石墨最为稳定。根据物质标准摩尔生成焓的定义可知，最稳态单质的标准摩尔生成焓应为零。如 298.15 K 的石墨的标准摩尔生成焓为零；而非最稳定相态的单质，如 298.15 K 的金刚石，其标准摩尔生成焓就不为零；其次，产物的物质的量必须为 1 mol。例如 $2H_2(g) + O_2(g) \xlongequal{\quad} 2H_2O(g)$，若此反应进行 1 mol

的反应进度，则其 $\Delta_r H_m^{\ominus}(T)$ 就不是水蒸气的标准摩尔生成焓，而是水蒸气的标准摩尔生成焓的两倍。298.15 K 下各物质的 $\Delta_f H_m^{\ominus}(B,\beta,298.15\ K)$ 数据可从各种化学、化工手册以及附录中查到。

下面举例来说明如何用标准摩尔生成焓的数据来求任一反应在同温度 T 时的标准摩尔反应焓变 $\Delta_r H_m^{\ominus}(T)$。以乙烯与氧作用生成环氧乙烷的反应为例，求其在 25 ℃下的标准摩尔反应焓变 $\Delta_r H_m^{\ominus}(298.15\ K)$。

因为要计算的是 25 ℃下的标准摩尔反应焓变 $\Delta_r H_m^{\ominus}$，所以参与反应的各物质都处在标准条件下，即处于各自的标准状态。为了结合标准摩尔生成焓的概念利用状态函数的性质进行计算，我们可以设想由最稳态单质通过图 4－5 所示的两条反应途径得到产物。

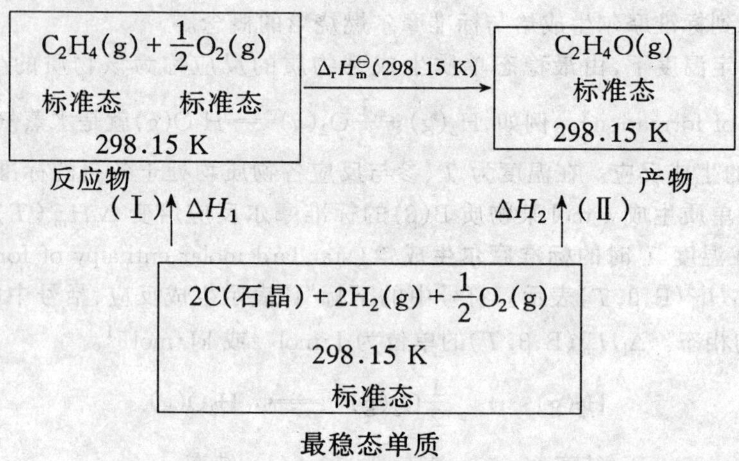

图 4－5　由标准摩尔生成焓计算标准摩尔反应焓变

将稳态单质定为始态，环氧乙烷定为终态。由稳定相单质 C(石墨)、$H_2(g)$ 和 $O_2(g)$ 反应生成 $C_2H_4O(g)$ 可以采用直接一步完成，如图 4－5 中的途径(Ⅱ)，也可采取先生成 $C_2H_4(g)$(Ⅰ)，然后再将 $C_2H_4(g)$ 氧化生成 $C_2H_4O(g)$ 的途径。根据状态函数的变化值只与始、终态有关而与所经过的途径无关的特点，两条生成环氧乙烷反应路线的 $\Delta_r H_m^{\ominus}(T)$ 为同一数值。

$$\Delta H_2=\Delta H_1+\Delta_r H_m^{\ominus}(298.15\ K)$$

$$\Delta_r H_m^{\ominus}(298.15\ K)=\Delta H_2-\Delta H_1$$

$$\Delta H_2=\Delta_f H_m^{\ominus}(C_2H_4O,g,298.15\ K)$$

$$\Delta H_1=\Delta_f H_m^{\ominus}(C_2H_4,g,298.15\ K)$$

$\Delta_r H_m^\ominus(298.15\ K)=\Delta_f H_m^\ominus(C_2H_4O,g,298.15\ K)-\Delta_f H_m^\ominus(C_2H_4,g,298.15\ K)$

该反应的 $\Delta_r H_m^\ominus(298.15\ K)$ 计算式也可写成如下的一般形式：

$$\Delta_r H_m^\ominus(298.15\ K)=\{\Delta_f H_m^\ominus(298.15\ K)\}_{产物}-\{\Delta_f H_m^\ominus(298.15\ K)\}_{反应物}$$

将此例的方法推广至任意温度 T 下的任一化学反应，可得出以下关系：

$$\Delta_r H_m^\ominus(T)=\{\sum_B \nu_B \Delta_f H_m^\ominus(B,\beta,T)\}_{产物}-\{\sum_B |\nu_B| \Delta_f H_m^\ominus(B,\beta,T)\}_{反应物}$$

或写成：

$$\Delta_r H_m^\ominus(T)=\sum_B \nu_B \Delta_f H_m^\ominus(B,\beta,T) \tag{4-30}$$

此式说明，在温度 T 下任一反应的标准摩尔反应焓变等于产物的标准摩尔生成焓之和减去反应物的标准摩尔生成焓之和。

一般从手册中查到的物质的标准摩尔生成焓都是 298.15 K 时的数据，且只有一部分可由实验直接测定，相当数量的数据不能直接测定，特别是一些有机化合物的数据，需要通过其它实验数据间接计算得到。最常用的数据是物质的标准摩尔燃烧焓。

在温度为 T，各物质均处在标准态下，由 1 mol 化合物 B(β)在氧中发生氧化反应生成指定的稳定产物时的标准摩尔反应焓变，称为该化合物 B(β)在温度 T 时的标准摩尔燃烧焓(standard molar enthalpy of combustion)，用符号 $\Delta_c H_m^\ominus(B,\beta,T)$ 表示，通常得到的 $\Delta_c H_m^\ominus(B,\beta,T)$ 都是在 298.15 K 时的数据。B(β)在氧中发生氧化反应生成的指定稳定产物为 C：$CO_2(g)$，H、O：$H_2O(l)$，S：$SO_2(g)$，N：$N_2(g)$ 等，它们的 $\Delta_c H_m^\ominus(B,\beta,T)$ 都等于零。需要注意，不同手册所指定的稳定产物可能会不相同，利用标准摩尔燃烧焓数据时，应首先查看氧化时指定的稳定产物是什么物质。

由标准摩尔燃烧焓求同温下的标准摩尔反应焓变，仍是利用状态函数的特点。应用与标准摩尔生成焓相似的方法，可自己推出任意反应 $0=\sum_B \nu_B B$ 的 $\Delta_r H_m^\ominus(T)$ 与反应物和产物的 $\Delta_c H_m^\ominus(B,\beta,T)$ 之间存在下列关系：

$$\Delta_r H_m^\ominus(T)=-\sum_B \nu_B \Delta_c H_m^\ominus(B,\beta,T) \tag{4-31}$$

例 4.4　由标准摩尔燃烧焓计算下列反应在 25 ℃时的标准摩尔反应焓变。

$$HOOC—COOH(s)+2CH_3OH(l) = CH_3OOC—COOCH_3(l)+2H_2O(l)$$

已知：$\Delta_c H_m^\ominus[(COOCH_3)_2,l]=-1\ 678\ kJ\cdot mol^{-1}$

$$\Delta_c H_m^\ominus[(COOH)_2,s] = -246.0\ kJ\cdot mol^{-1}$$

$$\Delta_c H_m^\ominus(CH_3OH,l) = -726.5\ kJ\cdot mol^{-1}$$

解　按(4-31)式,因为 $\Delta_c H_m^\ominus(H_2O,l)=0$,所以

$$\begin{aligned}\Delta_r H_m^\ominus(298.15\ K) &= \Delta_c H_m^\ominus[(COOH)_2,s]+2\Delta_c H_m^\ominus(CH_3OH,l)\\&\quad -\Delta_c H_m^\ominus[(COOCH_3)_2,l]-0\\&= -246.0\ kJ\cdot mol^{-1}+2\times(-726.5)\ kJ\cdot mol^{-1}\\&\quad -(-1\ 678)\ kJ\cdot mol^{-1}\\&= -21.0\ kJ\cdot mol^{-1}\end{aligned}$$

进行计算时需注意:物质的聚集状态不同,标准摩尔燃烧焓也不同,如 $\Delta_c H_m^\ominus(CH_3OH,l,298.15\ K)$不同于 $\Delta_c H_m^\ominus(CH_3OH,g,298.15\ K)$,它们的关系为:$\Delta_c H_m^\ominus(CH_3OH,g,T)=\Delta_c H_m^\ominus(CH_3OH,l,T)+\Delta_{vap} H_m^\ominus(CH_3OH,T)$。其中 $\Delta_{vap} H_m^\ominus(CH_3OH,T)$是甲醇($CH_3OH$)在温度 T 时的汽化热。

对于溶液中的反应,需要知道离子的标准摩尔生成焓。某离子的标准摩尔生成焓是指在标准状态下,由最稳定单质生成无限稀薄溶液中 1 mol 某离子的反应焓变。由于离子都是成对存在的,无法测定单个离子的生成焓,因此人为地规定氢离子的标准摩尔生成焓为零,即 $\Delta_f H_m^\ominus(H^+,aq,\infty)=0$,从而可以得到其它离子的标准摩尔生成焓值,并用(4-30)式来计算溶液中所进行反应的标准摩尔反应焓变 $\Delta_r H_m^\ominus(T)$。

§4.3　化学反应的方向和限度

众所周知,室温下的一杯水,若环境不给它提供一定的能量就让其升温以至沸腾,这是不可能的,因为这违反了热力学第一定律。如水不可能自动地从低处流向高处;热不可能自动地从低温物体传向高温物体等,我们可以根据经验来进行判断,但是对于化学反应过程就难以进行直观判断了。例如 C(金刚石)+O_2(g)══CO_2(g)在 298.15 K 的标准状态下,可能自动反应并放出近 400 kJ·mol^{-1}的热量;其逆反应,即在 298.15 K 的标准状态下,由环境供给 400 kJ·mol^{-1}的热,CO_2(g)是否能自动分解成金刚石与 O_2(g)呢?虽然从能量角度完全符合热力学第一定律,但经验告诉我们,在该条件下反应是不可能进行的。怎样判断某个过程可能进行以及进行到什么程度?如何改变外界条件(例如温度、压力等)才能使变化向我们所需要的方向进行呢?解决这些问题需要热力学第二定律。

还应该指出,热力学第二定律关于某个过程不能发生的断言是肯定的,而关

于某个过程能够发生的结论则是指的可能性而不具有现实性。例如,第二定律可以断言常温下加热而不做功(如电解、光照等)将水分解成氢气和氧气虽然不违反第一定律,但却是不可能进行的。而关于氢气和氧气的混合物可能反应生成水的结论,则不能肯定在某条件下一定会发生。虽说一个火花就足以引起适当比例的氢氧混合物发生爆炸性反应,但事实上如无明火或催化剂等因素的存在,氢氧混合物能在常温下长时间存在,而不会发生可以觉察到的反应。

§4.3.1 自发过程的共同特征——热力学第二定律

氢氧化钠溶液与硫酸混合,立刻就会发生生成盐和水的化学反应;氯化钠溶液和硝酸银溶液一但混合,立刻就会发生生成氯化银沉淀的反应;这种在一定条件下不需外力的作用就会自动发生的变化称为**自发变化**。自然界中有许多大家所熟悉的自发变化,如无支撑的重物自动从高处落到低处;热量自动从高温物体流向低温物体;滴到一盆清水中的蓝色墨水会自动扩散到均匀状态;气体会自动向真空膨胀等等。自发变化真正发生前都有自动发生的趋势,一旦发生就无需借助外力,可以自动进行,无论是可以自动进行的化学反应,还是大家所熟悉的自然界中的自发变化,其共同特征就是其不可逆性:任何自发变化的逆过程是不能自动进行的。大家可以仔细思考一下上面所提到的一些自发变化,其逆过程能自动进行吗?要特别注意,并非自发变化的逆过程不能进行,而是必须借助外力才能进行,但当系统恢复原状后,会给环境留下无法消除的影响。我们把必须借助外力才能发生的变化称为**非自发变化**。自发变化的逆过程不可能自动发生,肯定是一个非自发变化,这就是热力学第二定律(second law of thermo dynamics)的核心内容,其表述有多种,下面是两种著名的说法。

克劳修斯(R.Clausius)说法(1850 年):热不可能自动地从低温物体传给高温物体。

开尔文(L.Kelvin)说法(1851 年):不可能造出一种永动机,它可以从单一热源吸热并使之完全转化为功,而不产生其它变化。

请注意,这两种说法的共同之处就是都表达了某种不可能性,实质上是完全等价的。热力学第二定律和热力学第一定律一样,都是人类经验的总结,其正确性不能用数学逻辑来证明,但由它所推演出的无数结论,无一与实验事实相违背,因而其可靠性是毋庸置疑的。

对第二定律的两种说法进行初步的分析,可得出两个重要的结论:

1) 当热从高温物体传给低温物体,或者功转变为热(例如摩擦生热)后,将再也不能简单地逆转而完全复原了。不能简单逆转而完全复原(包括系统和环境)的过程,称为**不可逆过程**,上述过程就是两种典型的不可逆过程。能量不仅从数量上度量物质的运动，它还有一定的品位或“质量”。功的品位比热高，高温热源传递的热的品位比低温热源的高。如果没有其它的变化，能量的品位只可能降低，而不可能升高。

2）在这两种典型的不可逆过程之间，有着内在的联系。如果肯定热从高温物体传递给低温物体是不可逆过程，即肯定克劳修斯（R.Clausius）的说法，按照等价的开尔文（L.Kelvin）的说法，功转化为热也必定是不可逆的。

自然界中所有的宏观自发变化包括相变化、化学变化等都是不可逆过程。任何一个宏观自发变化的进行，如一定数量的功转变为热，或一定数量的热从高温物体传递给低温物体，都会对应着能量品位的降低，因而再也不能简单逆转而复原了。或者说一个系统在一定条件下通过一个自发过程从始态变化到终态后，若想使系统回到始态就必然会在环境中留下一定的痕迹，也就是说环境必然会发生一定的变化。

§4.3.2　自发变化的驱动力

通过仔细分析自发变化就会发现，自然界中**非体积功**为零的自发变化过程都是系统势能降低的过程，因此，系统发生非体积功为零的自发变化过程的始态与终态的势能差就是其驱动力。例如水从高处自动流向低处，带有异号电荷的物体相互吸引等等，是大家非常熟悉的自发变化过程，化学反应过程自然也不会例外，我们把化学反应系统处于某确定状态（简称定态）时的势能称为**化学势能**，因为这是物理化学家吉布斯（Gibbs）首先提出来的，所以用 G 来表示，称为吉布斯函数或吉布斯自由能，它具有能量的单位，也是一个状态函数，像热力学能 U 和热焓 H 一样，其绝对值同样是无法确定的。

对于任意一个化学反应 $a\text{A} + b\text{B} = l\text{L} + m\text{M}$，假定在非体积功为零时可以按反应方程式正向进行反应进度为 1 mol 的反应（实际上可能是不会自动进行的），则可以把反应物看作系统的始态 1，把产物看作系统的终态 2，则这一假定过程的化学势能的变化即吉布斯函数变 $\Delta G = G_2 - G_1$，因为始态与终态的势能差是化学反应的驱动力，故有

$G_1 > G_2, \Delta G = G_2 - G_1 < 0$ 化学反应正向自发进行；

$G_1 < G_2, \Delta G = G_2 - G_1 > 0$ 化学反应正向非自发，反向自发进行；

$G_1 = G_2, \Delta G = G_2 - G_1 = 0$ 化学反应处于平衡状态。

这就是判断化学反应进行方向和限度的根据，称为**吉布斯函数判据**，它适用于非体积功为零的化学反应。根据吉布斯函数变 ΔG 的大小，可以简单判断出反应进行的方向，也可以知道在化学反应进行到 $\Delta G = 0$ 时就达到了极限，即化学平衡状态。但 G_1、G_2 都是无法用实验测定的，那么，怎样才能得到 ΔG 呢？

根据能量守恒定律，当一个化学反应系统处于某个定态时，系统的总能量等于其动能和势能的和，而热力学能 U 是系统内所有粒子除整体势能及整体动能外全部能量的总和，那么在不考虑系统的整体势能及整体动能的情况下就有

$$U = G + \text{动能} \tag{4-32}$$

因此，关键在于找出系统的动能。我们知道，温度是分子平均动能的标志，因此维持系统温度 T 的能量就是系统的动能，也就是维持系统内部所有微观粒子具有一定运动能力的能量。系统的动能使其中的微观粒子处在不断的运动之中，在温度为 $T(T\neq0)$时，从宏观上看起来十分有序的 $NaCl$、SiO_2、Cu 和单晶 Si 等晶体，液态的 H_2O、CCl_4 等液体，葡萄糖、Cu_2SO_4 等水溶液以及看不出十分混乱且具有容器容积和形状的 CO_2、H_2、Ar 等气体，在微观上都是十分混乱的。系统的混乱程度（简称混乱度）是一个与动能有关的物理量。

可以通过一个简单的例子来加以说明（见图 4－6）：有一个方形盒子，其中有四个位置可以放置四个小球，①和②各两个，当摇动方形盒子（相当于给每个小球赋予一定的动能）时，这两种共四个小球就有图示的四种可能分布状态，很明显，方形盒子中容纳的小球数越多，可能出现的分布状态总数也就越大，也就是说越混乱。对于系统处于某定态时微观上的混乱度也可以用类似的方法进行描述：定态时一个宏观系统所对应的微观粒子的可能分布状态越多，系统在微观上就越混乱。

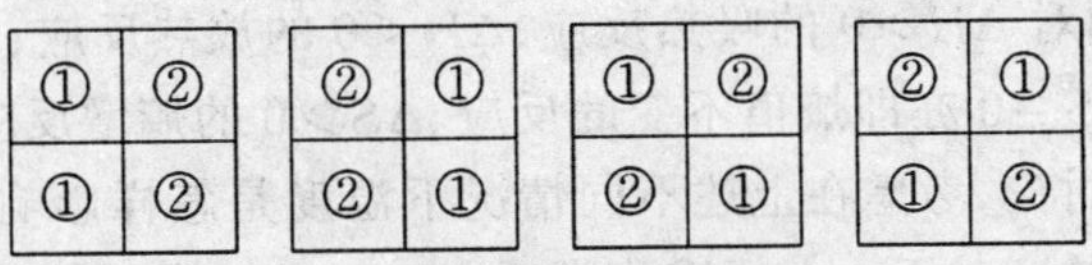

图 4－6　系统的混乱度示意图

如果用 Ω 来表示一个宏观系统内微观粒子的微观状态总数，则 $\Omega\geqslant1$，显然 Ω 越大，系统越混乱，当系统处于定态时，Ω 也会有确定的数值，系统的混乱度实际上是对系统内微观粒子的种类、数量、运动能力的综合描述。系统在微观上的性质必然在宏观上会有所体现，我们用一个新的函数熵（entropy，符号为 S）来表示系统的混乱度，根据统计热力学可以得到

$$S = k\ln\Omega \tag{4-33}$$

式中：k 是波尔兹曼常数（Boltzmann constant），$k = 1.38\times10^{-23}\ \mathrm{J\cdot K^{-1}}$，因为 Ω 是一个纯数，故熵的量纲与 k 一样，也是 $\mathrm{J\cdot K^{-1}}$ 或 $\mathrm{kJ\cdot K^{-1}}$。因为 $\Omega\geqslant1$，所以熵 $S\geqslant0$。由于系统处于定态时，Ω 具有确定的值，所以熵 S 也是系统的一个状态函数。系统状态变化时熵的变化 ΔS 就是微观粒子混乱度的变化在宏观上的表现。

由于系统的熵 S 是微观上混乱度的宏观体现,是对系统内微观粒子的种类、数量和运动能力的综合描述,因此不难理解熵与系统的动能有关。因温度是分子平均动能的标志,故温度越高,分子的平均动能也越大,运动能力也越强,熵值也就越大;熵值还与微观粒子的运动空间即系统的体积有关(一般情况下体积越大,熵值也越大),与系统的体积 V 是两个密切相关的物理量。可以通过简单的分析知道,系统的势能与系统的体积也是密切相关的。而系统的物质的量一定时,其体积取决于系统的温度和压力。综合考虑以上各种因素,从热力学中可以知道:

$$U = G + TS - pV$$

$$G = H - TS \tag{4-34}$$

(4-31)式与 $H = U + pV$ 类似,是吉布斯函数 G 的定义式,使用时没有任何限制。当系统由始态 1 变化到终态 2 时,其吉布斯函数变可如下计算:

$$\Delta G = G_2 - G_1 = (H_2 - T_2S_2) - (H_1 - T_1S_1) = \Delta H - \Delta(TS)$$

在恒温条件下有

$$\Delta G = \Delta H - T\Delta S \tag{4-35}$$

该式称为吉布斯(Gibbs)等温式,是计算吉布斯函数变 ΔG 常用的重要公式之一,请自己分别对 $\Delta H > 0$ 的吸热反应、$\Delta H < 0$ 的放热反应、$\Delta H = 0$ 亦即没有热效应的反应、$\Delta S = 0$ 亦即熵值不变的反应、$\Delta S > 0$ 的熵增反应、$\Delta S < 0$ 的熵减反应进行分析和讨论,考虑在上述不同情况下温度是怎样影响一个化学反应进行的方向和限度的。对于一个标准化学反应,(4-35)式可写成

$$\Delta_r G_m^{\ominus}(T) = \Delta_r H_m^{\ominus}(T) - T\Delta_r S_m^{\ominus}(T) \tag{4-36}$$

与化学反应的标准摩尔反应焓变一样,式中的 $\Delta_r G_m^{\ominus}(T)$ 为标准摩尔反应吉布斯函数变,是在温度为 T 的标准条件下,反应进度为 1 mol 时化学反应系统的吉布斯函数变;$\Delta_r S_m^{\ominus}(T)$ 为标准摩尔反应熵变,是在温度为 T 的标准条件下,反应进度为 1 mol 时化学反应系统的熵变。

§4.3.3 标准摩尔反应吉布斯函数变的计算

根据标准摩尔反应吉布斯函数变 $\Delta_r G_m^{\ominus}(T)$ 的大小,结合吉布斯判据,就可以判断在标准条件下进行化学反应的方向和限度了,此外,$\Delta_r G_m^{\ominus}(T)$ 还是计算任意条件下实际化学反应吉布斯函数变 $\Delta_r G_m(T)$ 的基础,因此,$\Delta_r G_m^{\ominus}(T)$ 的计算是非常重要的。标准摩尔反应吉布斯函数变 $\Delta_r G_m^{\ominus}(T)$ 的计算有多种计算方

法，在此仅介绍两种，首先介绍根据(4－36)式进行计算的方法。

标准摩尔反应焓变 $\Delta_r H_m^{\ominus}(T)$ 的计算前面我们已经讲过，而温度通常是恒定而且是已知的，因此只要知道了 $\Delta_r S_m^{\ominus}(T)$，就可以根据(4－36)式计算出反应的 $\Delta_r G_m^{\ominus}(T)$，下面我们首先讨论 $\Delta_r S_m^{\ominus}(T)$ 的计算方法。

热力学第三定律(third law of thermodynamics)是总结低温实验规律而得到的一个定律，它也有各种不同的表述方法，这里仅介绍普朗克的说法。他于1927年提出假设：绝对温度趋于0 K时，任何纯净的完美晶体的熵值都趋近于零(0 K时为零)。即

$$\lim_{T \to 0\ \text{K}} S(T) = 0 \tag{4-37}$$

所谓完美晶体是指晶格结点上排布的粒子(分子、原子、离子等)仅以唯一的方式整齐排列而完美无缺。若有两种或两种以上的排列方式，就不是完美晶体了。如CO晶体，若有CO…OC和CO…CO两种方式排列，就不能称之为完美晶体，在绝对0 K时的熵值也不会等于零。绝对0 K时，微观粒子已经没有动能，纯净的完美晶体中的粒子排列方式只有一种，故系统的微观状态总数 $\Omega = 1$，所以 $S = k\ln\Omega = k\ln 1 = 0$；而非完美晶体中的粒子排列方式不止一种，$\Omega > 1$，所以 $S > 0$。

纯净物质在温度为 T 时的熵值 S_T 称为其规定熵(conventional entropy)，我们使纯净物质从绝对0 K变化到温度 T，其熵变为 $\Delta S = S_T - S_0$，ΔS 可以由实验进行测定，而纯净的完美晶体在绝对0 K时的熵值 S_0 为零，故纯净的完美晶体在温度为 T 时的真正熵值 $S_T = \Delta S$ 是可以得到的，因此又把物质的规定熵称为其**绝对熵**，1 mol物质的规定熵称为**物质的摩尔(规定或绝对)熵**，记作 $S_m(B, T)$；在标准状态下，1 mol物质的规定熵称为**物质的标准摩尔熵**，记作 $S_m^{\ominus}(B, T)$。$S_m(B, T)$ 和 $S_m^{\ominus}(B, T)$ 的量纲均为 $J \cdot K^{-1}$，298.15 K时一些物质的标准摩尔熵 $S_m^{\ominus}(B, \beta, 298.15\ K)$ 也可从各种化学、化工手册和附录中查到。

在标准状态下，按化学反应计量方程式进行一个单位反应(即反应进度为1 mol)时，反应系统的熵变就是其标准摩尔反应熵变，记作 $\Delta_r S_m^{\ominus}(T)$。与得到(4－30)式的方法一样，对于任意一个化学反应 $0 = \sum_B \nu_B B$，在温度为 T 时的标准摩尔反应熵变为

$$\Delta_r S_m^{\ominus}(T) = \sum_B \nu_B S_m^{\ominus}(B, \beta, T) \tag{4-38}$$

在温度为298.15 K时更为常用：

$$\Delta_r S_m^{\ominus}(298.15\ \mathrm{K})=\sum_B \nu_B S_m^{\ominus}(\mathrm{B},\beta,298.15\ \mathrm{K}) \tag{4-39}$$

式中：ν_B 对反应物取负值，产物取正值。

例 4.5 计算合成甲醇反应的标准摩尔反应熵变 $\Delta_r S_m^{\ominus}(298.15\ \mathrm{K})$。反应方程式为：$CO(g)+2H_2(g)$══$CH_3OH(g)$。已知 $CH_3OH(g)$、$CO(g)$及 $H_2(g)$的 $S_m^{\ominus}(\mathrm{B},298.15\ \mathrm{K})$依次为 239.8 J·K⁻¹·mol⁻¹，197.67 J·K⁻¹·mol⁻¹及 130.68 J·K⁻¹·mol⁻¹。

解 由(4－39)式：$\Delta_r S_m^{\ominus}(298.15\ \mathrm{K})=\sum_B \nu_B S_m^{\ominus}(\mathrm{B},\beta,298.15\ \mathrm{K})$可知

$$\begin{aligned}\Delta_r S_m^{\ominus}(298.15\ \mathrm{K}) &= S_m^{\ominus}(CH_3OH,g)-S_m^{\ominus}(CO,g)-2S_m^{\ominus}(H_2,g)\\ &=(239.8-197.67-2\times130.68)\ \mathrm{J\cdot K^{-1}\cdot mol^{-1}}\\ &=219.2\ \mathrm{J\cdot K^{-1}\cdot mol^{-1}}\end{aligned}$$

答：标准摩尔反应熵变 $\Delta_r S_m^{\ominus}(298.15\ \mathrm{K})$为 $219.2\ \mathrm{J\cdot K^{-1}\cdot mol^{-1}}$。

利用(4－30)、(4－31)、(4－38)和(4－36)式，就可以计算一个化学反应在温度为 T 时的标准摩尔反应吉布斯函数变 $\Delta_r G_m^{\ominus}(T)$了，但由于基础热力学数据的限制，通常只能计算出 $\Delta_r G_m^{\ominus}(298.15\ \mathrm{K})$。因为化学反应的焓变以及熵变随温度的变化不是很大，故有下面的近似关系存在：

$$\Delta_r H_m^{\ominus}(T)\approx\Delta_r H_m^{\ominus}(298\ \mathrm{K}) \tag{4-40}$$

$$\Delta_r S_m^{\ominus}(T)\approx\Delta_r S_m^{\ominus}(298\ \mathrm{K}) \tag{4-41}$$

将(4－40)和(4－41)式代入(4－30)式可得

$$\Delta_r G_m^{\ominus}(T)\approx\Delta_r H_m^{\ominus}(298\ \mathrm{K})-T\Delta_r S_m^{\ominus}(298\ \mathrm{K}) \tag{4-42}$$

该式是一个非常重要的近似公式，可以利用已有的基础热力学数据近似计算出温度为 T 时反应的标准吉布斯函数变 $\Delta_r G_m^{\ominus}(T)$，从而判断在温度为 T 时的标准条件下反应进行的方向，也可以近似计算在标准条件下反应可以进行的温度或达到平衡时的温度等。

例 4.6 通过计算说明：在 298.15 K，标准压力 $p^{\ominus}=100$ kPa 下，赤铁矿(Fe_2O_3)能否转化为磁铁矿(Fe_3O_4)？已知化学计量方程及有关数据如下：

	$6Fe_2O_3(s)$	══ $4Fe_3O_4(s)$	$+\ O_2(g)$
$\dfrac{\Delta_f H_m^{\ominus}(298.15\ \mathrm{K})}{\mathrm{kJ\cdot mol^{-1}}}$	－822.2	－1 117.0	0
$\dfrac{S_m^{\ominus}(298.15\ \mathrm{K})}{\mathrm{J\cdot K^{-1}\cdot mol^{-1}}}$	90.0	146.0	205.03

解　根据(4－30)式：

$$\begin{aligned}\Delta_r H_m^{\ominus}(298.15\ \text{K}) &= 4\Delta_f H_m^{\ominus}[\text{Fe}_3\text{O}_4(\text{s}),298.15\ \text{K}] \\ &\quad + \Delta_f H_m^{\ominus}[\text{O}_2(\text{g}),298.15\ \text{K}] \\ &\quad - 6\Delta_f H_m^{\ominus}[\text{Fe}_2\text{O}_3(\text{s}),298.15\ \text{K}] \\ &= [0+4\times(-1\ 117.0)-6\times(-822.2)]\ \text{kJ}\cdot\text{mol}^{-1} \\ &= 465.2\ \text{kJ}\cdot\text{mol}^{-1}\end{aligned}$$

根据(4－39)式：

$$\begin{aligned}\Delta_r S_m^{\ominus}(298.15\ \text{K}) &= 4S_m^{\ominus}[\text{Fe}_3\text{O}_4(\text{s}),298.15\ \text{K}] + S_m^{\ominus}[\text{O}_2(\text{g}),298.15\ \text{K}] \\ &\quad - 6S_m^{\ominus}[\text{Fe}_2\text{O}_3(\text{s}),298.15\ \text{K}] \\ &= (4\times146.0+205.03-6\times90.0)\ \text{J}\cdot\text{K}^{-1}\cdot\text{mol}^{-1} \\ &= 249.0\ \text{J}\cdot\text{K}^{-1}\cdot\text{mol}^{-1}\end{aligned}$$

代入(4－36)式：

$$\begin{aligned}\Delta_r G_m^{\ominus}(298.15\ \text{K}) &= \Delta_r H_m^{\ominus}(298.15\ \text{K}) - 298.15\Delta_r S_m^{\ominus}(298.15\ \text{K}) \\ &= (465.2-298.15\times249.0\times10^{-3})\ \text{kJ}\cdot\text{mol}^{-1} \\ &= 391.0\ \text{kJ}\cdot\text{mol}^{-1}\end{aligned}$$

答：由于 $\Delta_r G_m^{\ominus}(298.15\ \text{K}) = 391.0\ \text{kJ}\cdot\text{mol}^{-1} \gg 0$，可以判断反应不能自发正向进行，即赤铁矿在题给条件下不能自发地转化为磁铁矿。

根据(4－42)式，结合吉布斯函数判据，可以近似地估算出例题 4.6 中反应在标准条件下所能够进行的温度：

在标准条件下，因为 $\Delta_r G_m(T) = \Delta_r G_m^{\ominus}(T)$

当 $\Delta_r G_m(T) = \Delta_r G_m^{\ominus}(T) = \Delta_r H_m^{\ominus}(T) - T\Delta_r S_m^{\ominus}(T) < 0$ 时反应可以正向自发进行，这就要求：

$$T > \frac{\Delta_r H_m^{\ominus}(T)}{\Delta_r S_m^{\ominus}(T)} \approx \frac{\Delta_r H_m^{\ominus}(298.15\ \text{K})}{\Delta_r S_m^{\ominus}(298.15\ \text{K})} = \frac{465.2\ \text{kJ}\cdot\text{mol}^{-1}}{0.249\ 0\ \text{kJ}\cdot\text{K}^{-1}\cdot\text{mol}^{-1}} = 1\ 868\ \text{K}$$

在标准条件下，温度高于 1 868 K 时，赤铁矿可以转化为磁铁矿。

计算化学反应的标准摩尔反应吉布斯函数变 $\Delta_r G_m^{\ominus}(T)$ 的另外一个方法是利用物质的标准摩尔生成吉布斯函数 $\Delta_f G_m^{\ominus}(\text{B},\beta,T)$，其定义为：由处于标准状态下的最稳定单质生成 1 mol 标准状态下的某物质的标准摩尔反应吉布斯函数变 $\Delta_r G_m^{\ominus}(T)$，称为该物质的标准摩尔生成吉布斯函数，记作 $\Delta_f G_m^{\ominus}(\text{B},\beta,T)$。根据 $\Delta_f G_m^{\ominus}(\text{B},\beta,T)$ 的定义，最稳定单质的标准摩尔生成吉布斯函数为零。

由物质的标准摩尔生成吉布斯函数 $\Delta_f G_m^{\ominus}(\text{B},\beta,T)$ 计算一个反应的标准摩尔反应吉布斯函数变 $\Delta_r G_m^{\ominus}(T)$ 的方法与由物质的标准摩尔生成焓计算标准摩尔反应焓变 $\Delta_r H_m^{\ominus}(T)$ 的方法是一样的，即

$$\Delta_r G_m^{\ominus}(T) = \sum_B \nu_B \Delta_f G_m^{\ominus}(B,\beta,T) \tag{4-43}$$

该式表明,化学反应的标准摩尔吉布斯函数变 $\Delta_r G_m^{\ominus}(T)$ 等于产物的标准摩尔生成吉布斯函数之和减去反应物的标准摩尔生成吉布斯函数之和。

对于有离子 B 参加的反应,与考虑物质的标准摩尔生成焓一样,规定由处于标准状态下的最稳定单质生成无限稀溶液中 1 mol B 离子时的吉布斯函数变,称为 B 离子的标准摩尔生成吉布斯函数 $\Delta_f G_m^{\ominus}(B,aq,\infty)$,由于离子成对出现,无法测定单个离子的标准摩尔生成吉布斯函数 $\Delta_f G_m^{\ominus}(B,aq,\infty)$,因此,人为规定氢离子的标准摩尔生成吉布斯函数为零,即 $\Delta_f G_m^{\ominus}(H^+,aq,\infty)$,这样就可以求出其它离子的 $\Delta_f G_m^{\ominus}(B,aq,\infty)$。

§4.3.4 任意条件下摩尔反应吉布斯函数变的计算与化学平衡

上面所讲的标准摩尔反应吉布斯函数变 $\Delta_r G_m^{\ominus}(T)$ 的计算只能用于一定温度下标准化学反应进行方向和限度的判断,但实际上几乎所有的化学反应都不是在标准状态下进行的,因此必须要能够计算任意条件下化学反应的摩尔吉布斯函数变 $\Delta_r G_m(T)$。

§4.3.4.1 任意条件下摩尔反应吉布斯函数变的计算

对于一个实际的化学反应,系统中的任一物质都有自己的实际状态,这种实际状态与它自己标准状态的偏离程度可以近似地用**相对浓度或相对压力**(仅用于气体)来描述。对于凝聚态物质,若其实际浓度为 c,则把 $\frac{c}{c^{\ominus}}$ 称为其相对浓度,是一个量纲为 1 的量,它描述了物质所处的实际状态与其标准状态的偏离程度,相对浓度的值越接近 1,说明越接近于物质的标准状态;对于气态物质,若其实际压力为 p,则把 $\frac{p}{p^{\ominus}}$ 称为其相对压力,同样是一个量纲为 1 的量,它同样描述了气态物质所处的实际状态与其标准状态的偏离程度,相对压力的值越接近 1,说明越接近于气体的标准状态,当然也可以用相对浓度 $\frac{c}{c^{\ominus}}$ 来描述气体所处的实际状态与其标准状态的偏离程度。实际上不难证明,若将气体看作理想气体,则 $\frac{p}{p^{\ominus}} = \frac{c}{c^{\ominus}}$。在逻辑上二者也应该是相等的,因为它们都是描述同一种物质在相同条件下对其同一个标准状态的偏离程度的。应该注意,对于纯凝聚态物质,因为压力对其影响很小,所以只能用相对浓度,且在压力不是很大时均近似为 1。

对于任意一个实际的化学反应 $a\text{A} + b\text{B} \longrightarrow l\text{L} + m\text{M}$,我们令

$Q_1=[c_A/c_A^{\ominus}]^a[c_B/c_B^{\ominus}]^b$　它描述了实际反应物对其标准状态的偏离程度。

$Q_2=[c_L/c_L^{\ominus}]^l[c_M/c_M^{\ominus}]^m$　它描述了实际反应产物对其标准状态的偏离程度。

$Q=\dfrac{Q_2}{Q_1}=\dfrac{[c_L/c_L^{\ominus}]^l[c_M/c_M^{\ominus}]^m}{[c_A/c_A^{\ominus}]^a[c_B/c_B^{\ominus}]^b}$　称为化学反应的反应商，这是一个量纲为 1 的量，它描述了实际化学反应与其对应的标准化学反应的偏离程度。请思考一下，多相反应 $MnO_2(s)+4H^+(aq)+2Cl^-(aq)\rightleftharpoons Mn^{2+}(aq)+2H_2O+Cl_2(g)$ 反应商 Q 的准确表达式应该怎样写？

对于上面给出的实际化学反应，可以按图 4－7 所示的两条途径来完成。

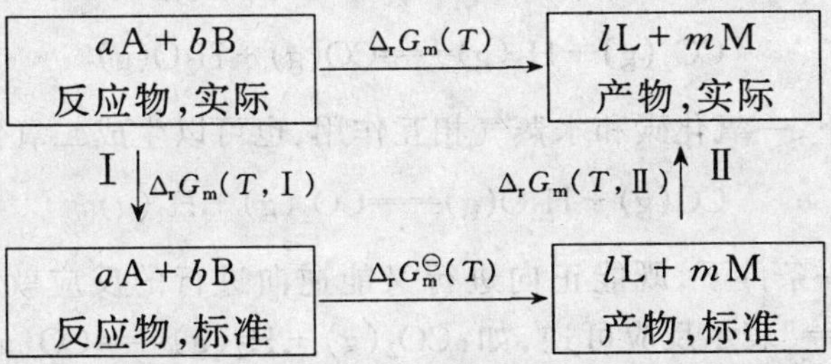

图 4－7　任意条件下化学反应的摩尔吉布斯函数变的计算

根据状态函数的性质可得

$$\Delta_r G_m(T)=\Delta_r G_m^{\ominus}(T)+\Delta_r G_m(T,\text{Ⅰ})+\Delta_r G_m(T,\text{Ⅱ}) \qquad (4-44)$$

其中，$\Delta_r G_m^{\ominus}(T)$是实际化学反应所对应的同温度下的标准摩尔反应吉布斯函数变；而 $\Delta_r G_m(T,\text{Ⅰ})+\Delta_r G_m(T,\text{Ⅱ})$就是实际反应偏离标准反应所引起的摩尔吉布斯函数的变化。范德霍夫(Van't Hoff)通过一个等温箱模拟了图 4－7 给出的过程，得到了(4－44)式的具体表达式：

$$\Delta_r G_m(T)=\Delta_r G_m^{\ominus}(T)+[\Delta_r G_m(T,\text{Ⅰ})+\Delta_r G_m(T,\text{Ⅱ})]$$
$$=\Delta_r G_m^{\ominus}(T)+RT\ln\frac{[c_L/c_L^{\ominus}]^l[c_M/c_M^{\ominus}]^m}{[c_A/c_A^{\ominus}]^a[c_B/c_B^{\ominus}]^b}$$

即
$$\Delta_r G_m(T)=\Delta_r G_m^{\ominus}(T)+RT\ln Q \qquad (4-45)$$

这就是著名的范德霍夫(Van't Hoff)等温式。其中 Q 是实际化学反应的反应商，只要给出具体的反应条件，很容易将其计算出来；R 是气体常数，T 是反应的实际温度，而 $\Delta_r G_m^{\ominus}(T)$的计算在前面我们已经学习过，因此，可以根据(4－45)式计算出任意条件下化学反应的摩尔吉布斯函数变 $\Delta_r G_m(T)$，并据此判断实际化学反应进行的方向和限度。

请大家自己计算一下，在氧气的分压力 p_{O_2} 为 21 kPa 时，例 4.6 中赤铁矿转化为磁铁矿所需要的最低温度。并将计算结果与例 4.6 中在标准条件下的计算结果进行比较，简单分析一下原因。

§4.3.4.2 化学平衡

根据(4－45)式并结合吉布斯函数判据可知，理论上所有的化学反应都是可以双向进行的。但我们一般把在同样条件下向一个方向进行程度很大，而向另一个方向进行程度很小的反应称为不可逆反应(相对而言)，而把在同样条件下向两个方向进行程度都不是很小的反应称为可逆反应(绝对的)。例如，高温下的二氧化碳和氢气在密闭容器内反应，可以生成一氧化碳和水蒸气：

$$CO_2(g) + H_2(g) = CO(g) + H_2O(g)$$

同样条件下，一氧化碳和水蒸气相互作用，也可以生成二氧化碳和氢气：

$$CO(g) + H_2O(g) = CO_2(g) + H_2(g)$$

这种在同一条件下，既能正向进行又能逆向进行的反应就称为可逆反应。通常用符号“$\rightleftharpoons$”表示反应可逆，如：$CO_2(g) + H_2(g) \rightleftharpoons CO(g) + H_2O(g)$，并把所写出方程式中从左向右进行的反应，称为正反应，把从右向左进行的反应称为逆反应。

可逆性和不彻底性是化学反应的普遍特征(请思考这是为什么?)。因此，研究化学反应进行的限度，了解特定的反应在指定条件下消耗一定量的反应物在理论上可获得多少生成物，无论在理论上或在实践上都具有重要意义。例如，对于如下的可逆反应：

$$aA + bB \rightleftharpoons lL + mM$$

开始时，反应系统中只有 A 和 B，正反应明显，几乎观察不到逆反应的进行；随着反应的进行，系统中 A 和 B 逐渐减少，产物 L 和 M 逐渐增多，正反应速率减小，而逆反应速率增加。反应进行到一定时间时，正、逆反应的速率相等，此时反应物和生成物的浓度(即系统的组成)在宏观上不再变化。我们把在一定条件下的密闭容器中，当可逆反应的正、逆反应速率相等时，系统所处的状态称为化学平衡。

根据吉布斯自由能判据，在 $\Delta_r G_m(T)$ 小于零时反应可以自发进行，随着反应的进行，产物的数量逐渐增加，化学势能逐渐升高，而反应物的数量逐渐减少，化学势能也逐渐降低，直到两者相等，即 $\Delta_r G_m(T)$ 为零，这就是一个化学反应所能进行到的极限状态，也就是化学反应的平衡状态，将此时的反应商用 Q_{eq} 表

示。在化学反应处于平衡状态时，根据(4－45)式可知

$$\Delta_r G_m(T)=\Delta_r G_m^{\ominus}(T)+RT\ln Q_{eq}=0$$

亦即
$$\Delta_r G_m^{\ominus}(T)=-RT\ln Q_{eq} \tag{4-46}$$

根据(4－40)、(4－41)及(4－42)式进行简单分析可知，$\Delta_r G_m^{\ominus}(T)$是一个只与温度有关的量，因此在温度恒定时是一个常数，由(4－46)式可知

$$\ln Q_{eq}=-\frac{\Delta_r G_m^{\ominus}(T)}{RT}$$

显然，在温度为 T 的化学反应平衡状态时，Q_{eq}是一个常数，令 $Q_{eq}=K^{\ominus}$，则 $K^{\ominus}$称为化学反应的热力学平衡常数，也叫标准平衡常数，简称平衡常数。

$$\ln K^{\ominus}=\ln Q_{eq}=-\frac{\Delta_r G_m^{\ominus}(T)}{RT} \tag{4-47}$$

或
$$\Delta_r G_m^{\ominus}(T)=-RT\ln K^{\ominus} \tag{4-48}$$

将平衡状态时反应系统中各反应物和生成物的相对浓度或气态物质的相对压力代入反应商 Q 的表达式可得

$$K^{\ominus}=\frac{[c_L/c_L^{\ominus}]_{eq}^{l}[c_M/c_M^{\ominus}]_{eq}^{m}}{[c_A/c_A^{\ominus}]_{eq}^{a}[c_B/c_B^{\ominus}]_{eq}^{b}} \tag{4-49}$$

因此，平衡常数是一个量纲为 1 的量，其数值大小与反应方程式的写法有关。若反应方程式(Ⅰ)与反应方程式(Ⅱ)相加可以得到反应方程式(Ⅲ)，则 $K_{Ⅲ}^{\ominus}=K_{Ⅰ}^{\ominus}K_{Ⅱ}^{\ominus}$；若反应方程式(Ⅰ)减去反应方程式(Ⅱ)可以得到反应方程式(Ⅲ)，则 $K_{Ⅲ}^{\ominus}=\dfrac{K_{Ⅰ}^{\ominus}}{K_{Ⅱ}^{\ominus}}$；关于平衡常数的这一简单的运算法则称为**多重平衡法则**。(请思考一下，若把一个化学反应方程式乘以或除以某一个数，其平衡常数该怎样进行计算？)

利用(4－49)式可以进行化学平衡的相关计算，如计算某反应物的转化率或某产物的收率等。将(4－48)式代入(4－45)式可得

$$\Delta_r G_m(T)=-RT\ln K^{\ominus}+RT\ln Q \tag{4-50}$$

即
$$\Delta_r G_m(T)=RT\ln\frac{Q}{K^{\ominus}}=RT\ln\frac{Q}{Q_{eq}} \tag{4-51}$$

或
$$\Delta_r G_m(T)=-RT\ln\frac{K^{\ominus}}{Q}=-RT\ln\frac{Q_{eq}}{Q} \tag{4-52}$$

从这些公式可以看出，若知道化学反应的平衡常数，也可以计算出标准摩尔

反应吉布斯函数变 $\Delta_r G_m^\ominus(T)$（见(4-48)式），再结合反应的实际情况，可进而求出任意条件下的摩尔反应吉布斯函数变 $\Delta_r G_m(T)$（见(4-45)式），反过来则可以求出化学反应的平衡常数。平衡常数 $K^\ominus$ 只与温度和反应本性有关，在化学反应确定后，$K^\ominus$ 与温度 T 之间的关系可如下推出：

$$\ln K^\ominus = -\frac{\Delta_r G_m^\ominus(T)}{RT} = -\frac{\Delta_r H_m^\ominus(T) - T\Delta_r S_m^\ominus(T)}{RT}$$

即

$$\ln K^\ominus = -\frac{\Delta_r H_m^\ominus(T)}{RT} + \frac{\Delta_r S_m^\ominus(T)}{R} \qquad (4-53)$$

近似地有

$$\ln K^\ominus = -\frac{\Delta_r H_m^\ominus(298.15\ \text{K})}{RT} + \frac{\Delta_r S_m^\ominus(298.15\ \text{K})}{R} \qquad (4-54)$$

大家可以自己根据(4-54)式分析平衡常数 $K^\ominus$ 与温度 T 之间的关系。

例 4.7 近似计算反应 $CO(g) + 2H_2(g) \rightleftharpoons CH_3OH(g)$ 在 573.15 K 时的 $K^\ominus$，各物质的基本热力学数据见下表：

物　　质	$CO(g)$	$H_2(g)$	$CH_3OH(g)$
$\Delta_f H_m^\ominus(298.15\ \text{K})/(\text{kJ}\cdot\text{mol}^{-1})$	-110.52	0	-200.7
$S_m^\ominus(298.15\ \text{K})/(\text{J}\cdot\text{mol}^{-1}\cdot\text{K}^{-1})$	197.67	130.68	239.8

解 首先计算反应在 298.15 K 时的 $\Delta_r H_m^\ominus$、$\Delta_r S_m^\ominus$：

$$\begin{aligned}\Delta_r H_m^\ominus(298.15\ \text{K}) &= \sum_B \nu_B \Delta_f H_m^\ominus(\text{B}, 298.15\ \text{K}) \\ &= -200.7\ \text{kJ}\cdot\text{mol}^{-1} - (-110.52\ \text{kJ}\cdot\text{mol}^{-1}) - 2\times 0 \\ &= -90.18\ \text{kJ}\cdot\text{mol}^{-1}\end{aligned}$$

$$\begin{aligned}\Delta_r S_m^\ominus(298.15\ \text{K}) &= \sum_B \nu_B S_m^\ominus(\text{B}, \beta, 298.15\ \text{K}) \\ &= (239.8 - 197.67 - 2\times 130.68)\ \text{J}\cdot\text{mol}^{-1}\cdot\text{K}^{-1} \\ &= -219.23\ \text{J}\cdot\text{mol}^{-1}\cdot\text{K}^{-1}\end{aligned}$$

计算 573.15 K 时反应的标准摩尔吉布斯函数变 $\Delta_r G_m^\ominus(573.15\ \text{K})$：

$$\begin{aligned}\Delta_r G_m^\ominus(573.15\ \text{K}) &= \Delta_r H_m^\ominus(573.15\ \text{K}) - 573.15\ \text{K}\times\Delta_r S_m^\ominus(573.15\ \text{K}) \\ &\approx \Delta_r H_m^\ominus(298.15\ \text{K}) - 573.15\ \text{K}\times\Delta_r S_m^\ominus(298.15\ \text{K}) \\ &= [-90.18 - 573.15\times(-219.23)\times 10^{-3}]\ \text{kJ}\cdot\text{mol}^{-1} \\ &= 35.47\ \text{kJ}\cdot\text{mol}^{-1}\end{aligned}$$

近似计算 573.15 K 时反应的 $K^{\ominus}$：

$$\ln K^{\ominus} = -\frac{\Delta_r G_m^{\ominus}(T)}{RT} = -\frac{35.47\times 10^3}{8.314\times 573.15} = -7.443\ 6$$

$$K^{\ominus}(573.15\ \mathrm{K}) = \exp(-7.443\ 6) = 5.85\times 10^{-4}$$

答:反应在 573.15 K 时的 $K^{\ominus}$近似为 5.85×10^{-4}。

平衡常数 $K^{\ominus}$可以用来计算有关物质的平衡浓度、某反应物的平衡转化率 α,以及从理论上求算欲达到一定转化率所需的合理原料配比等问题。某反应物的平衡转化率 α 是指当反应达到平衡状态时,已转化为生成物的该反应物的百分数,这是理论上所能达到的最大转化率：

$$\alpha = \frac{\text{某反应物已转化的量}}{\text{该反应物的起始量}}\times 100\% \tag{4-55}$$

例 4.8 在温度为 973 K 时,一个刚性密闭容器内的 CO(g)和 H_2O(g)进行水煤气转化反应:$CO(g) + H_2O(g) \rightleftharpoons CO_2(g) + H_2(g)$,已知开始时两种气体的分压均为 8 080 kPa,达平衡时有 50%的 CO(g)转化为 CO_2(g)。

(1) 计算 973 K 时反应的 $K^{\ominus}$。

(2) 在原平衡系统中通入水蒸气,使水蒸气的分压在瞬间达到 8 080 kPa,通过计算判断平衡移动的方向。

(3) 欲使该反应有 90%的 CO(g)转化为 CO_2(g),原料比$\frac{p_{H_2O}}{p_{CO}}$应为多少?

解 (1)

	CO(g)	+ H₂O(g)	⇌ CO₂(g)	+ H₂(g)
起始分压/kPa	8 080	8 080	0	0
分压变化/kPa	−8 080×50%	−8 080×50%	8 080×50%	8 080×50%
平衡分压/kPa	4 040	4 040	4 040	4 040

$$K^{\ominus}_{973\ \mathrm{K}} = \frac{(p_{CO_2}/p^{\ominus})(p_{H_2}/p^{\ominus})}{(p_{CO}/p^{\ominus})(p_{H_2O}/p^{\ominus})} = \frac{(4\ 040/100)^2}{(4\ 040/100)^2} = 1$$

(2) 由于水蒸气的分压是在瞬间达到 8 080 kPa 的,故可以认为系统中其它物质的分压在该时刻并未发生变化,代入反应商表达式得

$$Q = \frac{[c_L/c_L^{\ominus}]^l[c_M/c_M^{\ominus}]^m}{[c_A/c_A^{\ominus}]^a[c_B/c_B^{\ominus}]^b} = \frac{(p_{CO_2}/p^{\ominus})(p_{H_2}/p^{\ominus})}{(p_{CO}/p^{\ominus})(p_{H_2O}/p^{\ominus})}$$

$$= \frac{(4\ 040/100)\times(4\ 040/100)}{(4\ 040/100)\times(8\ 080/100)} = 0.5$$

因为 $\Delta_r G_m(973\ \text{K}) = RT\ln\dfrac{Q}{K^{\ominus}} = RT\ln\dfrac{0.5}{1} < 0$，故平衡向正反应方向移动。

(3) 欲使 CO(g)的转化率达到 90%，设起始 $p_{CO} = x$ kPa，$p_{H_2O} = y$ kPa

	$CO(g)$	+	$H_2O(g)$	$\rightleftharpoons$	$CO_2(g)$	+	$H_2(g)$
起始分压/kPa	x		y		0		0
平衡分压/kPa	$x-0.90x$		$y-0.90x$		$0.90x$		$0.90x$

则 $$K^{\ominus}_{973\ \text{K}} = \frac{\left(\dfrac{0.90x}{p^{\ominus}}\right)^2}{\dfrac{(x-0.90x)}{p^{\ominus}}\dfrac{(y-0.90x)}{p^{\ominus}}} = 1$$

解得水煤气变换原料比应为：$\dfrac{p_{H_2O}}{p_{CO}} = \dfrac{y}{x} = \dfrac{9}{1}$。

§4.3.4.3 化学平衡的特征与平衡的移动

当一个化学反应达到平衡状态时具有以下四个特征：

1) 平衡时化学反应的正、逆反应速率相等。

2) 化学平衡是一种动态平衡。达到平衡状态后，正、逆反应并未停止，而是始终都在进行，但由于正、逆反应速率相等，单位时间内各物质的生成量和消耗量相等，总的结果是各物质的量保持不变，宏观上处于一种"静止"状态。

3) 化学平衡是有条件的。外界条件改变后，原来的平衡状态就会被破坏，在新的条件下逐渐建立起新的平衡。

4) 对于同一个化学反应，同样条件下可以从正、逆两个方向达到同样的平衡状态。

从化学平衡的特征可以知道，当外界条件改变时，反应可以从一种平衡状态向另一种平衡状态转变，这一过程称为化学平衡的移动(motion of chemical equilibrium)。由于化学平衡是可逆反应的正、逆反应速率相等时的状态，此时反应的 $\Delta_r G_m(T)=0$，因此，所有能使 $\Delta_r G_m(T)$ 或反应速率发生变化的外界条件(浓度、压力、温度等)都会使平衡发生移动。

1884 年，法国化学家勒·恰特里(Le. Chatelier)总结出了一条关于平衡移动的一般规律：当系统达到平衡状态后，若改变平衡状态时的任一条件(如浓度、压力、温度等)，平衡就会向着能减弱(或抵消)这种改变的方向移动，这就是勒·恰特里平衡移动原理。

1) 浓度的影响：对已达平衡的系统，若增加反应物的浓度或减少生成物的浓度，则平衡向正反应方向移动；反之，若减少反应物的浓度或增加生成物的浓度，则平衡向逆反应方向移动。

2) 压力的影响：对于有气体参加的反应，在一定温度条件下，改变系统的总压力，可能使气体组分的浓度或分压发生变化，从而引起化学平衡的移动。

在等温下增加总压力，平衡会向着气体分子总数减少的方向移动；减小总压力，平衡会向着气体分子总数增加的方向移动；若反应前后气体分子总数不变，则改变总压力不会使平衡发生移动。若引入"惰性"气体（不参与反应的气体），对化学平衡的影响要视具体条件而定：在恒温、恒容条件下，对平衡无影响；在恒温、恒压条件下，"惰性"气体的引入会使系统体积增大，各组分气体的分压就会减小，平衡会向气体分子总数增加的方向移动。

压力对固体和液体的影响很小，所以压力的改变对凝聚态反应平衡系统基本不发生影响。而在考虑多相反应化学平衡的移动时，只须考虑反应前后气态物质分子数的变化即可。

3）温度的影响：温度对化学平衡的影响与浓度和压力的影响有着本质的不同。温度的变化会引起平衡常数的改变，从而使平衡发生移动。根据温度与平衡常数的关系可知，在恒压条件下，升高平衡系统的温度，吸热反应方向的平衡常数就会增大，平衡将向着吸热反应方向移动；降低平衡系统的温度，放热反应方向的平衡常数就会增大，平衡将向着放热反应方向移动。

使用催化剂虽然能够改变反应的进程，可以同时改变正、逆反应的速率，但并不会改变平衡组成，因此也不会使化学平衡状态发生改变。

§4.4　化学动力学基础

化学热力学可以告诉我们怎样判断某个过程可能进行以及可能进行到什么程度，如何改变外界条件（例如温度、压力等）才能使变化向着我们所需要的方向进行等，它对于某个过程不会自动发生的结论是肯定的，但关于某个过程能够发生的结论则仅仅是一种可能性而不具有现实性。如下面的两个反应，热力学只能判断这两个反应都可能发生（前者 $\Delta_r G_m^{\ominus}(298\ \mathrm{K}) = -16.63\ \mathrm{kJ \cdot mol^{-1}}$，后者 $\Delta_r G_m^{\ominus}(298\ \mathrm{K}) = -237.19\ \mathrm{kJ \cdot mol^{-1}}$），但对于如何使它们发生，反应速率有多大等问题却无法回答。

$$\frac{1}{2}N_2(g) + \frac{3}{2}H_2(g) \longrightarrow NH_3(g)\text{；}\ H_2(g) + \frac{1}{2}O_2(g) \longrightarrow H_2O(g)$$

又如反应 $2N_2(g) + 5O_2(g) + 2H_2O(l) \longrightarrow 4HNO_3(l)$，$HNO_3$ 生成的倾向性很大，但由于其反应极其缓慢，所以根本无法觉察到。类似的实例还有很多，如前面提到过的金刚石转变为石墨等。

化学热力学只能预测化学反应进行的可能性，但却无法预料反应实际上能否发生？反应的速率如何？反应的机理如何等？这些都是化学动力学所要解决的问题。化学动力学是研究化学反应进行的速率、反应进行的机理以及温度、压力、催化剂、溶剂和光照等外界因素对反应速率的影响等内容的一门学科。本节仅介绍化学动力学的基础知识。

§4.4.1 化学反应速率的表示方法

化学反应速率(reaction rate)是指给定条件下反应物通过化学反应转化为产物的速率,常用单位时间内反应物浓度的减小或者产物浓度的增加来表示。其表示符号用 v,浓度常用 $mol \cdot dm^{-3}$,时间用秒 s、分钟 min、小时 h、天 d 等表示。化学反应速率是标量,无方向性,总是正值。它有以下几种表示方法:

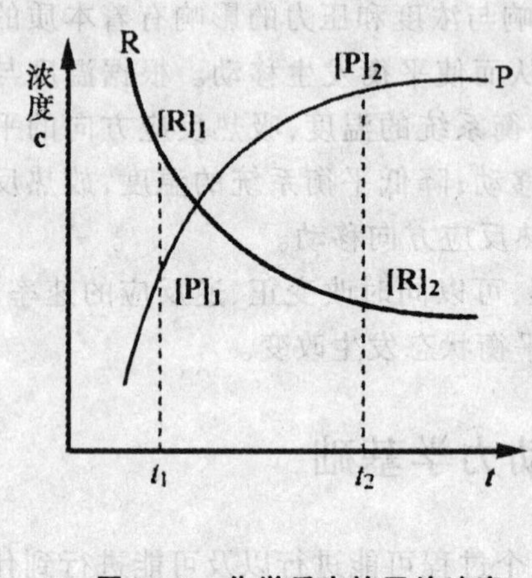

图 4-7 化学反应的平均速率

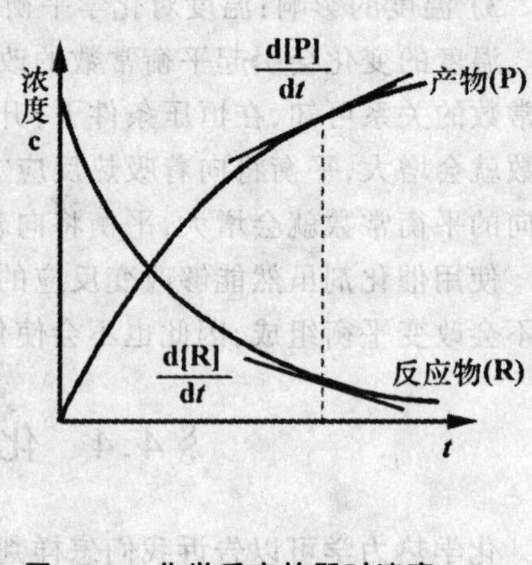

图 4-8 化学反应的即时速率

1) 平均反应速率 $\bar{v}$:是指在某段时间内反应的速率。如图 4-7 所示的反应 $R \rightarrow P$,在 $t_1 \rightarrow t_2$ 时间段内的平均速率可以表示为

$$\bar{v}_R = -\frac{[R]_2 - [R]_1}{t_2 - t_1} \quad 或 \quad \bar{v}_P = -\frac{[P]_2 - [P]_1}{t_2 - t_1} \qquad (4-56)$$

对于多数化学反应来说,反应物浓度和反应时间之间是非线性关系,也就是说每一瞬间的反应速率都在变化,就像行驶中的汽车一样,遇到爬坡、转弯要减速,平坦路段要加速,并非总是匀速的。在实际工作中,更多的时候需要描述某一时刻的反应速率,实际上改变的时间间隔 $\Delta t = t_2 - t_1$ 越小,越能反映出间隔内的某一时刻的反应速率,当 $\Delta t \rightarrow 0$ 时,就反映了某一时刻的真实反应速率。

2) 即时反应速率 v_B:是指在某一时刻反应的速率。反应 $R \rightarrow P$ 在 t 时刻的即时速率可以表示为

$$v_R = -\frac{d[R]}{dt} \quad 或 \quad v_P = \frac{d[P]}{dt} \tag{4-57}$$

在浓度随时间变化的图(见图 4－8)上,在时间 t 时作交点的切线,其斜率的绝对值就是 t 时刻反应的瞬时速率。显然,反应刚开始,速率大,然后不断减小,体现了化学反应速率变化的实际情况。

对于任一反应:　　$\alpha R \longrightarrow \beta P$

$t=0$　　$n_R(0)$　　$n_P(0)$

$t=t$　　$n_R(t)$　　$n_P(t)$

$$\xi = \frac{n_R(t)-n_R(0)}{-\alpha} = \frac{n_P(t)-n_P(0)}{\beta}$$

$$d\xi = \frac{dn_B}{\nu_B}$$

一般化学反应的计量方程式写为:$0=\sum_B \nu_B B$(请思考其逆反应该怎样写?),通常把反应进度随时间的变化率定义为反应的转化速率 $\dot{\xi}$(rate of conversion):

$$\dot{\xi} = \frac{d\xi}{dt} = \frac{1}{\nu_B}\frac{dn_B}{dt} \tag{4-58}$$

我们所说的反应速率一般都是指即时恒容反应速率 v,它定义为单位体积反应的转化速率:

$$v = \frac{\dot{\xi}}{V} = \frac{1}{V}\frac{d\xi}{dt} = \frac{1}{V}\frac{1}{\nu_B}\frac{dn_B}{dt};\ \frac{dn_B}{V} = dc_B$$

即

$$v = \frac{1}{\nu_B}\frac{dc_B}{dt} \tag{4-59}$$

对任一反应 $aA + bB \xlongequal{} lL + mM$,可以用任何物质表示其反应速率:

$$v = -\frac{1}{a}\frac{dc_A}{dt} = -\frac{1}{b}\frac{dc_B}{dt} = \frac{1}{l}\frac{dc_L}{dt} = \frac{1}{m}\frac{dc_M}{dt} \tag{4-60}$$

反应系统中各物质浓度随时间的变化曲线称为动力学曲线(见图 4－7 和图 4－8),有了动力学曲线才能在 t 时刻作切线,求出即时速率。因此需要测定化学反应系统中不同时刻各物质的浓度,其主要方法有两种:

(1) 化学方法:不同时刻取出一定量反应物,设法用骤冷、稀释、加阻化剂、除去催化剂等方法使反应立即停止,然后进行化学分析。

(2) 物理方法:用各种物理性质测定方法(旋光、折射率、电导率、电动势、粘度等)或现代谱仪(IR、UV、ESR、NMR、GC、LC、X-衍射等)监测与浓度有定量关系的物理量的变化,从而求得浓度变化。物理方法有可能做到在线检测。

化学反应具有可逆性,正反应开始之后,随之就有逆反应的进行。所以,实测的反应速率都是正向速率和逆向速率之差,即净反应速率。一般情况下,反应刚开始的即时速率即初速率是最容易测定的。

§4.4.2 化学反应的速率方程

化学反应的速率方程又称动力学方程。它表明了反应速率与浓度、温度、时间等参数之间的关系,速率方程可以表示为微分式或积分式。

对于任一反应,其(正)反应的速率方程可表示为:

微分式:

$$v=-\frac{1}{a}\frac{\mathrm{d}c_A}{\mathrm{d}t}=-\frac{1}{b}\frac{\mathrm{d}c_B}{\mathrm{d}t}=\frac{1}{l}\frac{\mathrm{d}c_L}{\mathrm{d}t}=\frac{1}{m}\frac{\mathrm{d}c_M}{\mathrm{d}t}=kc_A^{\alpha}c_B^{\beta} \tag{4-61a}$$

$$v=kc_A^{\alpha}c_B^{\beta} \tag{4-61b}$$

其中 k 称为(正)反应的速率常(系)数,它的物理意义是当所有反应物的浓度均为单位浓度时的反应速率,因此,其大小与反应物的浓度无关。在催化剂和反应系统确定后,速率常数 k 仅是温度的函数。k 的单位与 α、β 的具体数值有关。[作者注:从(4-61)式所表达的速率常数的物理意义来看,物质浓度改用相对浓度更为合适,而速率常数 k 也就应该是在标准条件下的反应速率,其单位应与反应速率相同,但这一点还有待研究]

积分式:是对(4-61)式进行积分后得到的。当 $\alpha=1,\beta=0$ 时(4-61)式可写为

$$\frac{\mathrm{d}c_A}{c_A}=-ak\,\mathrm{d}t \tag{4-62a}$$

对应速率方程的积分式为 $\ln\frac{c_A}{c_{A,0}}=-ak(t-t_0)$ (4-62b)

式中:$c_{A,0}$是反应物 A 在 t_0 时的浓度;c_A 是反应物 A 在 t 时的浓度。

微分速率方程(4-61)式中各反应物浓度项的指数称为对该反应物的级数,所有浓度项的指数的代数和称为该反应的总级数,通常用 n 表示,n 值的大小表明浓度对反应速率影响的大小。一般所说的反应级数均是指反应的总级数,反应级数可以是正数、负数、整数、分数或零,有的反应无法用简单的数字来表示级数。例如:

$v=k$:零级反应;　　$v=kc_A$:一级反应;

$v = kc_Ac_B$：二级反应；　$v = kc_A^2c_B$：三级反应；

$v = kc_Ac_B^{-2}$：负一级反应；　$v = kc_A^{\frac{1}{2}}c_B$：1.5 级反应；

$v = k\dfrac{c_Ac_B}{1 - c_A^{\frac{1}{2}}}$：无简单级数反应

要特别注意：(4－61)式中各反应物浓度项的指数与相应方程式中该物质的系数不一定相等，即 α 不一定与 a 相等，β 也不一定与 b 相等，反应级数是通过实验测定的。

如果一个化学反应的反应物分子相互作用可以一步直接转化为生成物分子，就称为基元反应，简称元反应。基元反应的反应速率与反应物浓度的幂乘积成正比，而幂指数就是基元反应方程式中相应各反应物的系数。这就是质量作用定律，它只适用于基元反应。例如：$2BrNO = Br_2 + 2NO$ 是基元反应，其速率方程可根据方程式直接写出：

$$v = -\frac{1}{2}\frac{dc_{BrNO}}{dt} = kc_{BrNO}^2$$

在基元反应中，实际参与反应的分子数目称为反应分子数。根据反应分子数可将基元化学反应分为单分子反应、双分子反应和三分子反应等，四分子反应目前尚未发现。反应分子数只可能是简单的正整数 1、2 或 3 等，而不能是分数、零或负数。

若一个化学反应的反应物分子相互作用不能一步直接转化为生成物分子，而是分步进行的，则是非基元反应，它是由多个基元反应组成的，我们称之为复杂反应，其速率方程只能通过实验来确定。需要注意，我们不能根据一个反应的速率方程是否符合质量作用定律来判断其是否是基元反应，例如，实验测得 $H_2 + I_2 \rightleftharpoons 2HI$ 的正反应速率方程为 $v = \dfrac{1}{2}\dfrac{d[HI]}{dt} = k[H_2][I_2]$，在形式上符合质量作用定律，但该反应并不是一步反应就生成产物分子的基元反应，而是一个包括下面两个基元反应的复杂反应：

(1) $I_2 + M \rightleftharpoons 2I + M$　　快反应，M 是催化剂

(2) $H_2 + 2I \longrightarrow 2HI$　　慢反应，控制总反应速率

我们通常所写的化学方程式只代表反应的化学计量式，而并不能代表反应进行的真正历程。如果一个化学计量方程式代表了若干个基元反应的总结果，那么这种反应就称为总包反应或总反应。在总反应中，连续或同时发生的所有基元反应的集合称为反应机理，在有些情况下，反应机理还要给出所经历的每一步的立体化学结构图。同一反应在不同的条件下，可以有不同的反应机理。了解反应机理可以掌握反应的内在规律，从而更好地驾驭反应。

衰期是指某反应发生后，进行到剩余反应物浓度占起始反应物浓度某一比例时所要用的时间。当剩余反应物恰好是其初始浓度的一半时所用的反应时间称为半衰期，用 $t_{\frac{1}{2}}$ 表示。前面讲到的(4－62)式是一个一级反应的速率方程，若开始反应的时间 t_0 为零，则可以得到一级反应的半衰期 $t_{\frac{1}{2}}=\frac{\ln 2}{ak}$，它是一个与反应物初始浓度无关的量。(请思考一下：一级反应的 $\frac{3}{5}$ 衰期或 $\frac{1}{3}$ 衰期等与反应物初始浓度有关吗？二级反应的半衰期与反应物初始浓度有关吗？)

§4.4.3 影响化学反应速率的因素

在前面(§3.2)我们已经简单介绍了物质的结构与化学性质的关系，通过碰撞理论和过渡态理论我们知道，影响化学反应速率的因素主要有浓度(压力)、温度、反应的活化能大小和催化剂等。

1) 浓度的影响

从(4－61)式可以清楚地知道，化学反应速率随反应物浓度的增加而增加。(请思考：正反应的速率与生成物的浓度有关吗？)

2) 温度的影响

范德霍夫(Van't Hoff)根据大量的实验数据总结出了一条经验规律：温度每升高 10 K，反应速率增加 2～4 倍，这个经验规律可以用来估计温度对反应速率的影响。

温度对反应速率影响的类型一般有图 4－9 所示的五种类型。

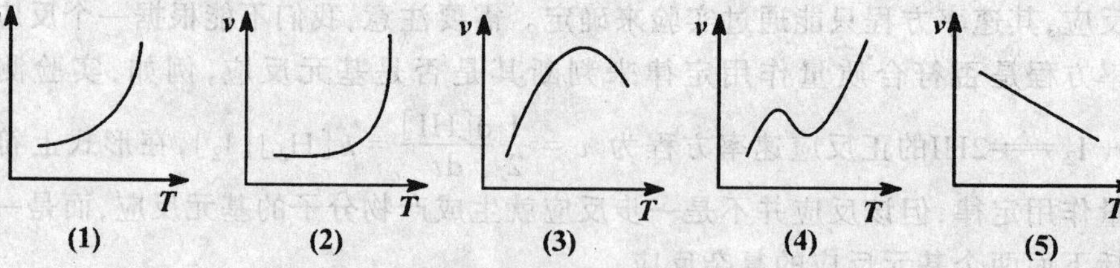

图 4－9 温度对反应速率影响的类型

(1) 反应速率随温度的升高而逐渐增加，它们之间呈指数关系，这类反应最为常见。

(2) 开始时温度对速率影响不大，到达一定极限时，反应以爆炸的形式极快地进行。

(3) 在温度不太高时，速率随温度的升高而增加，到达一定的温度后，速率反而随温度的升高而降低。例如多相催化反应和酶催化反应等。

(4) 随着温度的升高，反应速率先增加，到一定的温度后开始下降，再升高温度，速率又迅速增加。这很可能是发生了副反应。

(5) 反应速率随温度的升高而降低。这种情况很少见，例如 NO 被氧化成 NO_2 等。还应注意，温度是同时影响正、逆反应的速率的。

3) 活化能以及催化剂的影响

从化学反应的过渡态理论可以知道，对于活化能较低的反应，反应过渡状态的能量是比较低的(见图 3-23)，也就比较容易形成，反应速率也较大；活化能越高，反应速率越小。而催化剂之所以可以增加反应速率，是因为它的存在改变了反应的机理，降低了过渡态的能量，减小了反应的活化能所致(见图 3-27)。

4) 阿仑尼乌斯公式

在(4-61)式中，除了反应物浓度可以影响反应速率外，速率常数 k 对反应速率也有很大影响，k 值越大，反应速率也越大。阿仑尼乌斯(Arrhenius)提出了一个有关速率常数 k、活化能 E_a 和温度 T 之间的指数关系式：

$$k = A\exp\left(\frac{-E_a}{RT}\right) \tag{4-63}$$

这就是阿仑尼乌斯(Arrhenius)公式。其中：A 称为指前因子或频率因子，对于特定的反应，它是一个与浓度、温度等因素无关的较大的常数，与速率常数 k 具有相同的单位。

活化能 E_a 与温度无关，很显然，活化能越小，温度越高，反应的速率常数 k 越大，反应速率也就越大。催化剂能够改变反应速率的原因就是由于反应活化能的改变。将(4-63)式两边同时取自然对数可得

$$\ln k = -\frac{E_a}{R}\frac{1}{T} + \ln A \tag{4-64}$$

这是阿仑尼乌斯公式的对数形式。它表明速率常数 k 的对数与 $\frac{1}{T}$ 之间呈线性关系，因此可以根据不同温度下的 k 值，以 $\ln k$ 对 $\frac{1}{T}$ 作图，从而求出反应的活化能 E_a。也可以根据(4-65)式进行计算：

$$\ln\frac{k_2}{k_1} = -\frac{E_a}{R}\left(\frac{1}{T_2} - \frac{1}{T_1}\right) \tag{4-65}$$

这是阿仑尼乌斯公式的积分形式。因活化能 E_a 与温度 T 无关，故可以根据两个不同温度下的 k 值求出活化能 E_a。

将(4-64)式对温度 T 求微分，可以得到阿仑尼乌斯公式的微分形式：

$$\frac{\mathrm{d}\ln k}{\mathrm{d}T} = \frac{E_a}{RT^2} \tag{4-66}$$

速率常数 k 随温度 T 的增加而增加，其变化率决定于活化能 E_a 的大小。

也就是说,反应的活化能越大,温度增加时速率常数增加的越快;而在活化能一定时,温度越低,温度增加时速率常数增加的越快。

§4.4.4 基元反应的速率常数与平衡常数*

对于一个基元反应 $a\mathrm{A}+b\mathrm{B} \rightleftharpoons l\mathrm{L}+m\mathrm{M}$

其正反应的速率方程可表示为: $v_{+}=k_{+}c_{\mathrm{A}}^{a}c_{\mathrm{B}}^{b}$

其逆反应的速率方程可表示为: $v_{-}=k_{-}c_{\mathrm{L}}^{l}c_{\mathrm{M}}^{m}$

其中 k_{+}、k_{-} 分别代表正、逆反应的速率常数。根据化学平衡的概念可以知道,在达到动态化学平衡时,正、逆反应的速率应该相等,即 $v_{+}=v_{-}$,因此

$$k_{+}c_{\mathrm{A}}^{a}c_{\mathrm{B}}^{b}=k_{-}c_{\mathrm{L}}^{l}c_{\mathrm{M}}^{m}$$

$$\frac{k_{+}}{k_{-}}=\frac{c_{\mathrm{L}}^{l}c_{\mathrm{M}}^{m}}{c_{\mathrm{A}}^{a}c_{\mathrm{B}}^{b}}=K^{\ominus} \quad \text{(假定物质浓度为相对浓度)} \tag{4-67}$$

由(4-63)式可知: $k_{+}=A_{+}\exp\left(-\frac{E_{\mathrm{a},+}}{RT}\right)$, $k_{-}=A_{-}\exp\left(-\frac{E_{\mathrm{a},-}}{RT}\right)$,代入(4-67)式并整理可得:

$$K^{\ominus}=\frac{k_{+}}{k_{-}}=\frac{A_{+}}{A_{-}}\exp\frac{\Delta E_{\mathrm{a}}}{RT} \tag{4-68}$$

其中 A_{+}、A_{-} 分别是正、逆反应的指前因子;$\Delta E_{\mathrm{a}}=E_{\mathrm{a},-}-E_{\mathrm{a},+}$,是逆反应与正反应的活化能之差。由图 3-27 可以清楚地知道,ΔE_{a} 与是否使用催化剂无关。因为 A_{+}、A_{-} 只与反应有关,所以,在反应系统确定后,平衡常数仅与温度有关。通过(4-63)和(4-68)式可知:催化剂可以同时降低正、逆反应的活化能而使正、逆反应速率增加,缩短反应达到平衡所需要的时间,但并不能改变化学反应的平衡状态。

习　题

1. 封闭系统是怎样定义的? 按系统的性质是否具有加和性,可将性质分为哪两类? 各有什么特点?

2. 一封闭的理想气体系统从始态经过一个循环过程又回到始态,吸热 100 kJ,计算这一循环过程的功 W。

3. 对一个确定的非体积为零的恒容反应过程,$Q_V=\Delta U$;在恒压且不做非体积功的条件下,$Q_p=\Delta H$,请结合热焓 H 的定义,分析讨论 ΔH 和 ΔU 的关

系。

4. 下列说法正确否？为什么？

(1) 热传递的过程是高温系统将所含的热量传给低温系统的过程；

(2) $W'=0$ 时，$Q_V=\Delta U$，$Q_p=\Delta H$，故 Q_V 和 Q_p 均为状态函数；

(3) $W'=0$ 时，$Q_p=\Delta H$，即在恒压过程中系统吸收的热全部用于增加其热焓，故焓的变化仅发生在恒压过程中。

5. 计算下列情况下体系热力学能的变化：

(1) $Q=100\ \text{J}$，$W=150\ \text{J}$；

(2) $Q=-200\ \text{J}$，$W=-500\ \text{J}$；

(3) 体系吸热 2.5 kJ 并对环境做功 50 kJ；

(4) 体系放热 650 J，环境对体系做功 350 J。

6. 什么是标准摩尔反应焓变？什么是物质的标准摩尔生成焓？举例说明两者的联系和区别。

7. 物质的标准态是怎样规定的？什么是标准化学反应？什么是标准摩尔化学反应？

8. 已知下列反应的热效应：

(1) $N_2(g)+3O_2(g)+H_2(g)=\!=\!=2HNO_3(aq)$　$\Delta_r H_{m,1}^{\ominus}=-414.8\ \text{kJ·mol}^{-1}$

(2) $N_2O_5(g)+H_2O(l)=\!=\!=2HNO_3(aq)$　$\Delta_r H_{m,2}^{\ominus}=-140\ \text{kJ·mol}^{-1}$

(3) $2H_2(g)+O_2(g)=\!=\!=2H_2O(l)$　$\Delta_r H_{m,3}^{\ominus}=-571.6\ \text{kJ·mol}^{-1}$

求反应 $2N_2(g)+5O_2(g)=\!=\!=2N_2O_5(g)$ 的热效应，即标准摩尔反应焓变 $\Delta_r H_m^{\ominus}$。

9. 在 298.15 K 时，由弹式量热计测得 0.12 g 石墨碳在纯氧气中完全燃烧的恒容热效应为 3.935 kJ，试计算同样条件下 12 g 石墨碳在纯氧气中完全燃烧的恒压热效应。

10. 自发变化的共同特征是什么？其逆过程是不能进行的吗？

11. 化学反应的驱动力是什么？请自己分析得出判断反应进行方向和限度的吉布斯函数判据。

12. 请说明为什么可以将物质的熵称为绝对熵？物质的标准摩尔熵是怎样定义的，用什么符号表示？试判断同种物质的不同相态、或同种相态不同温度下的标准摩尔熵值的相对高低，并举例说明。

13. 化学反应的标准摩尔反应吉布斯函数变有哪两种计算方法？能用它来判断实际反应的方向和限度吗？

14. 试估计在标准条件下进行的下列反应的熵值是增加还是减少？

(1) $C(石墨) + CO_2(g) \longrightarrow 2CO(g)$

(2) $2NO_2(g) \longrightarrow NO_4(g)$

(3) $N_2(g) + 3H_2(g) \longrightarrow 2NH_3(g)$

(4) $2H_2O_2(l) \longrightarrow 2H_2O(l) + O_2(g)$

15. 准确解释下列概念：

① 封闭系统 ② 状态函数 ③ 广度性质 ④ 恒压热效应 ⑤ 化学反应的热效应 ⑥ 物质的标准摩尔生成焓(变) ⑦ 化学反应的标准摩尔反应焓变 ⑧ 基元反应

16. 准确写出下列概念的表示符号：

① 化学反应的吉布斯函数变

② 物质的标准摩尔生成吉布斯函数(变)

③ 物质的标准摩尔熵

④ 化学反应的标准摩尔熵变

⑤ 物质的相对浓度

⑥ 化学反应的相对商

⑦ 化学反应的标准摩尔吉布斯函数(变)

⑧ 用反应进度表示的化学反应速率

17. 在 298 K 时，1.0 g 液体苯在弹式量热计中完全燃烧，生成 $H_2O(l)$ 和 $CO_2(g)$，放出的热量为 31.4 kJ，求下列反应的焓变 ΔH。

$$2C_6H_6(l) + 15O_2(g) = 12CO_2(g) + 6H_2O(l)$$

18. 下列化学反应的热力学数据如下：

	3Fe(s)	+ 4H₂O(l)	= Fe₃O₄(s)	+ 4H₂(g)
$\Delta_f H_m^{\ominus}(298\ K)\ /\ kJ\cdot mol^{-1}$	0	−286	−1 118	0
$S_m^{\ominus}(298\ K)/J\cdot mol^{-1}\cdot K^{-1}$	27	70	146	130

试计算：

(1) 该反应的 $\Delta_r H_m^{\ominus}(298\ K)$，$\Delta_r S_m^{\ominus}(298\ K)$；

(2) 500 K 时的 $\Delta_r G_m^{\ominus}$；

(3) 500 K 时的 $K^{\ominus}$；

(4) 500 K 时，当 $p_{H_2} = 10p^{\ominus}$，其余物质均处在各自的标准条件下时反应的 $\Delta_r G_m$。

19. 计算说明：在什么温度条件下赤铁矿（Fe_2O_3）可以转化为磁铁矿（Fe_3O_4）？已知空气中氧气的分压为 21 kPa，化学计量方程及有关数据如下：

	$6FeO(s) \longrightarrow$	$4Fe_3O_4(s)$	+ $O_2(g)$
$\dfrac{\Delta_f H_m^{\ominus}(298.15\ K)}{kJ\cdot mol^{-1}}$	-822.2	-1 117.0	0
$\dfrac{S_m^{\ominus}(298.15\ K)}{J\cdot K^{-1}\cdot mol^{-1}}$	90.0	146.0	205.03

（假定凝聚态物质处于其标准条件下，且反应的焓变和熵变与温度无关。）

20. 在外界因素改变时，化学平衡会发生怎样的移动？结合 Gibbs 等温式分析讨论影响平衡常数的因素。

21. 在下列平衡系统中，要使平衡正向移动，可采取哪些方法？并指出所用方法对平衡常数有无影响？如有，将怎样影响？

(1) $CaCO_3(s) \rightleftharpoons CO_2(g) + CaO(s)$；$\Delta_r H_m^{\ominus}(298.15\ K) > 0$

(2) $2SO_2(g) + O_2(g) \rightleftharpoons 2SO_3(g)$；$\Delta_r H_m^{\ominus}(298.15\ K) < 0$

22. 写出基元反应 $2BrNO(g) \rightleftharpoons Br_2(g) + 2NO(g)$ 的速率方程表达式，分析在恒温恒容和恒温恒压条件下向反应系统中注入氩气是否会影响正逆反应的速率。并根据阿仑尼乌斯公式讨论温度和催化剂对反应速率的影响。

第五章 非氧化还原反应

化学反应总体上可以分为非氧化还原反应和氧化还原反应两大类，本章我们将利用化学反应的基本原理研究水溶液中的非氧化还原反应，并对环境化学的基本内容进行初步的了解。水是一种宝贵的自然资源，是人类生产、生活和动植物生长所必需的物质。水约占人体以及各种生物体体重的三分之二，人维持生活每天的必需用水一般为 5 dm^3 左右，可以说没有水就没有生命。在现代工业中，没有哪一种工业产品不和水直接或间接有关。表 5－1 列出了每生产 1 t 工业产品所需的水量。

表 5－1 每吨工业产品的需水量 m^3

产品名称	需水量	产品名称	需水量
粘胶人造丝	2 400	钢铁	300
合成醋酸	720	纸浆	210～265
人造丝浆料	660	新闻纸	280
原料乙醇	200～500	氧化钛	250
丙酮	360	硫酸铵	50～250
菱苦土	180	苏打粉	50
压延铜制品	180	镀锌铁皮	50
铝	160	硫酸	30
苛性钠	100～150	液氨	30
啤酒	20～80	氢氧化钙	17
钢板	20～75	甲醇	15
电石	60	甲醛	8～10

农业灌溉用水比工业用水和生活用水的量更大。种一亩蔬菜大约需水 25～30 t；一亩小麦大约需水 40～50 t，农业用水量通常是工业用水量的 2～3 倍。

水之所以在人类的生产、生活中占有如此重要的地位，是与水的结构和物理化学特性密切相关的。

水分子之间可以通过氢键而发生缔合：$nH_2O \rightleftharpoons (H_2O)_n$，这一缔合过程是放热的，当温度升高时，平衡向吸热方向移动，即向左移动，缔合程度减少，在水的沸点时只有少数的缔合分子；当温度降低时，平衡向右移动，水的缔合作用增大。在温度为273.15 K或更低时的标准压力条件下，水可以转变成为冰，冰中的每个氧原子与4个氢原子相连接而形成四面体结构，每个氢原子同时又与两个氧原子相连接，使冰的结构中具有一定的空隙。当温度升高到零度并继续提供能量，或在更高温度时，冰中的氢键会逐渐地断裂，变为具有不同缔合度的水，随着缔合度的降低，不同缔合度的水分子之间会排列的相对更紧密一些，因此水的密度随其缔合度的降低而增加。另一方面，当温度升高时，分子的热运动能力增强，产生热膨胀效应，不利于不同缔合度的水分子之间的紧密排列，而使水的密度下降。因此，在标准压力条件下水的密度会在某一温度时达到一个最大值，实测结果表明：水在4 ℃时的密度最大。因此，冰能浮在水面上，冬天水面结冰时，大多数生物仍可在冰下的水中生存。水的这一特性，对自然界中水下生命的保护有着十分重要的意义。

由于破坏氢键缔合结构时要消耗较多的能量，所以冰的熔化热、熔点、沸点、汽化热以及水的摩尔热容等均很高。

在水分子中，氢原子和氧原子以共价键相结合，键角∠H—O—H = 104.5°，分子呈"V"字形结构，水分子是强极性分子。因此，许多物质均可溶于水，尤其是离子晶体，在水中不但有很大的溶解度，而且有很大的电离度（离解度）。水是多种物质的优良溶剂（如营养物质溶于水并随水在动、植物体内输送），也可作优良的清洗剂。但是，也正因为这种性质，水亦极易被污染。

水溶液中典型的非氧化还原反应主要包括酸碱反应、沉淀溶解反应和配合物的形成与离解反应等三类，下面我们首先学习水溶液中的酸碱反应。

§5.1 酸碱反应

在人们的生产、生活以及在对大气污染、水污染等的研究和防治中，酸碱反应都有着重要的作用。

§5.1.1 酸碱理论

酸碱理论主要有三个：**电离理论**、**质子理论**和**电子理论**。

电离理论认为：电离时能产生H^+离子的化合物称为酸；电离时能产生OH^-离子的化合物称为碱，酸碱中和反应的实质是H^+离子和OH^-离子结合生成水分子。所以酸都是含氢原子的物质,而碱都是氢氧化物。然而 NH_3 不是氢氧化物,溶于水也不能生成 NH_4OH,但 NH_3 却具有碱的性质,是一个典型的碱。还有许多实例电离理论都不能予以很好的解释,因此,电离理论的应用具有一定的局限性,在此基础上提出了酸碱质子理论,也是应用最为广泛的酸碱理论。

酸碱质子理论(proton theory)认为:凡是能给出质子的物质(分子或离子)都是酸(acid);凡是能与质子结合的物质(分子或离子)都是碱(base)。简单地说,酸是质子的给予体,而碱是质子的接受体。酸碱质子理论对酸与碱的区分是以质子的给予与接受为判据的。若一个物质既能给出质子,又能接受质子,则被称为两性物质,它究竟是酸还是碱,要看它在实际反应中是给出质子还是接受质子。例如 H_2O 和 HCO_3^- 等,可以给出质子得到其共轭碱,也可以接受质子,得到其共轭酸,所以都是两性物质。

酸给出质子后的产物肯定具有接受质子的能力,是一个碱;而碱接受质子后的产物肯定具有给出质子的能力,是一个酸。它们的关系为

$$\text{酸} \rightleftharpoons \text{质子} + \text{碱}$$

例如:

$$HAc \rightleftharpoons H^+ + Ac^-$$

$$NH_3 + H^+ \rightleftharpoons NH_4^+$$

质子酸碱的这种相互依赖性称为**酸碱共轭关系**,因质子得失而相互转变的一对酸碱,称为**共轭酸碱对**(conjugative pair of acid & base),一个酸给出质子后所得的碱称为其共轭碱;一个碱接受质子后所得的酸称为其共轭酸。在上面的例子中,HAc 和 Ac^-、NH_3 和 NH_4^+ 之间具有共轭关系,Ac^- 是 HAc 的共轭碱,HAc 是 Ac^- 的共轭酸;NH_3 是 NH_4^+ 的共轭碱,NH_4^+ 是 NH_3 的共轭酸。在酸碱质子理论中,酸或碱可以是阳离子、阴离子,也可以是中性分子;可以在水溶液中,也可以在气相、固相或非水溶液中,因而扩大了酸碱的范围。

根据酸碱质子理论对酸碱的定义不难推知:质子酸碱反应的实质是两个共轭酸碱对之间的质子转移反应,即酸把质子传递给碱后,转变为各自的共轭碱和共轭酸,例如 HAc 在水中的离解:

$$\underset{\text{酸}1}{HAc} + \underset{\text{碱}2}{H_2O} \xrightleftharpoons{H^+} \underset{\text{共轭酸}2}{H_3^+O} + \underset{\text{共轭碱}1}{Ac^-}$$

又如 HCl(g)与 NH_3(g)在气相中的反应：

$$\overset{H^+}{\ } \quad HCl(g)+NH_3(g) \rightleftharpoons NH_4^+ \ + \ Cl^-(s)$$

$$\text{酸1} \quad \text{碱2} \quad \text{共轭酸2} \quad \text{共轭碱1}$$

质子酸碱反应一般可以如下表示：

$$\overset{H^+}{\ } \quad \text{酸1}+\text{碱2} \rightleftharpoons \text{共轭酸2} + \text{共轭碱1}$$

两性物质可以发生自身酸碱反应，例如：

$$HCO_3^- + HCO_3^- \rightleftharpoons H_2CO_3 + CO_3^{2-}$$

溶剂 H_2O 分子之间也可以发生质子转移反应，称为水的质子自递反应：

$$H_2O + H_2O \rightleftharpoons HO^- + H_3^+O$$

在质子理论中，盐的水解(hydrolysis)实质上就是离子酸或离子碱与溶剂水分子之间的质子转移过程。如 NaAc 的水解：

$$Ac^- + H_2O \rightleftharpoons HO^- + HAc$$

此反应就是 HAc 的共轭碱 Ac^- 在水中的离解反应(decomposition)。对于酸碱质子理论，电离理论中所有酸、碱、盐之间的离子平衡，都是质子转移反应。

在酸碱质子理论的酸碱反应中，如果参与反应的物质之一是溶剂(通常是指水)分子，则称为另一参与反应物质的**离解反应**。例如：

碱 Ac^- 的离解反应：　$Ac^- + H_2O \rightleftharpoons OH^- + HAc$

碱 NH_3 的离解反应：　$NH_3 + H_2O \rightleftharpoons OH^- + NH_4^+$

碱$(C_2H_5)_4N^+ \cdot OH^-$的离解反应：

$$(C_2H_5)_4N^+ \cdot OH^- + H_2O \rightleftharpoons (C_2H_5)_4N^+ \cdot H_2O + OH^-$$

碱 HCO_3^- 的离解反应：　$HCO_3^- + H_2O \rightleftharpoons OH^- + H_2CO_3$

酸 H_2CO_3 的离解反应：　$H_2CO_3 + H_2O \rightleftharpoons HCO_3^- + H_3^+O$

酸 HCO_3^- 的离解反应：　$HCO_3^- + H_2O \rightleftharpoons CO_3^{2-} + H_3^+O$

酸 HAc 的离解反应：　$HAc + H_2O \rightleftharpoons H_3^+O + Ac^-$

酸 HCl 的离解反应：　$HCl + H_2O = H_3^+O + Cl^-$

H_2O 的离解反应： $H_2O + H_2O \rightleftharpoons H_3^+O + OH^-$

我们把能够给出(或接受)一个质子的酸(或碱)称为一元酸(或一元碱)，而把能够给出(或接受)两个或两个以上质子的酸(或碱)称为多元酸(或多元碱)。如 HAc、NH_4^+ 等是一元酸；Ac^-、NH_3 等是一元碱；H_2CO_3、H_2SO_4、H_3PO_4 等是多元酸；CO_3^{2-}、S^{2-}、$Ca(OH)_2$ 等是多元碱。在质子酸碱的离解反应中，强酸、强碱在水溶液中会完全离解，可以认为其离解反应是可以进行到底的；而更多的酸或碱在其水溶液中都是部分离解的，是弱酸或弱碱，存在着离解平衡。我们把弱酸离解的热力学平衡常数 $K^{\ominus}$ 称为酸离解常数，简称酸常数，常用 $K_a^{\ominus}$ 表示；而把弱碱离解的热力学平衡常数 $K^{\ominus}$ 称为碱离解常数，简称碱常数，常用 $K_b^{\ominus}$ 表示。例如：

$$HAc + H_2O \rightleftharpoons H_3^+O + Ac^- \qquad K^{\ominus} = \frac{[H_3^+O][Ac^-]}{[HAc]} = K_a^{\ominus}$$

$$NH_3 + H_2O \rightleftharpoons OH^- + NH_4^+ \qquad K^{\ominus} = \frac{[OH^-][NH_4^+]}{[NH_3]} = K_b^{\ominus}$$

式中的“[ ]”表示的是括号中物质在化学平衡时的相对浓度(有时也表示浓度)。在酸碱离解反应中溶剂水的相对浓度可近似认为是 1 而不用写出(请考虑为什么?)。酸常数 $K_a^{\ominus}$ 越大，表示酸越容易离解，给出质子的能力越强，溶液的酸性越强；碱常数 $K_b^{\ominus}$ 越大，表示碱越容易离解，接受质子的能力越强，溶液的碱性越强；$K_a^{\ominus}$ 和 $K_b^{\ominus}$ 均取决于物质的本性，仅与温度有关。

水的质子自递反应，也就是溶剂水的自身离解反应，在一定温度下的热力学平衡常数实际上就是在离解平衡时水中氢离子相对浓度与氢氧根离子相对浓度的乘积，称为**水的离子积**，用 $K_w^{\ominus}$ 表示：

$$H_2O + H_2O \rightleftharpoons H_3^+O + OH^- \qquad K^{\ominus} = [H_3^+O][OH^-] = K_w^{\ominus}$$

在弱酸(或弱碱)溶液中存在着其共轭碱(或共轭酸)。例如，HAc 溶液中存在着其共轭碱 Ac^-，Ac^- 的离解常数可表示如下：

$$Ac^- + H_2O \rightleftharpoons OH^- + HAc \qquad K^{\ominus} = \frac{[HAc][OH^-]}{[Ac^-]} = K_b^{\ominus}$$

不难得出：$K_{HAc}^{\ominus} K_{Ac^-}^{\ominus} = K_w^{\ominus}$。对于所有的弱共轭酸碱对都存在着这样的关系，即一个共轭酸的酸常数与其共轭碱的碱常数的乘积等于(溶剂)水的离子积。也就是说：

对于任何一个共轭酸碱对：

$$K_a^{\ominus} K_b^{\ominus} = K_w^{\ominus} \tag{5-1}$$

酸碱质子理论的应用是十分广泛的，但仍然有一定的局限性。例如，NH_3 是一个典型的碱，可以和 BF_3 发生反应而丧失其碱性，但无论是电离理论还是质子理论，都无法解释 BF_3 的酸性。1923 年，路易斯(G.N.Lewis)提出了一个更为广泛的酸碱概念，称为酸碱的电子理论，解决了这一问题。路易斯电子理论将酸碱定义为：凡能给出电子对用来形成化学键的物质(分子、原子团或离子)称为碱，凡能接受外来电子对的物质称为酸。换言之，路易斯酸是电子对的接受体，路易斯碱是电子对的给予体。路易斯酸碱反应是酸和碱通过电子对授受关系形成配位共价键(它与普通共价键的性质是完全一样的，不同之处仅在于成键电子对来自于一个成键原子)而生成酸碱配合物的，是酸与碱的加合作用。例如：

$$\underset{\text{Lewis 酸}}{A} + \underset{\text{Lewis 碱}}{:B} \rightleftharpoons \underset{\text{酸碱配合物}}{A:B\ (A \leftarrow B)}$$

由于含有配位键的化合物是普遍存在的，所以路易斯电子理论的酸碱范围十分广泛。许多物质都可以包括在路易斯酸的范围之中，只要求它能接受电子对就行。例如，BF_3、SO_3、Ag^+ 等都是酸；而所有能够提供电子对的物质都是碱，例如，Ac^-、OH^-、NH_3、N_2 等。一般配合物的中心离子大多是金属离子，都是路易斯酸，在金属离子周围的配位体，都是路易斯碱。因此可以说，所有的正离子皆是酸，所有的负离子皆是碱。

根据酸碱电子理论，所有化合物(包括盐类和大多数有机物等)都是酸碱配合物，可把氧化还原反应之外的所有化学反应都认为是酸碱反应。

酸碱电子理论的不足主要有两点：一是酸碱的强度没有统一的标准，缺乏定量计算；二是酸碱的概念过于广泛，不便于区分酸和碱的个体差别。

§5.1.2　溶液 pH 值的计算

水是最为常用的溶剂，水溶液中氢离子的浓度常用 pH 值来表示，氢氧根离子浓度常用 pOH 值来表示，其中“p”表示负的常用对数，即“$-\lg$”：

$$pH = -\lg[H_3^+O];\ pOH = -\lg[OH^-]$$

由于 $H_2O + H_2O \rightleftharpoons H_3^+O + OH^-$；$K_w^{\ominus} = [H_3^+O][OH^-]$

在 298.15 K 时 $K_w^{\ominus} = 1.0 \times 10^{-14}$，所以有

$$-\lg K_w^{\ominus} = -\lg[H_3^+O] - \lg[OH^-] = -\lg(1.0 \times 10^{-14})$$

即

$$pK_w^{\ominus} = pH + pOH = 14 \tag{5-2}$$

将(5-1)式两端同时取常用对数可得

$$pK_a^\ominus + pK_b^\ominus = pK_w^\ominus \tag{5-3}$$

许多化学反应都与介质的 pH 值密切相关。一些常见的液体也都具有一定范围的 pH 值,如表 5-2 所示。

表 5-2　一些常见液体的 pH 值

液体	pH 值	液体	pH 值
柠檬汁	2.2～2.4	牛奶	6.3～6.6
海水	约 8.3	人的唾液	6.5～7.5
醋	约 3.0	饮用水	6.5～8.0
番茄汁	约 3.5	人的血液	7.3～7.5

对于强酸或强碱溶液,由于酸或碱是完全离解的,故溶液中的氢离子浓度或氢氧根离子浓度就是强酸或强碱的分析浓度。

例 5.1　计算 298.15 K 时,0.01 $mol \cdot dm^{-3}$ NaOH 溶液的 pH 值和 pOH 值。

解　因 NaOH 在水中完全离解,故溶液中氢氧根离子的浓度就是 NaOH 的分析浓度,则 $[OH^-]=0.01$; $pOH=-\lg 0.01=2$

由(5-2)式可得: $pH=14-pOH=14-2=12$

对于弱酸或弱碱溶液,由于酸碱的部分离解而存在离解平衡,溶液中的氢离子浓度或氢氧根离子浓度与酸或碱的分析浓度并不一致,在此仅根据酸碱质子理论以一元弱酸(或弱碱)为例介绍溶液 pH(或 pOH)值计算的一般方法。

对于一元弱酸 HB 的水溶液,弱酸的离解反应如下:

$$HB + H_2O \rightleftharpoons H_3^+O + B^-$$

其离解常数表达式为: $K_a^\ominus = \dfrac{[H_3^+O][B^-]}{[HB]}$

若 HB 的分析浓度、即未离解时的初始相对浓度为 c_{HB},可用如下两种方法计算溶液的 pH 值:

方法一:守恒法

1) 列出溶液中存在的所有离解平衡,并写出对应的离解常数表达式:

(1) $HB + H_2O \rightleftharpoons H_3^+O + B^-$;　$K_a^\ominus = \dfrac{[H_3^+O][B^-]}{[HB]}$　①

(2) $H_2O + H_2O \rightleftharpoons H_3^+O + OH^-$;　$K_w^\ominus = [H_3^+O][OH^-]$　②

2) 写出物质守恒方程：$c_{HB}=[HB]+[B^-]$ ③

3) 写出电荷守恒方程：$[H_3^+O]=[OH^-]+[B^-]$ ④

在上面的四个方程中，共有$[H_3^+O]$、$[OH^-]$、$[B^-]$和$[HB]$四个未知数，联立求解即可得到氢离子和氢氧根离子的相对浓度，再取负对数就可得到溶液的 pH 值和 pOH 值，但这一求解过程是比较麻烦的，尤其是对更为复杂的酸碱体系，要精确求解几乎是不可能的。当然，我们可以编写一个简单的计算机程序来精确求解，但更为简便的方法是结合实际情况利用所掌握的化学知识进行近似求解(见方法二)。

方法二：设未知数法

首先，我们设离解平衡时已经离解的 HB 的相对浓度为 x，由水离解而产生的氢氧根离子的相对浓度为 y，则有

	HB + $H_2O \rightleftharpoons H_3^+O$ + B^-		
初始相对浓度	c_{HB}	0	0
平衡相对浓度	$c_{HB}-x$	$x+y$	x

	H_2O + $H_2O \rightleftharpoons H_3^+O$ + OH^-		
初始相对浓度		0	0
平衡相对浓度		$x+y$	y

将相应各物质的平衡相对浓度分别代入方法一的方程①和方程②中得

$$K_a^{\ominus}=\frac{(x+y)x}{c_{HB}-x} \qquad ⑤$$

$$K_w^{\ominus}=(x+y)y \qquad ⑥$$

将方程⑤和方程⑥联立求解就可以最终得到溶液的 pH 值。下面我们使用比较简便的近似方法来进行求解。

由于 $K_a^{\ominus}$ 值和 $K_w^{\ominus}$ 值与真值之间本身就有一定的误差(一般为 5% 左右)，再加上实际工作中对计算准确度的要求也允许不超过 5% 左右的误差，故通常都使用近似解法。一般主要考虑以下两种情况：

1) 若 $c_{HB}K_a^{\ominus}\geqslant 10K_w^{\ominus}$，则 H_2O 的离解可以被忽略，即 $x+y\approx x$。方程⑤和方程⑥的联立解为

$$[H_3^+O]=x=\frac{1}{2}\left[-K_a^{\ominus}+\sqrt{(K_a^{\ominus})^2+4c_{HB}K_a^{\ominus}}\right] \qquad (5-4)$$

2) 若 $\frac{c_{HB}}{K_a^{\ominus}}\geqslant 100$，且 $c_{HB}K_a^{\ominus}\geqslant 10K_w^{\ominus}$，则弱酸 HB 的离解度很小，$c_{HB}+x\approx$

c_{HB},[HB]≈c_{HB},同时忽略 H_2O 的离解,即 $x+y\approx x$。可得方程⑤和方程⑥的联立解为

$$[H_3^+O]=x=\sqrt{c_{HB}K_w^{\ominus}} \qquad (5-5)$$

一般 $K_a^{\ominus}\leqslant 10^{-3}$且 c_{HB}不太小时均可用该式进行溶液 pH 值的计算。对于弱碱 B,同样可以得到溶液中氢氧根离子相对浓度的近似计算公式:

$$[OH^-]=\sqrt{c_B K_b^{\ominus}} \qquad (5-6)$$

例 5.2 已知一氯乙酸($ClCH_2COOH$)的 $pK_a^{\ominus}=2.86$,试计算 0.12 mol·dm^{-3}一氯乙酸水溶液的 pH 值。

解 由题意得:因为$\dfrac{c_{HB}}{K_a^{\ominus}}=\dfrac{0.12}{10^{-2.86}}=87<100$,说明 $c_{HB}+x\approx c_{HB}$不能成立,不能使用(5-5)式;而 $cK_a^{\ominus}=0.12\times10^{-2.86}=1.2\times10^{-2.86}\gg 10K_w^{\ominus}$,因此水的离解可以被忽略,可以用(5-4)式计算溶液中氢离子的相对浓度:

$$\begin{aligned}[H_3^+O]&=\frac{1}{2}[-K_a^{\ominus}+\sqrt{(K_a^{\ominus})^2+4c_{HB}K_a^{\ominus}}]\\&=\frac{1}{2}[-10^{-2.86}+\sqrt{(10^{-2.86})^2+4\times0.12\times10^{-2.86}}]\\&=0.012\end{aligned}$$

取负对数即得: $pH=-\lg0.012=1.92$

答:一氯乙酸水溶液的 pH 值为 1.92。

例 5.3 已知 HAc 的 $K_{HAc}^{\ominus}$为 1.78×10^{-5},试计算 0.20 mol·dm^{-3} NaAc 水溶液的 pH 值。

解 因为 $K_{HAc}^{\ominus}=1.78\times10^{-5}$,根据(5-1)式可得 Ac^- 的离解常数:

$$K_{Ac^-}^{\ominus}=\frac{K_w^{\ominus}}{K_{HAc}^{\ominus}}=\frac{1.0\times10^{-14}}{1.78\times10^{-5}}=5.62\times10^{-10}\ll10^{-3}$$

因此用(5-6)式进行计算:

$$[OH^-]=\sqrt{c_B K_b^{\ominus}}=\sqrt{0.20\times5.62\times10^{-10}}=1.06\times10^{-5}$$

取负对数即得: $pOH=-\lg(1.06\times10^{-5})=4.97$

所以溶液的 $pH=14-pOH=14-4.97=9.03$

答:该水溶液的 pH 值为 9.03。

例 5.4 弱酸或弱碱的离解度是指在达到离解平衡时已经离解部分所占的百分数,一般用 α 表示。已知 NH_3 的 $K_b^{\ominus}$ 为 1.77×10^{-5},试计算 0.10 mol·dm^{-3}氨水溶液中 NH_3 的离解度(忽略水的离解)。

解　根据离解度 α 的定义，有

$$NH_3 \quad + \quad H_2O \rightleftharpoons OH^- \quad + \quad NH_4^+$$

	NH_3	OH^-	NH_4^+
初始相对浓度	c_{NH_3}	0	0
平衡相对浓度	$c_{NH_3}-\alpha c_{NH_3}$	αc_{NH_3}	αc_{NH_3}

将平衡相对浓度代入 $K_b^{\ominus}$ 的表达式可得

$$K_b^{\ominus}=\frac{(\alpha c_{NH_3})^2}{c_{NH_3}-\alpha c_{NH_3}}\approx \alpha^2 c_{NH_3}$$

所以 $\alpha \approx \sqrt{\dfrac{K_b^{\ominus}}{c_{NH_3}}}=\sqrt{\dfrac{1.77\times10^{-5}}{0.10}}=1.33\times10^{-2}=1.33\%$

答：0.10 $mol\cdot dm^{-3}$氨水溶液中 NH_3 的离解度为1.33%。

一元弱酸和一元弱碱溶液的相关计算通常**可以忽略水的离解**，同时**也可以忽略已离解部分**。多元弱酸或弱碱的离解是分级进行的，一般可以忽略二级离解，将其看作一元弱酸或一元弱碱，用(5－5)式或(5－6)式进行近似计算。

与所有的化学平衡一样，当溶液的浓度、温度等条件改变时，弱酸、弱碱的离解平衡也会发生移动。就浓度的改变来说，可以用稀释的方法，也可以在弱酸、弱碱溶液中加入与离解平衡系统具有相同离子的强电解质以改变离子的浓度，从而引起弱酸或弱碱离解平衡的移动。

例 5.5　在例 **5.4** 的氨水溶液中加入 NH_4Cl 晶体(忽略溶液体积的改变)，使其分析浓度为 0.08 $mol\cdot dm^{-3}$，试计算新的离解平衡建立时 NH_3 的离解度。

解　系统中各物质的初始相对浓度和平衡相对浓度如下：

$$NH_3 \quad + \quad H_2O \rightleftharpoons OH^- \quad + \quad NH_4^+$$

	NH_3	OH^-	NH_4^+
初始相对浓度	c_{NH_3}	0	$c_{NH_4^+}$
平衡相对浓度	$c_{NH_3}-\alpha c_{NH_3}$	αc_{NH_3}	$c_{NH_4^+}+\alpha c_{NH_3}$

将平衡相对浓度代入 $K_b^{\ominus}$ 的表达式可得

$$K_b^{\ominus}=\frac{(\alpha c_{NH_3})(c_{NH_4^+}+\alpha c_{NH_3})}{c_{NH_3}-\alpha c_{NH_3}}$$

由于加入的 NH_4Cl 晶体完全离解后可产生同浓度的 NH_4^+，相当于增加了产物的浓度，平衡向反应物方向移动，会使 NH_3 的离解度 α 减小，因此

$$c_{NH_3}-\alpha c_{NH_3}\approx c_{NH_3},\quad c_{NH_4^+}+\alpha c_{NH_3}\approx c_{NH_4^+}$$

所以有 $K_b^\ominus \approx \alpha c_{NH_4^+}$； $\alpha = \dfrac{K_b^\ominus}{c_{NH_4^+}} = \dfrac{1.77 \times 10^{-5}}{0.08} = 2.21 \times 10^{-4}$

即 $\alpha = 0.022\ 1\% \ll 1.33\%$

答:新的离解平衡建立时 NH_3 的离解度为 0.022 1%。

由此可见,在弱酸溶液中加入该酸的共轭碱,或在弱碱溶液中加入该碱的共轭酸时,可使这些弱酸或弱碱的离解度降低,这种现象称为**同离子效应**。

这种由弱酸(或弱碱)及其共轭碱(或共轭酸)所组成的溶液具有一种很重要的性质:其 pH 值能在一定范围内不会因少量水的稀释或少量外加的强酸或强碱而发生显著地变化,即对稀释以及外加的少量强酸或强碱具有一定的缓冲能力,因此称之为**缓冲溶液**。由于弱酸(弱碱)及其共轭碱(共轭酸)所组成溶液的离解平衡的移动,当往该溶液中加入少量强酸时,强酸所提供的 H_3^+O 离子会与溶液中大量存在的共轭碱结合,使溶液中的 H_3^+O 离子浓度不会发生显著变化;当往该溶液中加入少量强碱时,则强碱会与溶液中大量存在的共轭酸结合,使溶液中的 OH^- 离子浓度也不会发生显著的变化;而在用少量水稀释时,因为共轭酸碱的浓度会同比例变化,同样会使溶液的 pH 值基本不变。下面我们以一元弱酸及其共轭碱所组成的缓冲溶液为例,来推出其 pH 值的计算公式。

设一元弱酸 HB 及其共轭碱 B^- 所组成缓冲溶液的氢离子的相对浓度为 x,其中各物质的初始相对浓度和平衡相对浓度如下:

	HB	+	H_2O	$\rightleftharpoons$	H_3^+O	+	B^-
初始相对浓度	c_{HB}				0		c_{B^-}
平衡相对浓度	$c_{HB} - x$				x		$c_{B^-} + x$

将平衡相对浓度代入 $K_{HB}^\ominus$ 的表达式可得

$$K_{HB}^\ominus = \frac{x(c_{B^-} + x)}{c_{HB} - x} \approx \frac{x c_{B^-}}{c_{HB}}$$

所以 $[H_3^+O] = x = K_{HB}^\ominus \dfrac{c_{HB}}{c_{B^-}}$

亦即 $-\lg[H_3^+O] = -\lg K_{HB}^\ominus - \lg \dfrac{c_{HB}}{c_{B^-}}$

$$pH = pK_{HB}^\ominus - \lg \frac{c_{HB}}{c_{B^-}}$$

将上式写成更一般的形式: $pH = pK_a^\ominus - \lg \dfrac{c_a}{c_b}$ (5-7)

结合(5-1)式和(5-2)式可得：$pOH = pK_b^{\ominus} - \lg \frac{c_b}{c_a}$ (5-8)

(5-7)式和(5-8)式就是一对共轭酸碱所组成缓冲溶液的 pH 值或 pOH 值的计算公式。

缓冲溶液起缓冲作用的有效 pH 值范围大约在 $pK_a^{\ominus} \pm 1$，由于各种不同共轭酸碱的 $K_a^{\ominus}$ 值或 $K_b^{\ominus}$ 值的不同，所组成缓冲溶液所能控制的 pH 值范围也不同。一些常用的缓冲溶液见表 5-3。

表 5-3　常用的缓冲溶液

缓冲溶液	共轭酸	共轭碱	$pK_a^{\ominus}$	可控制 pH 范围
邻苯二甲酸氢钾～HCl	$C_6H_4(COOH)_2$	$C_8H_5O_4K$	2.89	1.9～3.9
HAc～NaAc	HAc	Ac^-	4.74	3.7～5.7
六次甲基四胺～HCl	$(CH_2)_6N_4H^+$	$(CH_2)_6N_4$	5.15	4.2～6.2
NaH_2PO_4～Na_2HPO_4	$H_2PO_4^-$	HPO_4^{2-}	7.20	6.2～8.2
$Na_2B_4O_7$～HCl	H_3BO_3	$H_2BO_3^-$	9.24	8.0～9.1
NH_3～NH_4Cl	NH_4^+	NH_3	9.26	8.3～10.3
$NaHCO_3$～Na_2CO_3	HCO_3^-	CO_3^{2-}	10.25	9.3～11.3
$Na_2B_4O_7$～NaOH	H_3BO_3	$H_2BO_3^-$	9.24	9.2～11.0

缓冲溶液在生产以及生命活动方面都有极其重要的意义。例如人体血液中由于含有 H_2CO_3—$NaHCO_3$ 和 NaH_2PO_4—Na_2HPO_4 等缓冲系统，使血液的 pH 值维持在 7.35～7.45，保证了细胞代谢的正常进行以及整个机体的生存。

在科学研究及生产实践中选用缓冲溶液时，可遵循如下的选择原则：

1）缓冲溶液对反应过程应没有干扰。

2）需要控制的 pH 值应在缓冲溶液的缓冲范围内。

3）缓冲溶液应有足够的缓冲容量，即缓冲组分的浓度要足够大且比较接近。若共轭酸碱总浓度一定，$c_a : c_b \approx 1$ 时缓冲容量（或称缓冲能力）最大，此时 $pH \approx K_a^{\ominus}$，称为缓冲溶液的最佳缓冲 pH 值。

溶液的 pH 值可用实验方法进行测定。最简单、最方便的方法是使用 pH 试纸，pH 试纸是用滤纸浸渍某种混合指示剂而制成的，在测量时，把被待测溶液润湿而变色的 pH 试纸与标准比色卡比较，即可得出 pH 值。更精确测定 pH 值的方法是使用 pH 计（又称酸度计），一般 pH 计测量 pH 值的精度可达小数点后二位。

§5.2 沉淀—溶解反应

在含重金属离子污染的废水处理、新型功能材料的开发制备、化工产品生产、选矿和金属冶炼等实践过程中,我们常常会遇到混合离子的分离、除去溶液中的杂质等问题,与沉淀的形成、溶解和转化等密切相关。

§5.2.1 难溶盐的溶度积常数和溶解度

§5.2.1.1 沉淀—溶解平衡

所谓"难溶"只是一个相对的概念,一般是指在水中的可溶解量不大。但由于盐类物质都是强电解质,不管其溶解度是多大,一旦溶于水就会完全离解而变成水合离子。我们以 $CaCO_3$ 在水中的溶解为例来看一下难溶盐在水中的溶解过程:当在一定温度下把 $CaCO_3$ 固体放入水中后,溶解过程立即开始,由于极性水分子的作用,$CaCO_3$ 的组成离子 Ca^{2+} 和 CO_3^{2-} 不断离开固体而进入溶液,转变为水合离子,这一过程就是其溶解过程,会一直进行下去;另一方面,因为溶液中的水合 Ca^{2+} 离子和水合 CO_3^{2-} 离子都处在不断运动之中,也会碰撞固体或器壁而转变成固体 $CaCO_3$ 沉积下来,这一过程就是沉淀过程,也会一直进行下去。开始时,溶液中的 Ca^{2+} 和 CO_3^{2-} 离子浓度小,溶解速率大于沉淀速率,总体上表现为 $CaCO_3$ 的溶解;随着溶解量的增加,溶液中的 Ca^{2+} 和 CO_3^{2-} 离子的浓度不断增大,沉淀速率也就不断增大,当 $CaCO_3$ 的沉淀速率与溶解速率达到相等时,虽然在微观上沉淀和溶解过程都还在继续进行,但宏观上已经处于**沉淀—溶解平衡状态**,这显然是一个动态平衡,也称作多相离子平衡。从上述过程不难看出:**物质的沉淀—溶解平衡状态就是其溶解饱和状态。**

§5.2.1.2 溶度积常数和溶解度

在一定温度下,将难溶盐(强电解质)A_mB_n(s)放入水中,在溶液中就会建立起一个沉淀与溶解之间的动态平衡,此时的溶液就是难溶盐的饱和溶液。A_mB_n 沉淀与溶解之间的平衡关系可表示为

$$A_mB_n(s) \rightleftharpoons mA^{n+}(aq) + nB^{m-}(aq)$$

其热力学平衡常数表达式为

$$K^{\ominus} = \left[\frac{c_{A^{n+}}}{c^{\ominus}_{A^{n+}}}\right]^m \left[\frac{c_{B^{m-}}}{c^{\ominus}_{B^{m-}}}\right]^n = [A^{n+}]^m[B^{m-}]^n$$

该式表明:一定温度下,难溶强电解质的沉淀—溶解平衡常数等于各组分离

子相对浓度的幂乘积。因此,它反映了难溶电解质的溶解能力,称之为溶度积常数,简称溶度积(solubility product,sp),用 $K_{sp}^{\ominus}$表示,对于 $A_mB_n(s)$型难溶强电解质:

$$K_{sp}^{\ominus}=[A^{n+}]^m[B^{m-}]^n \tag{5-9}$$

溶度积和溶解度都可以描述物质的溶解能力,针对的都是某物质的沉淀—溶解平衡状态或者说饱和状态,它们之间必然存在着一定的联系。下面我们以 $A_mB_n(s)$型难溶强电解质为例来进行讨论。

若用 s 来表示 $A_mB_n(s)$的溶解度(solubility),单位用 $mol\cdot dm^{-3}$,则有

$$A_mB_n(s)\rightleftharpoons mA^{n+}(aq)+nB^{m-}(aq)$$

平衡相对浓度 ms ns

$$K_{sp}^{\ominus}=[A^{n+}]^m[B^{m-}]^n=(ms)^m(ns)^n$$

$$K_{sp}^{\ominus}=m^mn^ns^{(m+n)} \tag{5-10}$$

或

$$s=\sqrt[(m+n)]{\frac{K_{sp}^{\ominus}}{m^mn^n}} \tag{5-11}$$

(5-10)式和(5-11)式就是溶度积和溶解度之间的关系式,可以近似地适用于溶解度较小的难溶强电解质,同时要求难溶盐的组成离子基本不水解,在水溶液中也基本上不形成“离子对”。

例 5.6 已知室温下 500 ml 水中能溶解 0.011 g $Ag_2CrO_4(s)$,试计算 $Ag_2CrO_4(s)$的溶度积常数。

解 设 $Ag_2CrO_4(s)$的溶解度为 s,单位为 $mol\cdot dm^{-3}$,已知 $Ag_2CrO_4(s)$的摩尔质量为 $331.7\ g\cdot mol^{-1}$,则

$$s=\frac{0.011\ g}{331.7\ g\cdot mol^{-1}\times500\times10^{-3}\ dm^3}=6.63\times10^{-5}\ mol\cdot dm^{-3}$$

将 $m=2$、$n=1$ 和 s 代入(5-10)式得

$$K_{sp}^{\ominus}=m^mn^ns^{m+n}=2^2\times1^1\times(6.63\times10^{-5})^{(2+1)}=1.07\times10^{-12}$$

答:室温下 $Ag_2CrO_4(s)$的溶度积常数 $K_{sp}^{\ominus}$约为 1.07×10^{-12}。

对于同类型的难溶电解质(即组成离子的种类和对应的 m 值、n 值均相同),可以用溶度积的相对大小来直接比较它们溶解度的相对大小;但不同类型

的难溶电解质，溶度积大的其溶解度未必一定大。如室温下 $Ag_2CrO_4(s)$的溶解度比 AgCl(s)的大，但溶度积常数 $K^{\ominus}_{sp,Ag_2CrO_4(s)} < K^{\ominus}_{sp,AgCl(s)}$。

§5.2.1.3 影响难溶电解质溶解度的因素

一定温度下，难溶电解质在纯水中的溶解度由难溶化合物的 $K^{\ominus}_{sp}$所决定。但其它因素如同离子效应、盐效应、酸效应、配位效应、溶剂、沉淀颗粒大小及结构等，也会影响难溶电解质的溶解度。

1）同离子效应

在沉淀—溶解平衡系统中，加入含有某一沉淀组分离子的试剂或溶液，则沉淀的溶解度会降低，这一现象称为同离子效应(same ion effect)，其实质是平衡的移动。

例如，$BaSO_4(s)$在水溶液中存在如下的沉淀—溶解平衡：

$$BaSO_4(s) \rightleftharpoons Ba^{2+}(aq) + SO_4^{2-}(aq)$$

若加入强电解质 $BaCl_2$ 或 Na_2SO_4，由于同离子效应，平衡将会左移，$BaSO_4$的溶解度会降低。同离子效应的应用很广，如加入适当过量的沉淀剂以使被沉淀离子沉淀完全等。根据平衡移动原理知道，不论加入多大浓度的沉淀剂，被沉淀离子也不可能从溶液中绝迹，当溶液中被沉淀离子浓度小于 $10^{-5}mol \cdot dm^{-3}$时，一般认为已沉淀完全。

2）盐效应

在难溶电解质的溶液中，加入与平衡无关的易溶强电解质，导致难溶强电解质溶解度比在同温度纯水中溶解度增大的现象称为盐效应(salt effect)。

产生盐效应的原因是因为强电解质的存在会使离子间的相互牵制作用增强，使难溶电解质组成离子相互接触形成沉淀的机会减少，导致难溶电解质的溶解度增大。需要注意的是，在难溶电解质的饱和溶液中加入具有相同离子的强电解质时会同时产生同离子效应和盐效应。

与同离子效应比较，盐效应的影响较小，通常可以忽略不计。只有当沉淀的溶解度较大且溶液中离子浓度较高时才考虑盐效应的影响。

3）酸效应

溶液的酸度对沉淀溶解度的影响称为酸效应。对于 $BaSO_4$、AgCl 等强酸盐沉淀，酸效应对沉淀溶解度的影响很小；而对于 $CaCO_3$、CaC_2O_4 等弱酸盐沉淀，在其饱和溶液中加入酸时，盐的溶解度会显著增加。

4）配位效应

若在沉淀—溶解平衡系统中加入适当的配体物质，使之与被沉淀离子发生配合物形成反应，也会使难溶电解质的溶解度增大。这种因加入配体物质而使沉淀溶解度增大的现象称为配位效应。例如在 AgCl(s)水溶液中加入氨水可促使其溶解。

配合物的形成反应对沉淀溶解度的影响与配体的浓度及所形成配合物的稳定性有关,形成配合物的稳定性越高,沉淀越容易溶解。

5) 其它影响因素

(1) 温度　溶解一般是吸热过程,因此难溶盐的溶解度一般随温度的升高而增大。

(2) 溶剂　大部分无机物沉淀为极性的离子型晶体,在有机溶剂中的溶解度比在纯水中要低。例如,在 $CaSO_4$ 溶液中加入适量乙醇,$CaSO_4$ 的溶解度会大大降低。

(3) 沉淀颗粒的大小和结构　颗粒越小溶解度越大。因此在沉淀形成后,常将沉淀与母液在一起放置一段时间,使小颗粒晶体逐渐转化为大颗粒晶体。此外,沉淀的结构对溶解度也有影响。如初生的 CoS 是 α 型,$K^{\ominus}_{sp,CoS(\alpha)} = 4\times10^{-21}$,放置一段时间后,会转变为 β 型,$K^{\ominus}_{sp,CoS(\beta)} = 2\times10^{-25}$,溶解度要比 α 型小很多。

§5.2.2　溶度积规则及应用

§5.2.2.1　溶度积规则

对于给定的难溶电解质 $A_mB_n(s)$,在一定条件下能否生成沉淀或沉淀能否溶解,可通过吉布斯函数判据进行判断。

难溶电解质 $A_mB_n(s)$在水溶液中可建立如下平衡:

$$A_mB_n(s) \rightleftharpoons mA^{n+}(aq) + nB^{m-}(aq)$$

在任意条件下,由化学反应的吉布斯等温方程式可得

$$\Delta_r G_m(T) = RT\ln\frac{Q}{K^{\ominus}};\ Q = [A^{n+}]^m[B^{m-}]^n$$

当 $Q < K^{\ominus}_{sp}$时,$\Delta_r G_m(T) < 0$,沉淀溶解或无沉淀产生(不饱和溶液);

当 $Q = K^{\ominus}_{sp}$时,$\Delta_r G_m(T) = 0$,沉淀—溶解平衡状态(饱和溶液);

当 $Q > K^{\ominus}_{sp}$时,$\Delta_r G_m(T) > 0$,可生成沉淀(过饱和溶液)。

这三条合起来就称为**溶度积规则**,可以判断某种情况下沉淀的形成和溶解。

§5.2.2.2　溶度积规则的应用

1) 沉淀的生成与分步沉淀

向混合离子溶液中滴加沉淀剂时,满足 $Q > K^{\ominus}_{sp}$条件的离子都会产生沉淀;

由于溶液中离子浓度不同,相应难溶电解质的溶度积常数不同等,能够形成沉淀所需的沉淀剂浓度将不尽相同,所需沉淀剂浓度低的将会优先被沉淀,随后所需沉淀剂浓度较高的再被沉淀,这种现象称为**分步沉淀**(step sedimentation)。

利用分步沉淀的原理可以进行混合离子的分离。实际工作中应用较多的是利用硫化物和氢氧化物沉淀分离金属离子,因为它们的溶度积一般相差较大,可以通过调节溶液的酸度来控制 S^{2-} 和 OH^- 浓度,从而使金属离子得以分离。

例 5.7 某溶液中含有 $0.10\ mol \cdot dm^{-3}$的 Ba^{2+} 和 $0.20\ mol \cdot dm^{-3}$的 Ag^+,若加入沉淀剂 K_2CrO_4,试问:(1) 哪种离子优先被沉淀?(2) 当第二种离子刚开始被沉淀时,第一种离子的残留浓度是多大?

已知:$K^{\ominus}_{sp,Ag_2CrO_4}=2.0\times10^{-12}$,$K^{\ominus}_{sp,BaCrO_4}=1.2\times10^{-10}$。

解 (1) 沉淀 Ba^{2+} 所需的 CrO_4^{2-} 的最低浓度为

$$[CrO_4^{2-}]_{BaCrO_4}=\frac{K^{\ominus}_{sp,BaCrO_4}}{[Ba^{2+}]}=\frac{1.2\times10^{-12}}{0.10}=1.2\times10^{-9}(mol\cdot dm^{-3})$$

沉淀 Ag^+ 所需的 CrO_4^{2-} 的最低浓度为

$$[CrO_4^{2-}]_{Ag_2CrO_4}=\frac{K^{\ominus}_{sp,Ag_2CrO_4}}{[Ag^+]^2}=\frac{2.0\times10^{-12}}{(0.20)^2}=5.0\times10^{-11}(mol\cdot dm^{-3})$$

因为$[CrO_4^{2-}]_{BaCrO_4}>[CrO_4^{2-}]_{Ag_2CrO_4}$,故 Ag^+ 先被沉淀。

(2) 当 Ba^{2+} 开始被沉淀时,CrO_4^{2-} 的浓度为 $1.2\times10^{-9}\ mol\cdot dm^{-3}$,此时 Ag^+ 的浓度为:$[Ag^+]=\sqrt{\dfrac{K^{\ominus}_{sp,Ag_2CrO_4}}{[CrO_4^{2-}]}}=\sqrt{\dfrac{2.0\times10^{-12}}{1.2\times10^{-9}}}=4.1\times10^{-2}\ mol\cdot dm^{-3}$

该值大于 $1.0\times10^{-5}\ mol\cdot dm^{-3}$,说明 Ba^{2+} 开始被沉淀时,Ag^+ 尚未被沉淀完全。

答:(1) Ag^+ 优先被沉淀;(2) 当 Ba^{2+} 离子刚开始被沉淀时,Ag^+ 离子的残留浓度是 $4.1\times10^{-2}\ mol\cdot dm^{-3}$。

例 5.8 废水中含 Cr^{3+} 浓度为 $0.010\ mol\cdot dm^{-3}$,加入 NaOH 可使其生成 $Cr(OH)_3$沉淀,已知 $K^{\ominus}_{sp,Cr(OH)_3}=6.3\times10^{-31}$,忽略溶液体积的变化。试计算:

(1) 开始生成沉淀时,溶液的最低 OH^- 离子浓度为多少?

(2) 若要使 Cr^{3+} 离子浓度小于 $4.0\ mg\cdot dm^{-3}$以达到排放要求,此时溶液的 pH 值最小应为多少?

解 (1) 设沉淀 $Cr(OH)_3$ 所需最低 OH^- 离子浓度为 x,则

$$Cr(OH)_3 \rightleftharpoons Cr^{3+} + 3OH^-$$

$Q = [Cr^{3+}][OH^-]^3 = 0.010x^3$；$K^{\ominus}_{sp,Cr(OH)_3} = 6.3\times10^{-31}$

当 $Q > K^{\ominus}_{sp,Cr(OH)_3}$ 时，就会产生沉淀，所以

$$0.010x^3 > 6.3\times10^{-31}，即\ x > 3.98\times10^{-10}\ mol\cdot dm^{-3}$$

即当溶液中的 OH^- 离子浓度大于 $3.98\times10^{-10}\ mol\cdot dm^{-3}$ 时，即生成 $Cr(OH)_3$ 沉淀。

(2) Cr^{3+} 的浓度需进行换算，已知 Cr^{3+} 的摩尔质量为 $52\ g\cdot mol^{-1}$，所以

$$c_{Cr^{3+}} = \frac{4.0\times10^{-3}\ g\cdot dm^{-3}}{52\ g\cdot mol^{-1}} = 7.7\times10^{-5}\ mol\cdot dm^{-3}$$

要满足要求，必须

$$Q = [Cr^{3+}][OH^-]^3$$
$$= 7.7\times10^{-5}\times[OH^-]^3 > K^{\ominus}_{sp,Cr(OH)_3} = 6.3\times10^{-31}$$

$$[OH^-] > \sqrt[3]{\frac{6.3\times10^{-31}}{7.7\times10^{-5}}} = 2.015\times10^{-9}$$

$$pOH < -\lg(2.015\times10^{-9}) = 8.7$$

$$pH > 14 - 8.7 = 5.3$$

答：(1) 开始生成沉淀时，溶液的最低浓度应大于 $3.98\times10^{-10}\ mol\cdot dm^{-3}$；(2) 若要使 Cr^{3+} 离子浓度小于 $4.0\ mg\cdot dm^{-3}$，溶液的 pH 值应大于 5.3。

2) 沉淀的溶解与转化

据溶度积规则，若 $Q < K^{\ominus}_{sp}$，则沉淀会溶解，因此降低相关离子浓度可使平衡向着沉淀溶解的方向移动。

利用酸、碱或某些盐类物质与难溶电解质组成离子结合成弱电解质（如弱酸、弱碱或 H_2O 等），可以溶解某些难溶的弱酸盐、弱碱盐、碱性氧化物或氢氧化物；也可以通过氧化还原反应来降低难溶电解质组成离子的浓度，以使难溶电解质溶解，如 CuS 难溶于非氧化性酸，但却易溶于有氧化性的硝酸；加入配体，使难溶电解质的组成离子形成稳定的配离子，是溶解难溶电解质的重要方法，如 AgCl(s) 易溶于氨水等。

另一种溶解沉淀的方法是加入沉淀剂，把一种沉淀转化为另一种沉淀，称为**沉淀的转化**。溶解度较大的难溶电解质转化为溶解度较小的难溶电解质是比较容易的，反之则比较困难。例如：锅垢的处理就是加入 Na_2CO_3 溶液，将 $CaSO_4$ 沉淀转化为 $CaCO_3$：

$$CaSO_4(s) + CO_3^{2-} \rightleftharpoons CaCO_3(s) + SO_4^{2-}$$

此转化反应的平衡常数为

$$K^{\ominus} = \frac{[SO_4^{2-}]}{[CO_3^{2-}]} = \frac{K^{\ominus}_{sp,CaSO_4}}{K^{\ominus}_{sp,CaCO_3}} = \frac{9.1\times10^{-6}}{2.9\times10^{-9}} = 3.1\times10^{3}$$

沉淀的溶解与转化是平衡移动原理的充分体现,我们以 $CaSO_4$ 的沉淀一溶解平衡为例简单总结如下:

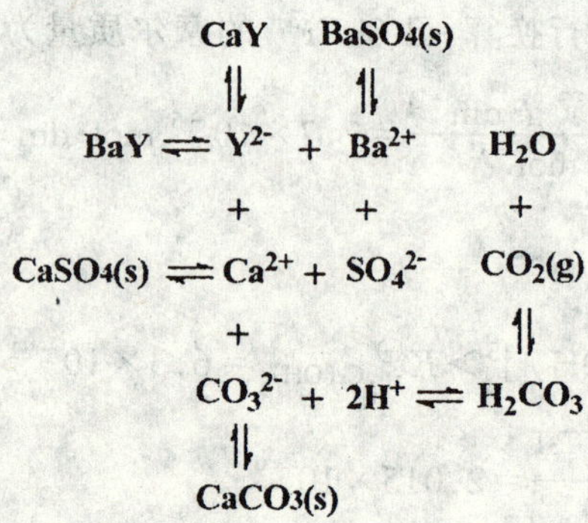

§5.3 配合物的形成与离解反应

许多过渡金属离子或原子都可以在溶液中或固态时形成配位化合物。AgCl(s)可以溶于氨水溶液是因为水合氨分子可以与 Ag^+ 结合形成配位化合物,这是一个两步反应:

$$Ag^+(aq) + NH_3(aq) \rightleftharpoons Ag(NH_3)^+(aq)$$

$$\frac{[Ag(NH_3)^+]}{[Ag^+][NH_3]} = K_1^{\ominus} = 2.1\times10^{3}$$

$$Ag(NH_3)^+(aq) + NH_3(aq) \rightleftharpoons Ag(NH_3)_2^+(aq)$$

$$\frac{[Ag(NH_3)_2^+]}{[Ag(NH_3)^+][NH_3]} = K_2^{\ominus} = 8.0\times10^{3}$$

这两步反应相加后可以得到

$$Ag^+(aq) + 2NH_3(aq) \rightleftharpoons Ag(NH_3)_2^+(aq)$$

$$\frac{[Ag(NH_3)_2^+]}{[Ag^+][NH_3]^2} = K^{\ominus} = K_1^{\ominus}K_2^{\ominus} = 1.7\times10^7$$

这是 $Ag(NH_3)_2^+$ 配离子的生成反应，相应的标准平衡常数 $K^{\ominus}$ 越大，配离子越稳定，因此称之为配离子的生成常数或稳定常数，用符号 $K_f^{\ominus}$ 或 $K_{稳}^{\ominus}$ 表示。

配位化合物大都是强电解质，溶于水后主要以内界水合离子和外界水合离子的形式存在，外界离子的性质与普通离子是一样的，而相对稳定的内界离子在水溶液中也会像弱酸、弱碱一样发生一定程度的离解，例如：

$$Ag(NH_3)_2^+(aq) \rightleftharpoons Ag^+(aq) + 2NH_3(aq)$$

$$\frac{[Ag^+][NH_3]^2}{[Ag(NH_3)_2^+]} = K^{\ominus}$$

这一平衡常数越大，说明配离子越容易发生离解，越不稳定，因此称之为配离子的离解常数或不稳定常数，用符号 $K_d^{\ominus}$ 或 $K_{不稳}^{\ominus}$ 表示。

很显然，一个配离子的稳定常数 $K_f^{\ominus}$ 和不稳定常数 $K_d^{\ominus}$ 之间是互为倒数的关系：

$$K_f^{\ominus}K_d^{\ominus} = 1 \tag{5-12}$$

配位离子的生成反应和离解反应都是分级进行的，每一级都对应一个稳定常数和不稳定常数，称之为逐级稳定常数 $K_i^{\ominus}$ 或逐级不稳定常数。它们与总常数之间的关系应遵循多重平衡法则，以生成反应为例：

$$K_f^{\ominus} = K_1^{\ominus}K_2^{\ominus}\cdots$$

若将逐级稳定常数依次相乘，可得到各级累积稳定常数 β_i：

$$\beta_1 = K_1^{\ominus}, \beta_2 = K_1^{\ominus}\cdot K_2^{\ominus}, \cdots, \beta_n = K_1^{\ominus}K_2^{\ominus}\cdot\cdots\cdot K_n^{\ominus},$$

应用稳定常数 $K_{稳}^{\ominus}$ 或不稳定常数 $K_{不稳}^{\ominus}$ 可以计算配合物溶液中有关离子的浓度。在实际工作中，配体的加入量往往是过量的，中心离子或配合物形成体绝大多数处在最高配位数状态，故一般较低级配离子可忽略不计。如果只求简单金属离子的浓度，只需按总的 $K_{稳}^{\ominus}$ 或 $K_{不稳}^{\ominus}$ 进行计算。

例 5.9　把 0.10 mol 硝酸银溶于 1.0 dm^3 浓度为 1.0 $mol\cdot dm^{-3}$ 的氨水溶液中，计算平衡时溶液中 Ag^+ 离子和 $Ag(NH_3)_2^+$ 离子的浓度。

解　设平衡时 Ag^+ 离子的浓度为 x，忽略 $Ag(NH_3)^+$ 离子的形成，则

$$Ag^+ \quad + \quad 2NH_3 \quad \rightleftharpoons \quad [Ag(NH_3)_2]^+$$

初始相对浓度　0.10　　1.0　　　　　　　　0

平衡相对浓度　x　　$1.0-2\times(0.10-x)$　　$0.10-x$

将平衡相对浓度代入 $K_f^\ominus$ 的表达式,有

$$K_f^\ominus=\frac{0.10-x}{x[1.0-2\times(0.10-x)]^2}=1.7\times10^7$$

因 $K_f^\ominus$ 值很大,且初始氨的浓度远大于 Ag^+ 离子的浓度,所以

$0.10-x\approx0.10$。

故 $$\frac{0.10-x}{x[1.0-2\times(0.10-x)]^2}\approx\frac{0.10}{x(1.0-2\times0.10)^2}=1.7\times10^7$$

$$x=9.2\times10^{-9}$$

即平衡时溶液中 Ag^+ 离子浓度约为 $9.2\times10^{-9}\ mol\cdot dm^{-3}$。因此

$Ag(NH_3)_2^+$ 离子的浓度为:$0.10-x=0.1-9.2\times10^{-9}\approx0.1\ mol\cdot dm^{-3}$

计算结果说明,平衡时几乎所有的 Ag^+ 都转变成了 $Ag(NH_3)_2^+$ 配离子。

答:平衡时溶液中 Ag^+ 离子浓度为 $9.2\times10^{-9}\ mol\cdot dm^{-3}$,$Ag(NH_3)_2^+$ 离子的浓度为 $0.1\ mol\cdot dm^{-3}$。

配离子的离解平衡也会因为外界条件的改变而发生移动。

1）酸度的影响

因为大多数配体都是弱碱,如 F^-、CN^-、SCN^-、NH_3 等,因此溶液酸度增加时,平衡通常会向着配离子离解的方向移动。例如

$$[FeF_6]^{3-}(aq)\rightleftharpoons Fe^{3+}(aq)+6F^-(aq)$$

当酸度增加时,由于发生反应 $H^+(aq)+F^-(aq)\rightleftharpoons HF(aq)$,导致 $F^-(aq)$ 浓度减小,而使配离子的离解平衡向配离子离解的方向移动。

2）沉淀生成的影响

向 $[Ag(NH_3)_2]^+$ 溶液中加入少量 KI 溶液,可观察到黄色沉淀 AgI 产生。这是因为中心离子 Ag^+ 与 I^- 生成 AgI 沉淀而使配离子的离解平衡受到破坏,向配离子离解的方向移动。又如,向 $[FeF_6]^{3-}$ 溶液中加入强碱使溶液的酸度降低,则因为 $Fe(OH)_3(s)$ 的生成,同样会使配离子的离解平衡向配离子离解的方向移动。

3）氧化还原反应的影响

向 $[Ag(CN)_2]^-$ 溶液中加入金属锌,由于锌可以把 Ag^+ 还原为单质银,使溶

液中 Ag^+ 浓度减少，导致平衡 $[Ag(CN)_2]^-(aq) \rightleftharpoons Ag^+(aq) + 2CN^-(aq)$ 向配离子离解的方向移动，同时锌被氧化为 Zn^{2+}，而 CN^- 与 Zn^{2+} 的结合又会减小 CN^- 的浓度而促进这一过程的发生。

此外，类似于沉淀的转化，在配离子的离解平衡中，一种配离子可以转化为另一种更为稳定的配离子，即平衡会向生成更难离解的配离子方向移动。对于相同配位数的配离子，一般可以根据配离子的 $K_f^{\ominus}$ 值大小来判断反应进行的方向。

§5.4　环境化学概论

环境问题与材料、能源、信息并列为现代文明的四大支柱，又与人口、粮食、资源等问题并列为人类面临的四大挑战，是和平与发展的重要内容，可持续的经济发展和社会进步与环境问题密切相关。环境化学是环境科学的一个分支，它是用化学的基本原理和技术来研究环境问题，属于化学范畴。环境化学内容十分复杂，学科的综合性、交叉性很强。本节主要讨论环境化学的基本概念以及相关化学原理，并适当介绍一些典型的环境事例。

在环境科学中环境的概念与热力学中环境的概念基本类同。环境是相对于某一对象而言的，与该对象有关的周围部分称为该对象的环境。环境科学中将人类作为研究对象，把围绕人类的空间，直接或间接影响人类活动和发展的各种物质、自然因素以及能量的总体称为环境。人类的自然环境主要是地表层(包括陆地、海洋)及其地球的大气层。具体地说，地球上的大气圈、水圈、岩石圈及生物圈这四个圈层组成了人类所处的自然环境。

§5.4.1　大气环境化学

空气是人类和其他一切生命机体时刻不可缺少的生存条件之一。当前，全球气候变暖、臭氧层的破坏、酸雨以及光化学烟雾等全球性环境问题已引起公众的广泛关注。1972 年 6 月 5～16 日，联合国在瑞典的斯德哥尔摩召开的第一次人类环境会议上，将每年的 6 月 5 日确定为"世界环境日"，说明了国际社会对环境问题是十分重视的。

§5.4.1.1　大气环境概况

人们把由于地心引力而随地球旋转的大气层叫做大气圈。大气圈层厚度大约一万公里，一般把大气圈层的上界定为 1 200～1 400 km，地球大气圈的总质量约为六千万亿吨。大气圈中空气的分布是不均匀的，海平面上的空气较稠密，在近地大气层里，气体的密度随高度增加而迅速变小，但在 400～1 400 km 的大气层里，密度随高度增加而慢慢变小。

温度随高度的变化是地球大气最显著的特征。根据大气圈中大气组成状况以及大气在垂直高度上的温度变化而划分的大气圈层结构如图 5－1 所示。

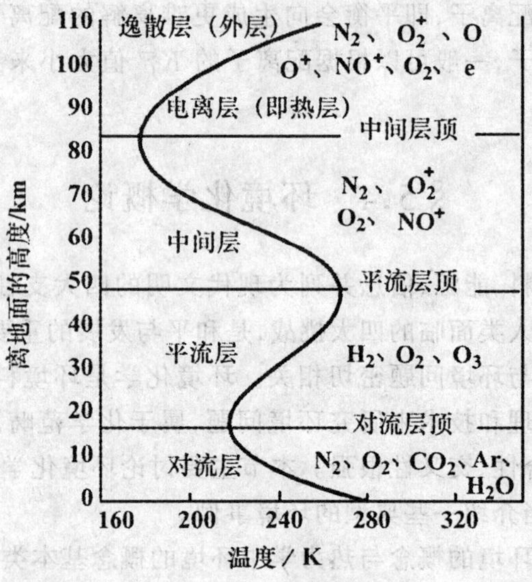

图 5－1　大气圈层结构

从地球表面向上大约 90 km 高度，大气的主要成分 N_2 和 O_2 的组成比例几乎没有什么变化，具有这样特性的大气层，称为均质大气层(简称均质层)。均质层又分对流层、平流层和中间层。均质层以上的大气层，其气体组成随高度有很大变化，称为非均质层。在非均质层中又分热层(电离层)和逸散层(外层)。大气污染主要在 12 km 以下的对流层和 12～50 km 平流层中发生。对流层是大气圈的最下面一层，厚度随地球纬度不同而有所差别，两极薄、赤道厚，整个大气质量的 3/4 和几乎所有的水汽几乎都集中在这一层。对流层温度分布的特点是下部气温高、上部气温低，无论是垂直或水平方向大气的对流都是很充分的，风、雪、雨、霜、雾和雷电等复杂的气象现象也都出现在这一层。伴随着这种对流运动，由污染源排放到大气中的污染物便可被输送到远方，并且由于分散和稀释作用而降低了污染物的浓度，所以一般并不能造成特别大的危害。但当污染物量大，尤其是当近地 1 km 以下的边界流动层中出现上热下冷的逆温层时，由于暖气团位于冷气团之上，使得人为排放的污染物在低层冷气团中无法向上扩散，就有可能发生严重的大气污染事件。平流层位于对流层以上，其温度随高度的增加而升高，且保持稳定。平流层比对流层顶的气温要高出 60～70 ℃，这是因为在 25 km 上下的平流层内存在一厚度约为 20 km 的臭氧层，能强烈吸收 200～300 nm 的太阳紫外线，致使平流层上部的气层发生明显的增温。在平流层中，大气很少发生上下垂直对流，而只能随地球自转产生平流运动。该层很少有水汽和灰尘，没有对流层中那种云、雨、风暴等天气现象，而是一个静悄悄的世界，大气的透明度好，是超音速飞机飞行的理想空间。由于平流层的大气扩散速度缓慢，污染物（如氟利昂等）一旦进入则会停留较长时间，有时可达数年之久。近半个世纪以来，随着超音速飞机在平流层底部的飞行、宇航飞行器的不断发射、以及氟利昂的大量使用等原因，已有大量的氮氧化物、氯化氢及氟利昂等污染物排放到平流层中，造成了对臭氧层的严重破坏，已引起人们的密切关注。

大气是多种气体的混合物，就其组分的含量变动情况可分为恒定组分、可变组分和不定组分三种。恒定组分是指 N_2、O_2 和 Ar。N_2 占空气体积的 78.09%、O_2 占 20.95%、Ar 占 0.93%，三者的总和占空气总体积的 99.97%，其余为微量的氖、氦、氙、氡等稀有气体。可变组分是指空气中的 CO_2 和水蒸气，通常 CO_2 含量为 0.02%～0.04%，水蒸气含量小于 4%。可变组分在空气中的含量随季节、气象及人类活动的变化而变化。不定组分是指煤烟、尘埃、硫氧化物、氮氧化物及一氧化碳等，它与人类活动直接有关，这些组分达到一定浓度，就会给人类、生物、生态等造成严重的危害。

气体污染物在大气中平均停留时间少至几分钟，多至几十年、百余年。大气污染物一般分为两类：第一类是由污染源直接排入大气的一级（原生）污染物；第二类是由一级污染物在大气中进行热化学反应或光化学反应后产生的次生二级污染物，其危害性往往更大。大气污染主要来源于人类生活及生产活动等，人为污染源主要有生活污染源、工业污染源和交通运输污染源三种。人为排放的大气污染物有数十种之多，量多且危害较大的有直径在 0.1～10 μm 的尘、烟、雾等颗粒物质、硫氧化物、氮氧化物、烃类、碳氧化物等五种。

§5.4.1.2　大气中的臭氧层

大气臭氧层是地球生命的“保护神”，它的破坏是当前人们普遍关注的一个全球性的大气环境问题，因为它与人类身体健康以及生物生长有着极其密切的关系，需要全世界共同采取行动。

臭氧（O_3）是氧（O_2）的同素异形体，是大气层中的一种自然微量成分，主要分布在距地面 15～35 km 范围内的平流层中，浓度峰值在 25 km 左右，若把大气中全部 O_3 压缩在标准条件下，气层厚度不足 0.45 cm，但其作用却是十分巨大的。由于 O_3 层能够吸收 99% 以上来自太阳的紫外辐射，为地球上的人类及动植物提供了一个防止有害紫外辐射的屏障。现代人类已可用地面传感器和星载传感器等多种技术测定 O_3 的浓度和它在大气中的垂直分布。1984 年,英国科学家首先发现南极上空出现了"臭氧空洞"。1985 年,美国的"雨云-7"号气象卫星也检测到了这个"空洞",其面积大约与美国领土相等,深度相当于珠穆朗玛峰的高度。1995 年 11 月 7 日出席维也纳保护臭氧层国际会议的 100 多个国家的气象专家发出警告,地球臭氧层破坏程度正在加剧,北极地区上空的臭氧层破坏得最为严重,西伯里亚和拉丁美洲上空的臭氧层破坏也十分严重。

关于"臭氧空洞"的成因,近年来曾有过几种不同的观点。但现在人们普遍认为氟氯烃类物质的大量使用和排放,是造成臭氧层破坏的主要原因。

从元素性质递变规律可推知,在周期表中从左到右,元素化合物的易燃性逐渐降低;自上而下,元素化合物的毒性逐渐增大。因此,氟的化合物应是毒性小、不易燃的。氟氯烷烃的商品名称是氟利昂,是在 1930 年开始由美国杜邦公司投入生产的,代号 CFC,后面用数字代表某种氯氟烃的组成,其含义是:个位数代表氟原子数,十位数代表氢原子数加一,百位数代表碳原子数减一。例如:CFC-12 代表 CF_2Cl_2、CFC-113 代表 $C_2F_3Cl_3$ 等。氟利昂的沸点低、易液化,无味、无毒,不腐蚀金属,热稳定性好,不会燃烧和爆炸,被广泛用作致冷剂、喷雾剂、发泡剂及清洁剂等,给人类带来不可估量的利益。但废弃的氟利昂可顺利地扩散到平流层中,它在较强的紫外线作用下发生光分解反应所产生的氯原子破坏臭氧层的能力极强,一个氯原子大约能破坏 10 万个 O_3 分子。氟氯溴烃的商品名称是哈龙,用四位数字分别表示分子中碳、氟、氯、溴原子的实际数目,如哈龙-1301(CF_3Br)、哈龙-1211(CF_2ClBr) 和哈龙-2402($C_2F_4Br_2$)等,溴原子破坏臭氧层的能力比氯原子还要强。它们破坏臭氧层的原理如下:

首先,它在平流层较强的紫外线作用下发生光分解反应,产生氯原子(或溴原子)自由基:

$$CFCl_3 + h\nu \xrightarrow{\lambda < 226\ \mathrm{nm}} \dot{C}FCl_2 + \dot{C}l$$

$$\dot{C}FCl_2 + h\nu \xrightarrow{\lambda < 221\ \mathrm{nm}} \dot{C}FCl + \dot{C}l$$

产生的自由基将 O_3 转变为 O_2:

$$O_3 + \dot{C}l \longrightarrow O_2 + Cl\dot{O}$$

$$Cl\dot{O} + O_3 \longrightarrow 2O_2 + \dot{C}l$$

另一类威胁臭氧层的物质是氮氧化物,尤其是 N_2O 和 NO。因为大量使用化肥,土壤中的硝酸盐经反硝化菌的脱氮作用,约有 5%～20%的氮会转变为

N_2O,它是一种“惰性气体”,在大气中能存在很多年,且不为雨水所冲刷,与氟利昂一样,它也可以顺利地扩散到平流层,参与一系列破坏臭氧层的光化学反应。超音速飞机排放的NO,核爆炸形成的NO_x是平流层中NO_x的人为来源。

随着人们对臭氧层保护意识的不断增强,在取得共识的基础上,有关国际组织和许多国家政府迅速采取了许多有效措施来避免臭氧层遭到进一步的破坏。1985年以来,联合国环境规划署召开了多次国际会议并通过了多项关于保护臭氧层的国际条约。如1985年3月22日,20个国家的代表达成了《保护臭氧层的维也纳公约》,这是把大气作为一种资源加以保护的第一个国际性法律文件。又如1990年6月签署的关于限制破坏臭氧层物质的新的《蒙特利尔协定书》,它要求除潜艇、飞机、宇航等必要场所外,于1994年停止使用哈龙,2000年完全停止氟利昂的生产和排放(对发展中国家有10年宽限期)。该协定书曾在1992年继续修正,总的趋势是加快限禁进程,而全面禁止则提前到了1996年。目前,美、英、日、德等发达国家都已停止哈龙和氟利昂的生产和使用。我国属臭氧损耗物质人均消费量不足0.3 kg的发展中国家,已于1989年加入《保护臭氧层的维也纳公约》,1991年加入新的《蒙特利尔协定书》,并制定了“中国淘汰哈龙战略”和《中国消耗臭氧层物质逐步淘汰国家方案》。

§5.4.1.3　**温室效应**

全球变暖会给人类带来极大的危害,因此它作为重大的大气环境问题而引起世人注目,联合国环境规划署曾将“警惕全球变暖”定为1989年“世界环境日”的主题。

图5-2是近一个半世纪全球地表温度年平均值的变化曲线。图中的0虚线为1950~1979年30年的平均值,曲线是按各年的温度值相对于这个平均值的偏差绘制的。

曲线表明,19世纪下半叶到20世纪初全球气候偏冷,历年全球平均温度几乎均低于1950~1979年间30年的平均值,到20世纪20年代,全球气温迅速上升,形成近一百多年来的第一个增暖期,到20世纪30~40年代,全球气温比上个世纪下半叶平均高出约0.3~0.4 ℃,在40年代后期,全球气温下降,60年代全球平均气温比40年代下降了约0.3 ℃,进入20世纪80年代后,全球气温再次明显上升,全球平均气温约比上个世纪下半叶升高了0.6 ℃,全球地表温度的整体变化趋势是逐年升高的。

在自然界中,任何物体只要其温度高于热力学温度0 K(-273.15 ℃),就会有热辐射而散失能量,不同温度的物体辐射的波长是不同的,温度越高,辐射波长越短。地球大气中的CO_2、CH_4、氟利昂、N_2O等30余种微量气体,可以让太

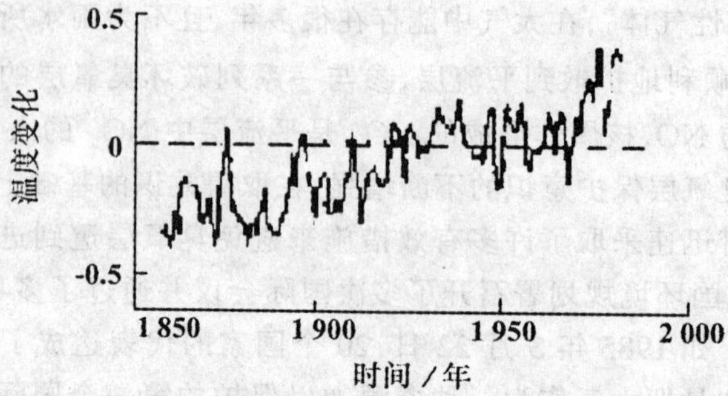

图 5-2 全球地表温度年平均值的变化

阳短波辐射自由通过，而对地表的长波辐射却有强烈的吸收作用，这些气体就像花房温室的玻璃，可使大气的温度升高，故称为温室效应气体。温室效应是地球上早已存在的一种现象，科学家估计，如果不存在温室效应，地表温度可能只有 -20 ℃左右，而不是现在的实际年平均 15 ℃(且变化不大)，这在太阳系中是绝无仅有的。例如，金星表面温度为 450 ℃、火星表面温度为 -10～-30 ℃，且温度变化极大。

近地大气中能选择吸收太阳短波辐射的物质主要有水蒸气、臭氧及颗粒物等，CO_2 等温室气体的迅速增加必将引起强烈的温室效应，大多数学者认为大气中温室气体含量的增加是百年来全球变暖的主要原因。

据估计，若地表增温 1.5～4.5 ℃，由于两极冰的融化、海水的温升膨胀等因素，海平面将上升 20～165 cm，从而会使沿海城市和大片海岛被淹没，会影响全球约 1/3 人口的生活。近百年来随着地球气候增暖 0.6 ℃，全球海平面大约上升了 10～15 cm，印度洋上的岛国马尔代夫共和国是温室效应的最早受害者，在地球上最暖的年份 1987 年，这个岛国 1/3 的面积被海水覆盖。全球变暖会引起北半球温度带的北移，温度带移动会使大气气流运动发生相应的变化，全球降水也将改变。气候变暖还会对生物多样化产生影响。使生物带、生物群落的纬度分布发生变化，导致部分动植物和高等真菌等物种处于濒临灭绝、变异的境地。

全球变暖问题主要是由 CO_2 引起的，而 CO_2 主要是由于消费能源产生的，与人类经济发展和生活水平的提高有着密切关系。大气中 CO_2 浓度的增减可能改变气候的设想，是早在 1896 年由瑞典化学家阿仑尼乌斯(1903 年诺贝尔化学奖获得者)提出来的。然而，这方面的研究工作则在 1985 年奥地利菲拉赫会议后的几年里才逐步得到加强。1989 年 12 月世界气象组织与联合国环境署共同建立了气候变化的政府间小组(IPCC)，以估价现有科学知识、社会经济影响及各国的政策方案。1992 年 6 月，联合国环境与发展大会通过了《气候变化框架公约》等法律文件，要求把保持全球气候作为人类共同遗产的一部分，通过防止气候变化、臭氧层破坏与长程空气污染来保护环境。

要有效控制温室气体的增加,必须要提高现有能源利用率,改善能源结构和增加清洁能源比重,限制毁林,植树造林,加强国际合作,增强环境意识教育,把地球环境作为整体进行统一考虑、合作治理,认真对待地球变暖问题。

另一个与气温有关的环境问题是热岛效应,主要是指城市地区由于人口稠密、工业集中而造成的温度高于周围地区的现象。据世界上 20 多个城市的统计,城市年平均气温比郊区高 0.3～1.8 ℃。如我国的北京和南京,市区年平均气温比郊区高 0.7 ℃,夏季城市更热;又如对杭州市的一次实测结果,市内官巷口的气温比近郊的杭州大学要高出 3.2 ℃,比苏堤高出 3.9 ℃。

§5.4.1.4　光化学烟雾

光化学烟雾是以汽油为燃料之后出现的一种新型空气污染现象。1940 年首次出现在美国洛杉矶市。自 20 世纪 50 年代以来,光化学烟雾在世界各地不断出现,从出现次数及分布地域来看,都有明显增加,如日本、英国、加拿大、德国、澳大利亚、荷兰等国的一些大城市都曾发生过光化学烟雾污染。

目前光化学烟雾污染已成为一个世界性问题,已逐渐引起了人们的关注。它是由大气中的氮氧化物和碳氢化合物等一次污染物在阳光强烈照射下,发生一系列光化学反应生成臭氧(占反应产物的 85%以上)、过氧乙酰硝酸酯(PAN,约占反应产物的 10%)及醛类等二次污染物所产生的。由这些一次和二次污染物的混合物所形成的烟雾污染现象,称为光化学烟雾。它具有很强的氧化性、刺激性,对人类及动植物的危害极大。

光化学烟雾的特征是烟雾一般呈蓝色,高峰出现在有强阳光照射的中午或稍后,傍晚消失,污染区域往往在污染源的下风向几十到几百公里处。其明显的危害是对人眼睛的刺激作用。在美国加利福尼亚州,由于光化学烟雾的作用,曾使该州 3/4 的人发生红眼病;1970 年,在日本东京发生光化学烟雾时期,就有 2 万人患了红眼病。

研究表明,光化学烟雾中的过氧乙酰硝酸酯(PAN)是一种极强的催泪剂,其催泪作用相当于甲醛的 200 倍。另一种眼睛强刺激剂是过氧苯甲酰硝酸酯(PBN),它对眼睛的刺激作用比 PAN 还要强 100 倍,PAN 和 PBN 还有致癌危险。美国环保机构的统计结果表明,美国每年的癌症患者中约有 58%是由于汽车废气产生的空气污染所致。PAN、PBN 的结构式为

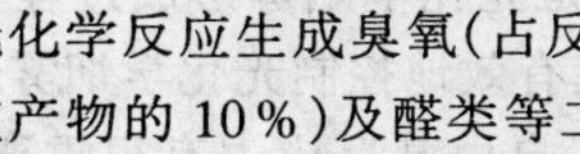

PAN

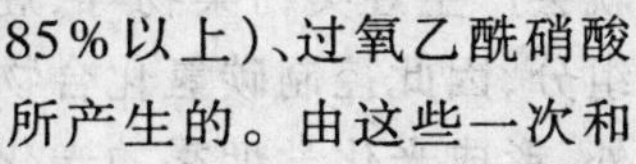

PBN

光化学烟雾对鼻、咽喉、气管和肺等呼吸器官也有明显的刺激作用，并伴有头痛，导致呼吸道疾病恶化等，对老人、儿童及病弱者尤为严重。在1952年洛杉矶的光化学烟雾事件中，两天内使65岁以上的老人死亡400余人。

植物受害是判断光化学烟雾污染程度的最敏感的指标之一。植物受害现象是人体健康受到影响的先兆，光化学烟雾对植物的损害是十分严重的，许多农作物如棉花、烟草、甜菜、莴苣、蕃茄和菠菜等，以及某些饲料作物和菊花、蔷薇、兰花、牵牛花等观赏植物、多种树木等，对光化学烟雾都是非常敏感的，由于光化学烟雾的毒害作用，会使大片树林和植物枯死，葡萄、柑桔等会严重减产。

光化学烟雾的重要特征之一是导致大气的能见度降低，视程缩短。这主要是由于污染物质在大气中形成的光化学烟雾气溶胶所引起的，这种气溶胶颗粒的大小一般多在0.3～1.0 μm范围内，不易因重力作用而沉降，能较长时间悬浮于空气中，可长距离迁移，能散射太阳光，从而明显地降低了大气的能见度，影响汽车、飞机等交通工具的安全运行，导致交通事故增多。

光化学烟雾对人体健康的危害极大，其防治已受到了人们的日益关注。它是由于强烈阳光的照射而引发存在于大气中的烃类化合物和氮氧化物等产生一系列的光化学反应而形成的，这些大气污染物的主要来源是汽车废气。燃油未完全燃烧就会产生烃类污染物等，烃类化合物是光化学烟雾形成过程中必不可少的重要组分，因此控制碳氢化合物的排放，能有效地控制光化学烟雾的形成和发展。另外，形成光化学烟雾的光化学反应中，自由基反应占有很重要的地位，而自由基的引发反应主要是NO_2的光分解反应，所以控制氮氧化物的排放也十分重要。主要的对策是控制污染源，如改善汽车发动机的结构与工作状态，安装汽车尾气催化转化器，将氮氧化物和一氧化碳转化为氮气和二氧化碳，利用氢或氢氧燃料电池等清洁能源开发无污染运输，使用二乙基羟胺等化学抑制剂来消除自由基等都可以比较有效地控制污染源。还可以在汽油中加入10%～20%的甲醇或加入10%～15%的酒精制成甲醇汽油或酒精汽油，不但可以减少有害气体的排放，同时还可以节能并减轻机械磨损，也不必改变发动机汽缸的结构，从而低成本控制光化学烟雾的形成。

§5.4.1.5 酸雨

所谓酸雨是指气态污染物、飘尘和大气雨云结合所形成的pH<5.6的雨、雪或其它形式的大气降水。通常的雨水呈弱酸性，因为它能吸收二氧化碳而生成碳酸，其pH值约为6。雨水的这种微弱酸性，可溶解地壳的矿物质，供给植物吸收，具有营养作用，这种雨水是正常的。环境科学着重研究的是由于人类活动的影响，pH值降至5.6以下的酸性降水。

除基体水外，酸雨的主要成分为硫酸和硝酸，还包括碱金属、碱土金属阳离子、铵离子和某些酸根如氟、氯、碳酸根、亚硝酸根、亚硫酸根等离子，这些成分之间又能发生复杂的化学反应，因而酸雨的化学组成是很复杂的。通常认为由于燃料燃烧放出的二氧化硫及氮氧化物是酸雨形成的主因。这些气体可以是当地排放的，也可以是从远处迁移来的。它们释放入大气后，在阳光和飘尘的(催化)作用下，经历各种大气化学和大气物理过程，成为酸雨降落地面。

酸雨使土壤、湖泊、河流酸化，抑制土壤中有机物的分解和氮的固定，淋洗与土壤颗粒结合的钙、镁、钾等营养元素，使土壤贫瘠。1988 年美国《化工新闻》曾报道指出，酸雨促使苔藓生长，这些较低级植物产生一些有机酸能与土壤中的铝结合，这种被激活的铝输送到树木的根部，取代了树木生长所需要的钙，从而造成近地面处树根缺钙而枯死。湖水或河水的 pH 值降到 5 以下时，会使泥土中的铝形成可溶性的羟基铝离子导致鱼、虾、水禽无食而不能栖息。酸雨直接危及禾苗，会使水稻出现赤褐色斑而枯死。酸雨与大气中的烟雾结合形成酸雾，其酸性和腐蚀能力大增，使建筑物和各种露天材料受损。即使用高级防护漆刷好几层，许多电视铁塔或桥梁等还是在酸雨侵蚀下不出 3～5 年就会出现斑驳锈块，架空输电的金属器件寿命也会大为缩短。酸雨使雅典古堡如巴特仑神庙、我国的乐山大佛、美国自由女神像等都蒙受侵害。

§5.4.2　水体质量与水资源

水是宝贵的自然资源，是人类生活、动植物生长和工农业生产不可缺少的物质。地球表面上水的覆盖面积约占四分之三，水是一切生命机体的组成物质，是生命发生、发育、繁衍和进化的源泉。水是生物体新陈代谢的一种介质，生物体从外界环境中吸收养分，通过水将各种养分输送到机体的各个部分，又通过水将代谢产物排出机体之外。因此，水是联系生物体的营养过程和代谢过程的纽带，水参与了一系列的生理生化反应，维持着生命的活力。水还对生物体起着散发热量、调节体温的作用。水是人体以及其他生物体中含量最多的一种物质，约占体重的三分之二。

§5.4.2.1　水体质量与水环境概况

生产和生活用水基本上都是淡水，随着社会发展和人们生活水平的提高，生产和生活用水量在不断上升。人类年用水量已近 4 万亿立方米，全球有 60% 的陆地面积淡水供应不足，近 20 亿人饮用水短缺。联合国早在 1977 年就向全世界发出警告：水资源不久将成为继石油危机之后的另一个更为严重的全球性危机。近年来多种渠道的报导都在告诫我们人类面临水资源危机，据估计，全球对水的需求，每 20 年将增加一倍，但水的供应却不会以这种速度增加。目前拥有世界人口 40% 的约 80 个国家正面临水资源不足，并使其农业、工业和人民身体健康受到威胁。人类不但需水量大,且随着工农业的迅速发展和人口增长,排放的废水量也急剧增加,使许多江、河、湖、水库,甚至地下水等都遭受不同程度的污染,使水质下降,水质的优劣直接关系到工农业生产能否正常进行,关系到水生生物的生长,更关系到人体的健康,因此,水质的优劣极为重要。

天然水可分为降水、地表水和地下水三大类。天然水体是江、河、湖、海等水体的总称,所有的天然水体总是要和外界环境密切接触的,它在运动过程中,会将接触到的大气、土壤、岩石等所含的多种物质挟持或溶入,使自身成为极其复杂的体系。大多数天然水体的pH值为3～9,其中河水的pH值为4～7,海水的pH值为7.7～8.3。

天然水体中通常含有三大类物质,即悬浮物、胶体和溶解物,如表5-4所示。

表5-4　天然水体中的物质

分　类	主　要　物　质
悬浮物质	细菌,病毒,藻类及原生动物,泥沙,粘土等颗粒物
胶体物质	硅,铝,铁的水合氧化物胶体物质,粘土矿物胶体物质,腐殖质等有机高分子化合物
溶解物质	氧,二氧化碳,硫化氢,氮等溶解气体,钙,镁,钠,铁,锰等离子的卤化物,碳酸盐,硫酸盐等盐类,其他可溶性有机物

地球上大约有$13.6\times10^8\ km^3$水,其中绝大部分是海水,占97.3%,冰帽和冰川占2.14%,地面水包括江、河、湖泊约占0.02%,地下水占0.61%,大气中的水蒸气不到0.01%。但是人类各种用水基本上都是淡水,而地球上全部地面和地下淡水量总和只占总水量的0.63%。随着生产的发展,一方面用水量不断增加,另一方面未经处理的废水、废物排入水体而造成污染,又使可用水急剧减少。在联合国教科文组织于1997年召开的关于21世纪用水管理国际研讨会上,专家们指出,目前全球每年约有1 200万人死于缺水,有13亿人缺少安全可靠的饮用水,在未来25年中将有30亿人面临严重缺水的局面。全球范围内的供水危机已成为21世纪各国政府在制订政治、经济、环境和社会发展目标时首要考虑的课题。

我国的水资源并不丰富,可供开发利用的淡水资源居世界第六位,若按人均计算,是世界人均水量的1/4,排在世界第88位,是一个严重缺水的大国,在40多个严重缺水国家中位居前列。而且我国水资源的地理分布不均衡,与耕地、人口的地区分布也不相适应。在全国总量中,耕地约占36%、人口约占54%的南方,水资源却占81%,而耕地占45%、人口占38%的北方七省市,水资源仅占

9.7%。在时空分布上也不平衡,70%左右的雨水集中在夏、秋两季,多以暴雨形式出现。以上不利的自然因素,注定了我国是一个缺水的国家。

由于我国经济发展迅速,工业高速增长,人口城市化进程加快,国家能投入环境保护的资金有限,因而在总体上尚未能有效地控制住水体污染,以单位国民生产总值的污水排放量计,我国要比发达国家高得多。一方面严重却水,另一方面水体污染又降低了水资源的质量,因此,我国必须要认真开展工业废水和城市污水的治理工作,同时要尽一切可能开源节流。首先要通过改革生产用水工艺,提高水的循环用水率,尽量减少工业用水量,同时有效降低水体污染。其次,要减少农业用水量,实行科学灌溉。为了做到合理利用水资源,需要制订相应的政策法规和必要的经费投入,还要唤起一种全民性的惜水、节水、防洪抗旱、水土保持、防治污染、综合利用等多方面的“水环境意识”。

§5.4.2.2　**水体污染**

据1996年中国环境公报称:“1996年,我国江河湖库水域仍普遍受到不同程度的污染,除个别水系支流和部分内陆河流外,总体上仍呈加重趋势,78%的城市河段不适宜作饮用水源,50%的城市地下水受到污染,工业较发达城镇附近的水域污染突出”。“根据全国2222个监测站的测量结果,我国七大水系的污染程度次序为:辽河、海河、淮河、黄河、松花江、珠江、长江,其中辽河、海河、淮河污染最严重。主要大淡水湖泊的污染程度次序为:巢湖(西半湖)、滇池、南四湖、太湖、洪泽湖、洞庭湖、镜泊湖、兴凯湖、博斯腾湖、松花湖、洱海,其中巢湖、滇池、南四湖、太湖污染最严重”。

引起水体污染的原因有两个方面:自然污染和人为污染,而后者是主要的。自然污染主要是由自然原因所造成的,如特殊地质条件使某些地区有某种化学元素大量富集,天然植物在腐烂过程中产生某种毒素,降雨淋洗大气和地面后携带各种污染物质进入水体等。人为污染是人类生活和生产活动中对水资源的污染,包括生活污水、工业废水,农田排水和矿山排水等。就污染物的化学成分来说,有酸、碱等无机物、汞、镉、铬、铅等重金属和砷、氰化物、农药和石油等有机化合物以及放射性污染、热污染等。

1) 重金属污染

在1953年,日本水俣市一带曾经发生过一桩怪事:许多家的猫都忽然发了疯,到处乱窜、乱跳,最后还纷纷投海“自杀”,而许多居民也染上了奇怪的病:精神错乱,手足抽筋,严重的还导致死亡,好像这一带染上了莫名其妙的“瘟疫”,有的人干脆就把这种病称作“水俣病”,水俣市有50人以上死于此病,那个时期出生的儿童中,有许多患了不可医治的畸形或脑髓毁坏症。经过科学家十年的调查研究,终于弄清了“自杀猫”和“水俣病”的奥秘,原来,这是猫或人吃了含有汞的鱼虾所造成的。汞的毒性随着存在形态的不同而不同。正一价的汞，如氯化亚汞(Hg_2Cl_2)的毒性较小；正二价的汞，如氯化汞($HgCl_2$)的毒性很大；有机汞，如甲基汞(CH_3Hg^+)的毒性更大。在微生物作用下无机汞可以转化为有机汞：

$$HgCl_2 + CH_4 \xlongequal{\text{微生物}} CH_3HgCl + HCl$$

“水俣病”就是因为人们食用了含有有机汞的鱼虾，且在人体中富集中毒而发生的。除汞外，称为重金属污染且毒性较大的还有镉、铅、铬和砷等。一些有毒物质在水中的存在形态、来源、危害情况及排放标准如表 5-5 所示。

表 5-5　某些有毒物质的来源、危害及饮用和排放标准

名称	水中主要存在形态	污染的来源	污染的危害	工业废水最高容许排放浓度 /($mg\cdot dm^{-3}$)	饮用水最高容许浓度 /($mg\cdot dm^{-3}$)
汞	Hg^{2+} CH_3Hg^+	氯碱厂、汞剂农药、温度计厂废水等	引起大脑损伤，手足抽筋(水俣病)	0.05	0.001
镉	Cd^{2+}	矿山、冶炼厂、电镀厂、电池厂废水	引起骨胳变脆(骨痛病)及肝、肾和肺的病变	0.10	0.010
铅	Pb^{2+}	铅管道、含铅颜料、加铅汽油的散发物	毒害神经系统和造血系统，引起精神迟钝、贫血等	1.00	0.050
铬	$Cr_2O_7^{2-}$ CrO_4^{2-}	冶炼厂、电镀厂、制革、颜料等工业废水	引起皮肤溃疡、贫血、肾炎等，有致癌作用	0.50	0.050
砷	AsO_3^{3-} AsO_4^{3-}	冶金、玻璃、陶瓷、制革、染料、农药等工业废水	引起细胞代谢紊乱，肠胃道失常，肾衰退	0.50	0.050
氰根	CN^-	电镀、煤气、冶金等工业废水	引起呼吸困难、全身细胞缺氧而窒息死亡	0.50	0.050

2）碳氢化合物、脂肪和蛋白质

城市生活污水和食品、造纸等工业废水中含有大量的碳氢化合物、蛋白质、脂肪等。它们在水中的好氧微生物(指生存时需要氧气的微生物)的参与下，与氧作用分解(通常也称为降解)为结构简单的物质时，要消耗水中溶解的氧，所以常常称这些有机物为耗氧有机物。微生物分解有机物的主要反应可简单表达如下：

$$碳氢化合物 + O_2 \xrightarrow{好氧微生物} CO_2 + H_2O$$

$$含有机硫化合物 + O_2 \xrightarrow{好氧微生物} CO_2 + H_2O + SO_4^{2-}$$

$$含有机氮化合物 + O_2 \xrightarrow{好氧微生物} CO_2 + H_2O + NO_3^-$$

天然水体内的溶解氧一般为 5～10 $mg\cdot dm^{-3}$。当水中含有大量耗氧有机物时,水中溶解氧将会急剧下降,以致于使大多数水生生物不能生存而大量死亡。若水中含氧量降得太低,这些有机物又会在厌氧微生物(指在缺氧的环境中才能生存的微生物)参与下,与水作用产生甲烷、硫化氢和氨等物质,使水变质发臭。

水中氮、磷、钾及它们的化合物是植物的营养物质,过多的营养物质进入水体就称为水体富营养化,它将导致水中的各种藻类大量繁殖,阻塞水道,并使水体缺氧,鱼类大量死亡,水体外观呈现出不同色泽且浑浊度增加。

3) 杀虫剂、合成洗涤剂和多氯联苯

随着现代石油化学工业的高速发展,产生了多种自然界原来所没有的有毒有机化合物,如有机氯农药、有机磷农药、合成洗涤剂、多氯联苯(在工业上有多种用途,如油漆和油墨的添加剂、热交换剂和塑料软化剂)等。这些化合物在水中很难被微生物降解,因而被称为难降解有机物,它们被生物吸收后,通过食物链逐步被富集而造成严重危害。

4)石油

石油在开采、炼制、贮运、使用的过程中,原油和各种石油制品进入环境而造成污染,可产生严重的后果。这不仅是因为石油的各种成分都有一定的毒性,还因为它具有破坏生物的正常生活环境,造成生物机能障碍的生理作用。石油比水轻又不溶于水,覆盖在水面上形成薄膜层,一方面阻止大气中氧在水中溶解,另一方面因石油膜的生物分解和自身的氧化作用,消耗水中大量的溶解氧,致使海水缺氧,使鱼类呼吸困难,甚至引起鱼死亡。若以含油污水灌溉农田,也可因油膜粘附在农作物上而使其枯死。

5) 热污染

一些热电厂、核电站及各种工业过程中的冷却水,若不采取措施而直接排入水体,均可引起热污染。热污染对水体的危害不仅仅是由于温度的提高直接杀死水中的某些生物,而且,温度升高后,必然会降低水中氧的溶解量。在这样不适宜的温度及缺氧的条件下,对水中生态系统的破坏是严重的。

§5.4.2.3　水体净化的一般方法

污水处理的方法很多,各种方法都各有特点和适用范围。较大颗粒悬浮物、夹杂物可用重力分离法、过滤法分离；对不易沉降、很细小的悬浮物和胶态物质可用混凝法；对于可溶性的无机污染物则可用沉淀反应或氧化还原反应的方法，使污染物与所加药剂反应，生成易于从废水中分离出去的物质，或者改变污染物的性质，也可用离子交换、电渗析、反渗透、吸附等方法将它们分离；对于有机污染物，通常采用生物法处理，利用微生物对复杂有机污染物的降解作用，把有毒物质转化为无毒物质，使污水得到净化。实际处理中，有时往往需要几种方法配合使用。

1）中和沉淀法

水中若含有酸、碱污染物，应调节水的 pH 值，使其处在一定的范围内。我国规定生活饮用水标准的 pH 值范围为 6.5～8.5，农田灌溉用水所允许的 pH 值在 5.5～8.5。对于酸性废水，可以采用废碱、石灰、石灰石、电厂渣等进行中和。对于碱性废水，可吹入二氧化碳气或用烟道废气中的 SO_2 来中和。也可使酸性废水与碱性废水相互中和。

对于重金属离子，可使生成难溶的氢氧化物沉淀而除去，这是去除水中重金属离子最经济、最有效的方法。如欲除去酸性废水中的 Pb^{2+} 离子，一般可投加石灰水，使之生成 $Pb(OH)_2$ 沉淀。硬水软化的方法之一是用石灰－苏打（$CaO-Na_2CO_3$）使水中的 Mg^{2+} 和 Ca^{2+} 离子分别转变成 $Mg(OH)_2$ 和 $CaCO_3$ 沉淀而除去。

2）氧化还原反应法

利用氧化还原反应将水中有毒物转变成无毒物、难溶物或易于除去的物质是水处理工艺中较重要的方法之一。常用的氧化剂有空气（或 O_2）、Cl_2（或 NaClO）、H_2O_2、O_3 等。常用的还原剂有 $FeSO_4$、Fe 粉、SO_2、Na_2SO_3 等。例如，水处理中常用曝气法（即向水中不断鼓入空气），使其中的 Fe^{2+} 离子氧化，并生成溶度积很小的 $Fe(OH)_3$ 沉淀而除去。对于六价铬的 $Cr_2O_7{}^{2-}$ 离子，则可以加入 $FeSO_4$ 还原剂将其还原成三价铬 Cr^{3+}，然后再加 NaOH，调节溶液的 pH 值为 6～8，使 Cr^{3+} 离子生成 $Cr(OH)_3$ 沉淀，溶液中未反应完的 Fe^{2+} 以及生成的 Fe^{3+} 也分别生成 $Fe(OH)_2$ 和 $Fe(OH)_3$ 沉淀。控制 Fe^{2+}、Fe^{3+} 及 Cr^{3+} 的比例，可得到难溶于水、组成类似于 Fe_3O_4（其中部分 Fe^{3+} 被 Cr^{3+} 所替换）的氧化物，此氧化物具有磁性，称为铁氧体，借助于磁力可使其从废水中分离出来，经加工后可作为磁性材料使用。

3）混凝法

水中若有很细小的淤泥及其他污染物微粒存在，这些微粒的表面往往由于吸附离子而带电荷，彼此之间相互排斥而形成胶体，用一般沉淀法无法将其除去，通常是向废水中加入混凝剂，使其沉降。常用的混凝剂有铝盐如 $Al_2(SO_4)_3 \cdot 18H_2O$、铁盐如 $Fe_2(SO_4)_3$ 和无机高分子混凝剂如聚氯化铝$[Al_2(OH)_n \cdot Cl_{6-n} \cdot xH_2O]_m$ 以及有机高分子混凝剂如聚丙烯酰胺等。

4）离子交换法

离子交换法的原理是利用离子交换树脂与水中杂质离子进行离子交换反应，将杂质离子交换到树脂上去，达到使水纯化的目的。离子交换树脂是一种人工合成的不溶于水的有机高分子化合物，一般可分为阳离子交换树脂和阴离子交换树脂，它们均由树脂本体（有机高聚物）及活性基团（能起交换作用的基团）两部分组成。阳离子交换树脂含有的活性基团如磺酸基（$—SO_3H$），能以 H^+ 离子与溶液中的金属离子发生交换，阴离子交换树脂含有的活性基团如季胺基$[—N(CH_3)_3 \cdot OH]$能以 OH^- 离子与溶液中的阴离子发生交换，若以 R 表示树脂本体部分，则磺酸型阳离子交换树脂可表示为 $R—SO_3H$，季铵型阴离子交换树脂可表示为 $R-N(CH_3)_3 \cdot OH$。

离子交换过程是可逆的，离子交换树脂使用一段时间后会丧失其交换能力，可通过一定的化学处理，使其恢复交换能力，这一过程称为离子交换树脂的再生。离子交换法在硬水软化和处理含重金属离子污水等方面已得到了广泛的应用。

§5.4.3　固体废弃物

固体废弃物就是通常所说的垃圾。垃圾是人类生产中必然会产生的遗留废料，或是人类新陈代谢排泄物和消费品使用后的废弃物品。

城市垃圾是指居民的生活垃圾、商业垃圾、市政维护和管理中产生的垃圾等，不包括工厂生产排出的工业固体废弃物。当前城市垃圾问题的两个特点是数量的剧增和成分的变化。城市人口增加、密度增大，必然会导致城市垃圾数量的增加。

堆放的垃圾若不及时清除，必然会污染空气，破坏环境，且会滋生蚊蝇等害虫，危害人体健康。垃圾对土壤、水体和大气均会造成严重的污染，垃圾中的化学污染物和生物病原体，如致病菌和寄生虫等会污染农田和土壤，人们食用受污染土壤上生长的蔬菜、瓜果等就会感染肠道传染病、寄生虫病等疾病。垃圾经过雨水淋沥，流入河流或渗入地下，将使地表水和地下水受到污染，若将垃圾直接倒入江、河、湖、海，不仅有碍观瞻，还会导致生态平衡的破坏。垃圾中有机物的腐败、分解会产生恶臭，细颗粒随风飘扬，会污染大气和环境，而焚烧处理时的烟尘也会污染大气。因此，对垃圾若不做及时的、正确的处理，对环境的污染将会是很严重的。随着自然资源的不断开发利用、人口的增长以及人均消费水平的提高，世界各国的垃圾以高于其经济增长速度2～3倍的平均速度增长，城市垃圾已成为现代都市越来越严重的环境问题。

塑料作为人工合成的高分子材料，由于它具有良好的成型、成膜、绝缘、耐酸碱、耐腐蚀、低透气、透水性能以及易于着色、外观鲜艳等特点，从20世纪50年代开始，随着石油化工的发展而得到迅速发展，成为一类与生活息息相关的材料，被广泛用于家电、汽车、家具、包装用品、农用薄膜等许多方面。到目前为止，世界塑料年产量已达1亿2千万吨以上。然而随着塑料产量的增加和成本的降低，大量的商品包装袋、液体容器以及农用薄膜等，人们用后即丢，即便是大型成型件，最后也会随着产品使用功能的丧失而被丢弃，使塑料成为一类用过即丢的产品的代表，废弃塑料带来的"白色污染"已经成为一种不容忽视的社会公害。

塑料污染带来的危害是十分明显和严重的，由于大量塑料是不可降解的，在动物体内也无法被消化和分解，以致误食后即能引起胃部不适、行动异常、生育繁殖能力下降，甚至死亡。废农膜塑料若长期残留在农田中，既会影响土壤的透气性，阻碍水分流动和作物根系发育，还会缠绕农机，影响田间作业，长此下去还会影响深层土壤，使土壤环境恶化，进而威胁人类生存。

废弃塑料对海洋的污染已经成为国际性问题，海洋漂浮物中泡沫聚苯乙烯占22%，其它塑料占23%。这些废弃塑料除了污染海洋外，还可能会缠住船只的螺旋浆，损坏机器而引起事故和停驶，给航运造成重大损失。

全世界每年产生的垃圾大部分来自西方经济发达国家，美国是产生垃圾最多的国家，西方发达国家往往打着可重复利用物资的幌子，向发展中国家倾销有害废料，例如，每年有数百万只废弃汽车电池从欧洲、北美洲出口到巴西、菲律宾等地，当地的回收加工工厂仅靠一些简陋的设备对其中的铅进行重新熔炼回收，工人的健康和生态环境都受到严重的损害。近年来，发展中国家强烈谴责发达国家转嫁污染的恶劣行径，1989年3月22日联合国通过了《巴塞尔公约》，1995年9月22日，100多个国家的代表在日内瓦通过了《巴塞尔公约》的修正案，禁止发达国家以最终处理为目的向发展中国家出口危险废料。

固体废弃物的处理与处置是保护环境的一项重要内容，目前主要的方法是填埋，但这仅仅是一种权宜之计，比较先进的方法是垃圾的分类回收再利用。

§5.4.4 生命与化学

§5.4.4.1 碳水化合物

碳水化合物是一类重要的生物分子，它们在生物体内有多种功能，是生物体用以储存食物能量的物质，是合成蛋白质、核酸和脂肪的起始物质，是细胞中发生生化反应的重要中间介质，是细胞和组织的结构单元。

通过光合作用，植物中的叶绿素吸收日光后被活化，经过复杂的生物化学过程将从空气中吸收的二氧化碳转化成碳水化合物，同时放出氧气。

$$xCO_2 + yH_2O \xrightarrow[\text{叶绿素}]{\text{光}} Cx(H_2O)_y + xO_2$$

碳水化合物在植物或动物体内的代谢作用中被氧化成二氧化碳和水，同时释放出能量：

$$Cx(H_2O)_y + xO_2 \longrightarrow xCO_2 + yH_2O + \text{能量}$$

这类化合物的化学实验式大多为 $C_x(H_2O)_y$，其中氢和氧的比例与水分子相同，因而称为碳水化合物，尽管现在已经知道有的碳水化合物的成分并不符合该实验式，但由于历史原因，该名称仍沿用至今。

一般把碳水化合物分成三类：单糖、低聚糖和多糖。从结构上讲，单糖是多羟基的醛或酮，含有醛基的叫醛糖，含有羰基的叫酮糖。最重要的单糖是戊糖，如核糖；已糖，如葡萄糖、果糖等。低聚糖及多糖是由单糖分子之间缩聚脱水而形成的，最重要的低聚糖是蔗糖、乳糖和麦芽糖等双糖。自然界中最多的多糖是葡萄糖的聚合物如淀粉、纤维素和糖原等。一些典型的糖的结构如图 5－3、图 5－4、图 5－5 和图 5－6 所示。

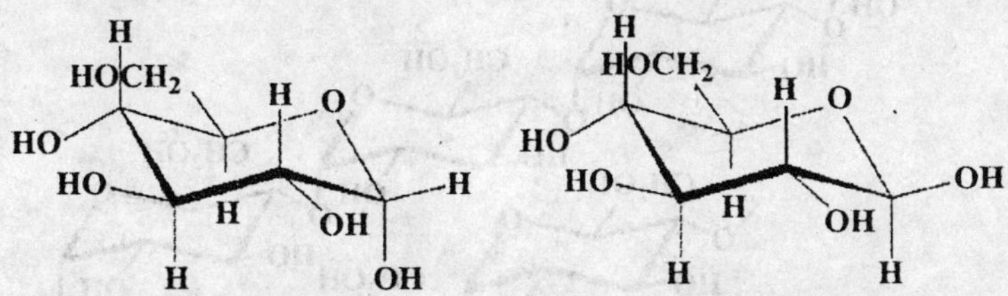

α-D-(+)-吡喃葡萄糖　　β-D-(+)-吡喃葡萄糖

图 5－3　葡萄糖的立体结构

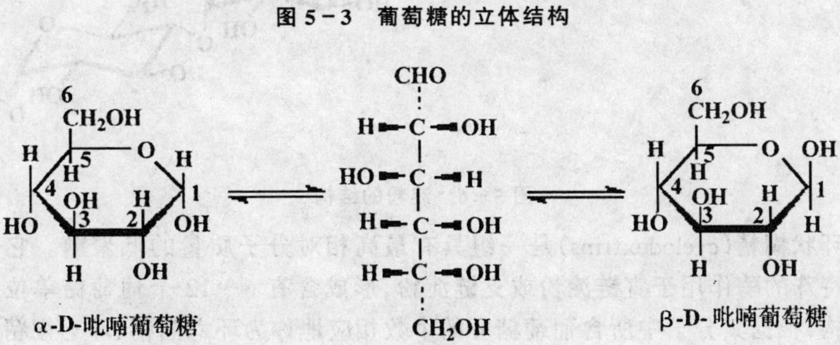

α-D-吡喃葡萄糖　　β-D-吡喃葡萄糖

图 5－4　葡萄糖的链状结构与环状结构之间的转变

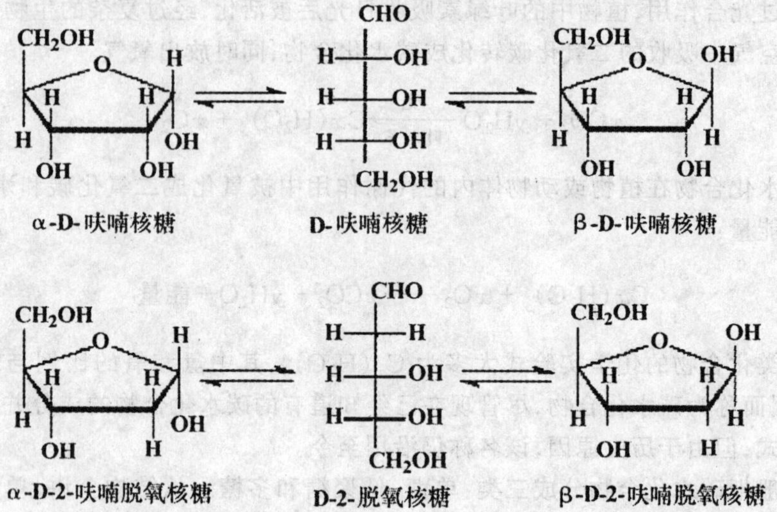

图 5－5　核糖与脱氧核糖链状结构与环状结构之间的转变

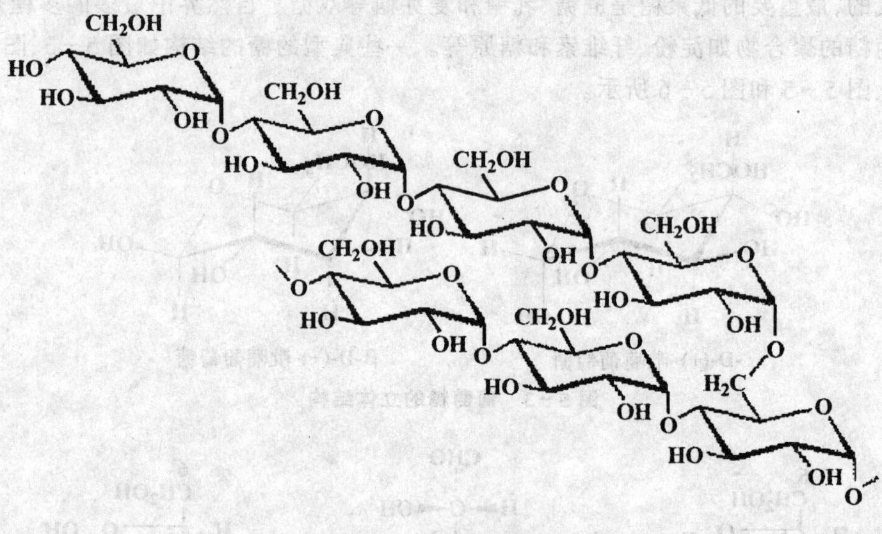

图 5－6　淀粉的结构

环状糊精(cyclodextrins)是一组具有最高相对分子质量的低聚糖。它是用一种特殊的酶作用于直链淀粉或支链淀粉，形成含有 6～12 个葡萄糖单位的闭环结构，根据其分子中所含葡萄糖环的个数相应地称为环六糊精、环七糊精和环八糊精等，均已得到了它们的结晶，图 5－7 为环六糊精的结构。

人体内的淀粉酶能将淀粉水解成葡萄糖而吸收，但这种酶不能水解纤维素。

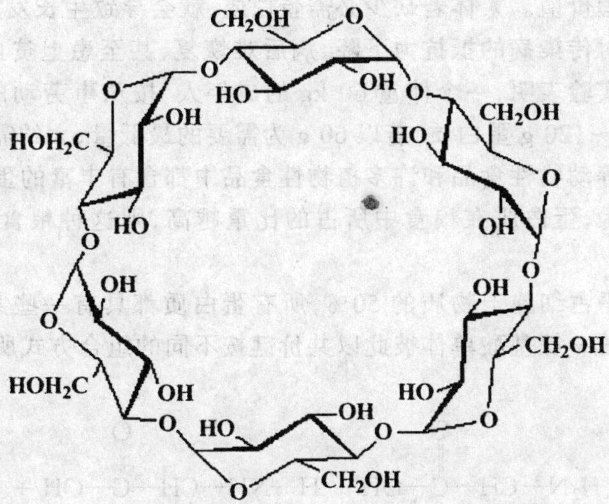

图 5－7　环六糊精的结构

在食草动物的消化系统中存在的酶可将纤维素水解成葡萄糖，因此这些动物能以纤维素为主要饲料。

§5.4.4.2　**氨基酸与蛋白质**

蛋白质是细胞结构里最复杂多变的一类大分子，它存在于一切活细胞中，蛋白质(Protein)是“头等重要”的意思。所有蛋白质中都含有 C、N、O、H 等元素，大多数蛋白质中还含有 P、Fe、Cu、Zn 等其它元素。多数蛋白质的分子量在 1.2～100 万。蛋白质是氨基酸的聚合物，水解时产生的单体叫做氨基酸。蛋白质的种类繁多，功能迥异，其各种特殊功能是由蛋白质分子里氨基酸的种类和组合顺序所决定的。蛋白质是动物体最重要的营养素之一，其营养价值决定于所含氨基酸的种类和数量。人体必需的氨基酸有 8 种，它们是赖氨酸、色氨酸、苯丙氨酸、亮氨酸、异亮氨酸、苏氨酸、蛋氨酸和缬氨酸，在人体内不能合成它们，必需从食物中得到，营养实践证明，没有这几种氨基酸，就会发生由于缺乏营养所引起的病症，即它们是生命的必需物质。其它的氨基酸可以用其它的物质在体内合成，蛋白质在消化道内全部水解为氨基酸，然后再吸收到组织之内，某一组织利用不同的氨基酸再合成其自身的蛋白质。凡含有全部必需氨基酸、能维持生命正常生长的蛋白质称为完全蛋白质；缺少一种或一种以上必需氨基酸的蛋白质称不完全蛋白质。蛋白质是构成肌体组织(特别是肌肉)的重要部分，日常食用的豆腐、大豆、瘦肉、鱼、蛋白、奶等都含较多的蛋白质。人们膳食中的蛋白质有很大一部分是由米、麦和大豆等粮食中得来的，加入少量鸡蛋蛋白可提高植物性蛋白质的生理价值。人体若缺少必需蛋白质，就会导致生长发育迟缓、体重减轻、容易疲劳、对传染病的抵抗力下降、病后难恢复，甚至患上贫血、营养不良性水肿等疾病。实验表明，一个体重 60 kg 的成年人，按从事劳动的轻重不同，每天约需补充 80～120 g 蛋白质，若以 60 g 为需要的最低量，大约需要 2 dm^3 的牛奶。肉、蛋、奶等动物性食品和许多植物性食品中都含有丰富的蛋白质。在一定意义上可以认为，蛋白质在粮食中所占的比重越高，则这种粮食的质量也就越好。

蛋白质几乎占细胞干物质的 50%，所有蛋白质都具有一些共同的特点：它们都是由不同的 α-氨基酸单体彼此以共价键按不同的组合方式所连接成的大分子或聚合物：

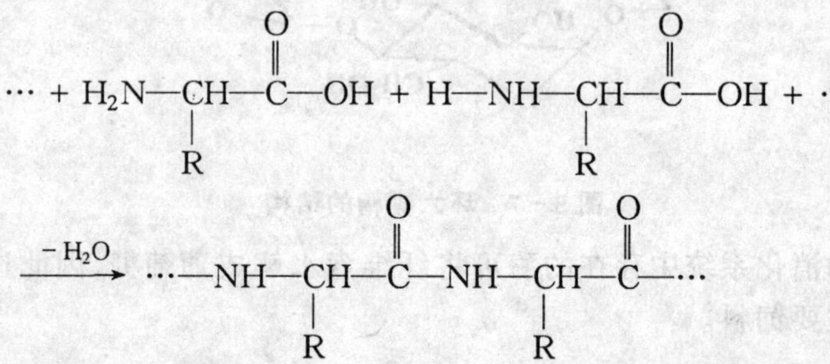

生物体中几乎所有的蛋白质都仅由 20 种氨基酸所构成，脯氨酸的构造式及其它 α-氨基酸的分子构造通式如下：

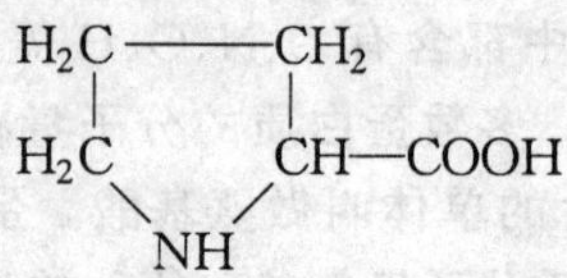

脯氨酸

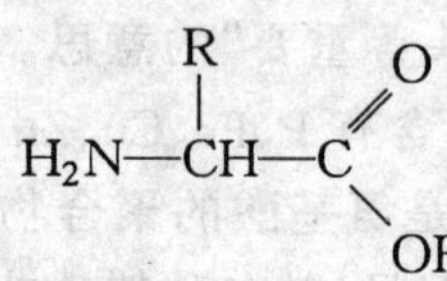

α-氨基酸的通式（R＝H 或其它有机基团）

这些氨基酸都是含有羧基和氨基的双官能团有机分子，是两性化合物，根据氨基酸分子中酸性的羧基和碱性的氨基的相对多少，可以分为如下三种：

酸性氨基酸：$-COOH$ 数目 $>$ $-NH_2$数目

中性氨基酸：$-COOH$ 数目 $=$ $-NH_2$数目

碱性氨基酸：$-COOH$ 数目 $<$ $-NH_2$数目

在氨基酸水溶液中会存在如下的离解平衡：

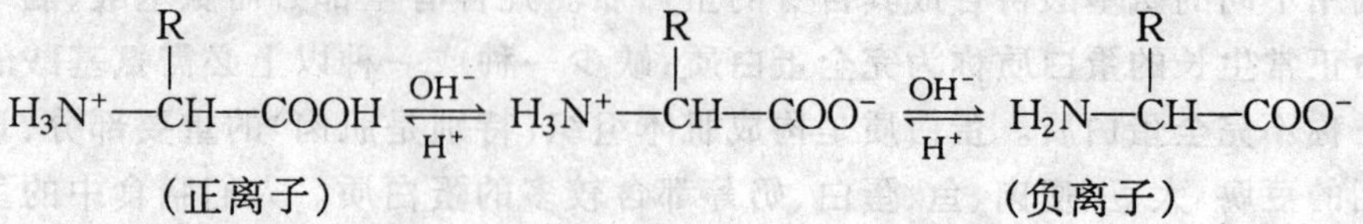

（正离子）　　　　　　　　　　　　（负离子）

常见的 20 种氨基酸见表 5－6。

表 5-6 常见的 20 种氨基酸

中文名	英文名	简写	分子式	分子量
丙氨酸	alanine	ala = A	$C_3H_7NO_2$	89.093 8
缬氨酸 *	valine	val = V	$C_5H_{11}NO_2$	117.147 4
亮氨酸 *	leucin	leu = L	$C_6H_{13}NO_2$	131.174 2
异亮氨酸 *	isoleucine	Ile = I	$C_6H_{13}NO_2$	131.174 2
甲硫氨酸	methionine	met = M	$C_5H_{11}NO_2S$	149.207 4
脯氨酸	proline	pro = P	$C_5H_9NO_2$	115.131 6
苯丙氨酸 *	phenylalanine	phe = F	$C_9H_{11}NO_2$	165.191 4
色氨酸 *	tryptophan	trp = W	$C_{11}H_{12}N_2O_2$	204.228 0
甘氨酸	glycine	gly = G	$C_2H_5NO_2$	75.067 0
丝氨酸	serine	ser = S	$C_3H_7NO_3$	105.093 2
苏氨酸 *	threonine	thr = T	$C_4H_9NO_3$	119.120 0
谷酰胺	glutamine	gln = Q	$C_5H_{10}N_2O_3$	146.145 6
天冬氨酸	asparagine	asn = N	$C_4H_7NO_4$	133.103 6
半胱氨酸	cysteine	cys = C	$C_3H_7NO_2S$	121.153 8
酪氨酸	tyrosine	tyr = Y	$C_9H_{11}NO_3$	181.190 8
谷氨酸	glutamic acid	glu = E	$C_5H_9NO_4$	147.130 4
天冬酰胺	aspartic acid	asp = D	$C_4H_7NO_4$	133.103 6
精氨酸	arginine	arg = R	$C_6H_{14}N4O_2$	174.202 2
赖氨酸 *	lysine	lys = K	$C_6H_{14}N_2O_2$	146.188 8
组氨酸	histidine	his = H	$C_6H_9N_3O_2$	155.156 0

平衡体系中正离子和负离子的浓度受溶液 pH 值的影响,在某一 pH 值时,会使平衡体系中正、负离子的浓度相等,此时氨基酸在电场中既不会向正极移动,也不会向负极移动,该 pH 值就称为**氨基酸的等电点**。若控制溶液的 pH 值,且给溶液施加一电场,则在此静电场作用下,不同氨基酸向电极迁移的速度是不同的,这就是氨基酸电泳分离技术的基本原理,它是分离氨基酸的有效方法之一。

蛋白质是由多个氨基酸脱水缩聚而得到的近线性聚合物,这些氨基酸之间是通过一个氨基酸的羧基与另一个氨基酸的氨基之间脱水形成的酰胺键,即肽键(peptide bond)联结在一起的。缩聚得到的较小的分子常称为肽,由两个氨基酸组成的称为二肽，由三个氨基酸组成的称为三肽，十个以上氨基酸缩聚就形成了多肽。肽链中的氨基酸是不完整的，因此称为氨基酸残基，肽链分子两端的氨基酸残基有自由的 α-氨基或 α-羧基，分别称为氨基末端（N-端）及羧基末端（C-端）。可以计算出用常见的 20 种氨基酸若构成 50 个氨基酸的小蛋白质分子时，将可能得到 10^{65}种，这个惊人的数字说明了蛋白质分子结构及其性质的复杂性。

一般从四个结构水平上来描述蛋白质分子的空间结构：蛋白质的一级结构是指分子中多肽链氨基酸残基的组成及其排列顺序，蛋白质的各种生理活性首先是由一级结构决定的；由于多肽链不同残基之间可以形成不同形式的氢键，使蛋白质分子的多肽链在空间具有不同的排列方式，可以卷曲成 α-螺旋结构（见图 5－8）或形成 β-折叠（见图 5－9）结构，这就是蛋白质的二级结构；蛋白质分子很少以简单的 α-螺旋或 β-折叠型结构存在，而是在二级结构的基础上，通过氨基酸侧链间的相互作用，如二硫键、氢键、正负离子间的静电引力等进一步卷曲折叠，构成特定构象的紧凑结构，这就是蛋白质的为三级结构（见图 5－10），三级结构是由肯笃（J. Kendrew）和珀汝茨（M. Perutz）先后测定肌红蛋白和血红蛋白得到的，二人因此于 1962 年获得了 Noble 奖；球状蛋白质是由一条或多条肽链构成的，每条肽链都有各自的一、二、三级结构，这些肽链称为蛋白质的亚基或原体。各个亚基通过静电引力聚合成具有一定生物活性的蛋白质大分子的方式称为蛋白质的四级结构。血红蛋白是由二条 α-螺旋链和二条 β-折叠链构成的四聚体（见图 5－11）。

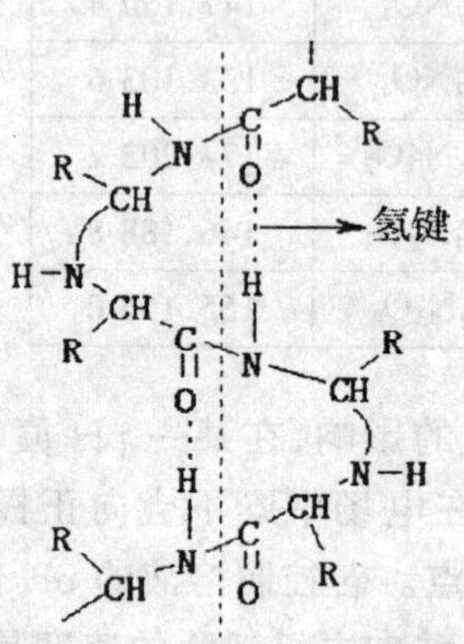

图 5－8　蛋白质的 α-螺旋结构

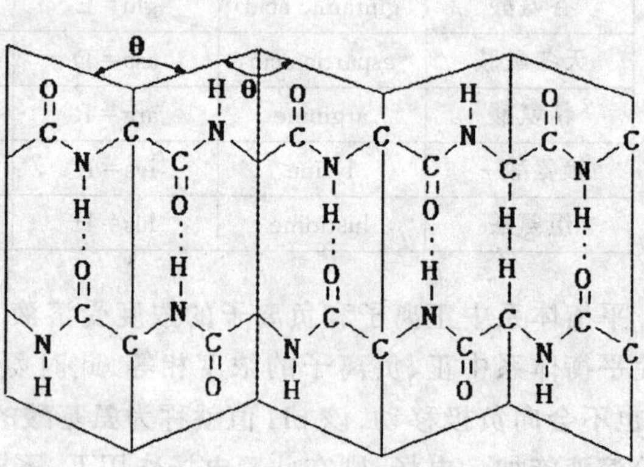

图 5－9　蛋白质的 β-折叠结构

蛋白质分子的性质与功能随其所含氨基酸残基的组成、顺序、结构及其相互作用的不同而异。按其结构类型，大体可分为球状蛋白与结构蛋白。球状蛋白因其中的肽键“不”规则的蜷曲与折叠而呈球团状，肽键蜷曲时若极性残基侧链

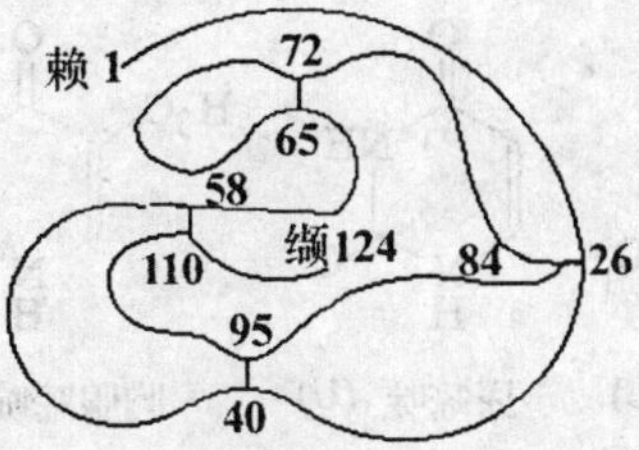

图 5-10　核糖核酸酶的三级结构示意图

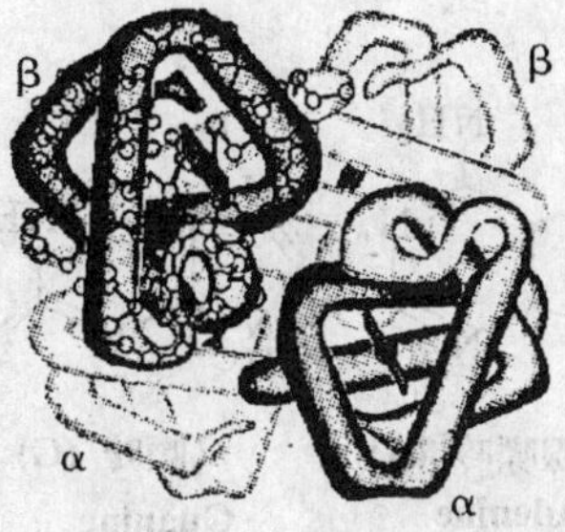

图 5-11　血红素的四级结构

面向外表面越多，则在极性介质如水中的溶解度便越大。球状蛋白常常在水中可溶，如血红蛋白、肌红蛋白等。另一类蛋白存在于动物体的骨、肌肉、头发、韧带、软骨、指甲和皮肤的结构材料中，它们构成了生物体的结构。结构蛋白中的肽链或是螺旋体或是片层状结构，这种结构不仅阻止整个分子溶于水，而且因肽链间的规则相互作用而使它们变得强韧。例如，在皮肤、腱及骨骼中所发现的蛋白质是由 3 条肽链相互交织而形成的三重螺旋体。

酶是水溶性的球状蛋白质，是高活性的生物催化剂，其催化作用具有以下特点：催化作用极强，催化速率极高，比普通催化剂的催化活性高 $10^6 \sim 10^{10}$ 倍；催化选择性极高，一种酶只能作用于一种反应物（常称底物）或一类化合物，或作用于化合物的特定部位或特定的化学键，因而催化确定的化学反应，得到特定的产物。如淀粉酶只能水解淀粉而不能水解蛋白质，而蛋白酶只能水解蛋白质却不能水解淀粉。

§5.4.4.3　核酸

核酸最初是从细胞核中分离出来，因它具有相当强的酸性而得名。核酸是分子量高达 10^8 的大分子聚合物，是遗传的物质基础。核酸分为核糖核酸（简称 RNA）与脱氧核糖核酸（简称 DNA）两大类，构成核酸的结构单元是核苷酸，而核苷酸是由戊糖（核糖或脱氧核糖，见图 5-5）、磷酸和含氮碱基 3 类最基本的简单分子所构成。

组成核酸的碱基是含氮杂环有机化合物，环骨架中有两个或更多的氮原子，因为氮原子可提供孤电子对发生配位作用而呈 Lewis 碱的性质。碱基分为嘧啶碱和嘌呤碱两类，共有如下 5 种：

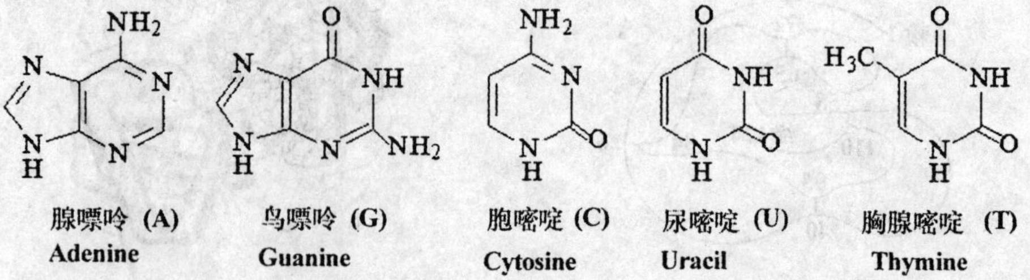

核苷酸是由核糖分子中1-位碳上的羟基与碱基中氨基上的H脱水缩合成腺苷,然后5-位碳上的羟基与磷酸酯化而得到的,如图5-12所示。

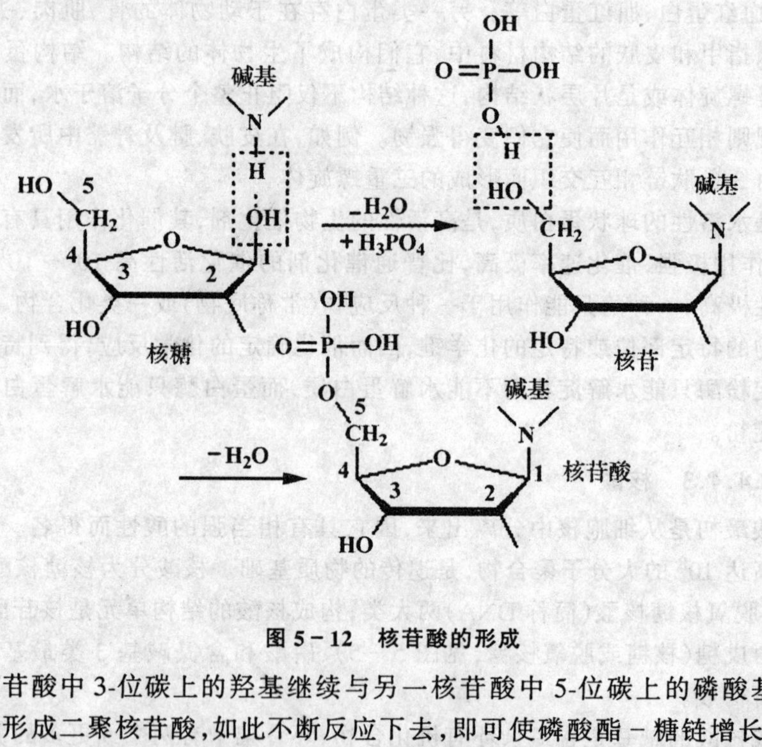

图5-12　核苷酸的形成

核苷酸中3-位碳上的羟基继续与另一核苷酸中5-位碳上的磷酸基脱水缩合便会形成二聚核苷酸,如此不断反应下去,即可使磷酸酯-糖链增长,最后形成聚核苷酸,亦即核酸。核酸是由许多单核苷酸单位联结起来的,核酸中各单核苷酸单位间则以磷酸酯键相联,核酸的构造结构式如图5-13所示。

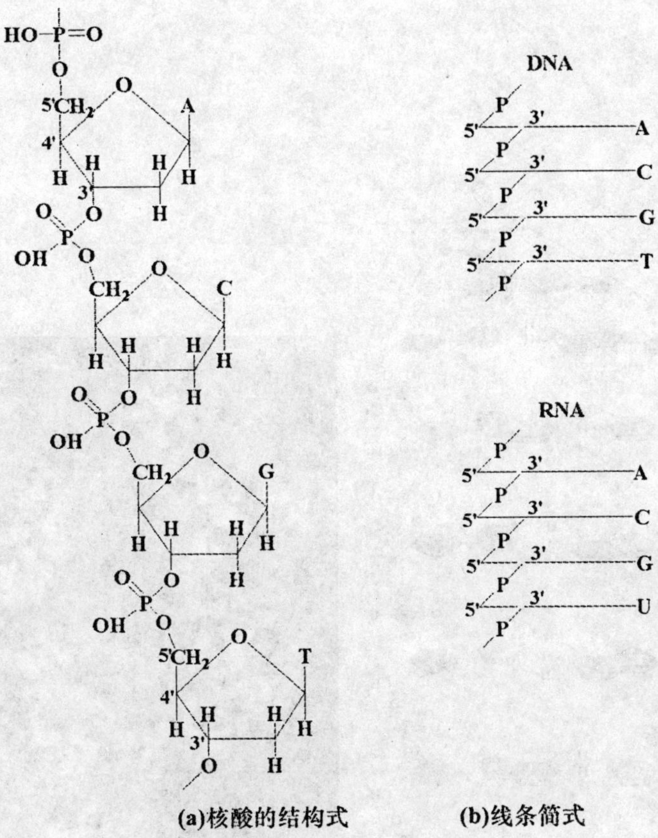

图 5－13　核酸的构造结构式

DNA 是基本的遗传物质，而 RNA 参与蛋白质的生物合成，在 RNA 中含碱基 A、C、G、U，而在 DNA 中含碱基 A、C、G、T。就像氨基酸规定了蛋白质分子的一级结构一样，碱基的顺序，规定了核酸的特性，蛋白质以氨基酸及其顺序来描述，而核酸则以碱基及其顺序来描述。例如，DNA 中的碱基顺序就是合成特征蛋白质遗传密码的特征信息。实验发现，在 DNA 的侧链碱基中，腺嘌呤 A 的数目总是等于胸腺嘧啶 T 的数目，鸟嘌呤 G 的数目总等于胞嘧啶 C 的数目，并且 A 和 G 的总数总是等于 C 和 T 的总数。根据这些配对规律以及 X 衍射资料，J. Watson 和 F. Crick 为阐明基因信息储存的机理而首先提出了 DNA 的双螺旋模型假说（见图 5－14），并因此而获得 1962 年的诺贝尔生理与医学奖。

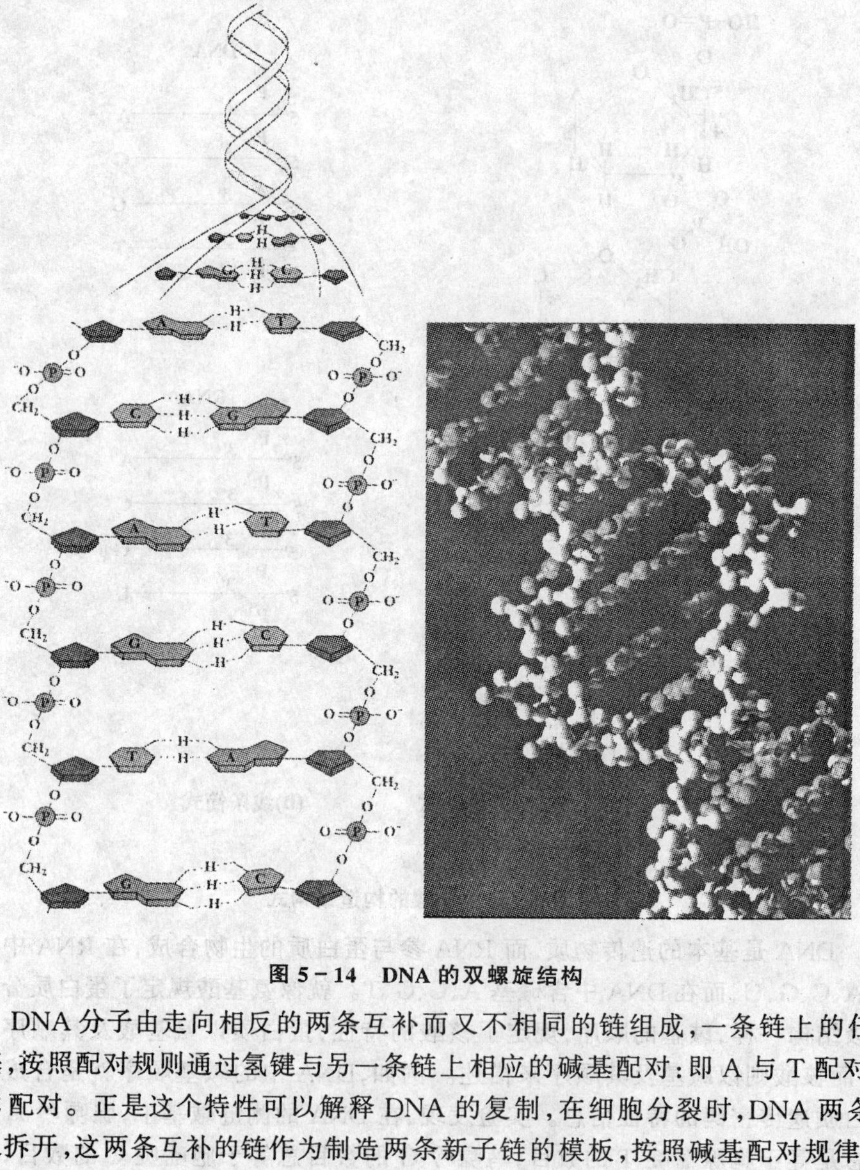

图 5-14　DNA 的双螺旋结构

DNA 分子由走向相反的两条互补而又不相同的链组成，一条链上的任一碱基，按照配对规则通过氢键与另一条链上相应的碱基配对：即 A 与 T 配对，G 与 C 配对。正是这个特性可以解释 DNA 的复制，在细胞分裂时，DNA 两条链随之拆开，这两条互补的链作为制造两条新子链的模板，按照碱基配对规律，在酶催化下，各自合成出一条与原来模板对应的新链，使一个 DNA 分子复制成两个与原来一样的 DNA 分子(见图 5-15)。显而易见，DNA 复制是半保留复制，子代 DNA 分子中的一条支链来自亲代，而另一支链是新合成的。

细胞(核)中的 DNA 含有人体基因的一切信息，在每个个体的 DNA 中正是这四种碱基以不同序列——遗传密码系统控制着特定个体的特征，如肤色、头发、眼、鼻子形状等。因为遗传密码系统的不同，没有任何两个人的DNA是一样的，DNA的这个密码系统用以指导信使RNA（或mRNA）转录其密码信息，并借助于转运RNA（tRNA）来运送密码子所规定的氨基酸，在酶的作用下合成出多肽链直至特定的蛋白质分子。DNA碱基的排列是遗传基因的物质基础，正是这个信息规定了每一个有机体中的遗传性和一切生物化学过程。

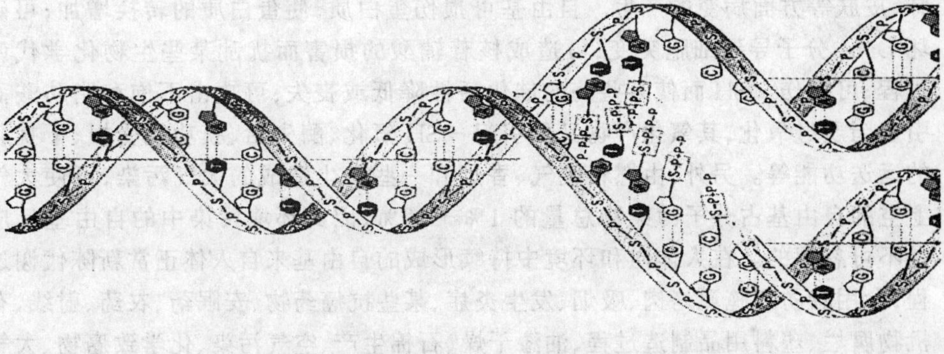

图5－15　DNA的半保留复制

§5.4.4.4　氧自由基与人体健康

所谓自由基，是指带有未成对价电子的分子、原子或离子，未成对电子具有配对成双的强烈趋向，因此，自由基具有很高的化学活性。

在生物体系中，电子转移是一个基本的变化。氧分子可以通过单电子接收反应依次转变为 $\dot{O}_2^-$、$HO_2^{\cdot}$、$HO^{\cdot}$ 和 HOOH 等中间产物，由于这些物质都是直接或间接地由分子氧转化而来，而且具有比分子氧更活泼的化学反应性能，故统称为活性氧，亦称氧自由基。超氧阴离子自由基 $\dot{O}_2^-$ 既可以作为还原剂提供电子，也可以作氧化剂接受电子，$\dot{O}_2^-$ 既可以与 H^+ 结合生成超氧酸根自由基 $HO_2^{\cdot}$，也可以与 HOOH 反应产生羟自由基 $HO^{\cdot}$。

$$\dot{O}_2^- + HOOH \xrightarrow{\text{铁螯合物}} O_2 + HO^{\cdot} + HO^-$$

$HO^{\cdot}$ 是化学性质最活泼的活性氧物种，其反应特点是几乎无选择性，与生物体内所有的物质，如糖、蛋白质、DNA、碱基、磷脂和有机酸等都能发生反应，且反应速率快，可以使非自由基物质分子转变成自由基。例如，$HO^{\cdot}$ 可与细胞膜及细胞内的生物大分子（用RH表示）发生作用：

$$RH + {}^{\cdot}OH \longrightarrow R^{\cdot} + H_2O$$

生成的有机自由基 $R^{\cdot}$ 还可以继续反应转变成 $RO_2^{\cdot}$

$$R^{\cdot} + O_2 \longrightarrow RO_2^{\cdot}$$

氧自由基通过上述方式产生、转变和传递，导致细胞损伤，引发各种疾病。许多研究表明，至少六十多种疾病与含氧自由基有关。由于 $\dot{O}_2^-$ 自由基可以使细胞质和细胞核中的核酸链断裂，因而导致肿瘤、炎症、衰老、血液病以及心、肝、肺、皮肤等方面病变的产生。自由基可损伤蛋白质，使蛋白质的转换增加；可破坏 DNA 分子导致细胞突变；可造成核苷辅酸的损害而扰乱某些生物化学代谢过程；可损伤 $-SH$ 而使某些酶的催化活性降低或丧失；可攻击不饱和脂肪酸而引起脂质过氧化，其氧化产物又可引起 $-SH$ 氧化、酶失活、膜功能受损、干扰膜的运送功能等。另外，由燃料废气、香烟和一些粉尘造成的大气污染，可使大气上空的自由基占分子污染物总量的 1%～10%，因此环境污染中的自由基反应是不可忽视的。在人体内和环境中持续形成的自由基来自人体正常新陈代谢过程，食用脂肪和腌熏烤肉、吸烟、发生炎症、某些抗癌药物、安眠药、农药、射线、有机物腐烂、塑料用品制造过程、油漆干燥、石棉生产、空气污染、化学致癌物、大气中的臭氧等也都能产生自由基。

在生物体内的 $\dot{O}_2^-$ 过量和不足对身体健康都是不利的。因此，$\dot{O}_2^-$ 的产生和消除应处于动态平衡，即生物体内活性氧自由基不断产生又不断被清除是生命所必需的过程，也有其重要的生理功能。正常生物体具有维持活性氧平衡生理浓度的能力，只有当活性氧的浓度失去控制时才会对生物体造成伤害，体内过多的 $\dot{O}_2^-$ 可以依靠超氧化物歧化酶（即 SOD）进行消除。SOD 是一种具有特定生物催化功能的蛋白质，广泛存在于自然界的动、植物和一些微生物体内。SOD 可以催化 $\dot{O}_2^-$ 的歧化反应而使其消失：

$$\dot{O}_2^- + \dot{O}_2^- + 2H^+ \xrightarrow{SOD} H_2O_2 + O_2$$

H_2O_2 也是一种活性氧，对人体健康同样是无益的，但它可以在过氧化氢酶的催化作用下被清除，因此在体内存在一套活性氧解毒系统，对机体起着保护作用。目前，研究自由基与人体健康的关系是一个备受关注的新领域。

习　题

1. 酸碱质子理论是怎样对酸碱进行定义的？写出下列质子酸或质子碱的离解反应，并写出离解常数的表达式。

① NH_3　② F^-　③ HPO_4^{2-}

2. 什么是质子酸碱的共轭关系？已知质子酸 HAc 的离解常数 $K^{\ominus}_{HAc}$ 为 1.75×10^{-5}，水的离子积 $K^{\ominus}_{w}$ 为 1.0×10^{-14}，试计算 $pK^{\ominus}_{Ac^-}$ 是多少？

3. 选择题(将正确答案的标号填入空格内)

(1) 向 $1.0\ dm^3$ $0.10\ mol\cdot dm^{-3}$ HAc 溶液中加入一些 NaAc 晶体并使之溶解，会发生的情况是________；

(a) HAc 的 $K^{\ominus}_{a}$ 值增大； (b) HAc 的 $K^{\ominus}_{a}$ 值减小；

(c) 溶液的 pH 值增大； (d) 溶液的 pH 值减小。

(2) 设氨水的浓度为 c，若将其稀释 1 倍，则溶液中 c_{OH^-} 为________；

(a) $\frac{1}{2}c$； (b) $\frac{1}{2}\sqrt{K^{\ominus}_{a}c}$； (c) $\sqrt{K^{\ominus}_{b}\frac{c}{2}}$； (d) $2c$。

(3) 设 AgCl 在水中、$0.01\ mol\cdot dm^{-3}$ $CaCl_2$ 中，$0.01\ mol\cdot dm^{-3}$ NaCl 中和 $0.05\ mol\cdot dm^{-3}$ $AgNO_3$ 中的溶解度分别为 s_0、s_1、s_2 和 s_3，它们之间的正确关系是________；

(a) $s_0>s_1>s_2>s_3$； (b) $s_0>s_2>s_1>s_3$；

(c) $s_0>s_1=s_2>s_3$； (d) $s_0>s_2>s_3>s_1$。

(4) 比较室温时 $0.1\ mol\cdot dm^{-3}$ Na_2CO_3 溶液和 $0.1\ mol\cdot dm^{-3}$ $NaHCO_3$ 溶液的 pH 值________；

(a) $NaHCO_3$ 溶液的 pH 值较大； (b) 两者 pH 值相等；

(c) Na_2CO_3 溶液的 pH 值较大。

4. 取 100 g $NaAc\cdot3H_2O$，加入 13 ml $6.0\ mol\cdot dm^{-3}$ 的 HAc 溶液，用水稀释至 $1.0\ dm^3$，此缓冲溶液的 pH 值是多少？若向此溶液通入 0.10 mol HCl 气体(忽略溶液体积的变化)，求溶液的 pH 值变化多少？已知 $K^{\ominus}_{HAc}$ 为 1.8×10^{-5}。

5. 分别计算 $0.10\ mol\cdot dm^{-3}$，$0.010\ mol\cdot dm^{-3}$，$0.001\ 0\ mol\cdot dm^{-3}$ 醋酸溶液的 pH 值。随着溶液醋酸浓度的减小，醋酸的离解度 α 将怎样变化？溶液的 pH 值又怎样变化？已知 $K^{\ominus}_{HAc}$ 为 1.8×10^{-5}。

6. 已知 $K^{\ominus}_{HAc}$ 为 1.8×10^{-5}，计算 $0.20\ mol\cdot dm^{-3}$ HAc 与 $0.10\ mol\cdot dm^{-3}$ NaAc 缓冲溶液的 pH 值。

7. 现有 125 ml 浓度为 $1.0\ mol\cdot dm^{-3}$ 的 NaAc 溶液，若全部用于配制 pH 值为 5.0 的缓冲溶液 250 ml，需要加入 $6.0\ mol\cdot dm^{-3}$ 的 HAc 溶液和水各多少 ml？若全部用于配制 500 ml pH 值为 5.0 的缓冲溶液需要加水多少 ml？pH 值同样是 5.0 的这两个缓冲溶液有什么区别呢？已知 $K^{\ominus}_{HAc}$ 为 1.8×10^{-5}。

8.(1) 混合溶液中 HAc 和 NaAc 的浓度均为 $0.100\ mol\cdot dm^{-3}$，计算该溶液的 pH 值。

(2) 向 1 dm^3 该溶液中加入 0.005 mol 的固体 NaOH（体积不变），溶液的 pH 值是多少？

(3) 在 1 dm^3 纯水中加入 0.005 mol 的固体 NaOH(体积不变)，溶液的 pH 值是多少？

已知：HAc 的离解常数为 1.8×10^{-5}。

9. 向 AgI 的饱和溶液中加入难溶盐 Ag_2CrO_4，则会使 AgI 的溶解度减小；若向 Ag_2CrO_4 的饱和溶液中加入难溶盐 AgI，则会使 Ag_2CrO_4 的溶解度增大。这种说法正确吗？请给出正确的解释。

10. 在 298 K 时，$PbCl_2$ 饱和溶液中 Pb^{2+} 的物质的量浓度为 3.75×10^{-5} $mol\cdot dm^{-3}$，试估算该温度下 $PbCl_2$ 的溶度积常数。

11. 已知 $K^{\ominus}_{sp,CaSO_4}=7.10\times10^{-5}$，$K^{\ominus}_{sp,CaCO_3}=4.96\times10^{-9}$。试计算，若使溶液中的 $CaSO_4$ 沉淀全部转化为 $CaCO_3$ 沉淀，溶液中 CO_3^{2-} 离子的浓度至少应为 SO_4^{2-} 离子浓度的多少倍？

12. 废水中 Cd^{2+} 离子的浓度为 $1.0\times10^{-5}mol\cdot dm^{-3}$，应调节溶液的 pH 值为多少，才能使 Cd^{2+} 离子以 $Cd(OH)_2$ 的形式沉淀出来？若 Cd^{2+} 离子浓度小于 0.10 $mol\cdot dm^{-3}$时才可以排放掉，此时溶液的 pH 值最小应为多少？已知 $M_{Cd}=114\ g\cdot mol^{-1}$，$K^{\ominus}_{sp,Cd(OH)_2}=5.27\times10^{-15}$。

13. 某溶液中含有 Cl^- 和 I^-，其浓度均为 0.001 $mol\cdot dm^{-3}$，向其中慢慢滴加 Ag^+（即溶液体积不变），问：哪种离子先被沉淀？当另一种离子刚开始被沉淀时，第一种离子的浓度是多少？已知：$K^{\ominus}_{sp,AgCl}=1.8\times10^{-10}$，$K^{\ominus}_{sp,AgI}=8.0\times10^{-16}$。

14. 已知 298 K 时，$K^{\ominus}_{f,[Ag(NH_3)_2]^+}=1.12\times10^{7}$，$K^{\ominus}_{sp,AgCl}=1.8\times10^{-10}$，试计算 AgCl 在 6.0 $mol\cdot dm^{-3}$氨水溶液中的溶解度。

第六章　氧化还原反应

上一章我们所讨论的酸碱反应、沉淀与溶解反应和配位反应等都是不发生电子转移的反应，称之为非氧化还原反应。我们把反应物之间有电子转移的化学反应称为氧化还原反应。在氧化还原反应中，低价态反应物给出电子自身价态升高的变化称为氧化反应，低价态反应物是还原剂，反应过程中被氧化；而高价态反应物得到电子自身价态降低的变化称为还原反应，高价态反应物是氧化剂，反应过程中被还原。在一定条件下实际发生的氧化还原反应总是氧化剂被还原，得到其还原产物；还原剂被氧化，得到其氧化产物。例如：

$$Fe^{3+}(aq) + Cu(s) \rightleftharpoons Cu^{2+}(aq) + Fe^{2+}(aq)$$

这是制造印刷线路板时所发生的一个氧化还原反应，低价态反应物单质铜给出电子，自身价态升高（转变为高价态的产物），是反应中的还原剂，发生氧化反应（还原剂失去电子被氧化）：

$$Cu(s) - 2e = Cu^{2+}(aq)$$

高价态反应物三价铁离子得到电子，自身价态降低（转变为低价态的产物 Fe^{2+}），是反应中的氧化剂，发生还原反应（氧化剂得到电子被还原）：

$$Fe^{3+}(aq) + e = Fe^{2+}(aq)$$

在氧化反应中，只有还原剂给出电子而并无物质接受，因此是不完整的，而在还原反应中，则只有氧化剂接受电子而并无物质给出，同样是不完整的，所以氧化反应和还原反应都称为半反应。若将两个半反应结合起来，即还原剂给出的电子全部由氧化剂接受，就可以得到一个完整的氧化还原反应。

在一个氧化还原反应的两个半反应中，都涉及到了某个元素的两个不同价态，我们把一个元素两个不同价态的物质称为一个**氧化还原电对**，电对中高价态的物质称为氧化态物质，低价态的物质称为还原态物质。氧化还原电对常用下面的符号表示：

氧化态物质/还原态物质

例如，在上面提到的反应中，就涉及到了 Cu^{2+}/Cu 和 Fe^{3+}/Fe^{2+} 两个电对。要特别注意，不管是氧化剂电对，还是还原剂电对，在书写电对符号时一定要写出不同价态元素实际上的主要存在形态，而且总是氧化态物质在上，还原态物质在下。例如，一价银离子与单质银组成的电对就有 Ag^+/Ag、$AgCl/Ag$、Ag_2O/Ag 等多种形式。此外，所谓氧化态物质就是可能起氧化剂作用的物质，还原态物质就是可能起还原剂作用的物质，但究竟一个电对中的氧化态物质是不是实际反应中的氧化剂，或一个电对中的还原态物质是不是实际反应中的还原剂，与氧化还原反应实际进行的方向有关。

§6.1 原电池

在一定温度和压力下，自发正向进行的化学反应的 $\Delta_r G_{m,T}<0$，例如：

$$\underbrace{Zn(s)+Cu^{2+}(aq)}_{2e}=\!=\!=Zn^{2+}(aq)+Cu(s)$$

这就是我们所熟悉的锌置换铜的反应，反应物转变成产物的同时，化学势能降低。若在烧杯中进行该反应，我们可以明确地观察到反应系统温度的升高，即反应放出了一定的热量。在烧杯中进行的这一反应，单质锌 Zn(s) 直接把电子转移给了溶液中的 $Cu^{2+}(aq)$，那么这一电子转移过程能否通过一个导线来进行呢？若可以的话，又怎么样来实现呢？

§6.1.1　原电池的基本概念

对上面所提问题的回答是肯定的。让我们来对图 6-1 所示的装置进行分析，看看这一系统发生了什么变化。

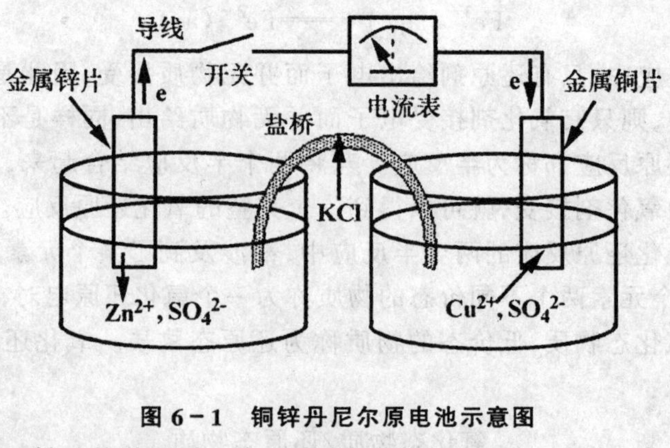

图 6-1　铜锌丹尼尔原电池示意图

在图 6-1 所示的装置中，将金属铜片插入 $CuSO_4$ 溶液，将金属锌片插入 $ZnSO_4$ 溶液，用导线经开关和电流表将金属锌片与铜片连接起来，同时用一个倒置的“U”型管将两个溶液连接起来，“U”型管中装满氯化钾等饱和的琼胶，允许正负离子在其中“自由运动”，称为盐桥。当我们把开关闭合时，由于金属锌的失电子能力比金属铜要强得多，因此，电子会由锌向铜转移，与各自的平衡状态相比，锌片上的电子密度会减小，多余出正电荷；而铜片上的电子密度会增加，多余出电子，所以在铜片上会发生如下的 Cu^{2+} 的得电子还原反应：

$$Cu^{2+}(aq) + 2e = Cu(s)$$

这一反应会降低铜片上的电子密度，同时会促进金属锌发生失电子氧化反应：

$$Zn^{2+}(s) - 2e = Zn^{2+}(aq)$$

这两个反应的发生会使电子在导线中由锌向铜定向运动，形成电流，但同时会使硫酸铜溶液中的铜离子浓度降低而多出部分带负电荷的硫酸根离子，也会使硫酸锌溶液中产生多余的带正电荷的锌离子。由于硫酸铜溶液中多出的负离子会吸引 Cu^{2+} 离子而阻碍其得电子的反应，同时，硫酸锌溶液中多出的正电荷会排斥锌离子的进入而阻碍 Zn 失去电子的反应，因此，电流就不能够持续。盐桥的使用为正负离子的扩散提供了通路，使硫酸铜溶液中多出的负离子可以通过盐桥向硫酸锌溶液中扩散，而硫酸锌溶液中多出的正离子会通过盐桥向硫酸铜溶液中扩散。这个问题的解决就可能在回路中形成持续的电流。

当我们把图 6-1 所示装置中的开关闭合时，能够观察到电流表指针发生了偏转，说明在回路中形成了持续的电流，同时，我们几乎观察不到溶液温度的变化。根据上面的分析，整个系统中电子只是发生了转移，并未增加或减少，因此，把在锌片上发生的反应和在铜片上发生的反应相加并消除电子，就可以得到由于电子转移而使物质所发生的化学变化：

$$Zn(s) + Cu^{2+}(aq) = Zn^{2+}(aq) + Cu(s)$$

整个变化与在烧杯中进行的锌置换铜的反应在形式上完全一样，亦即化学反应的始态和终态完全一样，所不同的是反应进行的途径，放出能量的形式也不同。反应在烧杯中直接进行时，化学能以热能的形式被释放出来，而通过图 6-1 所示装置进行时，化学能是以电能的形式被释放出来的。我们把使化学能转变成电能的装置称为**原电池**，简称电池，电池中发生的化学反应称为电池反应，电池发生电池反应的过程也称为电池的放电。图 6-1 所示的装置就是由丹尼尔首先发明的原电池的示意图，称为丹尼尔铜锌原电池，其中所发生的电池反应实质上就是锌置换铜的氧化还原反应。

例 6.1　请认真思考后回答下面的几个问题：

(1) 如果将图 6-1 所示的丹尼尔电池中的盐桥去掉，把硫酸铜溶液和硫酸锌溶液混合，再插入铜片和锌片，能够形成原电池吗？若能够形成原电池，它与丹尼尔电池有什么异同？

(2) 把(1)中的硫酸锌溶液去掉,只剩下硫酸铜溶液,能够形成原电池吗?若能够形成原电池,试判断电池(1)、电池(2)和丹尼尔电池的反应速率由大到小的顺序。

(3) 把(2)中的硫酸铜溶液换成硫酸镍溶液,能够形成原电池吗?若能形成原电池,请写出所发生的电池反应?若把(2)中的硫酸铜溶液或丹尼尔电池中的硫酸铜溶液换成硫酸溶液呢?

(4) 把(2)中的硫酸铜溶液换成四氯化碳,能够形成原电池吗?

(5) 把(2)中铜片换成石墨棒,能够形成原电池吗?若能够形成原电池,其电池反应与丹尼尔电池一样吗?若把(2)中锌片换成石墨棒又会是什么情况呢?

解答:(1) 如果将图 6-1 所示的丹尼尔电池中的盐桥去掉,把硫酸铜溶液和硫酸锌溶液混合,再插入铜片和锌片,同样能够形成原电池,它与丹尼尔电池的相同之处是:开关闭合时所发生的电池反应一样;它与丹尼尔电池的不同之处是:开关断开时丹尼尔电池不会发生反应,而电池(1)虽不会发生电池反应,但会发生锌置换铜的氧化还原反应;开关闭合时由于电池(1)中没有用盐桥,正负离子扩散的阻力小、速率大,所以电池反应速率比丹尼尔电池要大,即电池(1)的放电速度快;在电池(1)放电时会伴随锌置换铜的氧化还原反应。

(2) 把(1)中的硫酸锌溶液去掉,只剩下硫酸铜溶液,同样能够形成原电池,电池反应速率由大到小的顺序是:电池(2)>电池(1)>丹尼尔电池。

(3) 若把电池(2)中的硫酸铜溶液换成硫酸镍溶液,也能够形成原电池,所发生的电池反应如下:

锌片上:$Zn(s) - 2e \xlongequal{} Zn^{2+}(aq)$

铜片上:$Ni^{2+}(aq) + 2e \xlongequal{} Ni(s)$

电池反应:$Zn(s) + Ni^{2+}(aq) \xlongequal{} Zn^{2+}(aq) + Ni(s)$

若把电池(2)中的硫酸铜溶液或丹尼尔电池中的硫酸铜溶液换成硫酸溶液,同样能够形成原电池,在锌片上的反应是一样的,但在铜片上则发生氢离子得电子的还原反应:

铜片上:$2H^{+}(aq) + 2e \xlongequal{} H_2(g)$

电池反应:$Zn(s) + 2H^{+}(aq) \xlongequal{} Zn^{2+}(aq) + H_2(g)$

这个电池反应也就是锌在酸溶液中置换出氢气的氧化还原反应。

(4) 若把电池(2)中的硫酸铜溶液换成四氯化碳,由于四氯化碳不能够导电,这就相当于去掉了丹尼尔电池中的盐桥而无法形成电流回路,因此不能够形成原电池。

(5) 若把电池(2)中的铜片换成石墨棒，由于石墨棒是电的良导体，并不影响铜离子得电子的还原反应，所以可以形成原电池，且其电池反应与丹尼尔电池一样，都是锌置换铜的氧化还原反应；但若把(2)中的锌片换成石墨棒，由于没有了金属锌片，因此也就不会发生单质锌失去电子的氧化反应(虽然在理论上溶液中的氢氧根负离子和硫酸根负离子也可能会失去电子并通过导线将电子转移到铜片上，但在这种条件下实际上是不会发生的)，这也就阻止了铜片上铜离子得电子的还原反应，所以无法形成原电池。

在丹尼尔电池的回路中，从锌片经导线、开关和用电器等到铜片是外电路，从铜片经溶液到锌片是内电路。根据物理学中的规定，外电路中电子流入的一端称为正极，用符号“(+)”表示，外电路中电子流出的一端称为负极，用符号“(-)”表示。我们把连接内外电路的导电材料称为电极。在图 6-1 所示的丹尼尔电池中，铜片称为铜电极，外电路电子流入，是电池的正极；锌片称为锌电极，外电路电子流出，是电池的负极。电池中的每个电极和与其相连接的电解质溶液及相关装置相当于电池的一半，因此称作半电池。一个电池中发生在电极上的反应称为电极反应，也就是发生在半电池中的反应，故也称作半电池反应，简称半反应。在一个实际电池的负极半电池中，一定是发生失去电子的氧化反应，而在一个实际电池的正极半电池中，一定是发生得到电子的还原反应。例如在实际的丹尼尔铜锌电池中：

锌电极即负极上发生的电极反应或半电池反应：

$Zn(s) - 2e = Zn^{2+}(aq)$　是失去电子的氧化反应

铜电极即正极上发生的电极反应或半电池反应：

$Cu^{2+}(aq) + 2e = Cu(s)$　是得到电子的还原反应

由电池中两个电极上发生的半反应相加并消除电子，就可得到总的电池反应：

$$Zn(s) + Cu^{2+}(aq) = Zn^{2+}(aq) + Cu(s)$$

电池中的电极的正负是从电的角度由物理学规定的，为了强调电极上发生的化学变化，我们从化学的角度规定：发生氧化反应的电极称为阳极，发生还原反应的电极称为阴极。因此，发生失电子氧化反应的负极是原电池的阳极，而发生得电子还原反应的正极是原电池的阴极。在丹尼尔电池中，锌阳极(即负极)上发生的半反应涉及到了 $Zn^{2+}-Zn$ 电对 Zn^{2+}/Zn，铜阴极(即正极)上发生的半反应涉及到了 $Cu^{2+}-Cu$ 电对 Cu^{2+}/Cu。从化学的角度我们可以认为，由 Zn^{2+}/Zn 电对构成了锌电极，由 Cu^{2+}/Cu 电对构成了铜电极。任意两个电极都可以组成一个原电池。在丹尼尔电池所涉及到的这两个电对中，Zn^{2+} 和 Cu^{2+} 都是氧化态物质,但 Cu^{2+} 是实际上的氧化剂;Zn 和 Cu 都是还原态物质,但 Zn 是实际上的还原剂。

通过上面的讨论我们知道,电池反应与相对应的氧化还原反应的始终态完全相同,不同的只是反应进行的途径。因此我们可以得出一个结论:任意一个氧化还原反应无论是在烧杯中或其它反应器中进行,还是在一个原电池中进行,所有状态函数的变化值都不会发生任何改变。在强调这一点的同时我们还应该注意:一般情况下进行的化学反应的非体积功 W' 是为零的,而电池反应的非体积功 W'、即电功 W_e 是不为零的。

我们知道,电极和由其构成的原电池都是实际上的装置,为了方便应用起见,我们可以将它们用符号来进行表示。例如,丹尼尔铜锌原电池的表示符号如下:

$$(-)Zn(s)|Zn^{2+}(c_{Zn^{2+}})\parallel Cu^{2+}(c_{Cu^{2+}})|Cu(s)(+)$$

原电池符号一般是按下面的基本规则书写的:

原电池的表示符号是从负极开始写的,首先在最左边写出负极的表示符号(-),再写出负极材料,沿着原电池的内电路一直写到正极材料,最后在最右边写出正极的表示符号(+)。书写的符号要能够表达出电池组成的物相、物种及其作用,若遇到不同物相之间的界面,就用"|"表示;若遇到盐桥,就用"‖"表示;同一相态中的不同物种之间一般要加上",";固相相态的不同物种之间也可以加上"|"。

在书写原电池表示符号时还要特别注意:不仅要写出组成电极的氧化态物质和还原态物质,还要写出它们转化时的介质条件;电池放电时的各物种的温度和压力可以在叙述中说明,若没有特别说明,则均是暗指 298.15 K 和 100 kPa;在电池符号中不用写出溶剂,而在书写与电池反应直接相关的物种时要同时标出其浓度或气体的分压。例如在铅蓄电池放电时:

负极发生的反应是:

$$(-)\quad Pb(s)+SO_4^{2-}-2e = PbSO_4(s)$$

正极发生的反应是:

$$(+)\quad PbO_2(s)+4H^++SO_4^{2-}+2e = PbSO_4(s)+2H_2O$$

电池放电的总反应:

$$Pb(s)+PbO_2(s)+4H^++SO_4^{2-} = 2PbSO_4(s)+2H_2O$$

其电池符号如下:

$$(-)Pb(s),PbSO_4(s)|SO_4^{2-}(c_{SO_4^{2-}}),H^+(c_{H^+})|PbSO_4(s),PbO_2(s)|Pb(s)(+)$$

在铅蓄电池正极的金属铅,仅仅是导电材料,起到转移电子的作用,而并不参与正极的电极反应。我们把仅起导电作用的电极称为“惰性电极”，惰性电极在理论上是可以用其它导电材料如反应活性很低的贵金属铂或石墨等进行替代的。因此我们可以将铅蓄电池中正极的金属铅用石墨等导电材料代替，但负极的金属铅在电池放电时不仅参与了转移电子的导电作用，同时还参与了电极反应，因此是非惰性电极，是不能用其它的导电材料替代的。

任意一个电池都有两个电极，像电池一样，每个电极也都可以用符号来表示，其书写原则与电池符号的书写原则类似。例如：

由电对 Cu^{2+}/Cu 构成的铜电极符号为

$$Cu^{2+}(c_{Cu^{2+}})|Cu(s) \text{或} Cu(s)|Cu^{2+}(c_{Cu^{2+}});$$

由电对 Zn^{2+}/Zn 构成的锌电极符号为

$$Zn^{2+}(c_{Zn^{2+}})|Zn(s) \text{或} Zn(s)|Zn^{2+}(c_{Zn^{2+}});$$

由电对 $PbSO_4/Pb$ 构成的电极符号为

$$Pb(s),PbSO_4(s)|SO_4^{2-}(c_{SO_4^{2-}}) \text{或} SO_4^{2-}(c_{SO_4^{2-}})|PbSO_4(s),Pb(s)$$

由电对 $PbO_2/PbSO_4$ 构成的电极符号为

$$SO_4^{2-}(c_{SO_4^{2-}}),H^+(c_{H^+})|PbSO_4(s),PbO_2(s)$$

或 $PbO_2(s),PbSO_4(s)|H^+(c_{H^+}),SO_4^{2-}(c_{SO_4^{2-}})$

由于仅有某一个电极时并不知道它是某个电池的正极还是负极，所以在书写电极符号时不写出正极或是负极的符号；同时也无法确定相界面两侧的物种中何者在概念上更接近正极或是负极，因此在电极符号中相界面两侧物种的位置是可以互换的。这一点从上面的例子中可以看得出来。

§6.1.2 电极电势与原电池的电动势

前面讲过，若接通回路使原电池放电，化学能就会转变成电能而释放出来，在回路中就会产生电流。这说明在原电池的正负极之间存在着一定的电势差，这一电势差就称之为原电池的电动势或电池的电压，用符号“E”表示，单位为伏(特)(V)。若用 φ_+ 表示正极的电势，用 φ_- 表示负极的电势，则原电池的电动势为

$$E=\varphi_+-\varphi_- \tag{6-1}$$

电池电动势可以用实验的方法进行测定。由前面的分析知道，参与反应物质浓度(或压力)的改变会影响其得失电子的能力，即电池的电动势，因此，电动势的测定必须在电流无限接近于零的条件下进行。常用的测量电池电动势的方法是对消法，其基本原理是通过工作电池施加一个与待测电池数值相同、方向相

反的电动势，使电路中无电流通过。如图 6－2 所示。

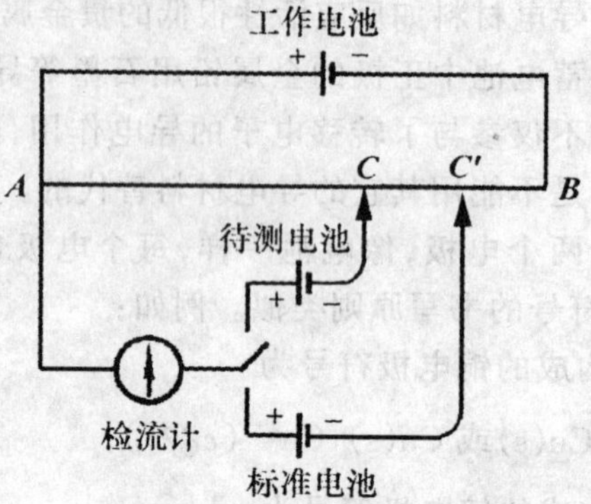

图 6－2　对消法测定电动势的原理

工作电池在均匀滑变分压电阻 AB 上产生均匀电势降，待测电池的正极经过检流计与工作电池的正极相连，负极连接到一个滑动接触点 C 上，改变滑动接触点 C 的位置，使检流计中无电流通过，则待测电池的电动势 E 就与 AC 两点之间的电势差相等。

为了求得 AC 两点之间的电势差，可换用已知电动势为 E_s 且保持恒定的标准电池与工作电池相连，用同样方法可以找出使检流计中无电流通过的另一点 C'，则 AC' 段的电势差就等于 E_s。因电势差与两点之间的距离 l 成正比，故待测电池的电动势 E_x 为

$$E_x = E_s \frac{l_{AC}}{l_{AC'}}$$

原电池的电动势或电压来源于正、负极之间电势的差值，那么正负极的电极电势到底是怎样产生的呢？

以将金属插入含有该金属离子的溶液中所构成的金属电极为例。在金属中存在着大量的自由电子和金属离子，一方面由于受到极性水分子的吸引，一些金属离子会进入溶液；另一方面，溶液中的金属离子碰到金属表面时，也会与金属中的电子结合而沉积到金属表面。当金属的溶解速率与金属离子的沉积速率相等时，就达到了动态平衡。由于平衡时进入溶液的金属离子总数与沉积到金属表面的金属离子总数并不相等，所以会使金属和溶液带有相反的电荷，但这些电荷并非是均匀地分散在金属中和溶液中的，而是在静电引力作用下集中在金属和溶液的界面处，形成正负两个电层，称为双电层，如图 6－3 所示。金属和溶液的双电层之间的电势差 $\Delta\varphi$ 就是金属电极的电极电势（electrode potential），单位是伏特。它主要取决于金属的种类、溶液中金属离子的浓度以及温度等因素。

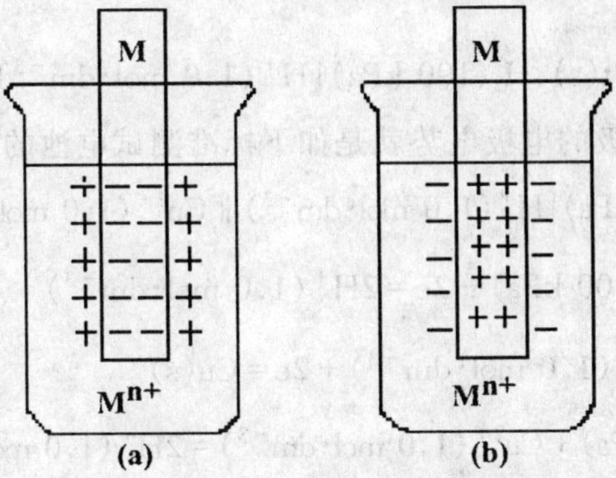

图 6－3　双电层示意图

若组成电极(或参与电极反应)的所有物质均处在各自的标准条件下,则相应电极就称为标准电极,其电极电势用符号 $\varphi^{\ominus}$表示。若一个原电池是由两个标准电极组成的,则称为标准原电池,其电动势用符号 $E^{\ominus}$表示。则

$$E^{\ominus}=\varphi_{+}^{\ominus}-\varphi_{-}^{\ominus} \tag{6-2}$$

由于电极电势的绝对值至今还无法用实验方法进行测定,所以我们使用的都是其相对值。相对电极电势值的确定方法是:以任何一个待测电极为正极与规定的标准参比电极(为负极)组成一个测试电池,并规定该标准参比电极的电极电势为零,则此测试电池的电动势 E_t(可以用实验测定)即为待测电极的电极电势 φ_x。若待测电极是一个标准电极,那么对应的测试电池就是一个标准测试电池,相应的电池电动势 $E_t^{\ominus}$ 就是其标准电极电势 $\varphi_x^{\ominus}$。由于规定了待测电极为测试电池的正极,因此就规定了待测电极要进行还原反应,故用这种方法得到的相对电极电势称为还原电极电势。在 1953 年,IUPAC 建议用氧化还原电对 H^+/H_2 所构成的标准氢电极为规定的标准参比电极,并规定 $\varphi_{H^+/H_2}^{\ominus}=0$ V。氢电极的结构是:把镀有高活性铂黑的铂片插入氢离子溶液中,并不断通入氢气使铂黑吸附且维持饱和状态。当氢离子和氢气均处在各自的标准条件下时,就得到标准氢电极,如图 6－4 所示,其电极符号为

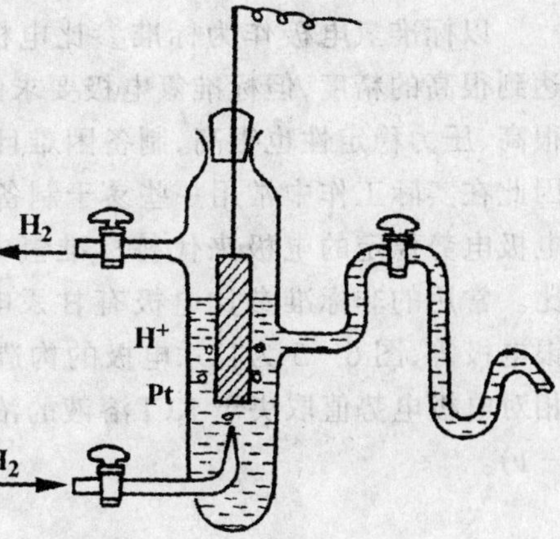

图 6－4　氢电极的构造

$$Pt(s),H_2(100\ kPa)|H^+(1.0\ mol\cdot dm^{-3})$$

例如,标准铜电极的电极电势就是如下标准测试电池的电动势:

$$(-)Pt(s),H_2(100\ kPa)|H^+(1.0\ mol\cdot dm^{-3})\|Cu^{2+}(1.0\ mol\cdot dm^{-3})|Cu(s)(+)$$

负极反应:$H_2(100\ kPa)-2e=2H^+(1.0\ mol\cdot dm^{-3})$

正极反应:$Cu^{2+}(1.0\ mol\cdot dm^{-3})+2e=Cu(s)$

电池反应:$H_2(100\ kPa)+Cu^{2+}(1.0\ mol\cdot dm^{-3})=2H^+(1.0\ mol\cdot dm^{-3})+Cu(s)$

标准铜电极的电极电势:$\varphi_{Cu^{2+}/Cu}=E_t^\ominus=+0.337\ V$

再例如,标准锌电极的电极电势就是如下标准测试电池的电动势:

$$(-)Pt(s),H_2(100\ kPa)|H^+(1.0\ mol\cdot dm^{-3})\|Zn^{2+}(1.0\ mol\cdot dm^{-3})|Zn(s)(+)$$

负极反应:$H_2(100\ kPa)-2e=2H^+(1.0\ mol\cdot dm^{-3})$

正极反应:$Zn^{2+}(1.0\ mol\cdot dm^{-3})+2e=Zn(s)$

电池反应:$H_2(100\ kPa)+Zn^{2+}(1.0\ mol\cdot dm^{-3})=2H^+(1.0\ mol\cdot dm^{-3})+Zn(s)$

标准锌电极的电极电势:$\varphi^\ominus_{Zn^{2+}/Zn}=E_t^\ominus=-0.762\ 8\ V$

很明显,这一测试电池反应与实际进行的电池反应方向是相反的,这一点是通过实验测出的电动势为负值来体现的。若测试电池反应与实际进行的电池反应方向相同,则测出的电动势就会是正值。

以标准氢电极作为标准参比电极虽然可以达到很高的精度,但标准氢电极要求的氢气纯度很高、压力稳定性也很高,制备困难且使用不便。因此在实际工作中常用一些易于制备和使用,且电极电势稳定的电极来代替标准氢电极作为参比。常用的非标准参比电极有甘汞电极和氯化银电极等,图 6-5 为甘汞电极的构造示意图,其相对电极电势值取决于 KCl 溶液的浓度(见表 6-1)。

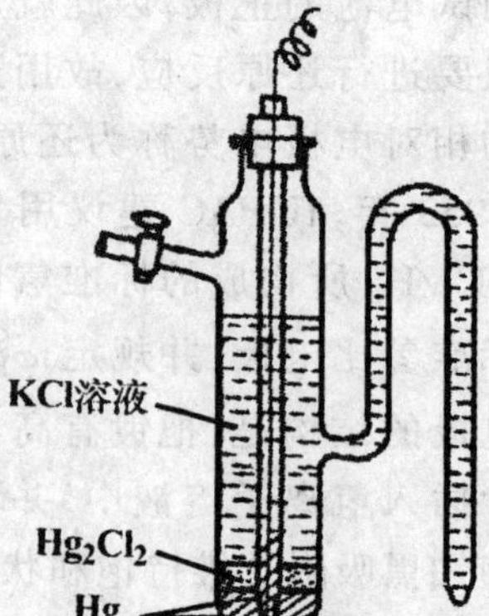

图 6-5 甘汞电极示意图

表 6－1　25 ℃时不同甘汞电极的相对电极电势

甘汞电极名称	KCl 溶液的浓度/$mol\cdot dm^{-3}$	电极电势/V
0.1 $mol\cdot dm^{-3}$甘汞电极	0.1	+0.336 5
标准甘汞电极	1.0	+0.282 8
饱和甘汞电极	饱和溶液	+0.243 8

§6.2　能斯特方程以及电极电势的应用

前面我们已经反复强调，原电池反应与构成电池的氧化还原反应的始终态是一样的，不同的只是反应进行的途径，因此，所有状态函数的变化值也都不会改变。在一定的温度和压力下，若电池反应进行的过程是无限缓慢的可逆过程，即电池放电速率无限小，电流无限接近于零，根据化学热力学可以知道，电池反应系统化学势能的降低 $-\Delta_r G_m(T)$ 可以全部用来对外做电功 W_e，亦即

$$-\Delta_r G_m(T) = W_e \quad 或 \quad \Delta_r G_m(T) = -W_e \tag{6-3}$$

按照这一观点，对于大量自发进行的非氧化还原反应，其化学势能的降低也应该可以转变为电能，也就是说，自发进行的非氧化还原反应也应该可以构成原电池。事实上正是如此，只要我们保持反应的始、终态不变，合理地改变反应进行的途径，借助于有电子转移的氧化还原反应来进行非氧化还原反应，就可以将其构成原电池了。

我们知道，原电池放电时通过外电路转移电子的数量取决于相应氧化还原反应时氧化剂与还原剂之间转移电子的数量，据此即可计算出电池放电对外所做的电功。

§6.2.1　法拉第定律

原电池放电对外所做的电功为

$$W_e = IEt \tag{6-4}$$

其中，I 是通过外电路的电流；E 是原电池的电动势即电压；t 是通电时间，即电池放电时间或电池反应进行的时间。

由物理学我们知道，电流是单位时间里通过某一截面的电量。若在电池放电时间 t 内氧化还原反应的氧化剂与还原剂之间转移电子的物质的量为 n，则有

$$q = nF \tag{6-5}$$

其中，$F = (1.602\ 177\ 33 \times 10^{-19}) \times (6.022\ 136\ 7 \times 10^{23}) = 96\ 485.3\ \mathrm{C \cdot mol^{-1}}$，是一摩尔电子所带的电量，称为法拉第(M. Faraday)常数，实际计算中可使用其近似值 96 500 $\mathrm{C \cdot mol^{-1}}$，该式即为法拉第定律，它表示了通过电路的电量与发生电池反应的物质的量之间的关系。根据法拉第定律，我们可以通过测定电化学过程中反应物或产物物质的量的变化，再计算出电路中通过的电量，相应的装置称为电量计或库仑计，最常用的有银电量计等。

q 是时间 t 内通过某一截面的电量，即电池反应所转移的电量。因此，外电路中的电流可以表示为

$$I = \frac{q}{t} = \frac{nF}{t} \tag{6-6}$$

将(6-5)式和(6-6)式代入(6-4)式可得

$$W_e = nFE \tag{6-7}$$

§6.2.2 能斯特方程

对于任意一个原电池反应 $aA + bB \longrightarrow lL + mM$，我们将(6-7)式代入(6-3)式中可得

$$\Delta_r G_m(T) = -nFE \tag{6-8}$$

标准原电池中所有的物质均处在各自的标准条件下，因此

$$\Delta_r G_m^{\ominus}(T) = -nFE^{\ominus} \tag{6-9}$$

将(6-8)、(6-9)两式代入范德霍夫(Van't Hoff)等温式，即(4-45)式

$$\Delta_r G_m(T) = \Delta_r G_m^{\ominus}(T) + RT\ln \frac{[c_L/c_L^{\ominus}]^l [c_M/c_M^{\ominus}]^m}{[c_A/c_A^{\ominus}]^a [c_B/c_B^{\ominus}]^b}$$

或
$$\Delta_r G_m(T) = \Delta_r G_m^{\ominus}(T) + RT\ln Q$$

整理后可得

$$E = E^{\ominus} - \frac{RT}{nF}\ln \frac{[c_L/c_L^{\ominus}]^l [c_M/c_M^{\ominus}]^m}{[c_A/c_A^{\ominus}]^a [c_B/c_B^{\ominus}]^b} \tag{6-10}$$

即
$$E = E^{\ominus} - \frac{RT}{nF}\ln Q \tag{6-11}$$

该式就是用于计算电池电动势的能斯特(Nernst)方程，要根据电池反应和

实际条件写出反应商并进行计算。能斯特方程描述了温度、物质浓度等因素对电池电动势的影响。如不指明温度，则均指 298.15 K，此时能斯特方程可写成如下形式：

$$E = E^{\ominus} - \frac{0.059}{n}\lg Q \tag{6-12}$$

对于一个标准原电池，由于各物质均处于标准条件下，故它们的相对浓度均为 1，原电池反应的反应商也为 1，故有

$$E = E^{\ominus} \tag{6-13}$$

根据前面所讲相对电极电势的确定方法，若要测定任一电对所构成电极的电极电势 $\varphi_{[O]/[R]}$（其中[O]和[R]分别表示电对中氧化态物质和还原态物质的主要存在形式），可以将其作为正极与标准氢电极组成测试电池，电极反应和电池反应如下：

负极，即标准氢电极的反应：$H_2(100\ \mathrm{kPa}) - 2e = 2H^+(1.0\ \mathrm{mol \cdot dm^{-3}})$

正极，即待测电极的反应：$[O] + ne = [R]$

电池反应：$[O] + \frac{n}{2}H_2(p^{\ominus}) = [R] + nH^+(1.0\ \mathrm{mol \cdot dm^{-3}})$

用(6－10)式计算该测试电池的电动势，有

$$E_t = E_t^{\ominus} - \frac{RT}{nF}\ln \frac{[R][c_{H^+}/c_{H^+}^{\ominus}]^n}{[O][p_{H_2}/p_{H_2}^{\ominus}]^{\frac{n}{2}}}$$

$$E_t = E_t^{\ominus} - \frac{RT}{nF}\ln \frac{[R][1.0\ \mathrm{mol \cdot dm^{-3}}/1.0\ \mathrm{mol \cdot dm^{-3}}]^n}{[O][100\ \mathrm{kPa}/100\ \mathrm{kPa}]^{\frac{n}{2}}}$$

即

$$E_t = E_t^{\ominus} - \frac{RT}{nF}\ln \frac{[R]}{[O]}$$

对于测试电池，因为 $E_t = \varphi_{[O]/[R]}$，$E_t^{\ominus} = \varphi^{\ominus}_{[O]/[R]}$，故有

$$\varphi_{[O]/[R]} = \varphi^{\ominus}_{[O]/[R]} - \frac{RT}{nF}\ln \frac{[R]}{[O]} \tag{6-14}$$

在 298.15 K 时写成如下形式：

$$\varphi_{[O]/[R]} = \varphi^{\ominus}_{[O]/[R]} - \frac{0.059}{n}\lg \frac{[R]}{[O]} \tag{6-15}$$

(6－14)式和(6－15)式是用于计算电极电势的能斯特(Nernst)方程。这两式中的反应商实质上对应于测试电池的电池反应，但由于测试电池中标准氢电

极各物质的相对浓度或相对压力均为1，所以在使用时的反应商可以根据待测电对的还原反应来写。

在使用能斯特方程进行电动势或电极电势的计算时应注意如下的三个问题：

1）在非极端压力下，若参与反应的物质是纯的凝聚态物质，则其相对浓度可以近似认为是1，在能斯特方程中可以不用写出；

2）若在电极反应或电池反应中除氧化态物质与还原态物质外，还有参与反应的其它物质，如 H^+、OH^- 等，则在使用能斯特方程式时也要考虑这些物质；

3）电极电势和电池电动势都是强度性质，不具有加和性，因此，不论电池反应如何书写，电动势的值都保持不变。换句话说，电极电势或电池电动势与反应方程式的写法无关。

例 6.2 试计算如下电池的电动势：

$(-)Zn(s)|Zn^{2+}(0.8\ mol\cdot dm^{-3})\|Cu^{2+}(0.08\ mol\cdot dm^{-3})|Cu(s)(+)$

已知：$\varphi^{\ominus}_{Cu^{2+}/Cu}=0.337\ V$，$\varphi^{\ominus}_{Zn^{2+}/Zn}=-0.762\ 8\ V$

解 首先写出电极反应和电池反应的方程式：

负极反应：$Zn(s)-2e═Zn^{2+}(0.8\ mol\cdot dm^{-3})$

正极反应：$Cu^{2+}(0.08\ mol\cdot dm^{-3})+2e═Cu(s)$

电池反应：$Zn(s)+Cu^{2+}(0.08\ mol\cdot dm^{-3})=Zn^{2+}(0.8\ mol\cdot dm^{-3})+Cu(s)$

根据(6－12)式进行计算，因为

$$E^{\ominus}=\varphi^{\ominus}_{+}-\varphi^{\ominus}_{-}=\varphi^{\ominus}_{Cu^{2+}/Cu}-\varphi^{\ominus}_{Zn^{2+}/Zn}$$
$$=0.337\ V-(-0.7628\ V)$$
$$=1.100\ V$$

故
$$E=E^{\ominus}-\frac{0.059}{n}\lg Q$$
$$=E^{\ominus}-\frac{0.059}{n}\lg\frac{c_{Zn^{2+}}/c^{\ominus}_{Zn^{2+}}}{c_{Cu^{2+}}/c^{\ominus}_{Cu^{2+}}}$$
$$=1.100\ V-\frac{0.059}{2}\lg\frac{0.8\ mol\cdot dm^{-3}/1.0\ mol\cdot dm^{-3}}{0.08\ mol\cdot dm^{-3}/1.0\ mol\cdot dm^{-3}}$$
$$=1.071\ V$$

也可以根据(6－15)式进行计算：

正极的电极电位：

$$\varphi_{Cu^{2+}/Cu}=\varphi^{\ominus}_{Cu^{2+}/Cu}-\frac{0.059}{n}\lg\frac{1}{c_{Cu^{2+}}/c^{\ominus}_{Cu^{2+}}}$$
$$=0.337\ V-\frac{0.059}{2}\lg\frac{1}{0.08\ mol\cdot dm^{-3}/1.0\ mol\cdot dm^{-3}}$$

$$=0.305\ \mathrm{V}$$

负极的电极电位：

$$\varphi_{Zn^{2+}/Zn}=\varphi^{\ominus}_{Zn^{2+}/Zn}-\frac{0.059}{n}\lg\frac{1}{c_{Zn^{2+}}/c^{\ominus}_{Zn^{2+}}}$$

$$=-0.762\,8\ \mathrm{V}-\frac{0.059}{2}\lg\frac{1}{0.8\ \mathrm{mol\cdot dm^{-3}}/1.0\ \mathrm{mol\cdot dm^{-3}}}$$

$$=-0.766\ \mathrm{V}$$

电池电动势：

$$E=\varphi_{+}-\varphi_{-}=\varphi_{Cu^{2+}/Cu}-\varphi_{Zn^{2+}/Zn}$$

$$=0.305\ \mathrm{V}-(-0.766\ \mathrm{V})$$

$$=1.071\ \mathrm{V}$$

答：原电池的电动势为 1.071 V。

例 6.3　已知甘汞电极的标准电极电位 $\varphi^{\ominus}_{Hg_2Cl_2/Hg}=0.282\,8$ V，试计算 KCl 溶液浓度为 0.1 $\mathrm{mol\cdot dm^{-3}}$ 时甘汞电极的电极电势。

解　甘汞电极的还原反应为

$$Hg_2Cl_2(s)+2e=\!=\!=2Hg(l)+2Cl^-(0.1\ \mathrm{mol\cdot dm^{-3}})$$

根据(6－15)式可得

$$\varphi_{Hg_2Cl_2/Hg}=\varphi^{\ominus}_{Hg_2Cl_2/Hg}-\frac{0.059}{n}\lg\left(\frac{c_{Cl^-}}{c^{\ominus}_{Cl^-}}\right)^2$$

$$=0.282\,8\ \mathrm{V}-\frac{0.059}{2}\lg\left(\frac{0.1\ \mathrm{mol\cdot dm^{-3}}}{1.0\ \mathrm{mol\cdot dm^{-3}}}\right)^2$$

$$=0.342\ \mathrm{V}$$

答：KCl 溶液浓度为 0.1 $\mathrm{mol\cdot dm^{-3}}$ 时甘汞电极的电极电势为 0.342 V。

在使用能斯特方程进行电极电势或电池电动势的计算时要用到已配平的反应，下面我们介绍一种氧化还原反应方程式常用的配平方法——离子-电子法。

离子-电子法配平氧化还原反应方程式的基本原则是：

1）反应过程中氧化剂得到的电子数一定等于还原剂失去的电子数，

2）反应前后元素原子的种类和数量不变，电荷数也不变。

通常只用于水溶液中进行的离子氧化还原反应，配平的一般步骤可以通过下面的例子来说明。

例 6.4　用离子-电子法配平高锰酸钾在酸性条件下将 Fe^{2+} 氧化为 Fe^{3+} 的反应。

解　第一步：首先写出氧化剂电对和还原剂电对所发生半反应的主要反应物和产物。

氧化剂电对发生的半反应：$MnO_4^- + 5e \longrightarrow Mn^{2+}$

还原剂电对发生的半反应：$Fe^{2+} - e \longrightarrow Fe^{3+}$

第二步：分别配平两个半反应。配平时要注意：酸性条件下，多出的氧原子可以通过与氢离子作用转变成水分子；碱性条件下，多出的氧原子可以通过与水分子作用转变成氢氧根离子。本例中，还原剂电对所发生的半反应已经是配平的反应，只需配平氧化剂电对发生的半反应。

已配平的氧化剂电对发生的半反应：$MnO_4^- + 8H^+ + 5e = Mn^{2+} + 4H_2O$

第三步：根据氧化剂得到的电子数一定等于还原剂失去的电子数的原则，将已经配平的两个半反应乘以适当的系数并相加减，以消去电子，就可以得到配平的氧化还原反应。

$$MnO_4^- + 5Fe^{2+} + 8H^+ = Mn^{2+} + 5Fe^{3+} + 4H_2O$$

请自己用离子-电子法配平反应：$MnO_2 + H^+ + Cl^- \longrightarrow Zn^{2+} + Cl_2$

例 6.5 试用离子-电子法配平反应：$Zn + NO_3^- \xrightarrow{OH^-} ZnO_2^{2-} + NH_3$

解 氧化剂电对发生的半反应：$NO_3^- + 8e \longrightarrow NH_3$，反应物一边多出 3 个氧原子，用 3 个水分子可以将其转化为产物中的 6 个 OH^-，产物中多出 3 个氢原子，需要用反应物中的 3 个水分子提供，同时会产生 3 个 OH^-，因此可以得到如下配平的半反应：

$$NO_3^- + 6H_2O + 8e = NH_3 + 9OH^-$$

还原剂电对发生的半反应：$Zn - 2e \longrightarrow ZnO_2^{2-}$，产物中多出 2 个氧原子，需要用反应物中的 4 个 OH^- 提供，同时会产生 2 个水分子，因此可以得到如下配平的半反应：

$$Zn + 4OH^- - 2e = ZnO_2^{2-} + 2H_2O$$

将该反应乘以 4 并与上面已配平的半反应相加消去电子，整理后可得配平的反应：

$$4Zn + NO_3{}^- + 7OH^- = 4ZnO_2^{2-} + NH_3 + 2H_2O$$

离子－电子法对于氧化还原反应方程式的配平是非常方便的，在利用能斯特方程式进行相关计算时常用此法配平氧化还原反应，尤其是半反应的配平，用途更为广泛。

§6.2.3　电极电势的应用

电极电势是氧化还原电对在电极上得失电子所形成的双电层产生的，因此，电极电势代数值的大小与氧化剂和还原剂的相对强弱密切相关。

§6.2.3.1　判断氧化还原反应进行的方向

电极电势代数值越大，对应电对中氧化态物质的得电子能力越强，还原态物质的失电子能力越弱；电极电势代数值越小，对应电对中氧化态物质的得电子能力越弱，还原态物质的失电子能力越强。由于在氧化还原反应中总是氧化剂得电子，还原剂失电子，所以可以据此判断氧化还原反应进行的方向。

例 6.6　在 $MnO_2 + 4H^+ + 2Cl^- \rightleftharpoons Mn^{2+} + Cl_2 + 2H_2O$ 反应系统中，所有物质均处于自己的标准条件下，已知 $\varphi^{\ominus}_{MnO_2/Mn^{2+}} = 1.23\ V$，$\varphi^{\ominus}_{Cl_2/Cl^-} = 1.36\ V$，请说明在标准条件下能否用二氧化锰和盐酸制备氯气？

解　因为在标准条件下 $\varphi_{MnO_2/Mn^{2+}} = \varphi^{\ominus}_{MnO_2/Mn^{2+}}$，$\varphi_{Cl_2/Cl^-} = \varphi^{\ominus}_{Cl_2/Cl^-}$，因此可以直接用标准电极电势对物质的得失电子能力进行判断。

因为 $\varphi^{\ominus}_{Cl_2/Cl^-} = 1.36\ V > \varphi^{\ominus}_{MnO_2/Mn^{2+}} = 1.23\ V$，所以在题给条件下，$Cl_2$ 的得电子能力比 MnO_2 要强，是实质上的氧化剂，Mn^{2+} 的失电子能力比 Cl^- 要强，是实质上的还原剂。因此，题给反应实质上是反向自发进行的，在标准条件下不能用二氧化锰和盐酸来制备氯气。

根据吉布斯函数判据并结合(6-8)式可知

$\Delta_r G_m(T) = -nFE < 0, E = \varphi_+ - \varphi_- > 0, \varphi_+ > \varphi_-$，反应正向自发进行；

$\Delta_r G_m(T) = -nFE > 0, E = \varphi_+ - \varphi_- < 0, \varphi_+ < \varphi_-$，反应反向自发进行；

$\Delta_r G_m(T) = -nFE = 0, E = \varphi_+ - \varphi_- = 0, \varphi_+ = \varphi_-$，反应处于平衡状态。

所以，我们可以根据原电池的电动势或电极电势的相对大小来判断氧化还原反应进行的方向。

例 6.7　若在例 6.6 中除了氢离子外其余所有物质均处在各自的标准条件下，试通过计算说明：若要使反应正向进行，溶液中的氢离子浓度至少应为多大？若升高温度，这一数值会增大还是减小？

解　首先要计算出反应系统中两个电对的实际电极电位（为简便起见，用“[ ]”表示物质的浓度或相对浓度）。

电对 MnO_2/Mn^{2+} 的还原反应：$MnO_2 + 4H^+ + 2e \rightleftharpoons Mn^{2+} + 2H_2O$

$$\begin{aligned}\varphi_{MnO_2/Mn^{2+}} &= \varphi^{\ominus}_{MnO_2/Mn^{2+}} - \frac{RT}{nF}\ln\frac{[Mn^{2+}]}{[H^+]^4}\\ &= \varphi^{\ominus}_{MnO_2/Mn^{2+}} - \frac{0.059}{n}\lg\frac{1}{[H^+]^4}\\ &= 1.23\ V - \frac{0.059}{2}\lg\frac{1}{[H^+]^4}\end{aligned}$$

电对Cl_2/Cl^-的还原反应：$Cl_2 + 2e \rightleftharpoons 2Cl^-$，$\varphi_{Cl_2/Cl^-} = \varphi^{\ominus}_{Cl_2/Cl^-} = 1.36\ V$

若要使反应正向自发进行，则必须 $\varphi_{MnO_2/Mn^{2+}} > \varphi_{Cl_2/Cl^-}$，即

$$1.23\ V - \frac{0.059}{2}\lg\frac{1}{[H^+]^4} > 1.36\ V$$

$$1.23\ V + 2\times 0.059\lg[H^+] > 1.36\ V$$

$$c_{H^+} > 12.64\ mol\cdot dm^{-3}$$

若温度升高，$\frac{RT}{F}$的值会增大，所以这一计算值会减小。这也是制备 Cl_2 时要加热进行反应的原因。

答：溶液中的氢离子浓度应不低于 12.64 mol·dm^{-3}，若温度升高，这一计算值将会减小。

§6.2.3.2　**计算氧化还原反应的平衡常数**

对于任意一个电池反应，因为

$$\Delta_r G_m^{\ominus}(T) = -nFE^{\ominus},\ \Delta_r G_m^{\ominus}(T) = -RT\ln K^{\ominus}$$

所以 $E^{\ominus} = \frac{RT}{nF}\ln K^{\ominus}$，或 $\ln K^{\ominus} = \frac{nFE^{\ominus}}{RT}$　(6-16)

在 298.15 K 时，$E^{\ominus} = \frac{0.059}{n}\lg K^{\ominus}$或 $\lg K^{\ominus} = \frac{nE^{\ominus}}{0.059}$　(6-17)

根据(6-16)或(6-17)式，可以由标准平衡常数计算标准电池电动势，也可以由标准电池电动势计算电池反应的标准平衡常数，$E^{\ominus}$越大则 $K^{\ominus}$越大，反应进行也越彻底。

例 6.8　已知 $\varphi^{\ominus}_{Cr_2O_7^{2-}/Cr^{3+}} = 1.33\ V$，$\varphi^{\ominus}_{Fe^{3+}/Fe^{2+}} = 0.771\ V$，计算反应

$$Cr_2O_7^{2-} + 6Fe^{2+} + 14H^+ \longrightarrow 2Cr^{3+} + 6Fe^{3+} + 7H_2O$$

在 298.15 K 时的标准平衡常数。

解　在氧化还原反应中，氧化剂得到电子，在所构成原电池的正极，还原剂给出电子，在所构成原电池的负极。因此，题给氧化还原反应所构成原电池的标准电池电动势为

$$E^{\ominus} = \varphi^{\ominus}_{+} - \varphi^{\ominus}_{-} = \varphi^{\ominus}_{Cr_2O_7^{2-}/Cr^{3+}} - \varphi^{\ominus}_{Fe^{3+}/Fe^{2+}}$$

$$= 1.33\ V - 0.771\ V = 0.559\ V$$

每进行 1 mol 题给反应就会转移 6 mol 电子，因此

$$\lg K^{\ominus} = \frac{nE^{\ominus}}{0.059} = \frac{6\times 0.059}{0.059} = 56.85$$

$$K^{\ominus} = 7.1\times 10^{56}$$

答：题给氧化还原反应在 298.15 K 时的标准平衡常数 $K^{\ominus}$为 7.1×10^{56}。

$K^{\ominus}$很大，说明反应进行得非常彻底。

§6.2.3.3　**溶液 pH 值的测定**

溶液的 pH 值是一个重要的参数，在生产、生活和科学研究中有着广泛的应用，因此，精确测定溶液的 pH 值就是十分必要的，目前最为常用的方法就是使用 pH 计。

在 pH 计中有一个对 H^+ 敏感的电极，亦即电极电势仅与氢离子浓度有关的电极，称为指示电极。常用的有氢电极、氢醌电极和玻璃电极等。氢电极使用不太方便，氢醌电极虽使用方便，但不能用于碱性溶液，因此，用得最多的是玻璃电极。此外还有一个参比电极，最常用的有甘汞电极和氯化银电极。将指示电极和参比电极插在被测溶液中即可组成一个原电池，测定出该电池的电动势 E，因参比电极的电极电势是已知的，若知道了指示电极的电极电势，即可得到被测溶液的 pH 值。

在实际应用时，必须先用一种已知 pH 值的缓冲溶液对 pH 计的工作状态进行调整，使其对溶液 pH 值的响应符合实际情况（这一步骤实际上是在确定指示电极的标准电极电位），然后再进行待测溶液 pH 值的测定。

玻璃电极使用方便，不易中毒，即使有氧化剂或还原剂存在也不受影响，但它不适用于碱性较强的溶液，其次玻璃电极下端的玻璃膜极薄，极易破损，使用时要特别注意。

电极电势的其它应用还有很多，例如，计算弱酸弱碱的离解常数、难溶电解质的溶度积常数以及电池反应热力学状态函数的变化等。

§6.3　电解

前面我们所讲的是由自发进行的反应所构成的原电池，例如图 6-1 所示的铜锌丹尼尔原电池，其电子流动的方向是由负极到正极，电池电动势为 E。若我们对其施加一个反向电压 E_e，即外接电源的正极与原电池的正极相连接，外接电源的负极与原电池的负极相连接，会出现什么情况呢？若 $E_e < E$，则外接电源会对原电池反应产生一定的抑制作用，但不会改变原电池中电子流动的方向；若 $E_e = E$，则外接电源会完全抑制原电池反应；若 $E_e > E$，则在理论上外接电源不仅能完全抑制原电池反应，而且还会使电子在原电池中反向流动，使原来的原电池反应反向进行或导致发生新的反应。

§6.3.1　电解与电解池

利用外加电压使化学反应进行的过程称为电解，进行的反应一定是某个原电池反应的逆反应，称为电解反应，通过电解，可以将电能转变为化学能。我们把能够实现电解过程、将电能转化为化学能的装置称为电解池。

图6-6是以惰性金属铂片为电极电解NaOH溶液的装置示意图。在氢氧化钠溶液中，可能接受电子的物质有水分子离解产生的H^+离子和Na^+离子，可能给出电子的物质有OH^-离子。电源接通后，因为$\varphi_{H^+/H_2} \gg \varphi_{Na^+/Na}$，$H^+$离子的得电子能力比$Na^+$离子的得电子能力要强得多，所以在负极铂片上发生$H^+$离子得到电子转变成$H_2$的还原反应，是阴极；在正极铂片上发生$OH^-$离子失去电子转变成水分子和$O_2$的氧化反应，是阳极。

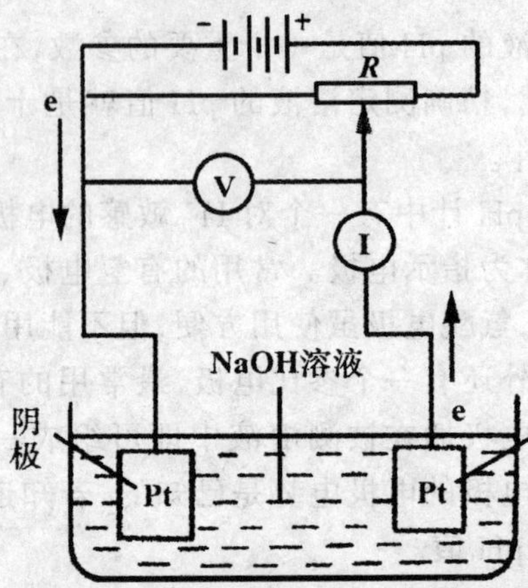

图6-6 NaOH溶液的电解示意图

负极上发生的还原反应：$2H^+ + 2e \xlongequal{} H_2$，$2H_2O \xlongequal{} 2H^+ + 2OH^-$

正极上发生的氧化反应：$4OH^- - 4e \xlongequal{} 2H_2O + O_2$

电解池发生的总电解反应：$2H_2O \xlongequal{} 2H_2 + O_2$

因此，以惰性金属铂片为电极电解NaOH溶液，实际上就是电解水，NaOH在电解质溶液中的作用就是增加溶液的导电性。离子在电极上发生电解反应的过程称为放电。在对某一电解质溶液施加电压E_e时，究竟是哪种物质在电极上放电，取决于其在电解系统中的得失电子能力是否最强（请思考，理论上应该怎样判断物质的得失电子能力?）。

§6.3.2 分解电压

电解NaOH溶液（见图6-6）时，若用可变电阻R调节外加电压E_e，用电流计指示在一定外加电压下通过电解液的电流，作如图6-7所示的I-E曲线。

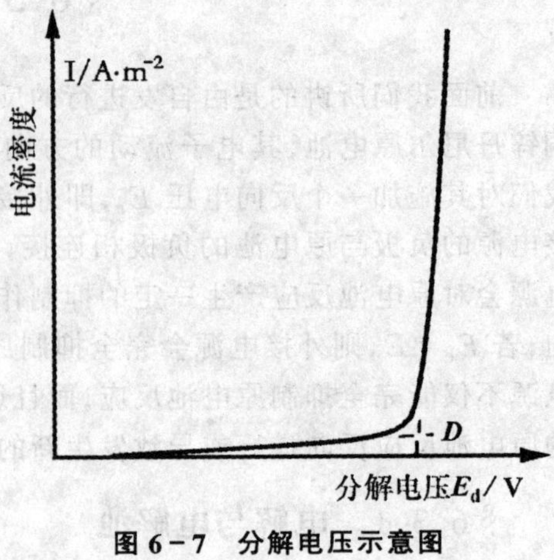

图6-7 分解电压示意图

由图可见，当外加电压很小时，电流很小，随电压逐渐增加，开始时电流较小，增加缓慢，电极上看不出有气泡（阴极或负极的氢气，阳极或正极的氧气)析出。当电压增加到某一数值时,电流开始随电压增加而几乎直线上升,同时在两极上产生大量的气泡,电解反应顺利进行。我们把能使电解顺利进行所需要的最低电压称为分解电压(decomposition voltage),图 6－7 中两条切线的交点 D 所对应的的电压即为分解电压,用 E_d 表示,它是一个实验测定值。

产生分解电压的主要原因之一是由于电解反应的产物与电极材料构成了反向原电池。如电解氢氧化钠溶液时,阴极产生的 H_2 和阳极产生的 O_2 分别被吸附在两极的铂片上,形成了氢电极和氧电极,两个电极构成了如下的原电池:

$$(-)Pt(s), H_2(g, p_{H_2}) | NaOH(c) | O_2(g, p_{O_2}), Pt(s)(+)$$

若 $c_{OH^-} = 0.1\ mol \cdot dm^{-3}$,已知 $\varphi^{\ominus}_{O_2/OH^-} = 0.401\ V$, $\varphi^{\ominus}_{H^+/H_2} = 0.0\ V$。在 298.15 K,当 $p_{H_2} = p_{O_2} = p^{\ominus}$ 时(此时氧气和氢气的气泡可以脱离电极的吸附,理论上可使电解反应能够顺利进行),该原电池的电动势 E 可如下算出:

正极: $O_2(g) + 2H_2O + 4e \longrightarrow 4OH^-(aq)$

$$\varphi_{O_2/OH^-} = \varphi^{\ominus}_{O_2/OH^-} - \frac{0.059}{n}\lg\frac{(c_{OH^-}/c^{\ominus}_{OH^-})^4}{(p_{O_2}/p^{\ominus}_{O_2})}$$

$$= 0.401 - \frac{0.059}{4}\lg 0.1^4$$

$$= 0.46\ (V)$$

负极: $2H^+(aq) + 2e \longrightarrow H_2(g)$

$$\varphi_{H^+/H_2} = \varphi^{\ominus}_{H^+/H_2} - \frac{0.059}{n}\lg\frac{p_{H_2}/p^{\ominus}_{H_2}}{(c_{H^+}/c^{\ominus}_{H^+})^2}$$

$$= 0.0 - \frac{0.059}{2}\lg\frac{1}{(1.0\times10^{-14}/0.1)^2}$$

$$= -0.77\ (V)$$

故,因电解而产生原电池的电动势为

$$E = \varphi_{O_2/OH^-} - \varphi_{H^+/H_2} = 0.46\ V - (-0.77\ V) = 1.23\ V$$

此电池电动势 E 与外加电压 E_e 的方向正好相反,称为电解液的理论分解电压 $E_d{'}$,要想使电解反应顺利进行,外加电压必须克服这一反向的电动势。当外加电压 E_e 稍大于理论分解电压 $E_d{'}$ 时,电解似乎应该能够进行,但实际上的分解电压往往要大于理论分解电压,对于电解 0.1 mol·dm^{-3}的氢氧化钠溶液来说,实验测得的实际分解电压 E_d 为 1.70 V,远大于理论分解电压的 1.23 V。我们把实际分解电压 E_d 超出理论分解电压 $E_d{'}$ 的部分成为超电压 $E_{超}$ 或过电压,因此 $E_{超} = E_d - E_d{'}$,它是产生分解电压的另一主要原因。除了内电阻所引起的电压降外,超电压 $E_{超}$ 的产生主要是由于电极的极化作用。

§6.3.3 电极的极化和超电势

在原电池中,我们所讲的电极电势和电动势都是指电流无限趋近于零或无电流通过时的情况,电极无限接近于平衡状态或是处于平衡状态,这样的电极电势称为平衡电极电势。但随着电极上电流密度的增加,实际电极电势 $\varphi_{实}$ 就会偏离平衡电极电势。电流通过电极时,电极电势偏离平衡电极电势的现象称为电极的极化,此时的电极电势称为不可逆电极电势或极化电极电势。在某一电流密度下,极化电极电势即实际电极电势 $\varphi_{实}$ 与平衡电极电势 $\varphi_{平}$ 之差的绝对值称为超电势或过电势:

$$\varphi_{超} = |\varphi_{实} - \varphi_{平}| \tag{6-18}$$

超电势的存在总是会抑制电极反应。在电解时,电解池的正极总是发生物质失去电子的氧化反应,是阳极,因此,阳极的电极电势代数值应该越小越有利。那么,阳极的超电势就要使电极电势的代数值增加,所以

$$\varphi_{阳,实} = \varphi_{阳,平} + \varphi_{阳,超} \tag{6-19}$$

同样地,电解池的负极总是发生物质得到电子的还原反应,是阴极,因此,电极电势的代数值应该越大越有利于反应。那么,阴极的超电势就要使电极电势的代数值减小,所以

$$\varphi_{阴,实} = \varphi_{阴,平} - \varphi_{阴,超} \tag{6-20}$$

实际分解电压 $$E_d = \varphi_{阳,实} - \varphi_{阴,实} \tag{6-21}$$

因此 $$E_{超} = \varphi_{阳,超} + \varphi_{阴,超} \tag{6-22}$$

根据极化产生的原因,可分为浓差极化、电化学极化和电阻极化三种。

浓差极化:是由于电解过程中离子扩散速率小于其在电极上的放电速率而产生的,结果会导致电极附近相关离子的浓度小于其在本体溶液中的浓度。浓差极化可通过搅拌而基本消除。

电化学极化:是由于电解产物析出过程中离子的放电、原子结合成分子等电化学步骤迟缓造成的。例如,H^+ 离子在阴极的放电过程可分为扩散(本体的 H^+ 离子扩散至电极表面),放电(H^+ 离子在阴极得到电子变成 H 原子),复合(两个 H 原子复合为一个 H_2),以及析出(H_2 分子结合在一起并离开阴极表面而逃逸)等几步,迟缓放电和迟缓复合是两种典型的电化学极化。电化学极化主要是由电极反应的本性决定的,与外界条件基本无关,因此难以消除。

电阻极化:是由于电解时在电极表面形成氧化膜或其它一些物质而产生的,

电阻极化电势等于电阻与电流的乘积。

超电势的大小主要与以下三种因素有关：

1）电极反应物质的本性　金属（除 Fe、Co、Ni 外）的超电势一般很小，气体的超电势一般较大，氢气和氧气的超电势更大。

2）电极材料和表面状态　同一电极反应在不同电极材料上的超电势值不同，且电极表面状态不同，超电势值也不同。例如，H_2 在铂电极上的超电势比在其它电极材料上要低，而在镀有铂黑的铂电极上的超电势又比在光滑的铂电极上的超电势要低得多。

3）电流密度　随电流密度增加，超电势将会变大，因此，在提到超电势的大小时，必须指明电流密度的数值。

电解池中两电极上应该析出什么样的电解产物要根据实际电势的相对大小进行判断：$\varphi_{实}$ 代数值大的电对中的氧化态物质优先在阴极（即电解池的负极）析出，$\varphi_{实}$ 代数值小的电对中的还原态物质优先在阳极（即电解池的正极）析出。实际电极电势 $\varphi_{实}$ 就是电极产物的析出电势。

§6.3.4　电解的应用

电解的应用很广，在对材料进行加工和表面处理时，常常用到的电镀、电解抛光、阳极氧化和电解加工等都是电解原理在工程中的实际应用。

电镀（electroplating）：为使物品美观、不受侵蚀，常用电解的方法，将物品的外表面镀上一层其它金属或合金，这一工艺称为电镀。电镀时要以被镀物品为阴极，欲镀金属为阳极，含有欲镀金属离子的溶液为电解液，一般还要在镀液中加入光亮剂等添加剂，以保证电镀的质量。

电解抛光（electropolishing）：是一种利用电解过程中金属表面凸出部分的溶解速率大于凹入部分的溶解速率，溶掉凸出部分而使金属表面平滑光亮的加工工艺。电解抛光时，要以工件为阳极，铅板为阴极，把两极浸入含有磷酸、硫酸和铬酐（CrO_3）的电解液中，在一定工作参数下进行电解。

阳极氧化：有些金属如金属铝等，与空气接触时会逐渐形成一层均匀致密的氧化膜（如 $A1_2O_3$ 等），而起到保护基体的作用。但自然形成的氧化膜通常只有 0.02～1 μm 厚。而在电解过程中，以金属为阳极，使之发生电解氧化则可得到厚度达 50～300 μm 的氧化膜，增强了材料的防腐耐蚀性能，这就是阳极氧化。

电解加工：是利用金属在电解液中可发生阳极溶解的原理，将工件加工成型的。在进行电解加工时，要以工件为阳极，模件为阴极，两极间距很小（0.1～1 mm），通过高速流动的电解液输送放电物质并及时带走电解产物，最后得到与阴极模件表面相吻合的电解加工产品。用此法可以加工切削刀具、气轮机叶片等用常规方法难以加工的部件。

非金属电镀:非金属是不导电的,因此无法直接进行电镀,但我们可以通过先对非金属表面进行除油清洗、粗化、敏化(用二价锡盐等还原剂处理)、活化(将贵金属离子还原成具有催化活性的颗粒)处理,再采用合适的还原剂,使溶液中的金属离子被还原成金属而沉积在非金属材料的表面上,从而把非金属表面变为金属表面(这一工艺称为化学镀),然后再进行一般的电镀,这就是所谓的非金属电镀。

§6.4 金属材料的腐蚀及其防护

金属材料是现代社会广泛使用的最重要的材料之一,金属及其合金在加工成型、存放和使用过程中与周围介质接触时,会发生化学作用或电化学作用等而导致其使用功能部分或全部丧失的现象称为金属的腐蚀(corrosion),实际上可以把腐蚀的概念扩展到所有的材料。钢铁生锈、金属变暗等都是金属腐蚀现象的表现。有统计表明,世界上每年因腐蚀而不能使用的金属制品的质量大约相当于金属年产量的1/4到1/3,因此研究金属材料的腐蚀和防护是一项十分重要的工作。腐蚀现象是十分普遍的,从热力学的观点来看,除了Au、Pt等极少数贵金属以外,一般材料的腐蚀都是自发过程,我们所使用的金属和非金属材料等很少是由于单纯的机械因素(如拉、压、冲击、疲劳和磨损等)或其他物理因素(如热能、光能等)而引起破坏的,绝大多数金属和非金属材料的腐蚀都与其周围环境的腐蚀因素有关。

§6.4.1 腐蚀的分类与腐蚀机理

按金属腐蚀机理的不同,可将腐蚀分为化学腐蚀和电化学腐蚀两大类。

1) 化学腐蚀

化学腐蚀是指材料与环境介质直接发生纯化学作用而引起的腐蚀。其特点是腐蚀介质为非电解质溶液或干燥气体,通常环境温度较高,腐蚀过程中无电流产生。例如润滑油、液压油以及干燥空气中 O_2,H_2S,SO_2,Cl_2 等物质与金属制品接触时,在金属材料表面上会生成相应的氧化物、硫化物、氯化物等都属于化学腐蚀。温度对化学腐蚀的速率影响很大,例如,钢铁材料在常温和干燥的空气中不易被腐蚀,但在高温下(如轧钢时)易被氧化而生成氧化皮;若温度高于700℃时还会发生脱碳现象,这是由于钢铁材料中渗碳体 Fe_3C 与高温气体发生了化学反应:

$$Fe_3C(s) + O_2(g) \xlongequal{} 3Fe(s) + CO_2(g)$$

$$Fe_3C(s) + CO_2(g) \xlongequal{} 3Fe(s) + 2CO(g)$$

$$Fe_3C(s) + H_2O(g) \xlongequal{} 3Fe(s) + CO(g) + H_2(g)$$

这些反应在高温下进行的速率都是不低的，较高碳含量的钢中的渗碳体在高温下与气体介质作用而导致表面层的渗碳体中碳含量减少，碳便从邻近的尚未反应的金属层逐渐扩散到这一反应区，而导致不断脱碳，结果会使一定厚度的金属层因缺碳而变成铁素体。在脱碳过程中产生的氢还会部分地向金属内部扩散渗透而产生危害性很大的氢脆现象。表面脱碳的结果会造成钢铁表面硬度和疲劳极限的降低，由于材料内部的氢腐蚀所导致的金属内部的脱碳会引起金属的机械性能下降，进而造成氢致裂纹或氢鼓泡。脱碳和氢脆都会使钢铁材料的使用性能变坏，属于典型的化学腐蚀。

2）电化学腐蚀

在§3.3节我们已经讲过，由于固体表面剩余键力的存在而使其具有较强的吸附能力，材料表面吸附周围环境中的水汽而会形成水膜，环境中的气体等物质溶于水膜就会成为含有一定量溶解氧的可导电的电解质溶液，只要材料中存在任何电位不等的两个微区，就会形成微原电池，这种原电池与我们前面所讲的原电池的唯一重要的区别就是其始终处于短路状态，电池反应的速率很大，因此造成的腐蚀就很严重，我们把这种导致材料腐蚀的短路的原电池称为腐蚀电池，图6-8是铁基石墨复合材料的电化学腐蚀示意图，腐蚀产物 $Fe(OH)_2$ 还可以在溶解氧的作用下转变为 $Fe(OH)_3$，失水后变成铁的氧化物。这种由于电化学作用而发生的腐蚀就称为电化学腐蚀。化学腐蚀实际上只占金属腐蚀的很小一部分，最为重要的是金属材料所发生的电化学腐蚀。在潮湿的大气中，桥梁、钢轨及各种钢结构件的腐蚀，地下输油、输气管道及电缆等的土壤腐蚀，海水中采油平台、船舰壳体的腐蚀，以及化工生产设备，如贮槽、泵、冷凝器等所遭受的酸、

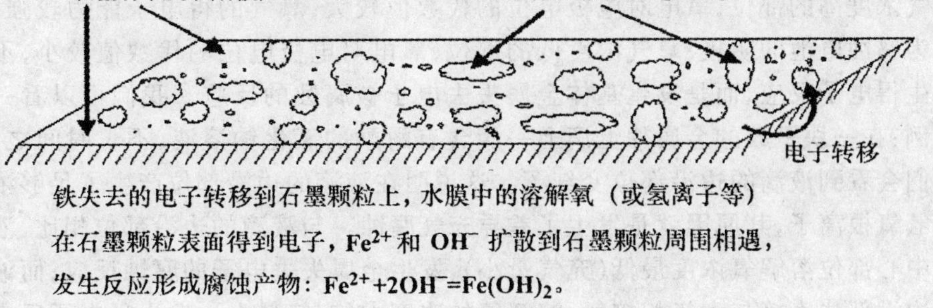

图6-8　材料的电化学腐蚀

碱、盐的腐蚀等，都属于电化学腐蚀。与化学腐蚀相比较，电化学腐蚀则要严重得多，据统计，电化学腐蚀约占整个腐蚀损失的90%左右。

电化学腐蚀的特点是通过形成腐蚀电池而发生电化学反应所产生的。在腐蚀电池中，分为发生氧化反应的阳极（即负极）和发生还原反应的阴极（即正极），这样，氧化反应与还原反应可以在材料的不同区域进行，比化学腐蚀更为严重。电化学腐蚀有不同的类型，根据腐蚀的原理可分为析氢腐蚀、吸氧腐蚀和差异充气腐蚀等，其阳极过程均为金属阳极的溶解，亦即金属材料的腐蚀。

析氢腐蚀：在酸性介质中，金属受到腐蚀所失去的电子由氢离子获得而析出氢气，这种腐蚀称为析氢腐蚀。例如，碳钢浸在缺氧的酸性介质中（如钢铁酸洗时），Fe作为阳极被腐蚀，Fe中的碳或其它比铁不活泼的杂质作为阴极而构成腐蚀电池，发生的腐蚀反应为

在阳极（Fe基体）：$Fe - 2e \longequal Fe^{2+}$

在阴极（杂质等）：$2H^+ + 2e = H_2(g)$

总的电化学腐蚀反应：$Fe + 2H^+ \longequal Fe^{2+} + H_2(g)$

吸氧腐蚀：由于氢超电势的影响，在碱性、中性或微酸性介质中难以发生析氢腐蚀。通常遇到的大量腐蚀现象往往是在有溶解氧存在，接近中性条件下，金属受到腐蚀所失去的电子由溶解氧获得而吸收环境中的氧气，这种腐蚀称为吸氧腐蚀。此时，金属仍作为阳极而溶解，腐蚀反应为

在阳极（Fe基体）：$2Fe - 4e \longequal 2Fe^{2+}$

在阴极（杂质等）：$O_2 + 2H_2O + 4e \longequal 4OH^-$

总的电化学腐蚀反应：$2Fe + O_2 + 2H_2O \longequal 2Fe(OH)_2(s)$

吸氧腐蚀是最重要的电化学腐蚀，甚至在比较强的酸性介质中，金属基体在发生析氢腐蚀的同时，也会发生吸氧腐蚀。

差异充气腐蚀：是指金属材料处在含氧量不同的介质中而发生的腐蚀，其腐蚀电池实际上是短路的氧浓差电池。由能斯特方程可以知道，在电解质溶液中，氧气浓度高的部位，氧电对电极电位的代数值较大，氧气的得电子能力较强，会成为腐蚀电池的阴极；氧气浓度低的部位，氧电对电极电位的代数值较小，不会发生得电子反应，而是发生基体金属失去电子被腐蚀的反应。我们可以看一个实例：在一块平放的金属片上滴上一滴含有酚酞的氯化钠溶液，不长时间之后，我们会看到液滴的边沿部位变红了。这说明在液滴的边沿部位产生了足够浓度的氢氧根离子，其原因就是发生了差异充气腐蚀。与液滴的边沿部位相比，液滴的中心部位溶解氧浓度最低（充气量小），发生金属失去电子的腐蚀反应；而液滴的边沿部位直接与大气相接触，溶解氧的浓度大（充气量大），发生得电子反应产生氢氧根离子而使酚酞变红。（若假定氯化钠液滴可以存在足够长的时间，且腐

蚀产物可以快速而充分地扩散,请预期会发生什么样的腐蚀现象?)

根据腐蚀的形态,电化学腐蚀可以有点蚀、缝隙腐蚀、电偶腐蚀、晶间腐蚀等多种形式。而根据腐蚀介质的环境特点,电化学腐蚀还可分为大气腐蚀、海水腐蚀和土壤腐蚀等。

3) 其他形式的腐蚀

氢致开裂:是由于碳钢及低合金钢暴露在含硫化氢的酸性环境中时,因腐蚀而生成的氢渗入钢中,局部聚集,致使在钢材轧制方向发生台阶状开裂的现象。氢致开裂易发生在低合金高强钢、钛合金、马氏体及铁素体不锈钢等金属材料中。在炼油工业的塔顶冷凝器、加氢脱硫装置的成品冷却器,以及油田集输油管线等大型结构和焊接结构中常发生此种形式的腐蚀。

腐蚀疲劳:是由交变应力和腐蚀的共同作用而引起的材料的破裂。任何金属在任何腐蚀介质中都有可能发生腐蚀疲劳,通常在其断口的较大面积上覆盖着腐蚀产物。在腐蚀介质中,金属材料的疲劳强度明显下降。腐蚀疲劳是石油化学工业中常见的材料失效形式,许多振动部件如泵轴、螺旋浆轴、天车、换热器管和锅炉等,都容易发生腐蚀疲劳。

磨损腐蚀:是指流体对金属表面同时产生磨损和腐蚀的破坏形态。一般是在高速流体的冲击作用下,金属表面的保护膜破损,破损处的金属被流体介质加速腐蚀。高流速和湍流状的流体,如果其中还含有气泡或固体粒子,磨损腐蚀就会十分严重。磨损腐蚀多在流体改变方向的弯头、三通、管线、管件、阀门、机泵、叶轮、搅拌器、换热器、排气筒、旋风分离器等处发生,特别是在催化裂化装置的流态化反应器和再生器系统上更为严重。

§6.4.2 材料的耐腐蚀性能

由于不同的材料有其自身的组成、结构和性能,因此,各种材料都有各自的耐蚀性能。复合材料、合金材料的耐蚀性与单一组分的耐蚀性能有关。

由于钝化而耐腐蚀的金属材料:如不锈钢、铝及铝合金、钛及钛合金和硅铸铁等,它们的耐蚀性是钝化后的属性,因此在能够促进钝化的环境中都是耐蚀的;反之,在不具备钝化条件的环境或会引起钝化膜破坏的环境中就不稳定或不够稳定。

由于表面生成不溶性的腐蚀产物膜而耐蚀:如铅及铅合金,本身没有钝化能力,其耐蚀特性主要体现在其腐蚀产物的致密程度和在相应介质中的溶解度。铅是耐硫酸材料,它对稀硫酸特别耐蚀,原因是腐蚀产物 $PbSO_4$ 在硫酸中的溶解度极小,有很强的保护性。铅及其合金在浓度低于80%的热硫酸(85 ℃以下)和96%以下的冷硫酸以及硫酸盐溶液中具有极高的耐蚀能力。

由于材料本身的热力学稳定性而耐蚀：贵金属如 Au、Pt、Ag 等的电极电势代数值很大，具有很高的热力学稳定性，但由于价格昂贵而很少用来制造耐蚀设备。因为铜电对的电极电位比氢高，在酸性溶液中不发生析氢腐蚀，在不充气（即缺少溶解氧）的非氧化性酸如 HCl 或稀 H_2SO_4 中，铜及其合金是稳定的。

因高分子材料一般不导电，所以不会发生电化学腐蚀，高分子材料一般都有较好的耐蚀性，是一种很有希望替代金属的耐蚀材料，可用于制造在严重腐蚀环境中使用的化工容器、管道等设备。不同的高分子材料会具有不同的耐蚀性能，高分子材料耐水、酸和碱的能力，主要与其水解基团在相应的酸、碱介质中的水解活化能有关，水解活化能高，则耐水解性能好。

无机非金属材料的耐蚀性一般都很高。SiO_2 含量高的化工陶瓷、搪瓷、玻璃等耐蚀陶瓷材料，耐酸而不太耐碱，属于耐酸材料；而含有 CaO、MgO 等碱性氧化物的材料，则耐碱而不太耐酸，属于耐碱材料。无机非金属材料具有很好的耐酸、碱、盐腐蚀及耐老化、抗日晒的能力，而且耐溶剂及耐油的性能也很好。

另外，玻璃钢复合材料的耐蚀性与树脂和玻璃纤维的种类有关，但主要取决于基体树脂的耐蚀性。

由于各种材料的耐蚀性能不一样，因此，在实际使用中需要进行合理选材。合理选材是一项细致而又复杂的工作，它既要考虑工艺条件及生产过程中可能发生的变化，又要考虑到材料的结构、性质及其使用过程中可能发生的变化，还要考虑到经济因素，必须从多方面进行综合比较分析，才能加以确定。选用耐蚀材料的一般原则如下：

1）材料的耐蚀性能要满足设备使用环境的要求；

2）要清楚设备的工作条件和工作环境；

3）要全面考虑设备的结构与类型；

4）要掌握材料的物理机械性能并尽量满足工艺上的特殊要求；

5）要掌握材料自身的耐蚀性能；

6）要考虑价格和市场因素。

工程上对材料腐蚀率的要求通常要小于 0.3 mm/a。特别要注意材料耐局部腐蚀的性能。除此之外，还要考虑材料的价格、来源及经济性，工艺规程和制作说明书对材料的限制等。

§6.4.3 材料的保护

材料的腐蚀是材料与环境发生作用的结果。因此，保护材料避免或减轻腐蚀可以从材料本身和环境等方面考虑。根据前面我们所讲的材料腐蚀机理可以知道，材料发生化学腐蚀的原因是发生了化学反应，因此，只与参与反应物质的本性有关,在材料所处的环境条件无法改变(多数情况下的确如此)的情况下,防腐只能从材料本身着手。而对于更为广泛的电化学腐蚀的防护,我们则可以采取各种有效的防腐措施。

1) 正确选用材料

选用材料应以在使用环境下不易被腐蚀为原则,应避免电势差较大的金属材料直接或间接的接触,可能时可以选用高纯度的金属材料,如在有的精密仪器设备中的部件等。

2) 工艺设计和结构设计要合理

设备运行的工艺设计要合理。例如,使用风机时气体的温度要尽可能低,使用温差要小,气体中水汽的含量要低等,都可以有效地减轻腐蚀。设备的结构设计要合理,特别是在化工企业常用的流体输送管道的设计,要尽量避免或减少弯管的使用,以防止磨损腐蚀的发生。

3) 隔绝材料基体与腐蚀介质的接触

最为常用的是在材料表面加上各种保护层。利用电镀、化学镀和真空镀等可以在材料表面形成金属保护层。将涂料、塑料、搪瓷、高分子材料等涂装在被保护材料的表面,可以形成非金属保护层。还可以对材料表面进行钝化、磷化或阳极氧化等工艺处理,形成氧化物薄膜、难溶盐薄膜等。这些方法都可以有效地防止材料的腐蚀,但要注意,一旦保护层破裂,就会丧失对材料的保护功能,特别是对于金属保护层,有时会形成大阴极小阳极的腐蚀电偶而加速对基体金属材料的腐蚀。

4) 改善环境条件

腐蚀电池的形成离不开溶剂水和电解质,若能够有效地控制或减轻环境污染,大气中的污染性气体就会大大减少,就会不利于腐蚀电池电解质溶液的形成,从而减轻金属材料的电化学腐蚀。在有的精密仪器中常放置一些干燥剂,其作用就是吸收局域环境中的水汽,而使材料表面无法形成液态水,也会阻止电解质溶液的形成,避免材料发生电化学腐蚀。

5) 电化学保护法

电化学保护法是指通过外加电压来减弱或防止金属腐蚀的方法,这是一种经济而有效的防腐措施。在电解原理中我们已经知道,电极的极化是不利于电解反应的,即极化产生的超电势或超电压会阻碍电化学反应的发生,当然也就不利于电化学腐蚀反应,因此,电极极化通常会减慢、甚至会完全抑制材料的腐蚀反应。电化学保护技术目前已广泛应用于舰船、海洋工程、石油及化工等部门。按作用原理可将电化学保护法分为阴极保护法和阳极保护法。

(1) 阴极保护法

阴极保护法是将被保护金属材料作为阴极的防腐蚀方法。可以通过外加电流法和牺牲阳极法两种途径来实现。

外加电流(阴极保护)法:是将被保护金属设备与直流电源的负极相连,使被保护金属成为阴极,阳极用一个不溶性的辅助电极,通过直流电源对保护金属设备施加阴极电流来对阴极进行极化,构成宏观电池而实现对阴极的保护。这种防腐蚀方法常用于比较大规模的设备的保护,例如,通过建立的阴极保护站对城市地下管网的保护等。

牺牲阳极(阴极保护)法:是指将被保护金属设备与失电子能力更强的金属或合金直接相连(以代替被保护金属作腐蚀电池的阳极),依靠所连金属或合金的不断溶解所产生的阴极电流来保护阴极设备的方法。牺牲阳极的阴极保护法是比较古老的电化学保护法。最早是用金属镍块等来保护船舶,以后逐步推广到保护港湾设施、地下管道、化工机械设备、海上采油平台和海底管线等方面。

两种阴极保护法都需要选择阳极材料,但两种方法所选用的阳极材料及其作用是完全不同的。外加电流阴极保护法的辅助阳极与直流电源的正极相连,使外加电流从阳极出发经过介质流过被保护的金属而构成回路,辅助阳极的电化学性能、机械性能以及阳极的形状分布等均对阴极保护的效果有重要影响。通常采用的材料有石墨、高硅铸铁、铅银合金、铂及镀铂的钛电极等。牺牲阳极阴极保护法所用阳极材料的电位要足够小,足以代替被保护金属作为腐蚀电池的阳极而使被保护金属设备发生阴极极化,但是电位又不宜太小,以避免在阴极区发生析氢反应,单位质量阳极金属溶解时产生的电量要高,阳极的自腐蚀电流要小,金属溶解所产生的电量应大部分用于阴极保护。主要的牺牲阳极材料有镁基合金、锌基合金和铝基合金三大类。

(2) 阳极保护法

阳极保护法是一种较新的防护技术,1958 年才正式应用于工业生产上,用来防止碱性纸浆蒸煮锅的腐蚀。近年来阳极保护技术已经应用到制造硫酸、磷酸以及有机酸等设备上,收到了较好的效果。将被保护设备与外加直流电源的正极相联,使之成为阳极,进行阳极极化,使被保护设备腐蚀速度降到最小的方法称为阳极保护法。

阳极保护技术的关键是要能够在被保护设备与环境之间建立可钝化体系。因此首先要根据已测定出的被保护金属在给定环境中的阳极极化曲线(极化曲线是极化电流与极化电势的关系曲线)确定出如下三个基本参数:首先是金属在介质中进入钝态的临界电流密度(即致钝电流密度),一般来说愈小愈好;其次是阳极保护时应该维持的安全电位范围(即钝化区电位范围),一般来说愈宽愈好,通常不能小于 50 mV,如钝化区电位范围太窄,外界条件稍有变化时,金属状态就很容易从钝化区进入活化区，不但起不到保护作用，相反在通电情况下，还会加速金属设备的腐蚀；第三是表示金属在钝态下腐蚀速度的维钝电流密度，维钝电流密度愈低，设备的腐蚀速度愈小，防蚀效果愈显著，耗电愈小，因此维钝电流密度的大小决定着阳极保护法有无实际应用价值。

阳极保护法的应用范围是有限的，对于不能钝化的金属或在含 Cl^- 的介质中是不能使用的。阳极保护法特别适用于不锈钢和钛材等设备的防腐蚀，也可用来防止碳钢在多种盐溶液中的腐蚀，以及碳钢在碱溶液中的应力腐蚀等。

6）缓蚀剂法

若在腐蚀介质中加入少量某种物质就能够有效地降低金属的腐蚀速率，则把这种物质称为缓蚀剂，常用的缓蚀剂有无机缓蚀剂和有机缓蚀剂。无机缓蚀剂如铬酸盐、重铬酸盐、磷酸盐、碳酸氢盐等，主要是通过在金属表面形成氧化膜和难溶盐沉淀物而减缓腐蚀速率的。有机缓蚀剂一般是含有 S，N，O 的有机化合物，如胺盐类、醛酮类、杂环类、咪唑啉类和有机硫化物等，主要是由于它们具有被金属材料表面强吸附的特性而起缓蚀作用的。缓蚀剂的缓蚀效果除了与其种类、浓度有关外，还与被保护体系的材料、介质、温度等有关，不同的缓蚀剂对不同的金属材料在特定的温度和浓度范围内才会有效，具体情况需要根据实验来确定。在各种防腐蚀方法中，加入缓蚀剂是工艺简便、成本低廉、适用性强的一种方法，它已被广泛地应用于石油和天然气的开采炼制、机械、化工、能源等行业。

§6.5 能源化学概论

能源可以分为一次能源和二次能源。一次能源是指从自然界获得且可以直接应用的热能或动力，通常包括煤、石油、天然气等化石燃料（又称矿物燃料）以及风能、水能、核能、地热能、太阳能等。二次能源通常是指依靠其他能源而获得的能源，如电能、氢能等。在各种能源中，目前应用最为普遍的煤、石油、天然气、水力等称为常规能源；而核能、氢能、太阳能、地热能等称为新能源。根据能源消费后是否造成环境污染，又可分为污染型能源和清洁型能源。煤炭和石油类能源是污染型能源；风能、水能、氢能、燃料电池和太阳能等则属于清洁型能源。目前，化石燃料的消耗量十分巨大，仍然是人类社会所使用的主要能源，其中煤、石油、天然气的用量大约占总能耗的85%左右。

§6.5.1 煤

煤炭是地球上储量最多的化石燃料，是由植物和低等生物残骸在地下经长期的堆积、埋藏，在高温、高压、缺氧的条件下，经过复杂的物理化学变化而形成的。煤的化学成分主要是碳和氢，还含有少量的氧、氮、硫等，是由 C、H、O、N、S 元素所形成的缩合芳香环、杂环有机化合物以及与 Ca、Al、Mg、Fe、Cu、Na、K 等金属元素组成的复杂物质。煤的类型主要有泥炭、褐煤、烟煤和无烟煤，其煤化程度依次增高，碳氢比也依次增高，而氧含量逐渐减小，因而其热值也依次递增。

几乎在所有煤中都含有硫，某些煤的含硫量可高达 10%，这就意味着每燃烧 1 吨这类煤，将会产生近 200 kg 的 SO_2 气体。煤中的硫以单质硫、有机硫、黄铁矿和硫酸盐等四种形态存在，前三种为可燃硫，在燃烧过程中会转化为气态硫氧化物（SO_x），硫燃烧的热值极低，这是煤的平均发热量偏低的主要影响因素之一。

煤的气化和液化是提高煤的利用率并减少煤环境污染的有效途径。

煤的气化是指有控制地将氧或含氧化合物（如 H_2O、CO_2 等）通入高温煤炭（焦炭层或煤层），使其发生部分氧化反应，从而得到含有 H_2 和 CO 等可燃气体的过程。这些气体可以用作气体燃料，也可以用作化工原料。根据所用气化剂和所得产物的不同，可燃气体大致可分为：空气煤气、混合煤气、水煤气和半水煤气。用于合成氨的煤气要求 $(H_2+CO)/N_2 \geqslant 3.1$，空气煤气和混合煤气中 N_2 的含量很高，但 H_2 和 CO 的含量太低；而水煤气中 H_2 和 CO 的含量很高，但 N_2 的含量又太少。因此，工业上是在水煤气生产工艺流程的基础上加入空气气化剂以提高 N_2 的含量，产物称为半水煤气，主要用作合成氨的原料。

煤的液化主要指的是将煤进行催化加氢而液化，主要是将煤中的 H/C 比调整至适当的数值。煤的加氢液化一般是在 450～480 ℃ 的加压条件下分段进行的。随着煤炭大分子的分解，包藏在煤间隙结构中的烃类被释放出来，形成最初的油状产物（约占转化产物的 10%～25%）；煤炭分子中共价键的热裂产生数量不等的自由基，通过催化加氢而稳定化。氢的来源可以是氢气，也可以是能够提供氢原子的溶剂（称为供氢溶剂），这是一个十分缓慢的反应过程，反应的结果会使产物由沥青类物质转化为油类，为了提高油类物质的收率，就需要比较苛刻的反应条件（较高的温度和压强，较长的停留时间），是一个不易进行且费用较高的过程。在煤加氢液化的转化过程中，催化剂扮演了重要角色。钴、钌、钯、铂、铑等过渡金属配合物都是煤以及煤衍生液体加氢的催化剂。目前最常用的催化剂是负载在多孔氧化铝表面、并用硫化物处理过的钼酸钴，对于各种煤裂解产物的加氢非常有效，并且在含有杂原子的煤衍生液体中的使用寿命相当长。

煤的干馏就是将煤置于隔绝空气的密闭炼焦炉内进行加热，随着温度的升高，煤中有机物逐渐分解，得到气态的焦炉气、液态的煤焦油和固态的焦炭。按照最终温度的不同，煤的干馏可分为低温干馏（500～600 ℃）、中温干馏（750～

800 ℃)和高温干馏(1 000～ 1 100 ℃)三种。低温干馏主要用于褐煤和部分烟煤,也可用泥炭;高温干馏则主要用于烟煤。工业上应用最广、产品最多的就是高温干馏(见表 6-2)。

表 6-2　煤的低温干馏和高温干馏

使用原料		低温干馏	高温干馏
		褐煤为主,部分烟煤	烟煤
产品收率	焦炭/%	70～80	～70
	粗苯/%	-	1.1～1.4
	焦油/%	6～12	4～5
	煤气/$(m^3 \cdot t^{-1})$	150～250	300～330
	$(NH_4)_2SO_4/(kg \cdot t^{-1})$	4～5	8～10
焦油组成	萘	-	6～7
	酚	17.4	1.5～2
	沥青	10～15	50 左右
焦油性质(一般倾向)		含侧链较多的复杂有机物	芳香化合物较多
煤气热值 $/(kJ.m^{-3})$		29 300 左右	12 000 左右

焦炭主要用于冶金工业,其中又以炼铁为主,它在生铁成本中约占 1/3～1/2;焦炭还可应用于化工生产,例如,以焦炭与水蒸汽和空气作用所得到的半水煤气可以用于合成氨;焦炭也可以与石灰石在高温下反应制取电石等。

焦油约占煤焦化产品的 4%～12%左右,是黑色粘稠的油状流体,成分十分复杂,目前已确定的物质有 500 多种,其中有苯、酚、萘、蒽、菲等含有芳香环的有机化合物和吡啶、喹啉、噻吩等含有杂环的有机化合物,它们是医药、农药、染料、炸药、助剂、合成材料等工业的重要原料。

焦炉气约占焦化产品的 20%,其中的 H_2、CH_4、CO 等可燃气体热值高,燃烧方便,多用作冶金工业的燃料或城市煤气。与直接燃煤相比,环境效益极高。H_2、CH_4、C_2H_4 等还可用作合成氨等化工原料。

以煤为原料,通过煤炭转化技术的开发利用,不但可以为人类的生产和生活提供更高质量的燃料,而且还能够提供许多化工产品和制品。煤的焦化、加氢液化、氧化气化等可以提供大量的化工原料。煤经气化可以制得合成气(CO 和 H_2),再由 CO 为原料可制造出多种化学品(即 C_1 化学),煤经液化制取苯等芳香烃也已日益引起人们的关注。

§6.5.2 石油与天然气

石油和天然气是优良的燃料，更是重要的化工原料，它们同煤一样，是由植物和低等生物残骸在地下经过复杂的物理化学变化而形成的。

石油是含多种碳氢化合物的混合物，包括烷烃、环烷烃、芳香烃和烯烃等。利用各组分沸点的不同，通过分馏、精馏等可将其分离提纯。其中的低沸点成分，即含碳原子数少的烃类，如乙烯、丙烯、丁烯、低碳烷烃等都是很有价值的基本化工原料，可用于制造合成纤维、合成橡胶、塑料、树脂等许多化工产品。天然气的主要成分是甲烷，也含有少量乙烷及其它碳氢化合物，经分离后可用作基本化工原料。这种以石油和天然气为原料生产化学品的领域，称为石油化工。石油化工现已成为化学工业的重要分支，在国民经济中占有举足轻重的地位。

石油与天然气的成因和形成历史相同，二者可能是同时生成的。它们都是通过钻探到储油层或储气层的油气井而开采出来的，往往在同一个储层中会同时有石油和天然气。

未经处理的石油叫原油，是碳氢化合物的混合物，其中碳和氢分别占 84%～87%和 12%～14%，主要成分为烷烃、环烷烃和芳香烃。

石油中的固态烃类称为蜡。通常有两类，一类是片状或带状结晶称为石蜡，另一类是很小的针状结晶称为地蜡。除烃类成分之外，原油中还含有氮、氧、硫等有机杂环化合物。按照所含烃类比例的不同，石油可分为石蜡基原油、环烃基原油和中间基原油；按照含硫量的多少，原油又可分为低硫原油（含硫 0%～1%）、中硫原油（含硫 1%～3%）和高硫原油（含硫达 3%～7%）。

天然气的主要成分是甲烷，但也含有相对分子质量较大的烷烃，如乙烷、丙烷、丁烷、戊烷等。碳原子数不小于 5 的组分在地下的高温条件下以气态形式被开采出来，但在标准状况下是液体。天然气中的丙烷和丁烷在常态下为气体，但稍微加压即可液化。天然气中各组分的含量通常随其相对分子质量的增加而降低。

石油的成分是十分复杂的，在石油炼厂中，原油经过分馏、精馏等被分离加工成汽油、煤油、柴油等燃料油，以及润滑油、石蜡、沥青、渣油等重油。重油还可以通过裂化而生产出轻质油；燃料油中的环烷烃还可以通过催化重整转化为辛烷值较高的芳香烃；汽油、柴油等轻质油中的杂环化合物可以通过加氢精制而将杂原子转化成硫化氢、氨和水等，使油品中仅含碳氢化合物，从而提高油品的质量。二次加工生产的各种产品可经过三次加工以生产高辛烷值汽油组分和各种化学品。这样，原油经过一系列炼制和产品精制过程，可以获得各种各样的半成品或成品。各种成品或半成品再按用途和质量要求进行调配（有时还需要加入一些相应的添加剂),进而得到品种繁多的石油产品。这些产品按主要用途可分为两大类:一类用作燃料,如液化石油气、汽油、喷气燃料、煤油、柴油等燃料油;另一类用作化工原料,如润滑油和其它石油化工原料等。

20 世纪 20 年代,随着石油炼制工业的发展,石油化工迅速发展,使大量化学品的生产从传统的以煤和农林产品为原料,转变到以石油和天然气为原料的基础上来。

石油化工从各种石油馏分、炼厂气、天然气、油田气等出发制得的甲烷、乙烯、丙烯、丁烯、苯、甲苯、二甲苯等基本化工原料是庞大的有机化学工业的基础,生产出一系列重要的中间体、塑料、合成纤维、合成橡胶、合成洗涤剂、溶剂、涂料、粘合剂、农药、染料、医药等与国计民生密切相关的产品。石油化工的生产,一般与石油炼制或天然气加工相结合,相互提供原料、副产品和半成品,以提高经济效益。因此,石油化工与石油炼制或天然气加工联合建立生产经营综合体,是现代石油化学工业发展的重要特征。

§6.5.3 核能

相对于煤、石油、天然气等传统能源而言,核能是一种新型能源,核能的和平利用主要用于发电,常用于发电的有核裂变能源与核聚变能源。目前,核电已成为重要的能源之一,核电站发电量约占世界总发电量的 16.8%。与燃煤、燃油的火电站相比,核电站的建站投资虽然较大,但成本要比火电成本低 1/3～1/2;核电站对环境的污染小,废气中的放射性也比燃煤火电厂要少得多,核电是一种清洁能源。

N 个中子和 Z 个质子结合构成的某原子核,其相对质量数(即核子数)A = N + Z,将该原子分解为 A 个单独核子时所需能量与核子数 A 之比称为原子核中每个核子的结合能。对于 A 值很小的原子核,其核子多处于表面,结合较为松弛,核子的结合能较小;而 A 值较大的核,多数核子处于内层,结合紧密,核子的结合能较高,当 A 值大到一定程度后,每个核子的结合能达到 8 MeV 左右,然后保持不变。同时,带电核子(质子)之间存在着长程的库仑斥力,当原子核较大时,带电核子之间的库仑力渐趋重要,质子数 Z 越大,库仑力的影响越突出,具体表现在核子结合能随 Z 值的增大而逐渐降低。最终的综合效果是 A 值不是很小,也不是太大的核子具有较大的结合能,中等大小的原子核具有更高的稳定性。

1) 核裂变能源

如果将一个较大的原子核分裂成为两个中等大小的碎片,即发生核裂变,不仅会形成两个结合得更为紧密的稳定原子核,同时还会释放出大量的核裂变能量。

启动核裂变的必不可少的条件是通过"中子捕获"，$^{235}_{92}U$ 核捕获到能量仅为 0.025 eV(即 2.4 $kJ \cdot mol^{-1}$)的慢中子就可以进行裂变，而$^{238}_{92}U$ 则需捕获一个动能为 145×10^6 $kJ \cdot mol^{-1}$的快中子才能使裂变发生。

裂变产生的中子数量如果足够、能量适中，这些中子就可以诱发新的核裂变反应，造成一个能够自行维持的链式反应(称为自持链式反应)。在核反应堆中，自持链式反应是受控的，一个裂变产生的中子通常只诱发一个新的裂变反应，使裂变速率基本保持恒定；而核武器中的裂变反应生成的中子可以引发更多的裂变反应(称为发散式链式反应)，使裂变反应的速率在瞬间急剧增大，以爆炸的方式结束裂变反应并释放出巨大的能量。

为了使裂变反应不至于失控，需要有一个可调节的中子吸收剂，以保证产生中子的速率与其被吸收的速率相均衡。

目前，用于发电的大多数核反应堆是以水作为冷却剂和中子减速剂的压水反应堆(PWR)和沸水反应堆(BWR)。

新型的增殖反应堆的建造和运行技术已渐趋成熟，增殖反应的典型实例是在裂变反应中产生两个或更多有效的快中子，其中一个用以维持链式裂变反应的持续进行；另一个快中子由$^{238}_{92}U$ 接受并转变为$^{239}_{92}U$，再经两级 β 衰变成$^{239}_{94}Pu$。而$^{239}_{94}Pu$ 可以与$^{235}_{92}U$ 极其类似的过程进行核裂变反应。金属铀中丰度仅为 0.72%的$^{235}_{92}U$ 是核裂变燃料中的有效成分，而含量在 99% 以上的$^{238}_{92}U$ 不能利用，大大增加了核电成本并造成了资源浪费。在增殖反应中，每一个$^{239}_{92}Pu$ 发生裂变，所产生的中子就可与$^{238}_{92}U$ 作用增殖出一个新的$^{239}_{94}Pu$，从而可以维持$^{239}_{94}Pu$ 的含量并使反应堆中的$^{238}_{92}U$ 成为有用的燃料，极大地增加了可裂变燃料的供应。

增殖反应堆由一个装有高浓缩燃料(85% $^{238}_{92}U$ 和 15% $^{239}_{94}Pu$)的堆芯构成，由于不需要中子减速剂，故勿须用水作为热载体将裂变能带走，其传热介质使用了液态钠(或钠钾合金)，因此不会导致高压的产生。由于反应堆中的钠、钾比水更能承受高温，因此反应堆发电效率可增至 40%。增殖反应堆由于用未减速的快中子轰击原子核引发裂变反应，故又称为快中子反应堆，简称快堆。

2) 核聚变能源

由于核子数很小的原子核核子之间的结合较为松弛，导致了结合能较低，如果两个很小的核能结合成一个较大的核(核子之间的结合较为紧密)，将会释放出巨大能量，这一能量称为核聚变能。

氢原子核聚变为氦原子核的反应为：$^{3}_{1}H + ^{3}_{1}H \xrightarrow{\text{核聚变}} ^{4}_{2}He + ^{1}_{0}n + E$

反应释放出的核聚变能相当于 2.579×10^{12} J·mol^{-1}。依次推算,1 kg 氢聚变成氦要释放出 6.398×10^{14} J 的能量,与 25 000 t 优质煤相当,由此可见核聚变能之巨大。

进行核聚变反应须将小原子核紧密地结合在一起,以达到核力可以发挥作用的距离。为此,必须向处于起始状态的小原子核提供足够的能量,以便克服核间斥力(势能垒)。如果所需要的能量由原子核的热运动来提供,那么原子核必须被加热到 $10^7\sim10^8$ K 数量级的温度范围。

核聚变能量的释放,在氢弹装置中已获成功。氢弹以原子弹引爆,原子弹周围为热核燃料,原子弹爆炸产生的几千万度的高温,可促使核聚变反应得以完成。1952 年美国制成的世界第一枚氢弹以氘和氚为燃料。由于它们常温下为气态,必须在高压和低温装置中使氘、氚混合物保持在液态,所以这颗氢弹非常笨重(65 t),价格也十分昂贵。

氘化锂燃料的采用使氢弹有了实战应用价值,氢弹中的引爆装置一方面产生几千万度的高温,同时释放出大量中子轰击锂核,使其裂变生成氚,氚再与氘聚变,引起爆炸。

$$^{6}_{3}\mathrm{Li}+{}^{1}_{0}n\longrightarrow{}^{3}_{1}\mathrm{H}+{}^{4}_{2}\mathrm{He}+4.78\ \mathrm{MeV}$$

$$^{3}_{1}\mathrm{H}+{}^{2}_{1}\mathrm{H}\longrightarrow{}^{4}_{2}\mathrm{He}+{}^{1}_{0}n+18.3\ \mathrm{MeV}$$

相比之下氘化锂比氚要便宜得多,而且是稳定的固态化合物,便于储存和运输,制造出的氢弹由于不需要低温设备,体积和重量大大减小。

氢弹只能用于战争的目的,人们正试图从受控热核聚变获取能量。这一技术的主要难点是引发核聚变反应的温度太高,地球上所有的已知材料都无法耐受。近年来,一种称为激光受控核聚变的新方法引起了人们的极大关注,这一方法采用时间极短(约 10 ns)和极高能量(约 10^5 J)的激光脉冲对一颗小小的燃料丸(由冻结的氘和氚组成)压缩 10^4 倍。过程中燃料丸中心温度可达 10^8 K 数值范围,因而引发了核聚变,聚变反应又进一步加热了燃料丸,这样就使之在约 10^{-11} s 的时间内释放出 10^7 J 的核聚变能。

受控热核聚变的研究始于 20 世纪 50 年代,目前已经获得了大量的相关知识,1991 年,英国卡拉姆的实验装置首次成功进行了氘、氚等离子体核聚变反应,虽然只维持了 1.3 秒,但表明人类对核聚变能的探索向前迈进了一大步。

早在 1987 年提出的国际热核实验反应堆计划(ITER)旨在建立世界上第一个受控热核聚变实验反应堆,用以解决建设核聚变电站的关键技术问题。包括欧盟、美国、俄罗斯、日本、韩国和中国在内的六方计划在 2014 年之前联合建造一座总功率为 500 万千瓦的热核反应堆,反应堆设计以及一些关键原型的制造已于2001年完成,参与国际热核实验反应堆计划的六方于2005年6月28日在莫斯科作出决定:热核反应堆将在法国建造。与目前核电站所使用的裂变反应堆不同的是,热核聚变反应堆在运行过程中几乎不会产生放射性核废料,几乎不会产生环境污染,管理人员可以随时控制其反应状态,热核反应堆正常运转时,其内部的温度将维持在1亿度左右,热核电站使用的燃料氘和氚是氢元素的两种同位素,在海水中的含量非常巨大,几乎是取之不尽,用之不竭的。

§6.5.4 氢能

氢能是指以氢及其同位素为主体的反应或氢在状态变化过程中所释放的能量。氢能包括氢核能和氢化学能两大部分,前者已在核能部分讨论过,本节主要介绍氢化学能

20世纪70年代,许多系统工程学家已经准确地看到,将来的经济如果建立在以氢为通用能源的基础上,就可以解决化石燃料的枯竭和环境污染等严重问题,这将会对人类社会的发展和人们的生活环境带来巨大的利益。

氢作为二次能源,与其他能源相比有着明显的优势。氢是化学能源,其燃烧产物是水,不污染环境,堪称清洁能源;氢是地球上取之不尽,用之不竭的能量资源;氢能源热值高,与化石燃料相比,约是汽油的2.6倍、煤的4.8倍,而且燃烧温度可以在200～2 000 ℃之间选择,可以满足热机对燃料的使用要求;氢的输送与贮存比优质的二次能源—电能小得多;研究中的氢—氧燃料电池可以高效率地将化学能直接转变为电能,具有十分广泛的发展前景。

作为一种能源,就需要在工业上大规模地制取氢气,目前主要有水煤气法和天然气或石油气裂解制氢,但作为氢能体系,不能再考虑用化石燃料制氢,只能由水的分解来制取。目前常用的有以下三种方法:

1) 电解水制氢

纯水是电的不良导体,所以电解时需向水中加入强电解质以提高导电性,但酸具有腐蚀性、盐会生成副产物,故一般多以氢氧化钾水溶液作为电解液。电解水制氢在水电和核电资源丰富的国家和地区会发挥巨大作用,但从能量转换的全过程来看,如果按照“核能－热能－机械能－电能－氢化学能”的模式进行,因为转换步骤多,尤其是热功转换的限制,总效率一般低于20%。即使热功转换效率提高到40%,电解效率提高到80%,总转换效率也仅有32%左右。

2) 热化学分解水制氢

纯水的热分解制氢避开了热功转换而将热能直接转换为氢化学能,理论转换率要比电解法高得多。

若欲使水仅依靠吸收热能而分解为氢和氧,温度应高于4 300 K,使用这一

方法制氢，目前尚有许多技术难题等待解决。

20 世纪 60 年代，由于核反应堆技术的发展，科学家便注意到了如何利用反应堆的高温进行水的分解，他们曾设想在热分解过程中引入热化学循环以降低水的分解温度。

3）水的光分解和光电化学分解

以阳光辐照直接分解水制氢是一种极有前途的制氢方法。含有 Ce^{4+}/Ce^{3+} 的水溶液接受紫外光照射时会有氢气产生，Fe^{3+}/Fe^{2+} 和 Cu^{2+}/Cu^{+} 体系与之相似，但在均相溶液中易发生逆反应而使效率极低。

20 世纪 70 年代末，人们发现了一些有机金属配合物，如联吡啶与钌的配合物，在吸收光能后会产生光激发，其激发态既是电子受体，又是电子给体，能够实现电荷的分离和传递，因而能将水分解为氢和氧。在 0.5 $mol \cdot dm^{-3}$ H_2SO_4 或 pH 值为 6.8 的溶液中氧的产率为 83%。事实上，钌的配合物在分解水制氢中扮演了催化剂的角色。

以 n-型半导体 TiO_2 作为阳极（负极），铂片作为阴极（正极），浸于 0.5 $mol \cdot dm^{-3}$ 硫酸中可构成光电池，称为电化学光电池。水的光解和光电化学分解是极富探索性的课题，虽距实用尚遥远，但前景十分诱人。

氢气的输送和储存基本上与天然气相同，可以象天然气一样通过管道输送。目前工业上所用的储氢技术大致有以下四种。

1）加压气态储存

氢气可以象天然气一样用高压钢瓶储运，但是容积 40 dm^3 的钢瓶在 15 MPa 下只能装半公斤氢气，不到装载器重量的 2%，运输成本太高，此外还有氢气压缩的能耗和相应的安全问题。

2）深冷液化储存

液氢可以作为氢的储存状态，它是通过高压氢气的绝热膨胀而得到的。液氢沸点仅 20.38 K，气化焓仅 0.91 $kJ \cdot mol^{-1}$，因此稍有能量从外界传入容器，即可使氢沸腾而损失。短时间储存液氢的贮槽可以是敞口的，允许有少量氢气蒸发以保持低温，较长时间储存液氢则需用真空绝热贮槽。

液氢和液化天然气在极大的储罐中储存时都存在着热分层问题，即储罐底部的液体承受来自上部的压力而使沸点略高于上部，上部液氢由于少量挥发而始终保持极低的温度。静置后，液体会形成下“热”上冷的两层。上层因温度低而密度大，因而蒸气压也低，下层因温度略高而密度较小，蒸气压也较高，这显然是一种不稳定状态，稍有扰动，上下两层就会翻动，如蒸气压较高的底层翻到上部，就会发生液氢的爆沸，产生大体积氢气，使储罐爆炸破裂。为防止事故的发生，较大的储罐都备有缓慢的搅拌装置以阻止热分层的产生。较小的储罐则加入约1%体积的铝刨花,以加强上下的热传导。

3）金属氢化物储氢

近年来,发展起了一种以金属与氢反应生成金属氢化物而将氢储存和固定的技术,它们在一定的温度和压强下会大量吸收氢气而生成金属氢化物,而反应又具有很好的可逆性,适当改变温度和压强即可发生逆反应,释放出氢气,而且释放氢气的速率较大。

金属或其合金,表面总会生成一层氧化膜,还会吸附一些气体杂质和水分。它们会妨碍金属氢化物的形成,因此储氢时必须进行活化处理。有的金属或合金的活化十分困难,因而限制了储氢金属或合金的应用。

金属氢化物的生成伴随着体积的膨胀,而释放氢气的过程又会发生体积收缩。经多次循环后,储氢金属便会破碎粉化,使氢化和释氢渐趋困难。例如具有优良储氢和释氢性能的 $LaNi_5$,经10次循环后,其粒度由20目降至400目,如此细微的粉末,在释氢时就可能混杂在氢气中堵塞管路和阀门。金属的反复胀缩还可能造成容器的破裂漏气。虽然有些储氢金属有较好的抗粉化性能,但减轻和防止粉化仍然是实现金属氢化物储氢的前提条件之一。

杂质气体对储氢金属性能的影响不容忽视。虽然氢气中夹杂的 O_2、CO_2、CO、H_2O 等气体的含量甚微,但反复操作,有的金属就会程度不同地发生中毒,影响其氢化和释氢特性。多数储氢金属的储氢质量分数仅为1.5%～4%,储存单位质量的氢气,至少要用25倍的储氢金属,材料的投资费用很大。由于氢化是放热反应,释氢则需要提供热量,实用中需装设热交换设备,这会进一步增加储氢装置的体积和重量。因此,这一技术若要投入实用,仍有大量课题需要进行研究和探索。

4）非金属氢化储存

由于氢的化学性质活泼,它能与许多非金属元素或化合物作用,生成各种含氢化合物,可以作为人造燃料或氢能的储存材料。

氢气可以与CO催化反应生成烃(甲烷)和醇(甲醇),这些反应释放热量且体积收缩,加压和低温有利于反应的进行。在高性能催化剂作用下完成反应的压强会降低,从而可降低成本。

甲烷本身就是一种燃料,甲醇既可替代汽油用作内燃机燃料,也可掺兑在汽油中使用,它们的储存、运输和使用都十分方便。甲醇还可脱水合成烯烃,制成人造汽油。

氢气与一些不饱和烃加成生成含氢更多的烃,将氢寄存其中。氢气可以与氮生成氮的含氢化合物氨、肼等,它们既是人造燃料,也是氢的寄存化合物。或用硼和硅的氢化物储氢,有些硼氢化合物还可以分解而释放出氢气。

氢化学能的应用是很广泛的。氢气直接燃烧的产物只有水，无其它任何污染物。氢气在空气中高温燃烧时，会有空气中的氧与氮反应而生成氮氧化物，可通过略微过量的氢加以抑制。微过量氢不属于污染物，会迅速飘逸至上层大气中。燃烧产物经冷凝回收可补充淡水供应，这在缺少淡水的地方更有价值。

以氢气为燃料往往比用化石燃料更优越。除无污染外，燃烧效率也有改善，氢及其燃烧产物对发动机的腐蚀也最轻，能够延长发动机的使用寿命。

在车船上使用氢动力内燃机，需要解决的最关键问题就是燃料氢的储存。例如，一般汽车油箱可存油 200 kg，与之等能量的氢大约为 20 kg。若将其压缩至300 dm^3 的容器中，所需压强约 800×10^5 Pa，相应的钢质高压容器重约 1 550 kg，就太不实用了。用金属氢化物储氢，目前仍在实验阶段。一个 500 kg 的储氢系统所储存之氢气仅可供汽车行驶 200～300 km，而一次充氢约需 0.5～1.0 h，这对于实用的小型汽车则过于麻烦，有待研究改进。以深冷液氢方式在车船上储氢，无论在重量上或行驶里程上都是目前唯一能与汽油储存相比的方式，但因液氢沸点很低、密度很小（71 $g\cdot dm^{-3}$），故需使用容积较大、绝热良好的储氢容器，而且还须承受明显的液氢蒸发损耗。

液氢还可用作航空和航天的发动机燃料。液氢的燃烧可使发动机及其部件无积炭、无腐蚀，延长发动机的使用寿命，排气对环境的污染也可降至最低程度。作为新型能源，液氢燃料有着广阔的发展前景。

§6.5.5　太阳能

太阳是一个在高温高压下不断进行着热核聚变反应的炽热球体，直径 1.39×10^6 km。在太阳球体的核心，氢核聚变成氦核而连续释放 3.865×10^{23} $kJ\cdot s^{-1}$ 的能量，温度高达约 10^7 K。

在人们能够见到的太阳表面，有效温度为 5 762 K，太阳能量的大约 22 亿分之一（约 1.765×10^{14} $kJ\cdot s^{-1}$）照射到地球大气上界，而透过大气层到达地球表面的能量约为 8.1×10^{13} $kJ\cdot s^{-1}$，这是一个巨大的能量资源。太阳能即指由太阳发射出来并由地球表面接受的这一部分辐射能。

太阳能是地球上主要能源的总来源，与常规能源相比具有如下特点：

1）太阳是个持久、普遍、巨大的能源。从地球诞生，阳光就照射着地球，向地球提供着能量。按太阳的质量估算，它还有 60 亿年以上的寿命，因此可以说太阳能是取之不尽，用之不竭的。

2）太阳能是洁净、无污染的能源。

3）太阳能无偿地提供给地球的每一个角落，可就地取材，不受市场影响。

太阳能的利用也有一些不利因素，例如太阳能的能量密度较低，在日地平均距离处阳光垂直辐照时,被大气和地球表面吸收的仅约 0.6 kW/m²。就每个地域来说,能量供应是间断性的,受昼夜、阴晴、季节、纬度等因素影响较大,能量供应极不稳定,因此给太阳能的采集和使用带来许多技术上和经济上的困难,尚有大量课题需要研究。

太阳能的利用主要有热能转换、化学能转换和电能转换。

光热转换是目前广泛采用的太阳能利用方式。太阳能热利用系统一般由集热、贮热和供热三部分组成,有时还配备有辅助能源。

太阳能集热器是通过对太阳能的采集和吸收将辐射能转换为热能的装置,分为平板型和聚焦型两类。虽然地面上太阳辐射的能量密度低,但大面积集热的作用不可低估。随着太阳能材料和系统控制技术的发展,一些国家的太阳热发电已实现商业运营,预计太阳热电站将会迅速发展。

太阳能的热贮存是将太阳的辐射能吸收以后转变为热能加以贮存,热贮存的运行费用低、安全可靠、贮存效率高,技术也最为成熟。主要有显热贮存、潜热贮存等。

显热贮存是利用物质的升温或降温来吸收或释放热量的。原则上说,任何物质都可用于显热贮存,但气体的比热容小,不宜使用。在温度低于100 ℃的低温范围内,液体贮热介质以水为最佳,固体贮热介质则以岩石和土壤最为适宜。人们先后开发了水箱贮热、岩石床(箱)贮热、地下含水层贮热和地下土壤贮热等多种技术。岩石床贮热以卵石或松散堆放的石块为贮热介质,常用于空气供暖系统。地下含水层贮热是近年来许多国家十分重视的贮热和节能技术,它通过井孔将温度较高的水灌入地下含水层来贮热,待需用时再从井中抽出使用,能量回收可达70%左右,多用于区域供热。地下土壤贮热已在一些国家和地区用于农作物和建筑物的供暖。

潜热亦称相变热,潜热贮存是利用物质发生相变时吸收或放出热量的性质来贮热的。相变贮热材料主要有无机盐水合物、有机化合物和饱和盐水溶液等。

目前正在研究和开发的技术是用可逆吸热化学反应进行热储存,简称热化学贮热。这一技术的贮能密度比显热贮热和潜热贮热要大得多(2～10倍),且可长期贮存,特别适合于建筑供暖和空调系统的跨季度贮热。

太阳电池也称太阳能电池,其核心器件是能有效吸收太阳光辐射能并使之转换成电能的半导体电池板,一般都是由 n-型半导体和 p-型半导体构成的。当阳光辐照到半导体电池板表面时,材料吸光产生自由正电荷(空穴)和负电荷(电子),在 p－n 结附近产生电子-空穴对,并将其分离到材料的不同区域,形成电势差即电压。已经商品化的有单晶硅、多晶硅和非晶硅太阳电池。目前主要应用于电子手表、计算器和玩具等低功率商品,同时也正在逐渐进入较大功率的应用领域。

已经实用或正在重点研究的太阳能电池用半导体材料有 GaAs 晶体、InP 晶体、CuInSe 薄膜和 CdTe 薄膜等。它们的禁带宽度在 96～155 $kJ\cdot mol^{-1}$,是制作太阳电池的优选材料,其中 GaAs 禁带宽度 138 $kJ\cdot mol^{-1}$,理论效率接近 30%，但材料昂贵,只限于高效电池和空间电池。为了提高电池效率,充分利用它的良好的耐高温性能,专门设计了汇聚阳光强度几倍至几百倍条件下工作的聚光太阳能电池,效率可达 15%～18%。将 GaAs 叠在 GaSb 上的叠层聚光太阳电池效率则可达 35.8%。

在太阳电池的基础上发展起来的太阳能发电系统称为光伏发电系统,属可再生能源发电系统。它们最初作为人造卫星和宇宙飞船的电源,20 世纪 70 年代以后逐渐应用于地面系统,如农村和偏远地区的供电系统、微波中继站、电话、电视卫星地面站和地震台站等。

其它的能源如风能、水能和潮汐能等实际上也是源自于太阳。

§6.5.6　化学电源

化学电源指的就是(原)电池。作为具有实用价值的电池,应满足如下要求:① 材料成本和生产成本低廉(对于有特殊要求的电池,如用于空间探测和心脏起搏器等的电池,成本则是第二位的)。② 电池的使用寿命长,体积小(单位体积电池的能量高),使用方便。③ 贮存期要足够长(即自放电要小),且在快速放电时,电压能够相对稳定。④ 能在较宽的温度范围内正常工作。⑤ 要价廉、安全且无毒。化学电源可分为一次电池和二次电池等。一次电池是指放电时电极活性物质不断消耗,用完即丢,不能重复使用的电池;二次电池是指放电时被消耗的电极活性物质可以通过充电而恢复,可以重复使用的电池,也称为蓄电池。

一次电池作为一种直流电源被广泛应用,常用的有锌-锰干电池、锌-银扣式电池及锂电池等。使用最为广泛的锌-锰干电池是以锌为负极,以石墨棒|MnO_2(s)为正极,按照所用电解质的不同又可分为铵型、锌型和碱性锌-锰干电池。其电池符号可表示如下:

$$(-)Zn(s)|\text{电解液}|MnO_2(s),\text{石墨}(+)$$

锌-锰干电池的额定开路电压为 1.5 V,实际上为 1.5～1.8 V,典型终止电压为 0.9 V,某些收音机则允许其终止电压降低至 0.75 V。

铅酸蓄电池是应用最为广泛的二次电池之一,它是以 PbO_2(s)|Pb(s)为正极,以多孔金属铅为负极,以硫酸为电解质的:

$$(-)Pb(s),PbSO_4(s)|H_2SO_4(c)|PbSO_4(s),PbO_2(s)|Pb(s)(+)$$

碱性蓄电池的突出优点是使用寿命长、维护方便和耐充电能力强。碱性镉-

镍电池的反应如下：

$$Cd + 2NiO(OH) + 2H_2O + 2H_2O \underset{充电}{\overset{放电}{\rightleftharpoons}} Cd(OH)_2 + 2Ni(OH)_2$$

镉-镍电池比铅酸电池昂贵，但坚固耐用，重量轻、体积小，抗震性好，可充放电 2 000 次以上。除工业应用外，还可以用于电动刮须刀、收录机与小型计算器中，这种电池的额定电压为 1.2 V。

20 世纪 80 年代发现了有些金属及其合金或金属间化合物如 $LaNi_5$、TiFe 等能够可逆地吸收或放出氢气，是极有发展前途的贮氢材料，贮氢密度可达液态氢的 1.5～2.0 倍，用此材料制得的电池（如碱性镍－氢电池）具有很高的体积比能量。

锂电池是以金属锂为负极活性物质的电池的总称。由于锂电对电极电势的代数值很小，摩尔质量也很小，因此组成电池的比能量就比较高。所以，锂是很好的负极活性物质。但由于 Li 与 H_2O 会发生剧烈的反应，所以电解质溶液不能用水，而必须采用有机溶剂或非水的无机溶剂，并加入无机盐使之导电，这种电解质称之为非水电解质，相应的电池称为非水电解质电池。由于有机溶剂的不同或溶入无机盐的不同，加之正极的多样性，锂电池有很多种。下面简单介绍一下近年来研制出的一种锂－锰电池，电池的开路电压为 3.5 V，放电电压为 2.9 V。可以做成钮扣式或圆筒式小型电池，应用于携带式电子仪器，小型计算机、电子手表、照相机以及通信仪器的电源。

此种电池的负极是由金属 Li 插在溶有 $LiClO_4$ 的碳酸丙烯脂和二甲氧基乙烷的混合溶剂中所组成的，其中两溶剂的比例为 1∶1，$LiClO_4$ 的浓度为 1 $mol \cdot dm^{-3}$，正极活性物质是经过热处理的电解 MnO_2。

电池反应：$Li + MnO_2 = MnO \cdot OLi$

锂离子电池是以锂离子为活性物质的化学电池，其负极用低电势的贫锂离子化合物，正极用高电势的富锂离子嵌锂化合物，由于锂离子浓度差的存在而形成了浓差电池，其开路电压可以高达 3.6 V。

贮备电池是一类特殊形式的电池，其电极活性物质与电解质分开存放，没有自放电，可长时间（5～10 年）存放而不需维护。当需要电池供电时，可将电池“激活”而使其放电，一次性使用。

燃料电池是燃料直接氧化并将其化学能转化为电能的一种化学电源。不像一般电池把活性物质全部贮藏在电池体内，燃料电池是把燃料（如 H_2，CH_3OH，NH_2NH_2，甚至天然气等）连续输入作为负极活性物质，把 O_2 或空气连续输入作为正极活性物质，产物 CO_2 和 H_2O 不断被排出。因此，燃料电池可望成为名符其实地把化学能转变成电能的"能量转换器",其最大的优点是可以高效率地将燃料中的化学能转变成电能。在一般发电厂里,燃料需先经燃烧把化学能转化成热能,然后经热机把热能转化成机械能,最后再转化成电能,由于受"热机效率"的限制,经过这样的转换后,目前柴油机最高的能量利用率也不超过40%,火车蒸汽机的能量利用率还不到10%。而燃料电池的能量利用率则可以高达75%。

由于燃料电池具有很高的能量利用效率和工作时无污染的优点,因而它是一种比较理想的化学电源。但实际上由于电极反应进行得很慢或腐蚀等问题无法有效解决而难以投入实际应用。其核心问题是如何使燃料离子化而快速进行电极反应,因为大部分燃料都是有机化合物,这就要求电极具有高效催化剂的特性,也就是具有"电催化"的作用,因此需用多孔镍、多孔碳,以及铂、银等贵金属作电极。目前最为成功的是用氢作燃料的 H_2-O_2 燃料电池,但由于成本很高,只能用于宇航等特殊场合。

在 H_2-O_2 燃料电池中,高压氢气在电解质氢氧化钾水溶液存在下,在负极转变为水:

$$H_2(g)+2OH^-(aq)-2e \xlongequal{} 2H_2O(l) \quad \varphi^{\ominus}_{H_2O/H_2}=-0.83\ V$$

电池正极是用氧化镍覆盖的镍,氧化镍的作用是催化氧的还原:

$$\frac{1}{2}O_2(g)+H_2O(l)+2e \xlongequal{} 2OH^-(aq) \quad \varphi^{\ominus}_{O_2/OH^-}=+0.40\ V$$

电池总反应:$H_2(g)+\frac{1}{2}O_2(g) \xlongequal{} H_2O(l)$

氢－氧燃料电池的工作温度为20～140 ℃,理论电压为1.23 V,实际上电池电压只有0.9 V左右。

若要求的电流不很大,用高浓度氢氧化钾水溶液作电解质,则电池的工作压力几乎可降低到100 kPa,这种低压燃料电池已经在某些大型载人宇宙飞船中用作能源。

如研制成功性能优异、寿命长、价廉的电极催化燃料电池,就有可能用作小型的区域性电站,在电催化研究高度发展的基础上,甚至可以使许多氧化还原反应在燃料电池内进行,将化学能充分转换成电能,这将会是电化学和工程技术发展的一个标志。

习　题

1. 什么是原电池?其正负极是怎样规定的?在正负极分别发生什么样的

反应？

2. 什么是氧化还原电对？在书写电对符号时应注意什么问题？

3. 什么是惰性电极？在原电池中是起什么作用的？若将一种惰性电极换成另一种惰性电极，原电池反应在理论上会有显著的变化吗？

4. 写出由下列电对所组成的电极符号及其所能够组成的原电池符号，并用离子－电子法对原电池反应进行配平。（需要惰性电极时均用 Pt）

① Zn^{2+}/Zn　② MnO_2/Mn^{2+}　③ Cl_2/Cl^-

5. 电极电势是怎样产生的？其绝对值是无法测定的，目前我们所使用的相对电极电势是怎样确定的？为什么实际应用中一提到电极电势我们总是将其与电极还原反应相联系，而不管它是实际电池中的正极还是负极呢？

6. 1 mol 单质 Zn 与酸完全反应得到 1 mol H_2 的反应通过原电池进行和在烧杯中直接进行有什么联系和区别？

7. 什么是电极的极化？它包括哪几种情况？请说明为什么实际分解电压总是要高于理论分解电压？

8. 什么是材料的腐蚀？什么是金属材料的析氢腐蚀、吸氧腐蚀和差异充气腐蚀？

9. 防止材料被腐蚀的常用方法有哪些？

10. 已知：$\varphi^{\ominus}_{I_2/I^-}=0.536\ V$、$\varphi^{\ominus}_{Br_2/Br^-}=1.066\ V$、$\varphi^{\ominus}_{Cl_2/Cl^-}=1.358\ V$、$\varphi^{\ominus}_{F_2/F^-}=2.866\ V$，请判断 I_2、Br_2、Cl_2、F_2 在标准条件下氧化性的相对强弱？

11. 已知：$\varphi^{\ominus}_{MnO_4^-/Mn^{2+}}=1.507\ V$，$\varphi^{\ominus}_{Cl_2/Cl^-}=1.358\ V$。在

1）标准条件下；

2）$c_{MnO_4^-}=0.1\ mol\cdot dm^{-3}$，其他物质处于标准条件；

3）pH＝2.0，其他物质处于标准条件；

4）$p_{Cl_2}=10p^{\ominus}$，其他物质处于标准条件下，

通过计算判断两个电对中什么是最强的氧化剂？什么是最强的还原剂？

12. 由标准氢电极和 Pt，H_2(100 kPa) | $H^+(c_x)$ 组成一原电池，实验测得该电池的电动势为 0.016 V。若电极 Pt，H_2(100 kPa) | $H^+(c_x)$ 作原电池的正极，则组成该电极的溶液中的 pH 值是多少？若作原电池的负极呢？

13. 已知，$\varphi^{\ominus}_{Cl_2/Cl^-}=1.358\ V$，$\varphi^{\ominus}_{MnO_4^-/Mn^{2+}}=1.507\ V$，写出酸性标准条件下实际进行的电池反应方程式，并计算该反应的平衡常数。判断当 pH 值降低时该反应的 $\Delta_r G_m(T)$ 将如何变化？当 p_{Cl_2} 增加时平衡会向那个方向移动？

14. 298 K 时以铂为电极电解含有 $NiCl_2$（$0.01\ mol\cdot dm^{-3}$）和 $CuCl_2$（$0.02\ mol\cdot dm^{-3}$）的水溶液。若电解过程中超电势可以被忽略，问

1）阴极上何种金属先析出？

2）第二种金属刚开始析出时，第一种金属离子在溶液中的浓度是多少？

已知：$\varphi^{\ominus}_{Ni^{2+}/Ni} = -0.23$ V，$\varphi^{\ominus}_{Cu^{2+}/Cu} = -0.34$ V。

第七章　现代化学的基本研究方法

在第一章绪论中我们已经知道，现代化学的基本研究方法是发现或制备出物质并分离、提纯，用合适的方法确定物质的组成与结构，研究物质的性质、变化规律及其应用。例如，从天然产物中提取物质并进行分离分析，是发现新物质的有效方法，也是现代天然有机化学的主要研究内容之一；新型配位化合物的制备与性能研究是现代无机化学最热门的研究领域；有机合成是制备新的有机化合物的主要办法，也是有机化学研究中最具活力的分支学科。当我们得到某种物质或某种样品以后，通常都是利用现代分析测试仪器对其组成、结构和性质进行研究的。因此，本章我们主要通过对物质的现代分离提纯方法和部分重要的分析测试仪器的基本原理及应用进行简单介绍，来说明现代化学最基本的研究方法。

§7.1　常用的分离、富集和提纯方法

现代化学研究经常需要对样品进行定性和定量分析，因此，样品的分离提纯技术是十分重要的。

定性分析是对样品进行预处理后，用化学、物理或仪器分析的方法进行样品组成成分的确定。定量分析则是要确定样品中各种组成成分的含量。定性和定量分析的试样通常都是复杂物质，各种组分常常会相互干扰，严重时甚至使分析工作无法进行，这就要根据试样的具体情况，使用适当的分离或富集方法对样品进行预处理。常用的分离、富集和提纯方法有：筛分、过滤、沉淀分离、重结晶、萃取、升华、蒸馏和色谱分离法等。

§7.1.1　筛分、过滤与离心分离法

1) 筛分、过滤

筛分是通过过筛的办法对样品进行分离，主要用于颗粒尺寸差异较大的固体样品的初步分离。

过滤是进行液固混合样品分离的常用方法。

2) 固液样品的分离

在物质的制备或分析过程中，经常会遇到固体与液体的分离问题。常用的固液分离基本操作有三种方法，即倾析法、过滤法和离心分离法。

倾析法：当沉淀的相对密度较大或固体颗粒较大时，静置后能够较快地沉降至容器底部，就可用倾析法进行分离和洗涤。倾析法的操作是将玻璃棒横放在烧杯嘴，使上层清液沿着玻璃棒缓慢地倾入另一容器内，使沉淀与溶液分离（见图 7－1）。

过滤法：过滤是固液分离最为常用的方法，当沉淀和溶液的混合物通过过滤器（如滤纸）时，沉淀留在滤纸上称为滤饼，而溶液通过过滤器进入容器中，称作滤液（或母液）。常用的过滤方法有常压过滤、减压过滤和热过滤。

常压过滤最为简便，一般使用三角玻璃漏斗和滤纸进行过滤（见图 7－2）。

为了加快过滤速度，常使用减压过滤（亦称抽滤或真空过滤）的办法，同时可使滤饼比较干燥。但减压过滤不宜用于过滤颗粒太小的沉淀和胶体沉淀，颗粒太小的沉淀易在滤纸上形成一层密实的沉淀，使溶液不易透过，会大大减慢过滤速度，若是胶体沉淀则易穿透滤纸，都达不到加速过滤的目的。减压过滤（见图 7－3）一般使用的是布氏漏斗，它是一种瓷质平底漏斗，中间具有许多小孔，以便使滤液通过滤纸从小孔流出，过滤时，布氏漏斗里要放一张事先剪好的、能盖严漏斗小孔的圆形滤纸，并用少量溶剂润湿。布氏漏斗装在橡皮塞上，与吸滤瓶相连接，安装时布氏漏斗的下端斜口应正对吸滤瓶支管，用耐压橡皮管与真空系统相连，真空系统可使吸滤瓶内减压，从而达到快速过滤的目的。

图 7－1　倾析法

图 7－2　常压过滤

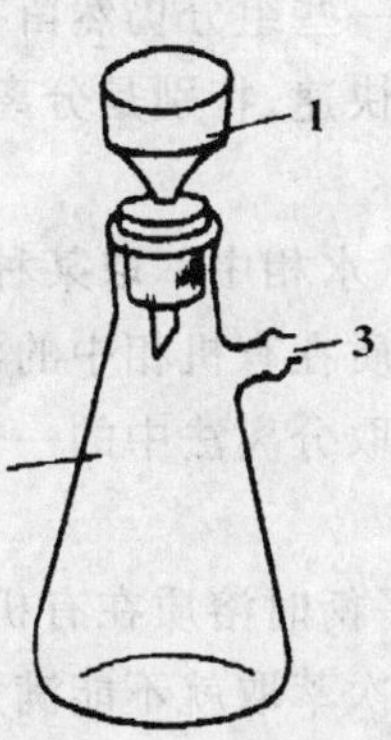

图 7－3　减压过滤

图 7－4　热过滤

如果在室温下溶液中的某些溶质能够结晶析出，而在实验中并不希望它析出，则可使用热过滤法。常压热过滤漏斗是由铜质夹套和普通玻璃漏斗组成的，铜质夹套里可装热水，在热过滤时用来加热保温（见图 7－4）。

离心分离法：试管中少量溶液和沉淀的分离可以用离心分离法，分离速度快且操作简单。离心分离法是将待分离的沉淀和溶液装在离心试管中,放入离心机(见图 7-5)中高速旋转,使沉淀沉积在试管底部,上层为清液,可用滴管轻轻吸取上层清液,使之与沉淀分离(见图 7-6)。

图 7-5 电动离心机

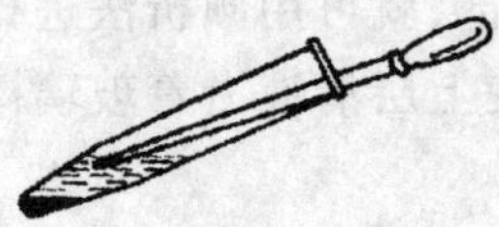

图 7-6 离心分离

离心分离时应先在离心机的试管套底部垫些棉花,然后将盛有沉淀和溶液的离心试管放入离心机的试管套内,同时在与之相对称的另一试管套内也放入总质量基本相同的离心试管,以使离心机在高速旋转时能够保持平衡,然后缓慢起动离心机的调速钮并逐渐加速。停止离心时,应使离心机自然停止转动,决不能用手强制其停止,以免损坏离心机或发生危险。

§7.1.2 萃取分离法

萃取分离法是利用溶质在不相混溶的水和有机溶剂中溶解度的不同所进行的分离。将与水不相溶的有机溶剂加入样品水溶液中一起震荡,一些组分就会进入有机相中,而另一些组分仍然留在水相中,从而达到分离富集的目的。这种方法设备简单,操作快速,特别是分离效果良好,因此应用广泛,但不足之处是费时且工作量较大。

当用有机溶剂从水相中萃取某种溶质时,如果该溶质在两相中的存在形态相同,则平衡时该溶质在有机相中的浓度与其在水相中的浓度之比称为其分配系数,分配系数是萃取分离法中的一个重要的参数,在萃取体系和温度恒定时分配系数是一个常数。

分配比是萃取平衡时溶质在有机相中的总浓度与在水相中的总浓度之比,当分配比不高时,一次萃取就不能满足分离或测定的要求,此时可采用多次连续萃取的方法来提高萃取效率。

§7.1.3 蒸馏与精馏

对混合物进行分离总是要利用混合物中各组分某种性质的差异。例如,吸收就是利用了气体混合物中各组分在溶剂中的溶解度差异来实现分离的。蒸馏是分离液体混合物的重要方法之一,它是利用液体混合物中各组分挥发性大小的差异来实现分离的。混合液中各组分在热能驱动下，具有不同的挥发能力，使得各组分在气液两相中的组成比发生改变，易挥发组分（轻组分）在气相中增浓，难挥发组分（重组分）在液相中得到浓缩。若将这一过程连续进行多次，就称为精馏，可以有效地分离液体混合物。

蒸馏有多种方式，按操作方式可分为间歇蒸馏和连续蒸馏；按蒸馏方法可分为简单蒸馏、水蒸气蒸馏、平衡蒸馏、精馏（如恒沸精馏、萃取精馏）等；按操作压力可分为常压蒸馏、减压蒸馏和加压蒸馏。在化学研究中比较常用的是简单蒸馏和精馏，而连续精馏则广泛地应用于石油、化工、轻工等工业生产中，是分离液体混合物的首选分离方法。

§7.1.4　重结晶

重结晶是分离提纯混合物最常用的方法之一，其原理是利用混合物中各组分在某种溶剂中溶解度的不同，并且随温度变化各组分溶解度的改变也不相同，而对混合物进行分离提纯的。固体物质在溶剂中的溶解度与温度有着密切的关系，一般温度升高，溶解度增大，若把固体溶解在热溶剂中并达到饱和，则冷却时由于溶解度降低，溶液变成过饱和而析出晶体。混合固体中除了需要提纯的物质以外，还会含有不溶或难溶杂质以及可溶性杂质。在进行重结晶操作时，首先要把混合物溶于已选好的热溶剂中形成饱和溶液，趁热过滤以除去不溶性杂质，必要时应先（用活性炭）脱色，再进行热过滤，然后冷却溶液（必要时也可先蒸出部分溶剂），使所提纯物质慢慢结晶析出，而杂质则留在溶液中，过滤分出母液，以除去可溶性杂质，洗涤结晶并进行干燥即可得到提纯样品。

重结晶法的提纯效率，可由收率、纯度、溶剂损失量等指标来进行衡量，其主要影响因素为溶剂的选择和用量，粗样品本身的组成及性质则是决定因素。

重结晶一般只适用于提纯杂质含量在 5% 以下的固体混合物，在进行重结晶时，理想溶剂的选择是一个关键，理想的溶剂应具备下列条件：

1）不会与被提纯物质起化学反应；

2）在较高温度时能溶解较多的被提纯物质，而在室温或更低温度时，被提纯物质的溶解度则很小；

3）对杂质的溶解度非常大或者非常小；

4）溶剂的沸点较低，容易进行过滤操作；

5）能结晶出较好的晶体；

6）无毒或毒性很小，便于操作；

7）价廉易得。

通常采用试验的方法来选择合适的重结晶溶剂：称取 0.1 g 待提纯物质样

品置于一小试管中，滴加 1 ml 溶剂并加热至沸，可完全溶解，冷却后大部分晶体析出，则一般认为这种溶剂是比较理想的重结晶溶剂。若样品在冷时或热时都能溶于 1 ml 溶剂中，则这种溶剂是不合用的；若样品不溶于 1 ml 沸腾溶剂中，再分批加入溶剂，每次加入 0.5 ml 并加热至沸，若在 3 ml 热溶剂中样品仍未溶解，这种溶剂也不合用；若样品溶于 3 ml 以内的热溶剂中，但冷却后无结晶析出或析出结晶很少，则这种溶剂也不合用。如果难于选择一种适宜的溶剂，则可考虑选用混合溶剂，混合溶剂一般由两种能互相溶解的溶剂组成，待分离提纯的物质易溶于其中的一种溶剂，但难溶于另一种溶剂。

§7.1.5 色谱分离法

色谱分离法是俄国植物学家茨维特(Tswett)在 20 世纪初首先提出来的。他把填充有含色素碳酸钙的玻璃管用石油醚淋洗，依靠碳酸钙对叶绿素中不同色素吸附能力的差别，在石油醚的流动方向把有关色素分离成一个个带有颜色的谱带，色谱一词也由此得名。虽然这一方法同样适用于无色成分的分离，但色谱这一名词却一直沿用至今。

色谱法分离效率高，能将各种性质极其相似的组分彼此分离。所有色谱法共同的基本特点是具有两个相，一个是固定不动的一相，称为固定相；另一个是携带样品流过固定相的流体，成为流动相。

色谱分离分析技术目前已广泛应用于许多领域，已成为十分重要的分离分析方法。色谱法是利用物质在两相中的分配系数(由吸附能力、离子交换能力、溶解度、蒸汽压及分子大小等物理化学性质所决定)的微小差异来进行分离的方法。当互不相溶的两相做相对运动时，被测物质在两相之间进行连续的多次分配，这样，原来微小的分配差异被不断放大，最终使各种组分得到分离。

严格地说，色谱是一个分离过程，是一个建立在吸附、分配、离子交换和分子尺寸等基础上的分离过程。它利用不同组分在相互不溶、相对运动的两相(固定相和流动相)中某种性质上的微小差别，经过连续多次在两相间进行质量交换，从而使不同组分得到分离。通常都是将各组分通过色谱分离后，再直接送入检测器，经检测器检测以达到分析的目的，最终得到的是由记录仪记录下来的色谱图(chromatogram)。

色谱作为一种重要的分析方法，其特点是在于它能把复杂的混合物分离为各种单一组分，然后再一个个地检测出来，因此它是成分分析和结构测定的重要工具之一，是科研和生产中一种不可缺少的分离检测工具。

§7.2 现代分析测试方法

在对样品进行分离提纯以后,对于组成、结构和性质的研究通常都是利用现代大型分析测试仪器完成的。现代分析测试仪器的种类很多,各有特点,应用范围和目的也各不相同,在此我们仅简单介绍现代化学研究中比较常用的热分析、原子吸收与发射光谱、紫外－可见分光光度法、红外光谱、核磁共振谱、质谱、色谱和扫描电子显微镜等。

§7.2.1 热分析法

热分析(thermal analysis)是一类在程序控制温度下测量物质的物理性质与温度关系的技术。所谓的"程序控制温度"是指按某种规律加热或冷却样品,通常是线性升温或降温,而"物质"包括原始试样和在测定过程中由化学变化生成的中间产物以及最终产物等。在加热或冷却的过程中,随着物质的结构、相态和化学性质的变化,不同物质的物理性质将发生各种变化,包括质量、温度、热焓以及机械、声学、电学、光学、磁学等性质,并依次构成了相应的各种热分析测试技术。

如果被检测的物理量是试样在加热或冷却过程中所发生的重(质)量变化,则这种方法称为"热重分析";如果被检测的物理量是试样在加热或冷却过程中的吸热或放热效应,则这种方法称为"差热分析";同样,若被检测的物理量是试样在加热或冷却过程中其它性质的变化,则还可以得到其它相关的热分析方法。

热分析已成为一门涉及多学科的通用技术和仪器分析的一个重要组成部分,有着广阔的应用前景。在此仅简要介绍热分析中具有代表性的三种方法:热重法(thermogravimetry,TG)、差热分析法(differential thermal analysis,DTA)和差示扫描量热法(differential scanning calorimetry,DSC)。

§7.2.1.1 热重分析法

热重分析是根据在程序控制温度下所得到的物质质量与温度关系的曲线,即热重曲线(TG)进行分析的一种技术。获得 TG 曲线的方法是把试样放在一个称为热天平的仪器上,在按预定程序加热或冷却试样的同时,连续对试样进行称重,同时记录在温度变化过程中试样的质量,从而得到热重曲线(即 TG 曲线)的。图 7－7 是一条热重曲线的示意图,横坐标为温度,纵坐标为样品的质量。

由曲线上的任何线段可以得知在该温度范围内样品的质量变化。曲线上的 AB、CD 和 EF 线段分别称为该热重曲线的平台部分,它表示试样在相应的温度范围内没有质量的变化,而 BC 和 DE 线段表明,在它们所对应的温度区间,试样发生了失重反应(如脱水、分解等),反应进行的量可由试样的失重量求出,热重分析就是根据试样的热重曲线对样品进行分析和评价的。热重分析的仪器是热天平。热天平能自动、连续地称量与记录,在称量过程中能按一定的程序改变试样的温度,试样周围的气氛也可以控制或调节。它的工作原理和普通天平一样,但有一套自动平衡称量系统进行连续称量,还有一套加热试样的自控系统,它可以按预定程序(如等速升温、恒温或降温)来加热试样。这样,热天平便可以连续、自动地记录出试样在温度变化时的质量。如试样的质量因加热而发生变化,破坏了天平的平衡时,它会自动地加上一个大小相等、方向相反的力,使天平保持原有的平衡,加上的这个力就等于试样质量的变化,这一方法的优点不仅是天平始终维持在平衡状态下称量,因而使结果准确可靠,而且也不会改变试样在炉内的相对位置,保证了试样温度的均一性。

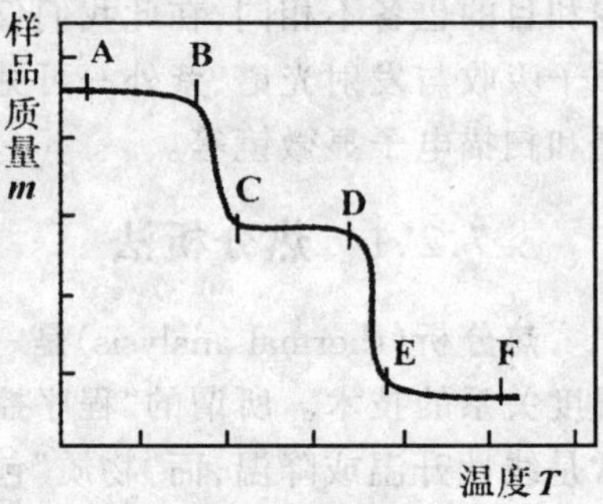

图 7-7 典型的热重曲线

随着科学技术的进步,热天平的性能得到了许多改进。目前,商品化热天平的工作温度上限可达 1 000～1 500 ℃,试样量一般用几毫克即可,灵敏度可达十微克或更高。许多热天平还在仪器上增加一个微分装置,对质量变化的信号进行处理。这样可以同时得到一条描述质量变化速度的曲线,称为微商热重曲线(即 DTG 曲线),由 DTG 曲线可以直接得到单位时间(或温度)内试样质量的变化。

热重分析的应用面很广。比如,热重分析不仅可以提供一个关于含水量的快速、简便的测定方法,而且还可以告诉我们,试样所含的水在什么温度下开始脱出、什么温度范围内脱水最快、到什么温度时脱水完毕等。如果在加热过程中试样还有其它失重反应发生,则可采用改变气氛条件的办法来进行抑制。例如,用氮气气氛就可以有效地抑制燃烧反应的发生。热重分析大致可以应用于热分解、材料的腐蚀、有机物或高聚物的热解及热氧化降解、吸附和脱附、固体的升华和水分、挥发物、灰分的测定等应用领域。

§7.2.1.2 **差热分析法**

差热分析是把试样置于可程序控温的环境下,根据试样在加热或冷却过程中所发生的热效应进行分析、鉴定的一种技术。这种热效应通常是用试样与参比物(常采用 α-Al_2O_3)之间的温差来表示的,故称为差热分析,描述这种关系的曲线称为差热曲线即 DTA 曲线。

物质在加热或冷却过程中会发生物理变化或化学变化,与此同时,常常伴随有吸热或放热现象。随着温度的改变和热效应的产生,样品会发生一系列物理和化学性质的变化。热效应产生时样品的质量不一定改变,但温度必然会发生变化,差热分析正是利用这一性质而建立的一种分析测试技术。

典型的差热曲线如图 7－8 所示,图中的 AB、DE 和 GH 部分称为 DTA 曲线的基线,它表示试样在该温度范围内没有热效应发生。BCD 和 EFG 部分是 DTA 曲线的峰,峰所包含的面积叫峰面积,C 点和 F 点所对应的温度称为峰温。峰的产生是由于试样产生的热效应所导致。不同的物质,DTA 曲线的形状各不相同,即使是相同的物质,当实验条件改变时,所得的 DAT 曲线也会有所差异。尖锐的峰表示反应进行得激烈、快速;而秃峰则表示反应进行得比较缓和。

从 DTA 曲线上可以确定峰的起始点(图中的 B 和 E),它表示反应开始的温度。据此可进行物质熔点或其它相变点的测定。峰温是各物质差热曲线上的一个特征温度,可以用作不同物质定性鉴别的参考依据。

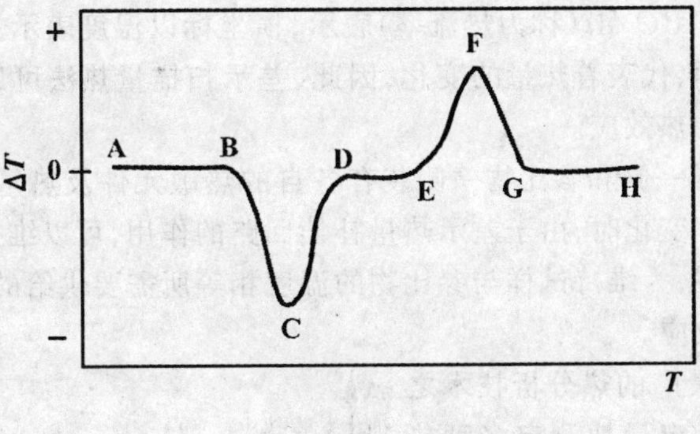

图 7－8　典型的 DTA 曲线

峰面积正比于反应热,若结合已知热效应的标准试样,就可以通过差热分析对未知样品进行定量分析,这就是差热分析的热定量。

差热分析仪通常由如下几部分组成:加热炉、样品系统、温度测量及控制系统、温差检测及放大系统、温差和温度记录系统、各种气氛的调节系统等。温度范围通常在 150～ 1 500 ℃、2 000 ℃或更高,样品只要十几毫克或更少即可。此外,不仅可以在真空环境下研究试样,而且也有可加压至几十个 MPa 的商品仪器。在程序升温方面,现在已有能在几秒钟内将试样加热到 1 000 ℃左右的快速差热分析的商品化仪器。

在实际应用中,差热分析最适合研究各种相变现象和一些化学反应,用来制作相图或确定反应温度、反应热等,差热分析可以和热重分析结合使用,结果相互补充。此外,差热分析在组分分析、物质鉴别方面也有独到之处,例如,它可作为识别各种粘土的有力工具,因为各种粘土的化学组成相似、颗粒极细,使它们难以用化学分析、光学显微镜以及 X-射线衍射等方法来区分，但是这些粘土的 DTA 曲线却各不相同，因此，差热分析已成为地质等部门不可缺少的研究工具，这些部门已经收集、编制了许多矿物、粘土的 DTA 曲线作为“标准谱图”，拿未知矿样的 DTA 曲线与之进行比较，便可以很方便地初步鉴别出矿样的种类。

§7.2.1.3 差示扫描量热法

差示扫描量热法(即 DSC)是在程序控制温度下，测量输入到样品和参比物的能量差(如功率差等)与温度(或时间)关系的一种技术。它与差热分析颇为相似，但在 DSC 中，记录的是为了使试样与参比物之间的温度保持一样所需的热量。根据测量方法，又分为功率补偿型和热流型两种基本类型，两者分别测量输入试样和参比物的功率差以及试样和参比物的温度差。测得的曲线称为差示扫描量热曲线(即 DSC 曲线)，如图 7-9 所示。

功率补偿型 DSC 曲线的纵坐标以热效应随温度的变化率 dQ/dT 或热效应随时间的变化率 dQ/dt(称为热流率)表示，横坐标以温度表示。曲线中的峰或谷所包围的面积，代表着热量的变化，因此，差示扫描量热法可以直接测量试样在程序控温时的热效应。

DSC 仪在试样一侧和参比物一侧装有各自的热敏元件及热量补偿装置，当温度按既定的速率变化时，由于差示热量补偿回路的作用，可以维持试样与参比物的温差 ΔT 为零，为维持试样与参比物的温度相等所需要供给的能量，相当于试样所产生的热效应。

DSC 是应用最广的热分析技术之一，由于 DSC 可以定量地测定多种热力学和动力学参数，使用的温度范围比较宽，且分辨能力高，灵敏度也高，因此应用很广。主要用于热化学参数如热容、反应热、相变热等的测定，以及试样纯度、反应速率、结晶速率和高聚物结晶度的测定等。与 DTA 比较，DSC 的优点是测定较为准确，而且即使在试样有热效应产生时，试样也是处于等速升(降)温的状态，这在有关动力学研究中是十分重要的。

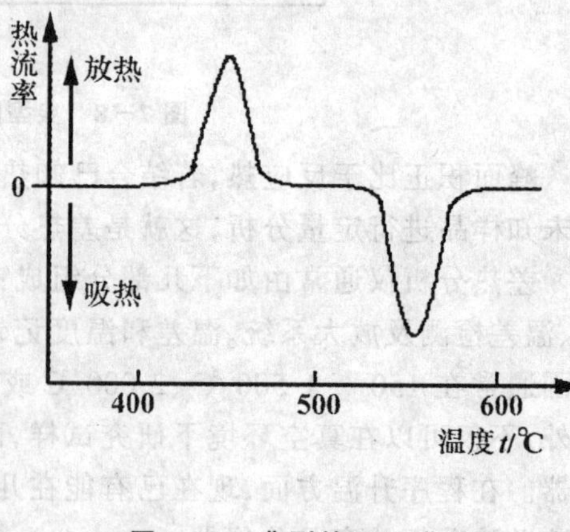

图 7-9 典型的 DSC 曲线

§7.2.2　光分析法

光是一种能量，是一种电磁波，除可见光外，还有许多用肉眼看不见的光如紫外光、红外光、X-射线、γ-射线、微波和无线电波等，所有这些都可称为广义的光，不同波长的光的组合就称为光谱。按光谱的性质、形状可分为线状光谱、带状光谱和连续光谱。根据光的波长可以将光分成不同的谱区，它们可适用于不同的分析方法。各波谱区名称、波长范围、对应能级跃迁类型及相应的分析方法如下表所示。

<table>
<tr><th colspan="2">波谱区名称</th><th>波长范围</th><th>跃迁能级类型</th><th>分析方法</th></tr>
<tr><td colspan="2">γ-射线</td><td>0.005～0.140 nm</td><td>原子核能级</td><td>放射化学分析法</td></tr>
<tr><td colspan="2">X-射线</td><td>0.001～10 nm</td><td>内层电子能级</td><td>X-射线光谱法</td></tr>
<tr><td rowspan="6">光学光谱区</td><td>远紫外光</td><td>10～200 nm</td><td>价电子或成键电子能级</td><td>真空紫外光度法</td></tr>
<tr><td>近紫外光</td><td>200～400 nm</td><td>价电子或成键电子能级</td><td>紫外分光光度法</td></tr>
<tr><td>可见光</td><td>400～760 nm</td><td>价电子或成键电子能级</td><td>比色及可见分光光度法</td></tr>
<tr><td>近红外光</td><td>0.760～2.5 μm</td><td>分子振动能级</td><td>近红外光谱法</td></tr>
<tr><td>中红外光</td><td>2.5～50 μm</td><td>原子振动/分子转动能级</td><td>中红外光谱法</td></tr>
<tr><td>远红外光</td><td>50～1 000 μm</td><td>分子转动、晶格振动能级</td><td>远红外光谱法</td></tr>
<tr><td colspan="2">微波</td><td>0.1～100 cm</td><td>电子自旋、分子转动能级</td><td>微波法</td></tr>
<tr><td colspan="2">射频</td><td>1～1 000 m</td><td>磁场中核自旋能级</td><td>核磁共振波谱法</td></tr>
</table>

光分析法也称分光光度法，是建立在物质光学性质上的分析测试方法，它是根据物质对光具有选择性吸收的特性而建立起来的分析方法，原子吸收和发射光谱法、比色法、紫外及可见分光光度法、红外分光光度法等都属于光分析法。

§7.2.2.1　光分析法的基本原理

物质呈现的颜色是物质对不同波长的光选择性吸收的结果。当一束白光（如太阳光）照射某溶液时，如果该溶液对各种波长的可见光均不吸收，即入射光全部透过，则溶液无色透明；如果溶液选择性地吸收了可见光中某一波段的光，而让其它波段的光透过，则溶液会呈现出透过光的颜色，在透过光中，只有与溶液选择性吸收光波的互补色光才能引起人们视觉的特殊色感，所以溶液呈现的颜色恰是它所吸收光波的互补色。例如，黄光和蓝光为互补色光，$CuSO_4$ 溶液因吸收了白光中的黄色光而呈现蓝色。

由于物质对不同波长光的吸收程度不同，若以波长为横坐标，以不同波长时某物质对光的吸收程度即吸光度(A)为纵坐标，则可得到一条曲线，该曲线就称为该物质的吸收曲线或吸收光谱，它能清楚地描述物质对光波的吸收情况，同时也是吸光光度法中选择分析测试波长的重要依据。图 7－10 为 $KMnO_4$ 溶液的光吸收曲线，从图中可看出，$KMnO_4$ 溶液的最大吸收波长 $\lambda_{max}=525$ nm。对于不同浓度的同一物质，其最大吸收波长和吸收曲线的形状基本不变，变化的只是吸光度的大小，吸光度随吸光物质浓度的增加而增大。

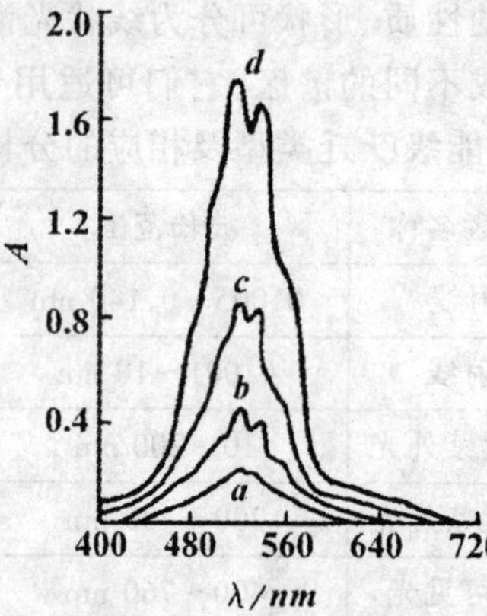

图 7－10　不同浓度溶液的光吸收曲线

由于不同的物质其结构不同，对不同波长光的吸收程度也就不同，因此，各物质具有各自特征的吸收光谱，据此可对物质进行初步的定性分析。

当一束平行单色光通过一均匀的吸光物质的溶液时，溶液的吸光度与溶液浓度和通过光的液层厚度的乘积成正比。这是光吸收的基本定律，是分光光度法进行定量分析的理论依据，称为朗伯－比耳(Lambert－Beer)定律，其数学表达式如下：

$$A=\lg\left(\frac{1}{T}\right)=\lg\left(\frac{I_0}{I}\right)=abc \qquad (7-1)$$

式中：A 为吸光度，是量纲为 1 的量；I_0 为入射光强度；I 为透过光强度；$T=\frac{I}{I_0}$ 称为透光率；b 为光程长度，即液层厚度；c 为溶液中吸光物质的浓度；a 为吸光系数；当 b 的单位用 cm、c 的单位为 $mol \cdot dm^{-3}$ 时，吸光系数 a 称为摩尔吸光系数，用 ε 表示，其单位为 $dm^3 \cdot mol^{-1} \cdot cm^{-1}$。(7－1)式可写为

$$A=\varepsilon bc \qquad (7-2)$$

ε 与吸光物质本身的性质有关，是吸光物质在特定波长、温度和溶剂条件下的特征常数，在数值上等于光程为 1 cm，浓度为 1 $mol \cdot dm^{-3}$ 的吸光物质对特定波长光的吸光度，反映了物质对光的吸收能力，它可以用来对物质进行定性鉴定，还可用来估计定量分析的灵敏度，ε 值越大，分析方法越灵敏。

Lambert-Beer 定律不仅适用于溶液，也适用于均匀非散射的气体和固体，不但适用于可见光，也适用于紫外和红外光等。

为了使分光光度法有较高的灵敏度和准确度，还必须选择和控制适当的吸

光条件。

入射光的波长一般选择在显色物质的最大吸收波长 λ_{max}处,但有时为了消除干扰,可选择 ε 值较大且随波长变化不太大的区域内的波长。

在吸光度的测量中,由于反射,以及试剂、溶剂等对光的吸收会造成透过光的减弱,为此需选择使用合适的参比溶液,以保证测得的吸光度能真实地反映待测物质对光的吸收程度。

分光光度分析法的测量误差与仪器透光度的绝对误差之间的关系为:

$$\frac{\Delta c}{c}=\frac{0.434\Delta T}{T\lg T} \tag{7-3}$$

式中:$\frac{\Delta c}{c}$为浓度测量的相对误差;ΔT 为透光度测量的绝对误差。如果实际测量的吸光度过低或过高,测量误差都将会比较大,所以要通过改变吸收池厚度或待测液浓度等,使吸光度读数处在合适的范围内。当吸光度 $A=0.15\sim0.70$ 或透光率 $T=70\%\sim20\%$ 时,浓度测量误差为 $1.4\%\sim1.6\%$,一般认为这是测量误差较小的读数范围。当 $A=0.434$ 或 $T=36.8\%$ 时,浓度测量误差最小。

§7.2.2.2　**原子吸收光谱和原子发射光谱法**

原子吸收和发射光谱都属于光分析法。

原子吸收光谱分析法与原子发射光谱分析法是相互联系的两种相反的过程。是基于物质产生的原子蒸气对特定波长的光即特征谱线(通常是指待测元素的特征谱线)的吸收或发射作用而进行分析的方法,根据该特征谱线的波长可以进行定性分析,而根据对特征谱线吸收或发射的强度可以进行元素的定量分析。

在第二章我们已经学习了原子结构的相关知识,我们知道核外电子的运动能量是量子化的,当原子由基态跃迁到激发态时要吸收特定的能量,因而产生原子吸收光谱线,相反,当原子由激发态回到基态时,因释放特定的能量而产生原子发射光谱线。

1) 原子吸收光谱法

使电子从基态跃迁到第一激发态时产生的原子吸收线称为共振吸收线,每种元素都有自己的共振吸收线,这一波长的谱线称为元素的特征谱线。共振吸收线较容易产生,一般共振吸收线也是最灵敏线,在原子吸收光谱分析中,就是利用处于基态的待测元素的原子蒸气对共振线或其它分析线的吸收程度来进行定量分析的。通过测定气态原子对特征波长辐射的吸收强度,就可以确定该元素的浓度。

原子吸收分光光度计主要由光源、原子化器、单色器和检测系统四部分组成，其结构如图 7－11 所示。

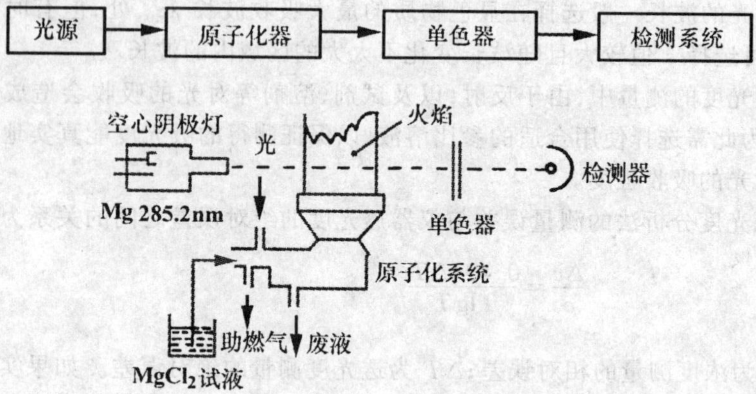

图 7－11　原子吸收分光光度计的结构示意图

光源的作用是发射被测元素的特征谱线，目前常用空心阴极灯和无极放电灯作光源。

原子化器的作用是提供足够的能量，使试样中的待测元素转变成原子蒸气，是原子吸收光谱仪中的关键部件之一，常用的原子化器有火焰原子化器和无焰原子化器两大类。分光系统的单色器的作用在于把要测量的吸收谱线与其它谱线分开，常用的分光部件有棱镜和光栅两种类型。

检测系统主要由检测器、放大器、读数和记录系统等组成，其作用是接受光信号，并把光信号转换成电信号，经放大和运算处理，给出最终的分析结果。

原子吸收分光光度法通常用于元素的定量分析。

2）原子发射光谱法

原子发射光谱分析法是利用不同物质的原子在受到热能、光能或电能作用下发射特征谱线而进行定性、定量分析的一种仪器分析方法。

基态原子接受外界提供的能量后，就会跃迁到较高能级状态即激发态，激发态原子很不稳定，会遵循光谱选择定则返回基态或其它较低激发态，并以光辐射的形式释放出多余的能量。不同元素的原子结构和核外电子排布是不同的，能级也各不相同，因此，不同元素的激发态原子中电子跃迁回到基态或其它较低激发态时，发射出的光谱线也具有特征性。根据原子发射光谱的波长可进行定性分析，根据元素特征波长谱线的强度可以进行定量分析。

在原子光谱分析中，线状光谱是定性、定量分析测量和观察的依据。原子发射光谱分析的特点是分析速度快，选择性好，灵敏度高，操作简便等。原子发射光谱分析的缺点是对于非金属元素硫、硒、碲、卤素等的分析灵敏度较低，不宜采用。

原子发射光谱仪主要由光源、分光系统及检测系统组成。光源主要是对试样的蒸发和激发提供能量，使激发态原子能够产生辐射光信号，常用的光源有直流电弧、交流电弧、电火花及电感耦合等离子体激光等。分光系统的作用是利用色散元件和光学系统将复合光分解为按一定波长排列的单色光（即光谱），常用的分光系统有棱镜分光系统和光栅分光系统两种类型。检测系统可分为摄谱型和光电记录型两大类，摄谱型是利用感光板，用照相的方法记录光谱，然后通过光谱投影仪和测微光度计观察谱线。光电记录型是利用电子系统测量谱线的强度，光电法的仪器称为光电直读光谱仪，又称为光量计。

依据元素的特征光谱线确定物质的元素组成是光谱定性分析的基本原理。元素的特征光谱线不受物态或元素化学存在形式的影响，因此，当试样光谱中出现某元素的特征光谱线时，就基本上可以确定该元素的存在。有些元素的光谱线比较简单，只有几条，有些元素的光谱线比较复杂，谱线可多达几千条，在光谱定性分析中，并不要求测定元素的每一条谱线，一般选用 2～3 条灵敏线结合最后线即可判断某种元素是否存在。所谓灵敏线是指元素光谱中最容易出现的谱线；最后线是指随着样品中元素含量逐渐减少而最后消失的谱线。最后线一般是实际分析中被测元素最灵敏的谱线。

§7.2.2.3　紫外-可见分光光度法

若物质吸收光的波长处于紫外和可见光波谱区域，则这种光分析法就称为紫外-可见分光光度法。

紫外-可见分光光度计的种类繁多，但基本上均由光源、单色器、吸收池和检测系统四大部分所组成。

光源：可见光区通常使用 6～12 V 低压钨丝灯作光源，可以发射出波长为 360～1 100 nm 的光波。近紫外光区常采用氢灯或氚灯产生的 200～375 nm 的连续光谱作光源。

单色器：单色器是由棱镜或光栅等色散元件及狭缝和透镜等组成，是将光源发出的连续光谱分解为单色光的装置。

吸收池：亦称比色皿，由无色透明的光学玻璃或石英玻璃制成，用来盛放被测溶液。可见光区分光光度法使用光学玻璃制的吸收池，紫外光区分光光度法则必须使用石英玻璃制的吸收池。吸收池的规格有 0.5 cm、1.0 cm、2.0 cm、3.0 cm 等，使用时应保持吸收池的清洁，特别要注意透光面不能受到磨损或污染。

检测系统：包括光电转换元件和指示器，常用的光电转换元件有硒光电池、光电管和光电倍增管等。光电转换元件将透过光的光强度转换成光电流，光电流的大小则由指示器(检流器)进行测量并记录,指示器面板上指示的是经过转换后的透光度 T 和吸光度 A 而非电流值。

中高档的分光光度计一般采用记录仪、数字显示器或打印机等来记录吸光度值。

紫外—可见分光光度法的应用十分广泛,可用于微量组分、常量组分的测定,多组分的同时测定以及有关化学平衡、配合物的组成等方面的研究工作。

§7.2.2.4 **红外光谱法**

红外光谱法(IR)是利用物质分子对红外光区辐射的选择性吸收特性进行定性和定量分析的一种光分析方法,又称为红外光分光光度分析法,多用于有机物分析。

在红外吸收光谱分析中,通常把红外光区分成三个部分:近红外区、中红外区和远红外区。目前,使用和研究较多的红外吸收光谱是 2～25 μm 的中红外区,这个区域的红外吸收光谱主要是由物质分子中原子的振动能级跃迁而产生的。研究发现,并非任何分子振动都能产生红外吸收光谱,只有在振动周期内发生偶极矩变化的振动才能产生红外吸收光谱,而正、负电荷中心重合的分子如 N_2、O_2 分子等则不能产生红外吸收光谱。同时,振动能级的跃迁不可避免地伴随着转动能级的跃迁,因此,红外吸收光谱不是简单的吸收线而是一个个吸收谱带,这也正是分子吸收光谱的特征,这些特征反映了物质分子的组成和结构。因而,对红外吸收光谱进行剖析,就可以对物质进行定性和定量分析。

测定红外吸收光谱的仪器是红外光谱仪,也称红外光分光光度计。它的结构与紫外及可见光分光光度计相似,但更为精密,多为双光束自动记录型。它主要由红外光源、试样池、分光系统、检测系统四部分组成。

红外光谱仪常用的光源有硅碳棒和奈恩斯特灯两种。当它们被加热至 1 200～1 800 ℃时,会发射出红外光。由光源发出的光分成两束能量相同的光,分别照射并透过样品池和参比池,经切光器后进入分光器系统,经色散后射向检测器,微弱信号经过放大,由记录器记录即可得到红外光谱图。分光系统有棱镜和光栅两种,棱镜材料多用碱金属的卤化物,如氯化钠、溴化钾制成,由于极易潮解,故此类仪器应严格去湿防潮。检测器部分常用热电偶、热敏电阻等。

红外吸收光谱的谱图是以光波的波长 μm 或波数 cm^{-1} 为横坐标,以透光百分率 $T\%$ 为纵坐标得到的。波数是波长的倒数,是指每厘米长度红外光波的数目,与光波的能量成正比。

红外吸收光谱分析法主要用于检验有机化合物中存在的各种官能团,推断化合物的结构,也可进行定量分析。

红外光谱法是定性鉴定和结构分析的有力工具。得到样品的红外光谱图后，首先根据分子组成将其与标准样品的标准谱图对照，或者与文献上的标准谱图（如 Sadtler 标准红外谱图集，DMS 卡片等）对照，如果两张谱图各吸收峰的位置和形状完全相同，峰的相对强度也一样，即可认为样品是该种化合物。使用文献中的谱图时应注意，试样的物态、结晶形状、溶剂、测定条件以及所用仪器类型均应与标准谱图相同。样品中若含有杂质，则其红外谱图与纯物质比较时会出现多余的吸收峰，因此可以比较提纯前后的红外光谱来了解物质提纯过程中杂质的消除情况。实际应用时，为便于对红外光谱进行解析，常将红外光谱划分为氢键区（4 000～2 500 cm^{-1}）、三键区（2 500～2 000 cm^{-1}）、双键区（2 000～1 500 cm^{-1}）和单键区（1 500～400 cm^{-1}）。习惯上多使用两区域法，即先强峰后弱峰的方法，先从官能团区的最强谱带着手，推测未知物可能含有的基团.判断不可能含有的基团，再利用指纹区的谱带进行验证，找出可能含有基团的相关峰，用一组相关峰来确定一个基团的存在。

§7.2.2.5 核磁共振谱

核磁共振（Nuclear Magnetic Resonance 简称 NMR）谱是研究物质结构的一个非常重要的工具，它是在 1946 年由哈佛大学的珀塞尔（E.M.Pucell）和斯坦福大学的布洛赫（F.Bloch）两个研究小组首次各自独立观察到核磁共振信号而正式诞生的。随着科学技术的发展，核磁共振技术在物理、化学、生物、医学、材料等研究领域中的应用越来越广泛。

原子核与电子等其它的微观粒子一样，其运动能量也是量子化的，其核自旋量子数一般用 I 表示，外磁场 B_0 作用于自旋量子数为 I 的原子核上时，由于外磁场与核磁矩的相互作用，使能量简并的 $(2I+1)$ 种不同取向的核磁矩分裂成 $(2I+1)$ 个不同能级，若一个频率适当的电磁波辐射到磁场中的样品上，当能量恰好等于原子核的两个相邻能级的差时，就可以观察到此原子核从低能级到相邻高能级的跃迁，而当电磁波辐射被撤去后，原子核又会把这部分能量释放出来，这种原子核对能量的吸收和释放就称为核磁共振，发生核磁共振时磁场强度和电磁辐射的频率应满足下式：

$$\nu = \gamma \frac{B_0}{2\pi} \tag{7-4}$$

对于核磁共振来说，这个电磁辐射的频率一般处于电磁波的射频部分。

为实现核磁共振，既可以保持磁场 B_0 不变而调节入射电磁波的频率 ν，也可以固定入射电磁波的频率，而调节样品所处的外磁场强度。前者称为扫频法，后者称为扫场法，通常多用扫场法来实现核磁共振。质子和中子数都是偶数的原子核(如^{12}C、^{16}O等)没有核磁共振现象,除此之外的大部分原子核,理论上将在满足(7-4)式的条件下产生核磁共振,但由于灵敏度所限,实际上普通的NMR谱仪只能分析测试^{1}H和^{19}F,在脉冲傅里叶变换NMR仪问世后,才逐渐使^{13}C、^{15}N和^{29}Si等的核磁共振得到广泛应用。

核磁共振谱通常按所测定的原子核进行分类,测定^{1}H核的称为氢核磁共振谱(^{1}H NMR),测定^{13}C核的称为碳核磁共振谱(^{13}C NMR),这也是目前最常用的两种NMR。

对同一种原子核而言,由于其在分子内所处的化学环境不同,其发生核磁共振的频率也会稍有变化,因为核外电子对原子核具有一定的屏蔽作用,故实际作用于原子核的净磁场强度就会有所变化,实际上的共振条件为

$$\nu = \gamma \frac{B_0}{2\pi}(1-\sigma) \tag{7-5}$$

式中:σ称为屏蔽常数,与原子所处的化学环境有关。对于某一特定的原子核而言,当外加磁场强度不同时,其共振频率也不同,因此,若直接用频率表示化学位移,同一样品在不同的仪器上测定的结果将是不同的。若将某种标准物质加到样品中一起测定,那么可以认为样品和标准物质在同一磁场B_0下共振,测得样品的共振频率ν_S和标准物的共振频率ν_R,同时定义:

$$\delta = \frac{\nu_S - \nu_R}{\nu_R} \times 10^6 \tag{7-6}$$

则δ称为化学位移(ppm),它是一个相对值,对于确定的原子核,化学位移δ只与其所处的化学环境有关。现代的*NMR*谱都是用化学位移δ来表示核磁共振吸收峰的位置的,它与测试所用的谱仪无关。根据δ值的大小并结合谱仪自动给出表示某种原子核相对数目的峰积分面积,就可以判断共振原子核的个数和所处的化学环境,进一步分析并结合其它测试手段,就可以确定样品分子的结构了,这就是核磁共振谱分析的基本原理。图7-12是乙醇的高分辨^{1}H NMR谱。

核磁共振谱是有机化合物结构分析和高分子材料表征的最重要技术之一。在定性鉴别方面,核磁共振谱比红外光谱能提供更多的信息。核磁共振分析可用于研究反应进程、反应机理,确定异构体等。此外,还可研究化学键的性质,测定化合物的含量等。核磁共振波谱法不破坏样品,对研究天然产物、生理现象等难以获得的物质是十分有用的。近年来,核磁共振波谱法不仅广泛应用于有机化学、药物化学、石油化工、农药分析等方面,而且已经深入到生命科学的研究中,如进行胰岛素、血红蛋白等生物分子结构的推断等。

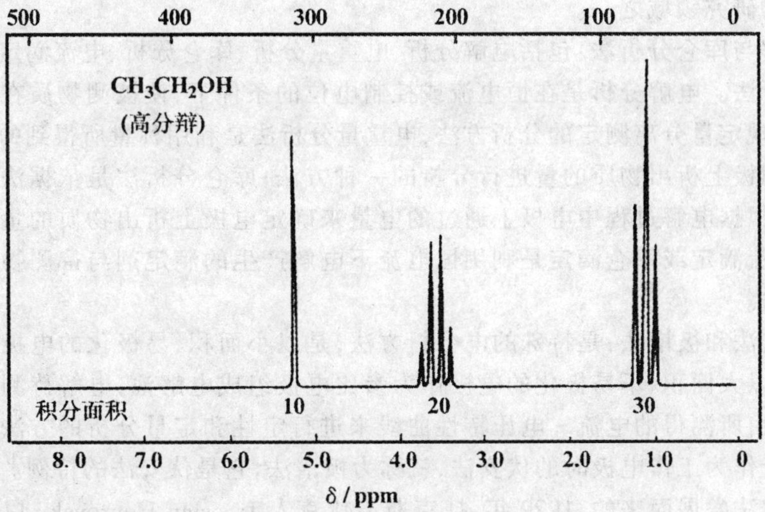

图 7－12　乙醇的高分辨^{1}H NMR 谱

§7.2.3　电分析法

依据物质电化学性质来测定物质组成及含量的分析方法称为电化学分析法，简称电分析。电分析法是仪器分析的一个重要分支，是建立在溶液电化学性质基础上的一类分析方法，或者说利用物质在其溶液中的电化学性质及其变化规律进行分析的一类方法。电化学性质是指溶液的电学性质（如电导、电量、电流、电位等）与化学性质（如溶液的组成、浓度、形态及某些化学变化等）之间的关系。电分析的灵敏度、准确度高，选择性好，被测物质的最低量可以达到 10^{-12} $mol\cdot dm^{-3}$数量级，电分析仪器装置一般较为简单，操作方便，可以直接得到电信号，易传递，尤其适合于化工生产中的自动控制和在线分析。

习惯上按所测量的电化学参数可以分为电导分析法、电位分析法、电解（电重量）分析法、库仑分析法、伏安分析法和极谱分析法等。

电导分析法：是依据溶液电导与电解质溶液的关系，通过测定电导的分析方法，主要应用于高纯水质分析和酸雨监测等。

电位分析法：按应用方式可分为直接电位法和电位滴定法两类。直接电位法是利用电极电位与电极活性物质的浓度有关，通过测量溶液的电动势，根据能斯特方程计算被测物质含量的一种分析方法。电位滴定法是利用电位测量装置指示滴定分析过程中被测组分的浓度变化，通过记录或绘制滴定曲线来确定滴定终点的分析方法。研制各种高灵敏度、高选择性的电极是目前电位分析法中最活跃的研究领域之一。

电解与库仑分析法:包括电解分析、电重量分析、库仑分析、电流滴定或库仑滴定分析法。电解分析是在恒电流或控制电位的条件下,使被测物质在电极上析出,实现定量分离测定的分析方法;电重量分析法是利用称量所得到的电解过程中在阴极上析出物质的量进行分析的一种方法;库仑分析法是依据法拉第电解定律,根据电解过程中电极上通过的电量来确定电极上析出物质的量的分析方法;电流滴定或库仑滴定是利用恒电流下电解产生的滴定剂与待测物作用的分析方法。

伏安法和极谱法:是特殊的电分析方法,是以小面积、易极化的电极作为工作电极,以大面积、不易极化的电极作为参比电极组成电解池,电解待测物质的稀溶液,由所测得的电流-电压特性曲线来进行定性和定量分析的方法。当以滴汞电极作为工作电极时的伏安法,就称为极谱法,它是伏安法的特例。伏安法是由极谱法发展而来的,1922 年,捷克斯洛伐克人 Jaroslav Heyrovsky 以滴汞电极作为工作电极首先发现了极谱现象,随后,伏安法主要用于研究各种介质中的氧化还原过程、表面吸附过程以及化学修饰电极表面电子的转移机制等,有时亦用于水相中无机离子或某些有机物的测定。到 20 世纪 60 年代中期,经典伏安法得到很大的改进,方法的选择性和灵敏度提高,伏安法开始大量用于医药、生物和环境分析中。目前,该法仍广泛应用于氧化还原过程和吸附过程的研究。

§7.2.4 质谱分析法

质谱分析法(MS)是一种物理分析方法,其基本原理是:先用一定的方法使被测样品转变为高速运动的荷电粒子,然后利用电磁学原理使它们按照质荷比的大小有规则地分离,再将已分离的离子收集、检测、记录,就可得到质谱图,简称质谱。根据质谱图上谱线的位置及相应离子的电荷数可进行定性分析,根据谱线的黑度或相应离子流的强度可进行定量分析。质谱法可以用于元素分析、分子量测定和分子式的确定等。

质谱分析法使用的仪器称为质谱仪。质谱仪的种类很多,但一般都由进样系统和离子源、质量分析(离)器(相当于单色器)、离子检测器和高真空系统四部分组成。

质谱仪中产生离子的装置叫离子源,其作用是使被分析物质离子化,并使离子汇聚成具有一定几何形状和一定能量的离子束,离子源性能的优劣将直接影响质谱分析的灵敏度和分辨率。

质量分析器是质谱仪的主体,其作用如同分光光度计中的单色器,但它不是色散光而是把来自离子源室、具有不同质荷比的离子束按质荷比的大小分辨开,一般都采用电磁场对电荷的偏转性质来实现这种质量色散，即将荷电粒子按质荷比的大小顺序分开。质谱仪使用的质量分析器有单聚焦分析器、双聚焦分析器、四极滤质器、飞行时间质量分析器等，在质谱仪中，升高电压或磁场强度均可以由低至高连续扫描，能方便地使具有不同质荷比的阳离子依大小顺序通过狭缝进入检测室被检测。

质谱仪常用的离子检测器多为电子倍增器，一定能量的离子束进入检测室打到离子检测器阴极表面时，产生二次电子，二次电子又受到多级倍增放大，产生较大的电流信号，再经放大后由记录仪描绘成质谱图。质谱图纵坐标是信号的强度，表示离子流的强度，也称相对丰度；横坐标是信号的位置所在，表示质荷比的大小。由于离子多数带一个正电荷，所以质荷比大小也就表示了离子的质量。

质谱图的解析一般可以归纳为以下几个步骤：

1）确定分子离子峰，求出相对分子质量

从分子离子峰的稳定性及强弱，可初步判断是哪类化合物。根据分子离子峰可以准确地测定该物质的相对分子质量（简称分子量），这是质谱分析的独特优点，正确地判断分子离子峰是非常重要的，必须掌握判别分子离子峰的方法。一般说来，除同位素峰外，分子离子峰应是质谱图上最高质荷比的峰，即它位于质谱图的最右端。

2）确定分子式

利用质谱法确定化合物的分子式有两种方法：一是用高分辨质谱仪确定分子式，因为^{12}C、^{1}H、^{16}O、^{14}N 的相对原子质量分别为12.000 000、1.007 825、15.994 914、14.003 074，所以化合物精确相对分子质量的小数部分的大小和碳以外的元素个数有关，利用高分辨率质谱仪精确测定分子离子峰的质量后，可以查拜诺（Beynon）等人列出的不同数目 C、H、O 和 N 组成的各种分子式的精密分子量表（具有小数点后三位数字）来确定分子式。测得精确的相对分子质量后，可以利用数学计算求出不同元素的个数，也就是说，可以由计算机给出化合物的分子式，这是目前最方便、迅速且准确的方法，也是最普遍应用的方法，高分辨质谱仪都具有这种功能。二是由同位素峰求分子式，拜诺等人计算出了相对分子质量 500 以下、只含 C、H、O、N 的化合物的 M^{+1}和 M^{+2}峰与分子离子峰 M 的相对强度，并编制成表，如果知道了化合物的相对分子质量和 M、M^{+1}、M^{+2}的强度比，即可查拜诺表来确定分子式。利用同位素峰确定分子式，一般适合于相对分子质量较小，分子离子峰较强的化合物。

3）计算化合物的不饱和度

通过对化合物不饱和度的计算，可以推断出环和双键的数目。

4）分析碎片离子峰

找到分子离子可能脱掉的碎片或中性分子，以此推测分子的断裂类型和实际结构。

5）提出可能的结构式

按各种可能方式，连接已知的结构碎片及剩余的结构碎片，提出所有可能的结构式。

6）标准谱图的应用

在质谱解析过程中，也可以借助标准谱图集进行查对，以最后确定未知物的结构。

§7.2.5 色谱分析法

色谱分析法是成分分析和结构测定的重要工具，其特点在于它能够把复杂的混合物分离，然后再把各个有关组分检测出来。

不同组分性质上的微小差别是色谱分离的必要条件，而性质上具有微小差别的组分之所以能够得到分离，是因为它们在色谱的固定相和流动相之间进行了千万次的质量交换，这是色谱分离的充分条件。色谱法是高效的，是因为它在分离过程中进行了成千上万次的质量交换从而使性质上仅有微小差别的组分可以得到分离；它又是快速的，因为组分在两相间的质量交换速度很快，通常仅为千分之几秒，因此一个复杂样品的分析仅需几分钟到几十分钟的时间。另外，色谱法还是很灵敏的，它采用了近代光学或电子学的检测手段，可直接检测含量在百万分之几甚至更低的成分。色谱作为一种分离检测手段可用于测定分析分子量很低的常量或痕量气体，又可以分离测定分子量上百万的天然材料或合成材料，可以分离性质非常接近的同位素、同分异构体或光学异构的对映体，也广泛用于大分子和一些生物活性物质以及无机阴、阳离子的测定。总之，色谱法已成为有机物和一些无机物分离测定的重要手段，是科研和生产中分离检测的最常用工具之一。

根据色谱分离过程中两相（流动相和固定相）的物理状态、作用原理和分离系统物理特征的不同，可以按如下几种方法进行分类。

色谱中有流动相（mobile phase）和固定相（stationary phase）两相，按两相的物态可以分为气相色谱法和液相色谱法。

流动相可以是气体或液体，用气体作流动相的色谱法称为气相色谱法，用液体作流动相的色谱法称为液相色谱法。由于固定相可以分为固体吸附剂和涂在固体载体（support）或毛细管内壁上的液体固定相，故按固定相的状态，气相色谱又可分为气固色谱和气液色谱，液相色谱亦可分为液固色谱和液液色谱。

按固定相的使用形式则可以分为如下三类：

1）柱色谱（columnar chromatography）　固定相装在玻璃管或金属管内，或涂在柱内壁上，它又可分为填充柱色谱和空心毛细管色谱。

2）纸色谱（paper chromatography）　用滤纸作载体，吸附在滤纸上的水为固定相，试样溶液在滤纸上进行展开和分离。

3）薄层色谱（thin layer chromatography）　将固定相均匀地涂铺在玻璃板上或塑料板上，下端点上样品，在层析缸内用合适的流动相对样品进行展开和分离。

按照分离过程的物理化学原理则又可分为：

1）吸附色谱（adsorption chromatography）　利用吸附剂对混合物中不同组分吸附性能的差异进行分离。

2）分配色谱（partition chromatography）　利用混合物中各组分在固定相和流动相之间分配系数的差异进行分离。

3）离子交换色谱（ion - exchange chromatography）　利用混合物中各组分离子与离子交换剂的交换能力不同进行分离。

4）空间排阻色谱（size - exclusion chromatography）　以凝胶作为固定相，分离原理类似分子筛。

从仪器分析的角度，常见的色谱法为液相色谱和气相色谱，其原理是类似的。下面以气相色谱为例来简单说明色谱分析法。

气相色谱法所用的设备就是气相色谱仪，尽管国产、进口商品的型号很多，但其基本结构是相同的。主要包括：气路系统、进样系统、色谱柱、检测器系统、记录系统和计算机控制处理系统。一般气相色谱仪的结构如图 7 - 13 所示。

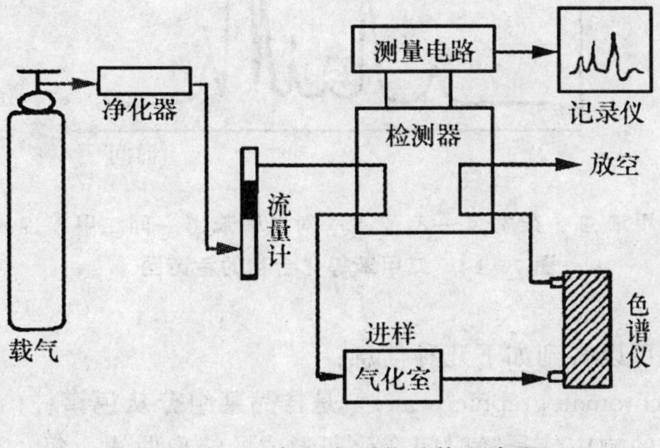

图 7 - 13　气相色谱仪结构示意图

气路系统主要是让载气、燃气和助燃气以一定流量稳定地流经仪器内部；进样系统是将待测气体试样定量地注入色谱柱，或将液体试样经汽化室加热转变为气体后定量地注入色谱柱；色谱柱的主要功能是进行混合组分的分离；检测器系统主要指检测器，是指示和测量经色谱柱分离后随流动相一起流出的各组分物质的浓度及其变化的装置，它可以把组分浓度信号转换成易于测量的电信号，目前用于色谱分析的各种检测器多达几十种以上，最常用和最基本的是热导检测器（TCD）和火焰电离检测器（FID）；记录系统则把检测器输出的电信号转换成色谱图或进一步进行数据的计算机处理。

试样在色谱柱中被分离后流出，其浓度被检测器转换成电信号，由记录仪记录的各组分流出曲线称为色谱图。一般色谱图的纵坐标是以 mV 为单位或直接以记录纸坐标格数为单位，它实质上反映了组分含量的变化，横坐标是时间，以分或秒为单位，它反映了各组分在色谱柱上滞留时间（称为保留时间，retention time）的长短或吸附、脱附能力的强弱。

色谱图是色谱分析过程中试样的成分、含量、色谱柱性能、检测器特性、分析操作条件等多方面因素影响的综合结果，是色谱法定性分析和定量分析的依据。图 7－14 是二甲苯等化合物的色谱图。

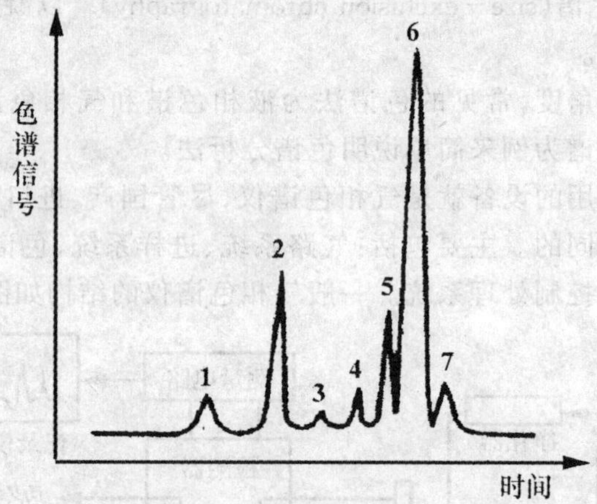

1 一杂质，2 一甲苯，3 一杂质，4 一乙苯，5 一对二甲苯，6 一间二甲苯，7 一邻二甲苯

图 7－14　二甲苯等化合物的色谱图

从色谱图上可以得到如下几种信息：

1）色谱峰（chromatographic peak）　是样品某组分从色谱柱内流出时，检测器对该组分产生的响应信号随时间变化所形成的峰形曲线。每一个被分离的组分对应地给出一个色谱峰。理想的色谱峰是对称、均匀地分布的，峰面积与组分

含量成正比。

2) 保留时间　试样从进样开始到离开色谱柱后出现峰极值时所经历的时间,是各组分分离效果的重要标志。

3) 峰高　色谱峰最高点与色谱基线(base line)之间的距离。峰高值与进入检测器待测组分的含量成正比。

4) 峰宽　包括半峰宽(峰高一半处的峰宽度)和峰底宽等,与组分含量相关。

前两项是色谱定性分析的依据,后两项是色谱定量分析的依据。

气相色谱定性分析,就是要确定色谱图上各色谱峰代表何种组分。用已知纯物质的色谱峰与未知试样成分的色谱峰对照的方法是气相色谱分析中最常用的定性方法。

1) 利用保留值定性分析　在确定固定相和操作条件(包括柱温、柱长、柱内径、何种气体为载气及流速等)下,任一组分都有一确定的保留时间值。因此,在一定条件下测定各色谱峰的保留时间与纯物质的保留时间进行比较,就可以确定各色谱峰是何种组分产生的。实际操作时,都是在同一仪器、相同实验条件下进行的,以保证完全一致的操作条件。保留时间常以秒表测量,也可测量记录图纸上色谱峰时间坐标的距离。

2) 用加入已知纯净物质增加峰高的方法进行定性分析　当试样比较复杂,相邻两峰间的距离很近,或操作条件不容易稳定控制,准确测量保留时间比较困难时,可通过保留时间判断为某一组分,然后将此组分的纯物质加入分析系统,若该色谱峰增高,则表明该峰代表的组分正是所加入的纯物质。如果峰高增加但峰形状不同,有新峰出现,或未知峰上有不规则形状出现,表示未知峰和所加纯物质不是同一物质,需仔细分析研究。

对一复杂系统的定性分析,往往同时采用几种分析方法得出结果。如色谱和红外、紫外、可见吸收光谱,质谱,核磁共振谱等联用进行定性分析,已成为对复杂系统进行定性分析的有效而又可靠的方法。

气相色谱定量分析的任务是测试出混合样品中各组分的含量,其依据是:在确定的操作条件下,待测组分的含量(或它在载气中的浓度)与色谱图上的峰面积(或峰高)成正比。色谱定量分析需要准确测量峰面积,并求出定量校正因子,然后用适当的计算方法,求出各组分含量。目前,已经有多种型号的仪器备有专用计算机进行数据处理,具体定量计算可采用工作曲线法、内标工作曲线法和归一化法等方法。

§7.2.6 其它分析法

§7.2.6.1 扫描电镜显微分析简介

扫描电子显微镜简称扫描电镜，英文缩写为 SEM，是一种大型显微分析仪器。为适应不同的分析目的和要求，在扫描电镜上可以安装多种专用附件，从而实现一机多用，使扫描电镜成为同时具有透射电子显微镜(TEM)、电子探针 X-射线显微分析仪(EPMA)、电子衍射仪(ED)等多种功能的一种直观、快速的综合表面分析仪器。

扫描电镜可以通过二次电子成像观察到试样表面 6 nm 左右的微区情况，仪器观察记录图像的放大倍数可调范围大，一般可以从 10 倍到 15 万倍，观察试样的景深大，图像富有立体感，可直接观察试样表面起伏较大的粗糙结构形态，如金属表面形态、金属断口形态等，因而扫描电镜在材料科学、地质学、生物学、医学、物理学和化学等学科领域都获得了广泛的应用。扫描电镜能将几纳米微区范围的表面状态放大数十万倍，显示在荧光屏上供人们直接观察，或以摄像记录供分析、比较和保存。扫描电镜的成像过程与电视显像过程有很多相似之处，一幅扫描图像由多达上百万个与样品表面物点一一对应的图像点所构成，因此，扫描电镜除了能显示一般试样表面的形貌外，还能将试样微区范围内的化学元素、光、电、磁等性质的差异以二维图像的形式显示出来，并可拍摄图像记录。

扫描电镜是一种有效的理化分析工具，通过它可进行各种形式的图像观察、组织结构分析、元素分析和晶体结构分析。扫描电镜可用于基础理论研究，也可用于生产过程中的产品质量检查等。

§7.2.6.2 电子能谱法简介

电子能谱分析是正在迅速发展的一种表面分析技术。以一定能量的单色光(如 X-射线等)作激发源照射样品，入射光(量)子若被样品原子吸收，则单个光子把它的全部能量转移给原子核外的某个电子，若电子的结合能等于光子的能量，这些电子就可能克服原子核的束缚，从所在能级发射出来而成为“光电子”，测量这些电子的能量分布，即可获得所考察样品表面的元素组成、化学状态和表面结构等信息，这就是光电子能谱分析法。

各种不同类型的电子能谱仪是根据不同的激发源来命名的。例如用 X-射线或紫外光作激发源的光电子能谱分别称为 X-光电子能谱(XPS)和紫外光电子能谱(UPS)。如用低能电子束作激发源，测量从样品发射的俄歇电子的能量分布，则称为俄歇电子能谱(AES)。

XPS 和 AES 都是通过检测样品发射的低能电子的能量分布进行样品测试

的，这些电子在固体中的平均自由程只有几个原子层，这就决定了电子能谱是灵敏的表面分析技术。

AES分析速度快，电子束斑小，易实现微区元素分析，特别是扫描俄歇电子图像能提供元素的二维平面分布信息，在冶金、半导体技术、薄膜分析、晶粒间界面分析等方面得到了广泛的应用。X-光电子能谱又称为用于化学分析的电子能谱，简称ESCA，除了H_2以外，周期表中的所有元素都可用ESCA测定。ESCA对于大部分样品是非破坏性的，可用于研究塑料和有机物的表面，它也比较容易提供定量分析结果，正是由于它的高表面灵敏性和提供表面物种化学信息的能力，使得ESCA在表面分析技术中占有特殊地位。

能谱分析法已经被广泛地应用于材料科学、冶金学、半导体、催化以及固体物理、表面科学等领域，为科学研究提供了一种强有力的分析测试手段。

在科学研究和生产实践中还有许多重要的现代分析测试方法，例如X-射线衍射分析、顺磁共振谱分析、四圆衍射仪、原子力显微镜和扫描隧道显微镜等，有兴趣者可以参阅相关专著。

习　题

1. 简述重结晶法提纯样品的原理。
2. 简述热分析的基本原理。
3. 简述光分析的基本原理。
4. 质谱分析法是怎样确定样品分子量的？
5. 色谱分析法中的色谱峰是怎样得到的？它可以提供哪四种基本信息用于样品的定性和定量分析？

主要参考文献

1. 周公度．结构和物性 [M]. 第 2 版．北京:高等教育出版社,1993.

2. 李炳瑞．结构化学(多媒体版) [M]. 北京:高等教育出版社,2004.

3. 胡中鲠．现代化学基础 [M]. 北京:高等教育出版社,2000.

4. David W. Oxtoby, H.P.Gillis, Nachtrieb.N H. Principles of Modern Chemistry [M]. 5th ed. Thomson Learning, Inc. 2002.

5. 江 棂．工科化学 [M]. 北京:化学工业出版社,2003.

6. 陈林根．工程化学基础 [M]. 北京:高等教育出版社,2004.

7. 浙江大学普通化学教研组．普通化学 [M]. 第 3 版．北京:高等教育出版社,1998.

8. 国家技术监督局．量和单位国家标准实施指南．北京:中国标准出版社,1996.

9. GB3100～3102－93. 量和单位 [S].

10. 实用化学手册编写组．实用化学手册 [M]. 北京:科学出版社,2001.

11. 北京大学化学系仪器分析教学组．仪器分析教程 [M]. 北京:北京大学出版社,1997.

12. 天津大学物理化学教教研室编．物理化学 [M]. 第 4 版．北京:高等教育出版社,2002.

附　　录

Ⅰ.《工程化学》教学基本要求

第一章　绪论

1. 了解化学发展的五个阶段以及化学的研究对象和内容；

2. 从拉瓦锡提出燃烧氧化学说的研究过程了解化学的基本研究方法和学习《工程化学》的基本指导思想；

3. 掌握物理量与量制、量纲和单位、量值的表示方法、量方程和数值方程的计算。

第二章　物质的组成与结构

4. 了解物质的基本聚集状态和常见的固态、液态、气态物质的基本性质；

5. 掌握理想气体的定义、理想气体状态方程、分压及分压定律、物质的量分数、实际气体的状态方程、压缩因子的定义和意义；了解等离子体的定义和基本特性；

6. 了解整比化合物和非整比化合物的定义及判断整比化合物和非整比化合物的两个要点；

7. 了解高分子化合物的定义及相关的基本概念，了解高分子化合物的分类及命名原则；

8. 掌握配位化合物的定义及基本性质、命名的一般原则，并能够比较熟练地命名配合物；

9. 了解现代原子结构理论的形成和发展简史、玻尔(N.Bohr)理论要点；掌握现代原子结构理论的要点、原子结构的描述方法和四个量子数的物理意义及取值规则，多电子原子结构的描述——原子核外电子排布——核外电子运动状态，价层轨道判断及价层电子分布；

10. 原子核对核外电子的约束力——屏蔽效应与有效核电荷，掌握被屏蔽电子是 s 或 p 电子时有效核电荷的计算及其与元素性质的一般关系；

11. 元素性质的周期性源于原子结构的周期性，掌握元素周期表中的周期及族与核外电子分布的关系，周期表中元素的分区以及相应的价层电子排布通式；了解元素性质的周期性；

12. 了解化学键的定义、分类和形成特点，掌握离子键的形成条件和特性、离子极化的一般规律及其对化合物性质的影响；了解金属键的形成和对金属基本性质的简单解释；

13. 掌握共价键形成的基础、价键理论的基本要点和共价键的两个特点；了解 σ 键和 π 键是怎样形成的以及共价键的键参数；掌握杂化的概念和杂化轨道理论的基本要点，掌握等性和不等性 sp^n 杂化轨道在空间的分布与所形成分子空间构型的关系。

第三章 物质的结构和性质

14. 了解键的极性、分子的极性和分子极化的概念，掌握微观粒子之间的作用力以及氢键的产生、分子间力与物质聚集状态和物理性质之间的关系；

15. 了解晶体和非晶体的区别，晶体结构的基础知识；掌握四种基本类型晶体以及混合型晶体和过渡型晶体的组成、结构和基本性质上的特点。了解实际晶体的缺陷及其对晶体性质的影响，非晶体和液晶的结构特点和基本性质，相的概念与相变；

16. 掌握液体饱和蒸气压的概念，溶液浓度的不同表示方法，拉乌尔定律和亨利定律以及稀溶液的四个依数性质；了解胶体分散系的基本性质和气溶胶；

17. 了解碰撞理论和过渡态反应理论的要点，掌握化学反应的本质和反应进程图；

18. 了解固体表面的吸附现象和相关的基本概念；

19. 掌握表面活性剂分子的一般结构及其在水溶液中的行为，了解表面活性剂的分类和各种作用；

20. 了解化学反应中的催化作用和催化剂；

21. 了解现代材料的分类和基本知识。

第四章 化学反应的基本原理

22. 了解化学热力学中一些常用的基本概念，掌握状态函数的基本性质、热和功的符号规定以及恒压体积功的计算；了解可逆过程的特点；

23. 理解并掌握热力学第一定律、恒容热效应 Q_V、恒压热效应 Q_p、热焓 H 与热容，了解热效应的测量；

24. 了解化学反应方程式与化学反应进度的概念，掌握各种物质的标准态及其标准条件、标准摩尔反应焓变和热化学方程式的写法；掌握物质标准摩尔生成焓以及标准摩尔燃烧焓的概念并能用于标准摩尔反应焓变的计算；

25．了解自发过程的共同特征，掌握自发变化的推动力和吉布斯函数（或自由能）判据；

26．理解系统的熵与混乱度的概念，掌握吉布斯函数 G 的定义式和吉布斯(Gibbs)等温式 $\Delta G=\Delta H-T\Delta S$；

27．能够根据 $S=k\ln\Omega$ 对物质熵值的相对大小进行分析判断，掌握物质的标准摩尔熵等基本概念，能够计算化学反应的标准摩尔熵变；

28．能够根据吉布斯等温式，利用已有的基础热力学数据近似计算出温度为 298.15 K 时，以及任意温度 T 时反应的标准摩尔吉布斯函数变 $\Delta_r G_m^{\ominus}(T)$；

29．掌握物质的标准摩尔生成吉布斯函数 $\Delta_f G_m^{\ominus}(B,T)$ 的定义并能够用于计算同温度下反应的标准摩尔吉布斯函数变；

30．掌握物质相对浓度或相对压力、反应商的概念及意义，掌握范德霍夫(Van't Hoff)等温式的物理意义并能用于任意条件下化学反应的摩尔吉布斯函数变 $\Delta_r G_m(T)$ 的计算；可以判断任意化学反应进行的方向；

31．掌握热力学平衡常数的引入、表达式及其与标准摩尔反应吉布斯函数变的关系以及与温度的关系；

32．掌握化学反应速率的表示方法、基元反应的概念和速率方程的写法，影响化学反应速率的因素；

33．掌握阿仑尼乌斯（Arrhenius）公式，了解有关速率常数、活化能和温度之间的关系。

第五章　非氧化还原反应

34．掌握酸碱质子理论、一元弱酸或弱碱的电离平衡、缓冲溶液及其 pH 值的计算，了解缓冲溶液的应用；

35．掌握溶度积常数的概念及其与溶解度的关系，掌握溶度积规则并能够通过计算结果判断沉淀的生成或溶解；

36．掌握配离子的标准稳定常数和不稳定常数、配离子平衡的移动及其应用；

37．了解大气圈的结构和大气的基本化学组成，大气污染情况及其控制策略；

38．了解水体质量与水资源的现状、水体净化的一般方法；

39．了解固体废弃物污染及处理状况；

40．了解碳水化合物、氨基酸、多肽、蛋白质和核酸等分子的基本情况和作用，了解氧自由基与人体健康。

第六章　氧化还原反应

41. 掌握原电池的基本构成、相关的基本概念和电极、电池符号的书写规则；

42. 了解实际电极构成的基本原理和电极电势产生的原因，掌握电极电势的测定方法；

43. 掌握原电池电动势和电极电势的 Nernst 公式及相关的简单计算，了解电极电势的影响因素和应用；

44. 掌握电解的基本原理，掌握实际分解电压、理论分解电压、超电势、超电压和极化的基本概念；了解电极产物析出的一般规律；

45. 掌握材料的腐蚀原理，了解防止材料腐蚀的一般方法；

46. 了解煤、石油和天然气化学的基础知识；

47. 了解化学电源的概念与分类；

48. 了解各种新能源的概况。

第七章　现代化学的基本研究方法

49. 了解现代化学的一般研究方法；

50. 了解现代分析测试仪器的基本原理和在不同领域的应用概况。

Ⅱ. 一些重要的物理常数

物理量	符号	数值
摩尔气体常数	R	$8.314\,510\ \mathrm{J\cdot mol\cdot K^{-1}}$
真空中的光速	c	$2.997\,924\,58\times10^{8}\ \mathrm{m\cdot s^{-1}}$
电子的电荷	e	$1.602\,177\,33\times10^{-19}\ \mathrm{C}$
原子质量单位	μ	$1.660\,540\,2\times10^{-27}\ \mathrm{kg}$
电子静质量	m_e	$9.109\,389\,7\times10^{-31}\ \mathrm{kg}$
质子静质量	m_p	$1.672\,623\,1\times10^{-27}\ \mathrm{kg}$
中子静质量	m_n	$1.674\,954\,3\times{}^{-27}\ \mathrm{kg}$
阿伏加德罗常数	L	$6.022\,136\,7\times10^{23}\ \mathrm{mol^{-1}}$
法拉第常数	F	$9.648\,530\,9\times10^{4}\ \mathrm{C\cdot mol^{-1}}$
普朗克常数	h	$6.626\,075\,5\times10^{-34}\ \mathrm{J\cdot s}$
玻尔兹曼常数	k	$1.380\,658\times10^{-23}\ \mathrm{J\cdot K^{-1}}$
真空介电常数	ε_0	$8.854\,188\times10^{-12}\ \mathrm{F\cdot m^{-1}}$

Ⅲ. 物质的标准摩尔生成焓、标准摩尔生成 Gibbs 函数和标准摩尔熵

(25 ℃,标准态压力 100 kPa)

物　　质	$\Delta_f H_m^\ominus/(kJ\cdot mol^{-1})$	$S_m^\ominus/(J\cdot mol^{-1}\cdot K^{-1})$	$\Delta_f G_m^\ominus/(kJ\cdot mol^{-1})$
Ag(s)	0	42.55	0
AgBr(s)	−100.37	107.1	−96.90
AgCl(s)	−127.068	96.2	−109.789
AgI(s)	−61.84	115.5	−66.19
$AgNO_3$(s)	−124.39	140.92	−33.41
$AgCO_3$(s)	505.8	167.4	−436.8
Ag_2O(s)	−31.05	121.3	−11.20
Al(s)	0	28.33	0
Al_2O_3(α,刚玉)	−1 675.7	50.92	−1 582.3
Br_2(l)	0	152.231	0
Br_2(g)	30.907	245.463	3.110
HBr(g)	−36.40	198.695	−53.45
C(石墨)	0	5.740	0
C(金刚石)	1.895	2.377	2.900
Ca(s)	0	41.42	0
CaC_2(s)	−62.8	69.96	−67.8
$CaCO_3$(方解石)	−1 206.92	92.9	−1 128.79
CaO(s)	−635.09	39.75	−604.03
$Ca(OH)_2$(s)	−986.09	76.1	−898.49
CO(g)	−110.525	197.674	−137.168
CO_2(g)	−393.509	213.74	−394.359
CS_2(l)	89.70	151.3	65.27
CS_2(g)	117.36	237.84	67.12
CCl_4(l)	−135.44	216.40	−65.21
CCl_4(g)	−102.9	309.85	−60.59
HCN(l)	108.87	112.84	124.97
HCN(g)	135.1	201.78	124.7
Cl_2(g)	0	223.066	0
Cl(g)	121.679	165.198	105.680
HCl(g)	−92.307	186.91	−95.299
Cu(s)	0	33.150	0
CuO(s)	−157.3	42.63	−129.7

续表

物　质	$\Delta_f H_m^\ominus/(kJ\cdot mol^{-1})$	$S_m^\ominus/(J\cdot mol^{-1}\cdot K^{-1})$	$\Delta_f G_m^\ominus/(kJ\cdot mol^{-1})$
$Cu_2O(S)$	−168.6	93.14	−146.0
$F_2(g)$	0	202.78	0
$HF(g)$	−271.1	173.779	−273.2
$Fe(\alpha)$	0	27.28	0
$FeCl_2(s)$	−341.79	117.9	−302.30
$FeCl_3(s)$	−399.49	142.3	−334.0
$FeO(s)$	−272.0	—	—
$FeO_3(s)$(赤铁矿)	−824.2	87.40	−742.2
$Fe_3O_4(s)$(磁铁矿)	−1 118.4	146.4	−1 015.4
$FeSO_4(s)$	−928.4	107.5	−820.8
$H_2(g)$	0	130.684	0
$H(g)$	217.965	114.713	203.247
$H_2O(l)$	−285.830	69.91	−237.129
$H_2O(g)$	−241.818	188.825	−228.572
$I_2(s)$	0	116.135	0
$I_2(g)$	62.438	260.69	19.327
$I(g)$	106.838	180.791	70.250
$HI(g)$	26.48	206.594	1.70
$Mg(s)$	0	32.68	0
$MgCl_2(g)$	−641.32	89.62	−591.79
$MgO(s)$	−601.70	26.94	−569.43
$Mg(OH)_2(s)$	−924.54	63.18	−833.51
$Na(s)$	0	51.21	0
$Na_2CO_3(s)$	−1 130.68	134.98	−1 044.44
$NaHCO_3(s)$	−950.81	101.7	−851.0
$NaCl(s)$	−411.153	72.13	−384.138
$NaNO_3(s)$	−467.85	116.52	−367.00
$Na_2O(s)$	−416	72.8	−377
$NaOH(s)$	−425.609	64.455	−379.494
Na_2SO_4(s,正交)	−1 387.08	149.58	−1 270.16
$N_2(g)$	0	191.61	0
$NH_3(g)$	−46.11	192.45	−16.45
$N_2H_4(l)$	50.63	121.2	149.3
$NO(g)$	90.25	210.761	86.55

续表

物　　质	$\Delta_f H_m^\ominus/(kJ \cdot mol^{-1})$	$S_m^\ominus/(J \cdot mol^{-1} \cdot K^{-1})$	$\Delta_f G_m^\ominus/(kJ \cdot mol^{-1})$
$NO_2(g)$	33.18	240.06	51.31
$N_2O(g)$	82.05	219.85	104.20
$N_2O_3(g)$	83.72	312.28	139.46
$N_2O_4(g)$	9.16	304.29	97.89
$N_2O_5(g)$	11.3	355.7	115.1
$HNO_3(g)$	−135.06	266.38	−74.72
$HNO_3(l)$	−174.10	155.60	−80.71
$NH_4HCO_3(s)$	−849.4	121	−666.0
$O_2(g)$	0	205.138	0
$O(g)$	249.170	161.055	231.731
$O_3(g)$	142.7	238.93	163.2
P(α,白磷)	0	41.09	0
P(红磷,三斜)	−17.6	22.80	−12.1
$P_4(g)$	58.91	279.98	24.44
$PCl_3(g)$	−287.0	311.78	−267.8
$PCl_5(g)$	−374.9	364.58	−305.0
$POCl_3(g)$	−558.48	325.4	−512.93
$H_3PO_4(g)$	−1279	110.50	−1119.1
S(正交)	0	31.80	0
$S(g)$	278.805	167.821	238.250
$S_8(g)$	102.30	430.98	49.63
$H_2S(g)$	−20.63	205.79	−33.56
$SO_2(g)$	−296.830	248.22	−300.194
$SO_3(g)$	−395.72	256.76	−371.06
$H_2SO_4(l)$	−813.989	156.904	−690.003
$Si(s)$	0	18.83	0
$SiCl_4(l)$	−687.0	239.7	−619.84
$SiCl_4(g)$	−657.01	330.73	−616.98
$SiH_4(g)$	34.3	204.62	56.9
SiO_2(石英)	−910.94	41.84	−856.64
SiO_2(无定形)	−903.49	46.9	−850.70
$Zn(s)$	0	41.63	0
$ZnCO_3(s)$	−394.4	82.4	−731.52
$ZnCl_2(s)$	−415.05	111.46	−369.398
$ZnO(s)$	−348.28	43.64	−318.30
$CH_4(g)$	−74.81	188.264	−50.72

续表

物　　质	$\Delta_f H_m^{\ominus}/(kJ\cdot mol^{-1})$	$S_m^{\ominus}/(J\cdot mol^{-1}\cdot K^{-1})$	$\Delta_f G_m^{\ominus}/(kJ\cdot mol^{-1})$
$C_2H_6(g)$	-84.68	229.60	-32.82
$C_3H_8(g)$	-103.85	270.02	-23.37
n-$C_4H_{10}(g)$	-126.15	310.23	-17.02
$C_2H_4(g)$	52.26	219.56	68.15
$C_3H_6(g)$	20.42	267.05	62.79
$C_4H_8(g)$(1-丁烯)	-0.13	305.71	71.40
$C_2H_2(g)$	226.73	200.94	209.20
$C_6H_6(l)$	49.04	173.26	124.45
$C_6H_6(g)$	82.93	269.31	129.73
$C_6H_5CH_3(g)$	50.00	320.77	122.11
$CH_3OH(l)$	-238.66	126.8	-166.27
$CH_3OH(g)$	-200.66	239.81	-161.96
$C_2H_5OH(l)$	-277.69	160.7	-174.78
$C_2H_5OH(g)$	-235.10	282.70	-168.49
n-$C_4H_9OH(l)$	-325.81	225.73	-160.00
n-$C_4H_9OH(g)$(丁醇)	-274.42	363.28	-150.52
$(CH_3)_2O(g)$	-184.05	266.38	-112.59
$HCHO(g)$	-108.57	218.77	-102.53
$CH_3CHO(l)$	-192.30	160.2	-128.12
$CH_3CHO(g)$	-166.19	250.3	-128.86
$(CH_3)_2CO(l)$	-248.1	200.4	-133.28
$(CH_3)_2CO(g)$	-217.57	295.04	-152.97
$HCOOH(l)$	-424.72	128.95	-361.35
$CH_3COOH(l)$	-484.5	159.8	-389.9
$CH_3COOH(g)$	-432.25	282.5	-374.0
$(CH_2)_2O(l)$	-77.82	153.85	-11.76
$(CH_2)_2O(g)$	-52.63	242.53	-13.01
$CHCl_2CH_3(l)$	-160	211.8	-75.6
$CHCl_2CH_3(g)$	-129.4	305.1	-72.52
$CH_2ClCH_2Cl(l)$	-165.23	208.53	-79.52
$CH_2ClCH_2Cl(g)$	-129.79	308.39	-73.78
$CCl_2CH_2(l)$	-24	201.5	24.5
$CCl_2CH_2(g)$	2.4	289.0	25.1
$CH_3NH_2(l)$	-47.3	150.21	35.7
$CH_3NH_2(g)$	-22.97	243.41	32.16
$(NH_2)_2CO(s)$	-333.51	104.60	-197.33

Ⅳ. 常见弱酸和弱碱的离解平衡常数

一、酸

名　　称	温度/℃	解离常数 $K_a^\ominus$	$pK_a^\ominus$
砷酸 H_3AsO_4	18	$K_{a,1}^\ominus=5.6\times10^{-3}$	2.25
		$K_{a,2}^\ominus=1.7\times10^{-7}$	6.77
		$K_{a,3}^\ominus=3.0\times10^{-12}$	11.50
硼酸 H_3BO_3	20	$K_a^\ominus=5.7\times10^{-10}$	9.24
氢氰酸 HCN	25	$K_a^\ominus=6.2\times10^{-10}$	9.21
碳酸 H_2CO_3	25	$K_{a,1}^\ominus=4.2\times10^{-7}$	6.38
		$K_{a,2}^\ominus=5.6\times10^{-11}$	10.25
铬酸 H_2CrO_4	25	$K_{a,1}^\ominus=1.8\times10^{-1}$	0.74
		$K_{a,2}^\ominus=3.2\times10^{-7}$	6.49
氢氟酸 HF	25	$K_a^\ominus=3.5\times10^{-4}$	3.46
亚硝酸 HNO_2	25	$K_a^\ominus=4.6\times10^{-4}$	3.37
磷酸 H_3PO_4	25	$K_{a,1}^\ominus=7.6\times10^{-3}$	2.12
		$K_{a,2}^\ominus=6.3\times10^{-8}$	7.20
		$K_{a,3}^\ominus=4.4\times10^{-13}$	12.36
氢硫酸 H_2S	25	$K_{a,1}^\ominus=1.3\times10^{-7}$	6.89
		$K_{a,2}^\ominus=7.1\times10^{-15}$	14.15
亚硫酸 H_2SO_3	18	$K_{a,1}^\ominus=1.5\times10^{-2}$	1.82
		$K_{a,2}^\ominus=1.0\times10^{-7}$	7.00
甲酸 HCOOH	20	$K_a^\ominus=1.8\times10^{-4}$	3.74
醋酸 CH_3COOH	20	$K_a^\ominus=1.8\times10^{-5}$	4.74
一氯乙酸 $CH_2ClCOOH$	25	$K_a^\ominus=1.4\times10^{-3}$	2.86
二氯乙酸 $CHCl_2COOH$	25	$K_a^\ominus=5.0\times10^{-2}$	1.30
三氯乙酸 CCl_3COOH	25	$K_a^\ominus=0.23$	−0.64
草酸 $H_2C_2O_4$	25	$K_{a,1}^\ominus=5.9\times10^{-2}$	1.23
		$K_{a,2}^\ominus=6.4\times10^{-5}$	4.19

续表

名　　称	温度/℃	解离常数 $K_a^{\ominus}$	$pK_a^{\ominus}$
琥珀酸$(CH_2COOH)_2$	25	$K_{a,1}^{\ominus}=6.4\times10^{-5}$	4.19
		$K_{a,2}^{\ominus}=2.7\times10^{-6}$	5.57
酒石酸 CH(OH)COOH	25	$K_{a,1}^{\ominus}=9.1\times10^{-4}$	3.04
		$K_{a,2}^{\ominus}=4.3\times10^{-5}$	3.13
柠檬酸 CH_2COOH—CH(OH)COOH—CH_2COOH	18	$K_{a,1}^{\ominus}=7.4\times10^{-4}$	3.13
		$K_{a,2}^{\ominus}=1.7\times10^{-5}$	4.76
		$K_{a,3}^{\ominus}=4.0\times10^{-7}$	6.40
苯酚 C_6H_5OH	20	$K_a^{\ominus}=1.1\times10^{-10}$	9.95
苯甲酸 C_6H_5COOH	25	$K_a^{\ominus}=6.2\times10^{-5}$	4.21
水杨酸 $C_6H_4(OH)COOH$	18	$K_{a,1}^{\ominus}=1.07\times10^{-3}$	2.97
		$K_{a,2}^{\ominus}=4\times10^{-14}$	13.40
邻苯二甲酸 $C_6H_4(COOH)_2$	25	$K_{a,1}^{\ominus}=1.3\times10^{-3}$	2.89
		$K_{a,2}^{\ominus}=2.9\times10^{-6}$	5.54

二、碱

名　　称	温度/℃	解离常数 $K_b^{\ominus}$	$pK_b^{\ominus}$
氨水 $NH_3\cdot H_2O$	25	$K_b^{\ominus}=1.8\times10^{-5}$	4.74
羟胺 NH_2OH	20	$K_b^{\ominus}=9.1\times10^{-9}$	8.04
苯胺 $C_6H_5NH_2$	25	$K_b^{\ominus}=4.6\times10^{-10}$	9.34
乙二胺 $H_2NCH_2CH_2NH_2$	25	$K_{b,1}^{\ominus}=8.5\times10^{-5}$	4.07
		$K_{b,2}^{\ominus}=7.1\times10^{-8}$	7.15
六次甲基四胺$(CH_2)_6N_4$	25	$K_b^{\ominus}=1.4\times10^{-9}$	8.85
吡啶	25	$K_b^{\ominus}=1.7\times10^{-9}$	8.77

Ⅴ. 常见难溶和微溶电解质的溶度积常数

18～25 ℃

难(微)溶化合物	$K_{sp}^{\ominus}$	难(微)溶化合物	$K_{sp}^{\ominus}$
Ag_3AsO_4	1×10^{-22}	$Ca_3(PO_4)_2$	2.0×10^{-29}
$AgBr$	5.0×10^{-13}	$CaSO_4$	9.1×10^{-6}
Ag_2CO_3	8.1×10^{-12}	$CaWO_4$	8.7×10^{-9}
$AgCl$	1.8×10^{-10}	$CdCO_3$	5.2×10^{-12}
Ag_2CrO_4	2.0×10^{-12}	$Cd_2[Fe(CN)_6]$	3.2×10^{-17}
$AgCN$	1.2×10^{-16}	$Cd(OH)_2$ 新析出	2.5×10^{-14}
$AgOH$	2.0×10^{-8}	$CdC_2O_4\cdot3H_2O$	9.1×10^{-8}
AgI	9.3×10^{-17}	CdS	8×10^{-27}
$Ag_2C_2O_4$	3.5×10^{-11}	$CoCO_3$	1.4×10^{-13}
Ag_3PO_4	1.4×10^{-16}	$Co_2[Fe(CN)_6]$	1.8×10^{-15}
Ag_2SO_4	1.4×10^{-5}	$Co(OH)_2$ 新析出	2×10^{-15}
Ag_2S	2×10^{-49}	$Co(OH)_3$	2×10^{-44}
$AgSCN$	1.0×10^{-12}	$Co[Hg(SCN)_4]$	1.5×10^{-6}
$Al(OH)_3$ 无定形	1.3×10^{-33}	α-CoS	4×10^{-21}
$As_2S_3$①	2.1×10^{-22}	β-CoS	2×10^{-25}
$BaCO_3$	5.1×10^{-9}	$Co_3(PO_4)_2$	2×10^{-35}
$BaCrO_4$	1.2×10^{-10}	$Cr(OH)_3$	6×10^{-31}
BaF_2	1×10^{-6}	$CuBr$	5.2×10^{-9}
$BaC_2O_4\cdot H_2O$	2.3×10^{-8}	$CuCl$	1.2×10^{-6}
$BaSO_4$	1.1×10^{-10}	$CuCN$	3.2×10^{-20}
$Bi(OH)_3$	4×10^{-31}	CuI	1.1×10^{-12}
$BiOOH$	4×10^{-10}	$CuOH$	1×10^{-14}
BiI_3	8.1×10^{-19}	Cu_2S	2×10^{-48}
$BiOCl$	1.8×10^{-31}	$CuSCN$	4.8×10^{-15}
$BiPO_4$	1.3×10^{-23}	$CuCO_3$	1.4×10^{-10}
Bi_2S_3	1×10^{-97}	$Cu(OH)_2$	2.2×10^{-20}
$CaCO_3$	2.9×10^{-9}	CuS	6×10^{-36}
CaF_2	2.7×10^{-11}	$FeCO_3$	3.2×10^{-11}
$CaC_2O_4\cdot H_2O$	2.0×10^{-9}	$Fe(OH)_2$	8×10^{-16}

续表

难(微)溶化合物	$K_{sp}^{\ominus}$	难(微)溶化合物	$K_{sp}^{\ominus}$
FeS	6×10^{-18}	PbClF	2.4×10^{-9}
$Fe(OH)_3$	4×10^{-38}	$PbCrO_4$	2.8×10^{-13}
$FePO_4$	1.3×10^{-22}	PbF_2	2.7×10^{-8}
Hg_2Br_2	5.8×10^{-23}	$Pb(OH)_2$	1.2×10^{-15}
Hg_2CO_3	8.9×10^{-17}	PbI_2	7.1×10^{-9}
Hg_2Cl_2	1.3×10^{-18}	$PbMoO_4$	1×10^{-13}
$Hg_2(OH)_2$	2×10^{-24}	$Pb_3(PO_4)_2$	8.0×10^{-43}
Hg_2I_2	4.5×10^{-29}	$PbSO_4$	1.6×10^{-8}
Hg_2SO_4	7.4×10^{-7}	PbS	8×10^{-28}
Hg_2S	1×10^{-47}	$Pb(OH)_4$	3×10^{-66}
$Hg(OH)_2$	3×10^{-26}	$Sb(OH)_3$	4×10^{-42}
Hgs 红色	4×10^{-53}	Sb_2S_3	2×10^{-93}
黑色	2×10^{-52}	$Sn(OH)_2$	1.4×10^{-28}
$MgNH_4PO_4$	2×10^{-13}	SnS	1×10^{-25}
$MgCO_3$	3.5×10^{-8}	$Sn(OH)_4$	1×10^{-56}
MgF_2	6.4×10^{-9}	SnS_2	2×10^{-27}
$Mg(OH)_2$	1.8×10^{-11}	$SrCO_3$	1.1×10^{-10}
$MnCO_3$	1.8×10^{-11}	$SrCrO_4$	2.2×10^{-5}
$Mn(OH)_2$	1.9×10^{-13}	SrF_2	2.4×10^{-9}
MnS 无定形	2×10^{-10}	$SrC_2O_4\cdot H_2O$	1.6×10^{-7}
MnS 晶形	2×10^{-13}	$Sr_3(PO_4)_2$	4.1×10^{-28}
$NiCO_3$	6.6×10^{-9}	$SrSO_4$	3.2×10^{-7}
$Ni(OH)_2$ 新析出	2×10^{-15}	$Ti(OH)_3$	1×10^{-40}
$Ni_3(PO_4)_2$	5×10^{-31}	$TiO(OH)_2$	1×10^{-29}
α-NiS	3×10^{-19}	$ZnCO_3$	1.4×10^{-11}
β-NiS	1×10^{-24}	$Zn_2[Fe(CN)_6]$	4.1×10^{-16}
γ-NiS	2×10^{-26}	$Zn(OH)_2$	1.2×10^{-17}
$PbCO_3$	7.4×10^{-14}	$Zn_3(PO_4)_2$	9.1×10^{-33}
$PbCl_2$	1.6×10^{-5}	ZnS	2×10^{-22}

注:①为反应 $As_2S_3 + 4H_2O \rightleftharpoons 2HAsO_2 + 3H_2S$ 的平衡常数

Ⅵ. 一些常见配位化合物的稳定常数和不稳定常数

配离子	$K_f^\ominus$	$\lg K_f^\ominus$	$K_d^\ominus$	$\lg K_d^\ominus$
$[AgBr_2]^-$	2.14×10^{7}	7.33	4.67×10^{-8}	−7.33
$[Ag(CN)_2]^-$	1.26×10^{21}	21.1	7.94×10^{-22}	−21.1
$[AgCl_2]^-$	1.10×10^{5}	5.04	9.09×10^{-6}	−5.04
$[AgI_2]^-$	5.5×10^{11}	11.74	1.82×10^{-12}	−11.74
$[Ag(NH_3)_2]^+$	1.12×10^{7}	7.05	8.93×10^{-8}	−7.05
$[Ag(S_2O_3)_2]^{3-}$	2.89×10^{13}	13.46	3.46×10^{-14}	−13.46
$[Co(NH_3)_6]^{2+}$	1.29×10^{5}	5.11	7.75×10^{-6}	−5.11
$[Cu(CN)_2]^-$	1×10^{24}	24.0	1×10^{-24}	−24.0
$[Cu(NH_3)_2]^+$	7.24×10^{10}	10.86	1.38×10^{-11}	−10.86
$[Cu(NH_3)_4]^{2+}$	2.09×10^{13}	13.32	4.78×10^{-14}	−13.32
$[Cu(P_2O_7)_2]^{6-}$	1×10^{9}	9.0	1×10^{-9}	−9.0
$[Cu(SCN)_2]^-$	1.52×10^{5}	5.18	6.58×10^{-6}	−5.18
$[Fe(CN)_6]^{3-}$	1×10^{42}	42.0	1×10^{-42}	−42.0
$[HgBr_4]^{2-}$	1×10^{21}	21.0	1×10^{-21}	−21.0
$[Hg(CN)_4]^{2-}$	2.51×10^{41}	41.4	3.98×10^{-42}	−41.4
$[HgCl_4]^{2-}$	1.17×10^{15}	15.07	8.55×10^{-16}	−15.07
$[HgI_4]^{2-}$	6.76×10^{29}	29.83	1.48×10^{-30}	−29.83
$[Ni(NH_3)_6]^{2+}$	5.50×10^{8}	8.74	1.82×10^{-9}	−8.74
$[Ni(en)_3]^{2+}$	2.14×10^{18}	18.33	4.67×10^{-19}	−18.33
$[Zn(CN)_4]^{2-}$	5.0×10^{16}	16.7	2.0×10^{-17}	−16.7
$[Zn(NH_3)_4]^{2+}$	2.87×10^{9}	9.46	3.48×10^{-10}	−9.46
$[Zn(en)_2]^{2+}$	6.76×10^{10}	10.83	1.48×10^{-11}	−10.83

Ⅷ. 25 ℃时水溶液中常见电对的标准电极电位

（标准态压力 100 kPa）

电　　极	电极反应	$\varphi^{\ominus}$/V
N_3^- | N_2, Pt	$(3/2)N_2 + e \rightleftharpoons N_3^-$	−3.2
Li^+ | Li	$Li^+ + e \rightleftharpoons Li$	−3.045
Rb^+ | Rb	$Rb^+ + e \rightleftharpoons Rb$	−2.925
Cs^+ | Cs	$Cs^+ + e \rightleftharpoons Cs$	−2.923
K^+ | K	$K^+ + e \rightleftharpoons K$	−2.925
Ra^{2+} | Ra	$Ra^{2+} + 2e \rightleftharpoons Ra$	−2.916
Ba^{2+} | Ba	$Ba^{2+} + 2e \rightleftharpoons Ba$	−2.906
Ca^{2+} | Ca	$Ca^{2+} + 2e \rightleftharpoons Ca$	−2.866
Na^+ | Na	$Na^+ + e \rightleftharpoons Na$	−2.714
La^{3+} | La	$La^{3+} + 3e \rightleftharpoons La$	−2.522
Mg^{2+} | Mg	$Mg^{2+} + 2e \rightleftharpoons Mg$	−2.363
Be^{2+} | Be	$Be^{2+} + 2e \rightleftharpoons Be$	−1.847
Al^{3+} | Al	$Al^{3+} + 3e \rightleftharpoons Al$	−1.662
Ti^{2+} | Ti	$Ti^{2+} + 2e \rightleftharpoons Ti$	−1.628
Zr^{4+} | Zr	$Zr^{4+} + 4e \rightleftharpoons Zr$	−1.529
V^{2+} | V	$V^{2+} + 2e \rightleftharpoons V$	−1.186
Mn^{2+} | Mn	$Mn^{2+} + 2e \rightleftharpoons Mn$	−1.180
WO_4^{2-} | W	$WO_4^{2-} + 4H_2O + 6e \rightleftharpoons W + 8OH^-$	−1.05
OH^-, H_2O | $H_2(g)$, Pt	$2H_2O + 2e \rightleftharpoons H_2(g) + 2OH^-$	−0.828
Se^{2-} | Se	$Se + 2e \rightleftharpoons Se^{2-}$	−0.77
Zn^{2+} | Zn	$Zn^{2+} + 2e \rightleftharpoons Zn$	−0.762 8
Cr^{3+} | Cr	$Cr^{3+} + 3e \rightleftharpoons Cr$	−0.744
SbO_2^- | Sb	$SbO_2^- + 2H_2O + 3e \rightleftharpoons Sb + 4OH^-$	−0.67

续表

电　　极	电极反应	$\varphi^{\ominus}$/V
Ga^{3+} | Ga	$Ga^{3+} + 3e \rightleftharpoons Ga$	−0.529
S^{2-} | S	$S + 2e \rightleftharpoons S^{2-}$	−0.51
Fe^{2+} | Fe	$Fe^{2+} + 2e \rightleftharpoons Fe$	−0.440 2
Cr^{3+}, Cr^{2+} | Pt	$Cr^{3+} + e \rightleftharpoons Cr^{2+}$	−0.408
Cd^{2+} | Cd	$Cd^{2+} + 2e \rightleftharpoons Cd$	−0.402 9
Ti^{3+}, Ti^{2+} | Pt	$Ti^{3+} + e \rightleftharpoons Ti^{2+}$	−0.369
SO_4^{2-} | $PbSO_4(s)$, Pb	$PbSO_4(s) + 2e \rightleftharpoons Pb + SO_4^{2-}$	−0.356
Tl^{+} | Tl	$Tl^{+} + e \rightleftharpoons Tl$	−0.336 3
Co^{2+} | Co	$Co^{2+} + 2e \rightleftharpoons Co$	−0.277
Ni^{2+} | Ni	$Ni^{2+} + 2e \rightleftharpoons Ni$	−0.250
Mo^{3+} | Mo	$Mo^{3+} + 3e \rightleftharpoons Mo$	−0.20
I^{-} | AgI(s), Ag	$AgI(s) + e \rightleftharpoons Ag + I^{-}$	−0.152
Sn^{2+} | Sn	$Sn^{2+} + 2e \rightleftharpoons Sn$	−0.136
Pb^{2+} | Pb	$Pb^{2+} + 2e \rightleftharpoons Pb$	−0.126
Ti^{4+}, Ti^{3+} | Pt	$Ti^{4+} + e \rightleftharpoons Ti^{3+}$	−0.04
Fe^{3+} | Fe	$Fe^{3+} + 3e \rightleftharpoons Fe$	−0.036
D^{+} | D_2, Pt	$2D^{+} + 2e \rightleftharpoons D_2$	−0.003 4
H^{+} | $H_2(g)$, Pt	$2H^{+} + 2e \rightleftharpoons H_2(g)$	0.000 0
Ge^{2+} | Ge	$Ge^{2+} + 2e \rightleftharpoons Ge$	0.01
Br^{-} | AgBr(s), Ag	$AgBr(s) + e \rightleftharpoons Ag + Br^{-}$	0.071 03
Sn^{4+}, Sn^{2+} | Pt	$Sn^{4+} + 2e \rightleftharpoons Sn^{2+}$	0.15
Cu^{2+}, Cu^{+} | Pt	$Cu^{2+} + e \rightleftharpoons Cu^{+}$	0.153
Cl^{-} | AgCl(s), Ag	$AgCl(s) + e \rightleftharpoons Ag + Cl^{-}$	0.222 4
Cu^{2+} | Cu	$Cu^{2+} + 2e \rightleftharpoons Cu$	0.337
OH^{-} | $Ag_2O(s)$, Ag	$Ag_2O + H_2O + 2e \rightleftharpoons 2Ag + 2OH^{-}$	0.344

续表

电　极	电极反应	$\varphi^{\ominus}$/V
$OH^-,H_2O\|O_2(g),Pt$	$O_2(g)+2H_2O+4e \rightleftharpoons 4OH^-$	0.401
$Cu^+\|Cu$	$Cu^+ + e \rightleftharpoons Cu$	0.521
$I^-\|I_2(s)\|Pt$	$I_2(s)+2e \rightleftharpoons 2I^-$	0.535 5
$Te^{4+}\|Te$	$Te^{4+}+4e \rightleftharpoons Te$	0.56
$MnO_4^-,MnO_4^{2-}\|Pt$	$MnO_4^- + e \rightleftharpoons MnO_4^{2-}$	0.56 4
H^+,醌,氢醌$\|Pt$	$C_6H_4O_2+2H^+ +2e \rightleftharpoons C_6H_4(OH)_2$	0.6993
$Fe^{3+},Fe^{2+}\|Pt$	$Fe^{3+}+e \rightleftharpoons Fe^{2+}$	0.771
$Hg_2^{2+}\|Hg$	$Hg_2^{2+}+2e \rightleftharpoons 2Hg$	0.788
$Ag^+\|Ag$	$Ag^+ + e \rightleftharpoons Ag$	0.799 1
$Hg^{2+}\|Hg$	$Hg^{2+}+2e \rightleftharpoons Hg$	0.854
$Br^-\|Br_2(l)\|Pt$	$Br_2(s)+2e \rightleftharpoons 2Br^-$	1.065 2
$H^+\|O_2(g),Pt$	$O_2(s)+4H^+ +4e \rightleftharpoons 2H_2O$	1.229
$Mn^{2+},H^+\|MnO_2(s),Pt$	$MnO_2+4H^+ +4e \rightleftharpoons Mn^{2+}+2H_2O$	1.23
$Tl^{3+},Tl^+\|Pt$	$Ti^{3+}+2e \rightleftharpoons Ti^+$	1.25
$Cr^{3+},Cr_2O_7^{2-},H^+\|Pt$	$Cr_2O_7^{2-}+14H^+ +6e \rightleftharpoons 2Cr^{3+}+7H_2O$	1.33
$Cl^-\|Cl_2(g),Pt$	$Cl_2(g)+2e \rightleftharpoons 2Cl^-$	1.359 5
$Pb^{2+},H^+\|PbO_2(s),Pt$	$PbO_2+4H^+ +2e \rightleftharpoons Pb^{2+}+2H_2O$	1.455
$Au^{3+}\|Au$	$Au^{3+}+3e \rightleftharpoons Au$	1.498
$MnO_4^-,H^+\|MnO_2(s),Pt$	$MnO_4^- +4H^+ +3e \rightleftharpoons MnO_2+2H_2O$	1.695
$Ce^{4+},Ce^{3+}\|Pt$	$Ce^{4+}+e \rightleftharpoons Ce^{3+}$	1.61
$SO_4^{2-},H^+\|PbSO_4(s),PbO_2$	$PbO_2+SO_4^{2-}+4H^+ +2e \rightleftharpoons PbSO_4+2H_2O$	1.682
$Au^+\|Au$	$Au^+ + e \rightleftharpoons Au$	1.691
$Co^{3+},Co^{2+}\|Pt$	$Co^{3+}+e \rightleftharpoons Co^{2+}$	1.808
$S_2O_8^{2-},SO_4^{2-}\|Pt$	$S_2O_8^{2-}+2e \rightleftharpoons 2SO_4^{2-}$	2.05
$F^-\|F_2(g),Pt$	$F_2(s)+2e \rightleftharpoons 2F^-$	2.87

元素周期表

IUPAC 2001

95 Am 镅▲ $5f^77s^2$ 243.06* (+2 +3 +4 +5 +6)	说明
95	原子序数
Am	元素符号（红色的为放射性元素）
镅▲	元素名称（注▲的为人造元素）
$5f^77s^2$	价层电子构型
+2 +3 +4 +5 +6	氧化态（单质的氧化态为0，未列入；常见的为红色）
243.06*	以 $^{12}C=12$ 为基准的相对原子质量（注*的是半衰期最长同位素的相对原子质量）

s区元素	p区元素
d区元素	ds区元素
f区元素	稀有气体

族 周期	1 IA	2 IIA	3 IIIB	4 IVB	5 VB	6 VIB	7 VIIB	8 VIIIB	9 VIIIB	10 VIIIB	11 IB	12 IIB	13 IIIA	14 IVA	15 VA	16 VIA	17 VIIA	18 VIIIA	电子层
1	1 H 氢 $1s^1$ 1.00794(7) −1 +1																	2 He 氦 $1s^2$ 4.002602(2)	K
2	3 Li 锂 $2s^1$ 6.941(2) +1	4 Be 铍 $2s^2$ 9.012182(3) +2											5 B 硼 $2s^22p^1$ 10.811(7) +3	6 C 碳 $2s^22p^2$ 12.0107(8) −4 +2 +4	7 N 氮 $2s^22p^3$ 14.0067(2) −3 −2 −1 +1 +2 +3 +4 +5	8 O 氧 $2s^22p^4$ 15.9994(3) −2 −1	9 F 氟 $2s^22p^5$ 18.9984032(5) −1	10 Ne 氖 $2s^22p^6$ 20.1797(6)	L K
3	11 Na 钠 $3s^1$ 22.989770(2) +1	12 Mg 镁 $3s^2$ 24.3050(6) +2											13 Al 铝 $3s^23p^1$ 26.981538(2) +3	14 Si 硅 $3s^23p^2$ 28.0855(3) −4 +2 +4	15 P 磷 $3s^23p^3$ 30.973761(2) −3 −2 +1 +3 +5	16 S 硫 $3s^23p^4$ 32.065(5) −2 +2 +4 +6	17 Cl 氯 $3s^23p^5$ 35.453(2) −1 +1 +3 +5 +7	18 Ar 氩 $3s^23p^6$ 39.948(1)	M L K
4	19 K 钾 $4s^1$ 39.0983(1) +1	20 Ca 钙 $4s^2$ 40.078(4) +2	21 Sc 钪 $3d^14s^2$ 44.955910(8) +3	22 Ti 钛 $3d^24s^2$ 47.867(1) −1 0 +2 +3 +4	23 V 钒 $3d^34s^2$ 50.9415 0 +1 +2 +3 +4 +5	24 Cr 铬 $3d^54s^1$ 51.9961(6) −3 0 +1 +2 +3 +4 +5 +6	25 Mn 锰 $3d^54s^2$ 54.938049(9) −2 0 +1 +2 +3 +4 +5 +6 +7	26 Fe 铁 $3d^64s^2$ 55.845(2) −2 0 +1 +2 +3 +4 +5 +6	27 Co 钴 $3d^74s^2$ 58.933200(9) 0 +1 +2 +3 +4 +5	28 Ni 镍 $3d^84s^2$ 58.6934(2) 0 +1 +2 +3 +4	29 Cu 铜 $3d^{10}4s^1$ 63.546(3) +1 +2 +3 +4	30 Zn 锌 $3d^{10}4s^2$ 65.409(4) +1 +2	31 Ga 镓 $4s^24p^1$ 69.723(1) +1 +3	32 Ge 锗 $4s^24p^2$ 72.64(1) +2 +4	33 As 砷 $4s^24p^3$ 74.92160(2) −3 +3 +5	34 Se 硒 $4s^24p^4$ 78.96(3) −2 +2 +4 +6	35 Br 溴 $4s^24p^5$ 79.904(1) −1 +1 +3 +5 +7	36 Kr 氪 $4s^24p^6$ 83.798(2) +2 +4	N M L K
5	37 Rb 铷 $5s^1$ 85.4678(3) +1	38 Sr 锶 $5s^2$ 87.62(1) +2	39 Y 钇 $4d^15s^2$ 88.90585(2) +3	40 Zr 锆 $4d^25s^2$ 91.224(2) +1 +2 +3 +4	41 Nb 铌 $4d^45s^1$ 92.90638(2) 0 +1 +2 +3 +4 +5	42 Mo 钼 $4d^55s^1$ 95.94(2) 0 +1 +2 +3 +4 +5 +6	43 Tc 锝▲ $4d^55s^2$ 97.907* 0 +1 +2 +3 +4 +5 +6 +7	44 Ru 钌 $4d^75s^1$ 101.07(2) 0 +1 +2 +3 +4 +5 +6 +7 +8	45 Rh 铑 $4d^85s^1$ 102.90550(2) 0 +1 +2 +3 +4 +5 +6	46 Pd 钯 $4d^{10}$ 106.42(1) 0 +1 +2 +3 +4	47 Ag 银 $4d^{10}5s^1$ 107.8682(2) +1 +2 +3	48 Cd 镉 $4d^{10}5s^2$ 112.411(8) +1 +2	49 In 铟 $5s^25p^1$ 114.818(3) +1 +3	50 Sn 锡 $5s^25p^2$ 118.710(7) +2 +4	51 Sb 锑 $5s^25p^3$ 121.760(1) −3 +3 +5	52 Te 碲 $5s^25p^4$ 127.60(3) −2 +2 +4 +6	53 I 碘 $5s^25p^5$ 126.90447(3) −1 +1 +3 +5 +7	54 Xe 氙 $5s^25p^6$ 131.293(6) +2 +4 +6 +8	O N M L K
6	55 Cs 铯 $6s^1$ 132.90545(2) +1	56 Ba 钡 $6s^2$ 137.327(7) +2	57~71 La~Lu 镧系	72 Hf 铪 $5d^26s^2$ 178.49(2) +1 +2 +3 +4	73 Ta 钽 $5d^36s^2$ 180.9479(2) 0 +1 +2 +3 +4 +5	74 W 钨 $5d^46s^2$ 183.84(1) 0 +1 +2 +3 +4 +5 +6	75 Re 铼 $5d^56s^2$ 186.207(1) 0 +1 +2 +3 +4 +5 +6 +7	76 Os 锇 $5d^66s^2$ 190.23(3) 0 +1 +2 +3 +4 +5 +6 +7 +8	77 Ir 铱 $5d^76s^2$ 192.217(3) 0 +1 +2 +3 +4 +5 +6	78 Pt 铂 $5d^96s^1$ 195.078(2) 0 +2 +3 +4 +5 +6	79 Au 金 $5d^{10}6s^1$ 196.96655(2) +1 +2 +3 +5	80 Hg 汞 $5d^{10}6s^2$ 200.59(2) +1 +2 +3	81 Tl 铊 $6s^26p^1$ 204.3833(2) +1 +3	82 Pb 铅 $6s^26p^2$ 207.2(1) +2 +4	83 Bi 铋 $6s^26p^3$ 208.98038(2) −3 +3 +5	84 Po 钋 $6s^26p^4$ 208.98* −2 +2 +3 +4 +6	85 At 砹 $6s^26p^5$ 209.99* −1 +5 +7	86 Rn 氡 $6s^26p^6$ 222.02* +2	P O N M L K
7	87 Fr 钫▲ $7s^1$ 223.02* +1	88 Ra 镭 $7s^2$ 226.03* +2	89~103 Ac~Lr 锕系	104 Rf 𬬻▲ $6d^27s^2$ 261.11*	105 Db 𬭊▲ $6d^37s^2$ 262.11*	106 Sg 𬭳▲ $6d^47s^2$ 263.12*	107 Bh 𬭛▲ $6d^57s^2$ 264.12	108 Hs 𬭶▲ $6d^67s^2$ 265.13*	109 Mt 鿏▲ $6d^77s^2$ 266.13	110 Uun▲ (269)	111 Uuu▲ (272)*	112 Uub▲ (277)*		114 Uuq▲ (289)*		116 Uuh▲ (289)*			Q P O N M L K

★ 镧系	57 La★ 镧 $5d^16s^2$ 138.9055(2) +3	58 Ce 铈 $4f^15d^16s^2$ 140.116(1) +2 +3 +4	59 Pr 镨 $4f^36s^2$ 140.90765(2) +3 +4	60 Nd 钕 $4f^46s^2$ 144.24(3) +2 +3 +4	61 Pm 钷▲ $4f^56s^2$ 114.91* +3	62 Sm 钐 $4f^66s^2$ 150.36(3) +2 +3	63 Eu 铕 $4f^76s^2$ 151.964(1) +2 +3	64 Gd 钆 $4f^75d^16s^2$ 157.25(3) +3	65 Tb 铽 $4f^96s^2$ 158.92534(2) +3 +4	66 Dy 镝 $4f^{10}6s^2$ 162.500(1) +3 +4	67 Ho 钬 $4f^{11}6s^2$ 164.93032(2) +3	68 Er 铒 $4f^{12}6s^2$ 167.259(3) +3	69 Tm 铥 $4f^{13}6s^2$ 168.93421(2) +2 +3	70 Yb 镱 $4f^{14}6s^2$ 173.04(3) +2 +3	71 Lu 镥 $4f^{14}5d^16s^2$ 174.967(1) +3
★ 锕系	89 Ac★ 锕 $6d^17s^2$ 227.03* +3	90 Th 钍 $6d^27s^2$ 232.0381(1) +3 +4	91 Pa 镤 $5f^26d^17s^2$ 231.03588(2) +3 +4 +5	92 U 铀 $5f^36d^17s^2$ 238.02891(3) +2 +3 +4 +5 +6	93 Np 镎 $5f^46d^17s^2$ 237.05* +3 +4 +5 +6 +7	94 Pu 钚 $5f^67s^2$ 244.06* +3 +4 +5 +6 +7	95 Am 镅▲ $5f^77s^2$ 243.06* +2 +3 +4 +5 +6	96 Cm 锔▲ $5f^76d^17s^2$ 247.07* +3 +4	97 Bk 锫▲ $5f^97s^2$ 247.07* +3 +4	98 Cf 锎▲ $5f^{10}7s^2$ 251.08* +2 +3 +4	99 Es 锿▲ $5f^{11}7s^2$ 252.08* +2 +3	100 Fm 镄▲ $5f^{12}7s^2$ 257.10* +2 +3	101 Md 钔▲ $5f^{13}7s^2$ 258.10* +2 +3	102 No 锘▲ $5f^{14}7s^2$ 259.10* +2 +3	103 Lr 铹▲ $5f^{14}6d^17s^2$ 260.11* +3